www.vulkani.rs
office@vulkani.rs

Naziv originala:
Melissa Kirsch
THE GIRLS GUIDE TO
ABSOLUTELY EVERYTHING

ISBN 978-86-10-00715-2

FSC

Ova knjiga štampana je na prirodnom recikliranom papiru od drveća koje raste u održivim šumama. Proces proizvodnje u potpunosti je u skladu sa svim važećim propisima Ministarstva životne sredine i prostornog planiranja Republike Srbije.

VODIČ ZA DEVOJKE KROZ APSOLUTNO SVE

MELISA KERŠ

izdavaštvo vulkan

Beograd, 2013.

za Emu Perl Vilkinson

Sadržaj

POGLAVLJE 2

POGLAVLJE 3

ODOBRENJE

POGLAVLJE 8

LEŽANJE NA KREVETU, ZURENJE U PLAFON I DRUGE STAZE DO PROSVETLJENJA

Šta je duhovnost? ◆ Ta religija novog doba: Mlade žene i vera ◆ Život nakon škole nedeljom ◆ Postoji stotinu načina da klekneš i poljubiš sveto tlo ◆ Duhovnost i moral: Nespretna u ljubavi ili tek prizemno zla? ◆ Instant karma ◆ Važno je govoriti istinu ◆ Uuups, opet nisam bila autentična ◆ Prosuđivati i biti prosuđivan ◆ Moral u akciji: Vaša društvena svest ◆ Da li davanje novca pomaže ikome? ◆ Obična anarhija: Kada se stvari prosto raspadaju

POGLAVLJE 9

SVE ŠTO VAŠA MAJKA NIJE IMALA VREMENA DA VAS NAUČI

Kako naći mesto za stanovanje ◆ Kako održavati kuću: Aljkavci i čistunci ovoga sveta, ujedinite se ◆ Misterija smrada u kući ◆ Vođenje domaćinstva sa cimerom ◆ Lako srediti veš ◆ Beži, beži, prokleta fleko: Tretirati ih kod kuće ◆ Prljava istina o hemijski očišćenom ◆ Na popravci ◆ Kuvanje za jednog: Ne mora to da bude depresivno ◆ Opremanje kuhinje: Osnovne potrepštine ◆ Zamrznite sve ◆ Organska hrana: Analiza troškova i prednosti ◆ Šest jednostavnih recepata koje može napraviti i neko ko nije kuvar ◆ Jedno veoma izdašno pečenje ◆ Da vam je čekić pri ruci: Dama je sam svoj majstor ◆ Ugasite sijalicu: Štednja struje i love ◆ Najezda malih zelenih: Grozni, puzeći ukućani koji ne plaćaju kiriju

POGLAVLJE 10

Zahvalnost

Beskrajno sam zahvalna ženama koje su odvojile vreme da odgovore na sva moja radoznala pitanja tokom protekle četiri godine, ženama koje su mi dopustile da im postavljam pitanja kao što su: „Šta vam se dopada na vašem telu?" i „Pričajte mi o svom odnosu sa majkom", a da nisu ni trepnule niti pobegle uz vrisak. Ove fantastično pametne, duhovite, otvorene, velikodušne žene dozvolile su mi neponovljiv pristup njihovim anegdotama i mudrosti.

Ani Alen
Lizi Hiki Bejl
Ani Bejker
Erin Baret
Lejli Bernstin
Rebeki Brejvermen
Sari Bernigam
Emi Karlson
Trejsi Čarlton
Alison Korn

Meri I. Ferguson
Pejdž Edmunds
Helen Fišer
Mindi Fridman
Trejsi Stajn Hinson
Keli Horigan
Liz Džouns
Kler Džadkins
Hi Džin Kang
Freni Ki
Šajri Klajn
Kler Lekomte du Nui
Kejt Landel
Kristini Mar
Rouz Marteli
Šenon Mekgeriti
Eriki Majtner
Džasmin Mir
Libi Morgan
Vanesi O'Driskol
Perisi Pernijan

Kristin Pico
Dajani Ponder-Locer
Izabeli Robertson
Basji Šekter
Šerin Šostak
Vendi Šanker
Alison Šo
Kristini Sent Pjer
Mardži Stokli
Heder Saliven
Dženis Tejlor
Melisi Tomas
Džoani Trejsi
Džuli Ulrih
Žani Vilepike
Amandi Voler
Sintiji Vajnstajn
Suzani Veler
Iden Vering
Kolin Vertman
Džesiki Sobolik Vili

Kao što ona dobro zna, skoro nikada ne ostajem bez teksta, ali kada pokušavam da izrazim svoju zahvalnost mojoj urednici, Rut Salivan, dobijem onu užasnu afaziju – ona u meni izaziva zadivljenost i ostavlja me bez reči. Velikodušan je urednik koji vas ne ograničava, mudar savetnik kome je stalo do vas, dobar prijatelj i, što je najvrednije, mentor. Ona je hrabra i genijalna, i učinila je i mene i ovu knjigu hrabrima.

Imala sam tu sreću da radim sa strpljivom, ljubaznom, talentovanom Džejn Parker, koja ima viziju i koja je pretvorila ogroman *Word* dokument u jednu lepu stvarčicu.

U Kejt Vorkman našla sam svoju srodnu dušu. Ne samo što je pametna, zabavna, i pruža podršku, već je jedna od retkih osoba koje znam a da se drži skoro svih stvari iz ove knjige.

Duboko sam zahvalna na neuporedivoj ekspertizi i posvećenosti moga agenta, Elen Levin.

Bet Hanem mi je bila svetla i inspirativna pojava, kao i dobar prijatelj.

Hvala vama, Kerol Vajt, Katarina Bojd i Barbara Peragin, na vašoj zadivljujućoj percepciji i rečitoj mudrosti.

Nikada, nikada ne bih ovo uspela bez: Li Anderson, Suzi Bolotin, Lin Borovic, Džulijete Benavajds, Bareta Brountsa, Džonatana Koksa, Rut Koks, Kazi Kram, Melise Flešman, Kristofera Hakera, Pitera Herša, Melani Hups, Avi Klajn, Pitera Ornera, Džastina Rida, Džen Slejteri, Stefani Ajris Vajs, Erike Viks, Suzan Vilkinson, Kejt Vong i Pitera Vorkmana.

Ova knjiga je neprocenjivo bolja zbog pomoći: Brajana Belfiglija, Džulijet Borda, Sandre Čiju, Alane Deviš, Rise Đordano, Ketrin Kil, Čeninga Kelija, Lin Kerš, Majkla Kerša, Elen Korbonski, Džoan Kjuel, Rona Longea, Dženi Mandel, Džefrija Morisona, Megan Nilolaj, Džastina Najsbeta, Kristine Piterson, Roberta Preskila, Rosi Šap, Elizabet Šarlat, Rebeke Šif, Dejvida Šilera, Kolin Švarc, Lorelaj Šarki, Harijet Šedrof, Herba Šedrofa, Eme Džejn Tejlor, Ralfa Titusa i Tima Vilkinsona.

Uvod

Neformalno upoznavanje, malo istorije i šta možete da očekujete od ove knjige

Evo primera jednog razgovora koji se meni dešava skoro svaki dan:

Muškarac: Čime se baviš?

Ja: Pišem knjigu za žene koje imaju dvadeset i neku godinu.

Muškarac: (odjednom vrlo zainteresovan): Oooh, je li o seksu?

Ja: Pa, nije. Mislim, naravno, jeste i o seksu. Ali tu se radi još o milijardu drugih stvari kao što su...

Muškarac: Pa, šta možeš da mi kažeš?

Ja: O čemu?

Muškarac: Znaš već, o ženama u dvadesetim, šta je potrebno da znam? Dopadaju mi se žene u tim godinama.

Ja: Ne pišem uputstvo za zabavljanje.

Muškarac: A o čemu bi još moglo da se piše?

Zapravo, ima još mnogo toga.

Postoji jedan glup trač da većinu vremena provodimo na previsokim štiklama, pokušavajući da ne prospemo svoj ružičasti koktelčić na vrlo tesnu haljinu, da se ne bismo obrukale pred nekim strašnim frajerom koji nam se smeši na prijemu.

I vi i ja znamo da, osim u romantičnim filmskim komedijama, ima vrlo malo istine u tom štosu. Ali, koliko god da su naši životi kompleksni, uvredljivi stereotipi ipak opstaju. Čini se da nema kraja tetkama sveznalicama, podlim kolumnistima i heroinama u jeftinim komedijama koje prenose zbunjujuće poruke o tome „kako da preživite i proživite“ odiseju četvrtine svoga života. Ali, negde između preteranih navijanja tipa „pokaži im, devojko!“ i onog prevaziđenog „nađi sebi čoveka i udaj se“ saveta, nema odgovora na zaista važna pitanja. Kako da kažete „ne“ bez osećaja krivice? Gde da nađete grudnjak koji vam pristaje? Zašto se neke vaše prijateljice pretvaraju u lutkice od papira kada su u društvu muškaraca? Da li treba verovati etiketi na kojoj piše „Isključivo hemijsko čišćenje"? Šta ćete učiniti sa ostatkom svoga života? Devojko, upoznaj se sa svetom. Svete, budi dobar prema ovoj devojci. Eh, kad bi to sve bilo tako jednostavno!

Godine 2002. imala sam 27 godina i radila kao urednik u jednoj ženskoj medijskoj kompaniji. Svake nedelje na moj sto su stizale knjige na procenu i svaka je imala baš mene kao ciljnu grupu. Te sjajne, nacifrane korice imale su interesantne naslove u kojima vam obećavaju da ćete saznati kako da oborite muškarca sa nogu, kako da naručite koktel, kako da postanete šef pre tridesete. Većina ovih „udžbenika života" udavila bi me na smrt – nudili su tek nešto više od zastarelih taktika flertovanja i otrcanih klišea. Umorila sam se od ponavljanja „Ja bih ovo mnogo bolje uradila" pa sam odlučila da je krajnje vreme da to i učinim.

Prvo što sam uradila bilo je da pozovem sve one pametne, briljantne, duhovite žene koje imaju dvadeset i neku, trideset i neku, četrdeset i neku, i da ih pitam: „Šta je to što znate sada a što biste volele da ste znale odmah po završetku fakulteta, u vašim dvadesetim, što bi vam olakšalo život i spasilo vas slomljenog srca, što bi vam značajno olakšalo osamostaljivanje u životu? Šta je to što još ne znate a voleli biste da vam neko kaže?"

Rezultati moje ankete bili su zaprepašćujući. Svi odgovori bili su puni entuzijazma, stvеni, pravo iz duše. Neke teme su se stalno ponavljale – izgleda da nijedna žena nikada nije dobila dobar savet o tome kako da ne upadne u dugove. Žene su pisale o tome kako i dalje ne umeju da se graciozno izvine za nešto, koliko treba potrošiti na svadbeni poklon, kako objasniti svoj posao i svog novog dečka roditeljima, ili kako pronaći dobrog ginekologa. Sve žene su iskazale interesovanje za jedan inteligentan vodič koji bi im pomogao da izbegnu nevolje koje su ih snašle u dvadesetim. Postojala je jasna, očigledna i hitna potreba za upotrebljivim, iskrenim savetima za mlade žene. Moj zadatak je bio potpuno jasan.

U ovoj knjizi ćete naći svu mudrost prikupljenu na osnovu te prve ankete – kao i sve one dodatne, sočne, smešne, zastrašujuće, stvarne stvarčice koje sam otkrila kada sam se latila da otkrijem sveobuhvatni vodič za žene u dvadesetim i tridesetim. Kada sama nisam mogla da dođem do odgovora, potražila sam mišljenje stručnjaka iz raznih polja; naći ćete savete sledećih eksperata – lekara, psihoterapeuta, nutricionista, seks terapeuta. Naći ćete uputstvo za kinesku medicinu, savete agenta za nekretnine, konsultanta za imidž i mudrost mnogih majki – sve ovo nalazi se u raznim poglavljima ove knjige. Na primer, svaki put kad vidite deo koji nosi podnaslov „Prečica do psihoterapeutskog kauča", tu ćete naći mišljenje stručnjaka psihoterapeuta na datu temu.

Takođe sam sve dvaput proverila sa celom legijom mudrih žena. Za svako poglavlje odradila sam bogatu imejl prepisku i ankete, organizovala manje ciljne grupe i obavila razgovore u četiri oka sa šezdesetak žena koje imaju od dvadeset dve godine pa naviše. Na stranicama ove knjige nalazi se kolektivni trud, jasne i činjenično proverene tvrdnje, mišljenja i filozofska razmišljanja, mnogo različitih glasova, diskusija i opcija. Svaki put kada sam imala još da mnogo toga da kažem na datu temu, osetila bih da treba da pređem na sledeće poglavlje, ponudila sam izbor knjiga i veb sajtova kao referencu za vašu dalju pretragu. Takođe, na kraju knjige ćete naći iscrpnu listu izvora koje sam koristila.

Neki od vas će ovde naći ono što već znaju. Možda se nećete složiti sa nekim stvarima, tu i tamo. Sve je to sasvim u redu – kada bi neko jednostavno samo progutao svaki savet koji je ponuđen, posumnjala bih u njihovo mentalno zdravlje. I sama bih takve zamolila da zastanu jer, ako sam išta naučila iz iskustva (koje je prilično obimno; trideset jedna mi je godina, ali izgledam kao da mi je trideset), to je da vam nikakav savet na ovom svetu ne

Ostanimo u vezi

Namera ove knjige nije bila da bude poslednje što je izrečeno u vezi sa vašim zdravljem, zabavljanjem ili bilo čim drugim. Ovo je početak razgovora. Stvar je u tome da nastavimo priču o temama koje ova knjiga načinje, da i dalje delimo ono što smo naučile, da zapitate same sebe šta je to što biste vi želeli da znate i zatim da to podelite i sa nama. Pošaljite mi imejl na adresu melisa@melissakirsch.com i pošaljite svoje ideje koje želite da ponudite i drugim ženama, pitanja koja još imate, kao i stvari koje biste voleli da uvrstite u ovu knjigu. Javite mi se, jednostavno, i ako roštiljate i treba vam neko ko će doneti krompir salatu. Objaviću vaša razmišljanja, sugestije i ideje na www.melissakirsch.com. Ako vam se sviđa, možete o tome razmišljati kao da je to jedna velika žurka u pidžamama, samo što se niko neće probuditi ruke zagnjurene u činiju vrele vode.

Znam da je gnjavaža kucati sve email adrese tako da ćete sve one sajtove koje navodim kao reference naći zgodno povezane sa mojim veb sajtom. Ja ću stalno osvežavati linkove ukoliko budu promenjeni (ako naiđete da se neka veza ne može uspostaviti, javite mi!). Moj sajt će takođe objavljivati novosti kako se budu razvijale na svaku temu u ovoj knjizi.

može pomoći ako ne razmišljate svojom glavom i, na kraju svih krajeva, donesete sopstvene odluke. I to je to, to je moj najbolji savet. Čekaj, čekaj, da li je moguće da treba da napišem samo tri jednostavne reči i već ste spremni? U redu, priznajem, ima tu još mnogo toga – nekih petsto upotrebljivih stranica. Ali, ne uzimajte stvari zdravo za gotovo – začinite ih svojim iskustvom i mudrošću – prespavajte, i sami odlučite kako ćete živeti svoj život.

Volela bih da je ovo knjiga koju mi je neko poklonio kada sam završila fakultet. Ili kada sam dobila prvi posao. Ili kada sam napunila trideset. Drago mi je što je neko vaš imao dovoljno zdravog razuma da vam pokloni ovu knjigu (ili ste je vi sami, u naletu genijalnosti, odabrali sa police u knjižari). Toliko često se dvadesete godine u vašem životu tretiraju samo kao obična čekaonica za ostatak onoga što će uslediti. Ali zašto biste se nervozno migoljili u očekivanju da započne stvarni život? Do đavola sa stidljivim stajanjem u ćošku – život je pred vama da ga proživite! Srećno. Tu sam ako vam budem zatrebala.

Melisa Keršl

Poglavlje 1

Zdravlje i imidž našeg tela

U stvarnosti, žene rade sve pred ogledalom, od PAPA testa, jedenja hleba do pregovaranja o prestanku oružanih sukoba

Ranije, na fakultetu, kad ste još bili pilence, mogli ste da budete budni celu noć, da živite na gumenim bombonicama, da pijete kao mornar na odsustvu, i sve to s minimalnim posledicama. Kad smo mladi, ne samo što nije zgodno, već nam deluje i prerano, i nepotrebno, da brinemo na duge staze. U slatkoj ludoj mladosti, ko od nas nije živeo bar malo kao da je besmrtan? Znate o kakvom stilu života vam govorim – osećamo da smo nedodirljivi sve dok se ne razbolimo; ne vežbamo dok se ne udebljamo;

ne razmišljamo o tome da živimo na četiri sata noćnog sna. Ali ovaj tip pristupa zdravlju, „lako ćemo", vrlo brzo se istroši kada ujutru morate da budete za svojim radnim stolom do devet sati. Nećemo živeti doveka, iako nam se ponekad tako čini, posebno tokom nekog beskrajnog sastanka. Ali u interesu toga da živimo najbolje moguće, što je duže moguće, moramo početi dobro da se brinemo za svoj duh i telo – i moramo to početi odmah.

U svakom slučaju, ne očekujem od vas da bespogovorno pratite svako uputstvo koje sam sakupila u ovom odeljku – niko nije savršen, a pokušavati da po svaku cenu odradite svaku pojedinačnu zdravu životnu naviku, u svakom pogledu, jednostavno nije realno. Mi smo samo ljudi: jedemo brzu hranu, napijemo se, zaboravimo da popijemo vitamine i stavimo naočare za sunce. Prva ću reći da je sve to normalno. Ali isto ću vas tako podsticati da brinete o sebi. Imate još toliko toga pred sobom – kao što je rutina u vežbanju od koje nećete odustajati, pravilna ishrana i dovoljno sna – sve će vam to vrlo dobro poslužiti u vremenu koje je pred vama.

Režim vežbanja koga ćete se pridržavati

Dok smo odrastali, mnogo je popularnije bilo biti dobar sportista nego genijalac u množenju. Sportisti su bili viša kasta još od osnovne škole; svi mi ostali smo bili manje vredni. Čini se da je ovakvo stanovište podržavala i vlast, jer smo svake godine morali da prođemo test fizičke izdržljivosti u kojem se od nas tražilo da se takmičimo u trčanju na sto metara i da visimo na prečkama u sali, kao da nam život od toga zavisi. Pobednici su, uvek, bili oni najbrži, što bi samo još više zacementiralo njihovu reputaciju da su kul jer su dobri sportisti. Nagrade se nikada nisu delile sekapersama.

Kao neatleti, trčanje mi je uvek bilo najteži deo testa. Kasnije mi je laknulo kad sam shvatila da su se i druge devojke osećale podjednako loše kao i ja, da su isto ležale budne noć pre testa užasavajući se ta četiri kruga oko fudbalskog igrališta, u bojazni da će stići poslednje ili da će, zaista, umreti na atletskoj stazi. Daleko gore nego smrt, naravno, bila bi sramota za onog ko ne završi *ceo kilometar*.

Možda će vas iznenaditi kad vam kažem, međutim, moja omiljena rekreacija trenutno je opušteno džogiranje na duge staze. Počela sam da trčim upravo zato što sam mislila da to ne mogu. Našla sam program na Internetu u kojem su obećavali da će me pretvoriti od neatlete u trkača na pet kilometara, za samo dva meseca. Uvek sam bila vrlo dobra kada se treba pridržavati uputstava, pa sam odlučila da preuzmem trčanje – od predsednika, od zahtevnih profesora fizičkog, od onog glasića u mojoj glavi koji mi je ponavljao da ja to ne mogu. I, znate šta? Ja to mogu. Ponekad mi se čak i dopada!

Nešto više od časova aerobika: nađite šta vam odgovara

Trčim iz mnogo razloga: zato što me to smiruje, zato što mi ojačava telo, zato što mi se dopada da nosim šorts koji ima ušiven donji veš u sebi, ali najviše zato što se dobro osećam posle toga. Nauka nam kaže da vežbanjem proizvodimo endorfin, neurotransmiter koji može izazvati osećaj euforije, urediti apetit, učiniti da se osećamo seksi i smanjiti

Tim

Ja nisam doktor (iznenađenje!), pa sam zato zamolila nekoliko stručnjaka da procene mnoga pitanja u vezi sa zdravim životom. Ove eksperte sam izabrala zato što su pametni, ljubazni i posvetili su svoj život pomaganju ženama da donesu pravilne odluke u vezi sa njihovim fizičkim i mentalnim zdravljem. Dozvolite mi da ih predstavim:

DR KATARINA KIL, internista koja je i moj izabrani doktor opšte prakse. Ona je osoba kojoj se obraćamo za „Preglede" u ovom poglavlju.

ERIKA VIKS, doktor filozofije, i Džoan Kjuel, LCSW, psihoterapeuti koji će nas povesti na „Psihijatrov kauč" kroz ovu knjigu.

RISA ĐORDANO, DCSW, licencirani klinički socijalni radnik i psihoterapeut koja se specijalizovala za imidž tela i poremećaje u ishrani.

DR DŽEFRI MORISON, specijalista nutricionista. On vodi Morison centar za integrativnu medicinu u Njujorku.

SANDRA ČU, MSTOM, sprovodi tradicionalnu kinesku medicinu i ima licencu za akupunkturu; ona će nam davati savete „Iz kineskog ugla", kroz ovo poglavlje.

Zašto vežbati? Prednosti

Toliko mnogo žena vežba iz jednog jedinog razloga: da bi oslabile. Tačno je da vam redovno vežbanje može pomoći za održavate težinu koja je zdrava za vaš telesni tip, ali to nije jedini razlog. Vežbanje je dobro za svaki delić vašeg tela. Uverite se i sami iz sledećih činjenica:

- Vežbanje razvija mišiće, što pomaže u preventivi bola, pomaže probavi i olakšava vam da nosite torbu s pijace.
- Vežbanje može da umanji menstrualne bolove i predmenstrualni sindrom. (Čak i da osećate da ne možete da se maknete ispod jorgana tokom menstruacije, vežbanje vam zapravo istinski pomaže.)
- Vežbanje vam olakšava prevazilaženje stresa, nervoze i depresije, i pomaže vam da budete u kondiciji emocionalno.
- Pomaže da bolje spavate.
- Na duge staze, umanjuje rizik od bolesti srca, visokog pritiska, osteoporoze i dijabetesa.
- I, da, tačno je, redovno vežbanje pojačava metabolizam i pomaže vam da smršate.

stres. Mislim da endorfinu treba da zahvalim za jedan generalno dobar osećaj koji doživim posle dobrog trčanja. (Još tragam za tim „osećajem vrhunca kod džogera“ za koji kažu da vam endorfin donosi – javiću vam.)

Ovo je tajna za jedan uspešan program vežbanja: ako se zbog njega osećate dobro, onda ćete ga se i pridržavati. Ako vam je grozno, odustaćete. Koliko god da me nekad mrzi da se spremim za trčanje, koliko god da mi prvih nekoliko krugova deluje surovo i nepravedno, uvek se na kraju osećam bar malo bolje posle trčanja nego kad sam započela. Takođe mi pomaže da dobro spavam i ubacuje moju probavu u petu brzinu. Otkrila sam i to da ako odem makar i na kratko trčanje prvog dana moje menstruacije, mnogo lakše preguram one bolove poput zabadanja bodeža u stomak.

Previše često vežbamo zbog onoga što nećemo a ne zbog onoga što hoćemo. Ne želimo da se ugojimo; ne želimo da osećamo krivicu, ne želimo da upropastimo skupu članarinu koju smo platili za teretanu. Mnogo je lakše ubediti sebe da vežbaš ako shvatiš šta je to što *želiš* i ako svoje vežbanje povežeš sa pozitivnim: hoću da budem jaka, hoću da plešem, trčim ili vozim bicikli, da bih postala svesna neverovatnog kapaciteta za gracioznost koji moje telo poseduje; hoću da razbistrim glavu; hoću da se izduvam; hoću da se osećam sjajno u svojoj koži.

Šta možete da uradite da biste ubedili sebe da vežbate? Imam prijateljicu kojoj je rutina plivanja počela da dosađuje sve dok nije našla *iPod* koji može da radi pod vodom, što joj je omogućilo da sluša muziku dok pliva. Druga prijateljica pronašla je u svom gradu školu za klovnove u kojoj ih uči vežbama na trapezu – ne samo što je u boljoj formi nego što je ikada

„Obožavam časove trbušnog plesa na koje idem. Ne samo što je to iznenađujuće dobra vežba, već se i družim sa neverovatnom grupom žena svake nedelje. To mi je veliki podsticaj da odem na čas. Našla sam način da se preznojim a da ne moram da oblačim šorts od spandeksa i patike.“ — ADELEJD, 24 GODINE

IZ KINESKOG UGLA

Vežbanje je poput reke

Kinezi o vežbanju razmišljaju kao o načinu za stimulisanje protoka. Oni veruju da sve u nama mora da teče, kao što teče voda u reci; ako reka zastane, postane ustajala i smrdljiva.

Kineska medicina (KM) uči da naše telo kao u ogledalu odslikava zemlju i njene sile. Iz promatranja suprotnosti u svetu prirode – dan/noć, voda/vatra, muško/žensko – dolaze osnovni principi jin/janga koji se koriste za opisivanje svih postojećih stvari. KM se koncentriše na balansiranje jina i janga da bi se izbalansiralo telo. Glavni cilj KM je da se uspostavi ravnoteža.

Iz istočnjačkog ugla gledano, biti u kondiciji znači imati snažne unutrašnje organe i jak či, ili protok energije – nije to samo vezano za nabildovane mišiće. Sporije, blaže aktivnosti pomažu da se ojačaju unutrašnji organi i da se popravi protok energije. Vrlo je važno da izbalansirate režim vežbanja u kojem uživate sa nečim meditativnijim kao što je taj či ili borilačke discipline.

—SANDRA ČU, MSTOM

bila, ona može i da leti, što je neosporno veoma kul. Možda vi volite da vozite bicikli na posao i u povratku s posla. Ili pokušavate da se ubacite na pilates jer sve druge u kancelariji to rade, ali vi ste zapravo najsrećniji na sobnom biciklu u svojoj dnevnoj sobi, znojeći se dok gledate *Enimal planet.* Bavite se onim u čemu uživate, a ne onim šta je trendi.

Nemojte potcenjivati slučajna vežbanja koja se dešavaju iz manjih promena u vašoj dnevnoj rutini – popeli ste se stepenicama umesto da idete liftom, odšetali ste do posla umesto da se odvezete, podizali ste tegove dok ste kulirali kod kuće.

Zašto su svi poludeli za jogom

Postoji mnogo različitih načina vežbanja koji su vam na raspolaganju – prepuštam vama da vidite šta je to što vam se dopada, džez balet ili tekvondo. (Pokušajte oba, zašto da ne?) Ja želim da govorim o prednostima joge jer je to neka vrsta supervežbi. Dobijate veliki deo fizičkog, mentalnog i duhovnog vežbanja, sve na jednom mestu.

Postoji nekoliko različitih vrsta joge ali sve one imaju neke zajedničke prednosti. Joga na neverovatan način povećava vašu fleksibilnost, podmazuje vaše zglobove i ligamente – što nam je potrebno sve više i više kako se približavamo tridesetoj – i razvija izdužene, vitke mišiće. (Neće vam dati ispupčene bicepse Arnolda Švarcenegera – i to je jedan od razloga zašto je joga toliko popularna među ženama.) Takođe se vezuje za jak srčani i imunosistem i pomaže da se vaša težina ne menja, a da i ne pominjemo pomoć kod funkcionisanja digestivnog trakta. Kao da sve to nije dovoljno, posvećenici joge, kao na primer Dajana koju ovde citiramo, često smatra da su fizičke prednosti joge zapravo sekundarne u odnosu na ono što vam pruža na mentalnom nivou.

> ***Zanimljivosti:*** *Joga je nastala u Indiji, negde oko 200. godine p. n. e. Forma joge koja se najčešće upražnjava u zapadnom svetu jeste hata joga koja uključuje zauzimanje čitavog niza stavova ili poza i regulisanje disanja.*

Dobar instruktor može da vam pomogne da usredsredite misli i energiju, i da ispravite poze tako da izvučete maksimum iz vašeg vežbanja i da se ne povredite. Ako ne volite da vežbate u javnosti, ili ne volite da radite u prepunoj prostoriji, možete da vežbate jogu kod kuće – prateći uputstva sa DVD-ja ili da vežbate poze koje ste naučili na času. Ipak, budite oprezni – možete se povrediti ako ne znate pravilan stav ili pokušavate da napredujete prebrzo. Bolje da

„Posle jutarnje joge moj dan je svrsishodniji i ne postoji ona svakodnevna opsednutost zauzetošću. Joga me ohrabruje da se uputim u samu sebe, u svoj um, telo i dušu na kojem god nivou da mi je ugodno. Ovu 'vežbu' ne radim zato da bih se takmičila sa sobom ili sa drugima; to je zapravo povezivanje sa suštinom onoga što ja zapravo jesam na mnogo nivoa. Joga me vodi u osećanje koje mi dozvoljava da budem usaglašena sa potrebama svoga tela, bilo da hoću da zategnem mišiće ili da shvatim negativne sukobe u sebi.“

— DAJANA, 45 GODINA

imate bar jedan ili dva časa sa instruktorom joge da biste znali da vežbate bezbedno.

Održite naviku da vežbate

Uvek ima neki film koji bi se mogao pogledati, neki garderober kojeg treba srediti, *Gugl* sajt koji treba proveriti – uvek ima milion stvari koje su lakše i naizgled bitnije nego vežbanje. Kako da se najbolje osigurate da ćete odraditi svoje vežbanje?

Nastojte da uspostavite ravnotežu u svom režimu vežbanja. Ako negujete ekskluzivnu vezu sa pomahnitalim trenerom sedam dana u nedelji to je kao da počnete da jedete samo jednu vrstu zdrave hrane – jeste dobro za vas, ali nema nikakve raznovrsnosti a i rizikujete da nanesete sebi zlo. Svakome od nas potrebna je kombinacija **aerobnih aktivnosti** (npr. trčanje, vožnja bicikla, igranje ragbija), **težinske vežbe** (bilo šta što razrađuje vaše kosti i mišiće nasuprot gravitacije, kao što je podizanje tegova, penjanje, tenis) i **istezanje.** Osim toga, bilo koja rutina vežbanja će postati dosadna ako malo to ne promešate. Zato, danas malo plivajte, sutra podižite tegove, a idite na jogu u četvrtak. Pomešajte. Ponavljajte. Ovakva praksa smenjivanja različitih vrsta vežbi zove se kros-trening i daje telu kompletno vežbanje.

Pošto su svi sistemi u vašem telu povezani, verovatno ćete primetiti da vežbanje daje ukrštene efekte, npr. jačanje mišića kroz dizanje tegova pomaže vam da brže plivate. Moja prijateljica Mendi primetila je da joj sklekovi koje uradi tokom radne nedelje daju

Saznajte više o jogi

Yoga Journal
www.yogajournal.com

Health and Yoga
www.healthandyoga.com

veću snagu da uživa u planinarenju tokom vikenda.

Nađite partnera za vežbanje, ili možda grupu, ili, ako ste taj tip, nađite timski sport koji će vas motivisati. Neki ljudi više vole da vežbaju sami; neki se neće nikada oznojiti ako ih neko ne primorava i dere se za njima u megafon. Negde u sredini je neki od vaših prijatelja sa kojima možete na vožnju rolerima.

Neka vaše vežbanje bude dovoljno kratko da ne zavlada vašim životom. Ako provedete dva sata u teretani i iscrpite se do krajnjih granica, nije verovatno da ćete se ikada više tamo vratiti. Neka vežbanje bude nešto što ćete jednostavno udenuti u svoj život; a ne da vežbanje postane ceo vaš život.

Koliko vežbanja je dovoljno?

Mislim da, bez obzira na to koliko se aktivnosti „preporučuje“, najvažnija stvar jeste da uopšte nešto uradite. Ako ste relativno neaktivni, ili ste na ivici da srastete sa kaučom uz čips (a ko od nas nije, pre ili kasnije, bio u toj situaciji?), započnite s vežbanjem dvaput nedeljno. Ne zaboravite da je to promena životnog stila, pa ako se napalite i krenete na vežbanje pet puta nedeljno, manja je verovatnoća da ćete izdržati. Morate jednostavno da izdvojite vreme za vežbanje: ubacite ga u vaš dnevni raspored, neka to bude prioritet na vašoj listi stvari koje treba obaviti, isto kao i pranje veša ili kupovina. Ja sam shvatila da ako ne odvojim dovoljno posebnog vremena za trčanje, i da posle toga operem i osušim kosu, neću ništa ni započinjati.

Kada se osećate zadovoljno svojim režimom vežbanja, pokušajte da odradite po 45 minuta dnevno različitih aktivnosti, četiri do pet puta nedeljno. Da, ovo zvuči baš mnogo, ali ovo je uopštena preporuka – vi ćete možda želeti više ili manje. Ne zaboravite da je kretanje neophodno za fizičko i mentalno zdravlje. Ipak, svi ćemo mi ponekad skrenuti sa pravog puta – jednostavno se vratite što je pre moguće.

„Kada nisam raspoložena za vežbanje, pomaže mi to što znam da će Alisa biti ispred moje kuće četiri puta nedeljno tačno u šest sati ujutru, čekajući me da idemo na džoging. Radujem se fizičkom poboljšanju koje će mi trčanje doneti, ali više od svega to je odlična šansa da se ispričam sa prijateljicom – i evo, posle godinu i po dana, mi znamo sve jedna o drugoj.“

—ROUZ, 30 GODINA

Teretana: druga kuća ili tamnica mučitelja?

Teretane su stvarno zgodne – sve te mogućnosti za vežbanje na jednom mestu – ali su takođe i skupe. Sama činjenica da ste platili članarinu u teretani može da vas podstakne na vežbanje – na kraju krajeva, iskeširali ste toliki novac, a teretana vam je baš usput na povratku s posla. S druge strane, to može isto tako da dovede do vrlo stresnog osećaja krivice jer ste propustili nedelju ili mesec dana zbog preza-uzetosti, umora, ili vam se prosto nije dalo.

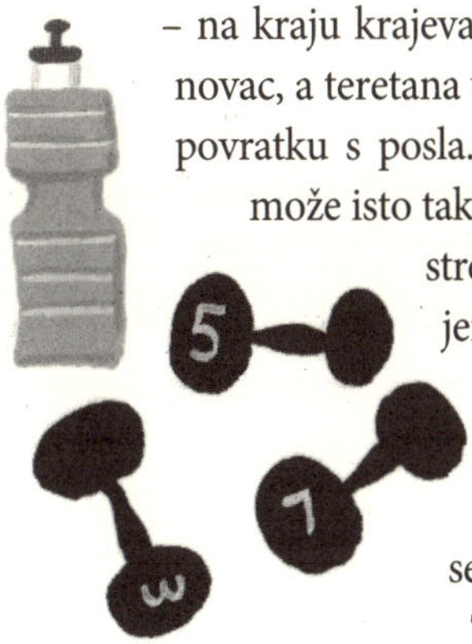

Teretane nisu za svakoga – mnogi ljudi više vole da vežbaju napolju, a neki jednostavno nemaju dovoljno novca za članarinu. Izazovnije je ići u teretanu ako ste u urbanoj sredini zato što su parkovi i zelene površine ograničeni. Ili možda vaš posao zahteva ceo dan kada ima dnevne svetlosti i zato vam je potrebna bezbedna površina unutra gde ćete vežbati. Imala sam prijateljicu koja nije mogla da priušti teretanu pa je radila vežbe u svom stanu. Možda vam se ne dopada da radite trbušnjake zadenuti za garderober, ali kad se hoće, sve se može. Raščistite neko mesto u vašoj kući i nabavite komplet tegova; ili podižite konzerve pasulja i graška, ako vam drago. Istezanje možete da radite bilo gde (jeftina obična strunjača na kuhinjskom podu da ne klizite). Ako su vam potrebna

Ako boli, nije dobro!

Koliko god da ste napaljeni da im pokažete ko je glavni u vežbanju, uvek odvojite po deset minuta pre i posle za istezanje. Ako ste krenuli na ozbiljan trening aerobika, uradite prvo petominutno brzo hodanje da bi vam krv procirkulisala i da bi se mišići pripremili. Isto uradite i posle treninga da biste se ohladili i vratili puls na normalu.

Vodite računa o tome da pijete dovoljno vode (posebno kada je vrlo toplo) pre, za vreme i posle treninga – znojenje može da dovede do dehidratacije, što je ozbiljna neprijatnost. Obratite pažnju na poruke koje vam vaše telo šalje – ako ste već premoreni i imate probadajući bol, usporite malo ili zastanite. U redu je osećati se pomalo istegnuto posle dobrog vežbanja, ali ništa ne bi trebalo da vas boli. Ako ne umete da razlikujete neprijatnost zbog napornog treninga od uganuća članka, odmah prestanite sa vežbanjem. Fitnes ne bi trebalo da bude sadomazohističko iskustvo.

iskustva, DVD-jevi sa pilatesom takođe nisu skupi. Jedne zime moja prijateljica i ja smo radili pilates svake večeri posle posla na podu njene dnevne sobe jer nismo mogli da priuštimo sebi lokalni fitnes klub. Sa zadovoljstvom javljam da je naša provizorna vežbaonica dala jednake rezultate kao i mnogo skuplja teretana u koju smo se posle učlanili.

KAKO DO JEFTINE ČLANARINE U TERETANI

Isprobajte što više možete teretana pre nego što se opredelite za jednu. U većini njih će biti vrlo voljni da vam daju besplatan dan ili nedelju da isprobate njihov objekat. Verovatno možete napabirčiti mesec ili dva besplatnog vežbanja tako što ćete prošetati unaokolo i iskoristiti besplatne ponude.

U zavisnosti od toga gde stanujete, vaša lokalna vežbaonica možete biti najbolje rešenje za vas, nasuprot skupom lancu teretana. Nemojte da vas zavedu reklame za fensi objekte; fitnes centar u skloništu pored vas možda ima bolju opremu a mnogo je blaži prema vašem novčaniku. Na takvima mestima je često i manja gužva za sprave.

Još bolje od toga, teretane isključivo za žene imaju često mnogo opušteniju atmosferu nego mesta pretrpana razbacanim bilderima. Oni nude programe pravljene specijalno za

Zaboravite na skupe najke

Fensi sportske patike mogu da koštaju i više od 100 dolara. Ne treba ni da počinjem o tome koliko koštaju karate kimonoi, specijalne boce za vodu i neke čarape protiv žuljeva. Ne morate da potrošite ni dinar na sportsku opremu. Aerobne vežbe stvarno zahtevaju kvalitetne patike (uzmite one koje će biti dobre i za trčanje i za šetnju). Možete uzeti i

specijalnu odeću koja upija znoj, što je divno samo što košta kô đavo, ili možete nositi pamučnu majicu i šorts kao što je činila vaša baka pre nego što su izmislili spandeks.

Ono što vam je stvarno potrebno jeste dobar grudnjak – vaš uobičajeni čipkani neće vam dati podršku koja vam je potrebna.

žensku fizičku snagu i izdržljivost. Pokušajte: znam nekoliko žena koje nisu htele ni da čuju za čisto ženske teretane a sada su posvećene sledbenice svojih treninga.

Ako živite u blizini svog fakulteta, verovatno ćete dobiti pristup univerzitetskim prostorijama za relativno malu svotu. Za upola cene nego što je članarina u teretani, član sam atletskog centra u srednjoj školi koju sam završila. Čak i da niste išli kod njih, ako postoji univerzitet u vašem gradu, oni verovatno nude popuste. Proverite.

Kompanije imaju interes da su im radnici zdravi, pa mnoge nude specijalne korporativne cene za svoje zaposlene u određenoj teretani. Ja sam čak radila u nekim firmama koje su imale časove joge posle posla u sali za sastanke (što i nije baš najmirnije mesto na svetu, ali je zgodna povlastica, u svakom slučaju). Vaše zdravstveno osiguranje možda ima neku predviđenu stavku za članarinu u teretani, ako možete da dokažete da idete redovno.

Pre nego što potpišete pristupnicu

Pročitajte i sitna slova na ugovoru za upis u teretanu – ponekad su toliko komplikovani i zahtevni kao da podižete hipoteku na kuću. Postavite prava pitanja: da li postoji trošak za učlanjivanje? Da li nude plaćanje u mesečnim ratama? Možete li da zamrznete članstvo ako idete van grada ili odlučite da napravite pauzu? I na koliko dugo? I koliko puta? Da li članarina uključuje besplatan čas sa trenerom? Možete li da dobijete trenera nevezano za to? Da li ti časovi dodatno koštaju? I, ono najvažnije, kakve obaveze preuzimate kada potpišete ugovor – hoćete li morati da prodate bubreg da biste platili raskid ugovora?

ODLAZI NA SPAVANJE

Zašto je neophodno da dovoljno spavate

Život ume da bude toliko uzbudljiv, toliko zahtevan, pretrpan stvarima koje treba uraditi, tako da san ponekad izgleda kao gubljenje vremena. Od nas se zahteva da odemo na posao u cik zore, da radimo po ceo dan, a zatim žurimo da se nađemo s prijateljima na večeri tako da nam jedva ostaje vremena da operemo zube (a da ne govorimo o čišćenju koncem) pre nego što se strovalimo u krevet. Impresioniraju nas ljudi koji kažu da se provlače sa samo četiri sata spavanja noću, i pretpostavljamo da su sazdani od nečeg jačeg nego što smo mi, i uzimamo zdravo za gotovo da manje sna znači više uspeha. Ovo su obična lupetanja. San nije neka kratka pauza na koju idemo da bismo napunili baterije između dve epizode našeg života – san je neophodan svakom sistemu našeg organizma i kada nemamo dovoljno sna, sve drugo se takođe pretvara u noćnu moru.

Spavanje je imperativ

Specijalisti se slažu da je odraslima potrebno, u proseku, sedam do devet sati spavanja noću. Kada premalo spavate, to onda ima uticaja na sve, od toga kako vozite auto do toga koliko ste uspešni na poslu. Vaš um i telo moraju da imaju dovoljno vremena da obnove zalihe energije, da poprave mišiće, da obrade informacije (postoji razlog zašto sve možete bolje da sagledate ujutru) i da regulišu raspoloženje i apetit. Bez dovoljne količine sna vaš imuno sistem proizvodi manje antitela, pa postoji veća verovatnoća da ćete se razboleti. Sve se povećava kada ste neispavani, od nivoa stresa do krvnog pritiska. Ovo je vrlo ozbiljna stvar, pa šta

„Obično se osećam vrlo stresno kada ne držim nešto pod kontrolom. Shvatila sam da je najbolja stvar kako da se izborim sa tim ta da se suočim sa stvarima. Ako su moje finansije van kontrole, ja pogledam svoju čekovnu knjižicu i kažem sama sebi: 'Dovde sam u buli, ovo i ovo moram da uradim da bih se odatle izvukla.' Ako je stres zbog posla, ja sačinim listu stvari koje treba da uradim, i vidim šta mogu da završim toga dana a šta do kraja nedelje. Sama činjenica što sam napravila spisak stvari daje mi osećaj kontrole što umanjuje moj stres i dopušta mi da bolje spavam.“

—SAMANTA, 33 GODINE

onda tražite budni u tri ujutru surfujući net-om? Pravac na spavanje!

Dno dna: ime ti je nesanica

Kada ne spavamo dovoljno, svaki deo našeg života je pogođen negativno. To je poziv na akciju (zapravo, u ovom slučaju na neakciju) ako uzmemo u obzir činjenicu da *Galupova* istraživanja pokazuju da nekih četrdeset posto ljudi ima problema sa spavanjem nekoliko puta nedeljno. Još gore, stručnjaci nam kažu da je nesanica i pospanost u toku dana češća kod žena nego kod muškaraca. I vi ste verovatno iskusili nesanicu u nekom trenutku: umorni ste ali kada legnete u krevet ne možete da zaspite. Ili zaspite ali se probudite usred noći i ne možete da zaspite ponovo. Zatim, tu je nesanica drugog reda kada počnete da brinete zbog činjenice da ne spavate i tu započinje začarani zli krug zbog kojeg se prevrćete do jutra. Šta da se radi?

Vežbanje higijene dobrog spavanja

- Držite se redovnog rasporeda spavanja – čak i vikendom, ako možete.
- Redovno vežbajte, ali neka trening bude gotov bar dva sata pre spavanja. Vežbanje podiže temperaturu vašeg tela i čini vas aktivnijim, a nijedno od toga neće vam pomoći da zaspite.

- Učinite da vaša spavaća soba bude tiha, tamna i prijatne temperature.

San i tvoja menstruacija

Podizanje i pad hormona tokom menstrualnog ciklusa može uticati na vaš san. Nivo progesterona u vašem telu raste prilikom ovulacije što može prouzrokovati loš san. On naglo pada baš negde u vreme menstruacije i to, ponovo, može biti uzrok nesanice. Dodajte tome da otprilike pedeset posto žena ima problem sa spavanjem tokom menstruacije zbog nadutosti. Grčevi, neraspoloženje i razni drugi bolovi povezani sa premenstrualnim sindromom takođe mogu uticati na san. Pokušajte da održite izuzetno pravilan ritam spavanja tokom menstruacije da biste sveli probleme na minimum.

- Izbegavajte večernje aktivnosti koje uzburkavaju um, kao što je plaćanje računa ili vežbanje algebre.
- Ustanovite redovnu, opuštajuću večernju rutinu, kao što je opuštanje u kadi, čitanje, istezanje ili meditacija.
- Izbegavajte izlaganje jakom svetlu – svetlo govori neuronima koji kontrolišu vaš ciklus san–buđenje da je vreme za ustajanje.
- Postarajte se da imate udoban, kvalitetan madrac (prosečni vek trajanja

(nastavak na strani 34)

Koren sveg zla

Nekad mi se čini da su svi koje poznajem pod stresom. Svi mi jurimo kao poludeli ne bismo li obavili sav svoj posao, brinemo kako ćemo platiti kiriju, budimo se usred noći stisnutih vilica. Pretpostavljam da ste i vi sami pomalo pod stresom.

Posao, prijatelji, ljubav ili potraga za njom, finansije, stanje u svetu – nervoza zbog svih ovih stvari urotila se da nam stalno podiže nivo stresa.

Ukoliko nemamo neki efikasan način da se nosimo sa stresom, eto nevolje. Čujte ovo: najnovija istraživanja pokazuju da je oko 90 procenata bolesti povezano sa stresom. Priznaćete, to je potpuno suluda brojka.

Kažem da je stres koren svakog zla jer može da iscrpi naš imuni sistem i bukvalno izazove bolest. A način na koji odgovaramo na stres može još i da produbi problem – piće, uzimanje tableta, pušenje, loše ponašanje prema sebi i drugima. Nema načina da se eliminiše stres u potpunosti ali možete da ga smanjite i naučite da se nosite sa njim na pozitivan način. (Primer: započinjanje svađe sa cimerkom ili bušenje rupe u zidu dnevne sobe ne spadaju u pozitivne načine).

Svakog dana odvojite malo vremena samo za sebe. Ne morate da se spremate i idete na masažu, ali iskoristite to vreme

Osećajte se bolje odmah: Brza rešenja za stres

- Dišite polako i duboko. Koncentrišite se potpuno na svoje disanje da ne možete istovremeno da mislite ni na šta drugo.
- Popijte čaj ili ručajte sa prijateljima koji vas smiruju.
- Moja prijateljica Erika preporučuje ponavljajuće aktivnosti koje ne zahtevaju razmišljanje kao što je šivenje, seckanje povrća, čišćenje kupatila ili pranje sudova.
- Razgovarajte sa prijateljima i porodicom o svemu što vam je na umu. Napišite to u obliku dnevnika, kao blog ili kao imejl najboljoj prijateljici.
- Izađite iz kuće i prošetajte se, makar i samo oko bloka.
- Pojedite nešto zdravo, malo grožđica ili badema.
- Ponavljajte umirujuću frazu ili mantru, ponovo i ponovo, naglas ili u svojoj glavi. Neko me je posavetovao pre mnogo godina da je „Manje, manje!“ dobra mantra i ja je od tada stalno koristim. Ona me podseća da razbijem svoj posao, probleme ili teška pitanja na sićušne delove kojima mogu lakše

možda da malo posedite i razmislite, meditirate, pročitate novine, nalakirate nokte na nogama ili prošetate u parku. Prihvatite da živimo u svetu koji traži beskrajno mnogo od našeg uma – potreban vam je način da sagorite stres baš kao što vam je potrebno da sagorite kalorije kada vežbate. Da, možete jednostavno da se izležavate na kauču i gledate *Opru.*

Ako *stvarno* ne vidite izlaz iz stanja hroničnog stresa, prestanite da slušate glas razuma ili razmišljate o tome da povredite sami sebe, morate se smesta obratiti za profesionalnu pomoć. Ne biste ni veliki kašalj ostavili nezalečen (zar ne?) – preterani stres je isto tako hitna stvar.

Više informacija

Helpguide to Stress
www.helpguide.org/mental

Mayo Clinic Stress Center
www.mayoclinic.com/stress/SR99999

PREGLED KOD DOKTORA

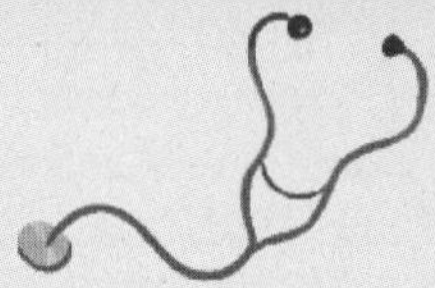

Teško je reći pacijentu „Morate da se oslobodite tog stresa!“, jer živimo u društvu koje se hrani stresom. Na fakultetu ste brinuli zbog ocena; sada brinete zbog uspeha na poslu. Vreme je da počnete da učite kako da se borite protiv stresa, jer će i posao (a i stres) biti tu do kraja vašeg života.

Navika koju najviše treba da negujete jeste da svakodnevno izdvojite određeno vreme iz vašeg pretrpanog rasporeda – makar i deset minuta da pročitate knjigu. Uvek slušamo o tome koliko su Evropljani zdraviji od Amerikanaca. U Evropi ne možete sresti ljude koji trče unaokolo i nose šolju kafe. Oni natenane piju kafu s mlekom u kafiću, ćaskajući s prijateljima.

—DR. KIL

da upravljam. Kada sam bila pod najgorim stresom u životu, neprekidnim ponavljanjem mantre „Manje, manje!“ naterala bih samu sebe da obujem čarape, operem zube i izađem iz kuće da bih se suočila sa neprijatnim zadatkom. Možda zvuči veoma pojednostavljeno – ali meni uspeva.

◆ Okupajte se u kadi punoj tople vode.

◆ Imajte stalno na umu da će i ovo, kao i sve drugo, proći. I ranije ste prolazili kroz stresne periode, pa ćete preživeti i ovaj.

Disko dremka

Stručnjaci kažu da nema načina da se nadoknadi propušteni san – ne možete se iscrpljivati nesanicom tokom radnih dana a onda pokušati da sve nadoknadite neprekidnim spavanjem vikendom. Iako je dremanje najčešće loše za osobe koje imaju problema sa nesanicom jer 'krade san' od vašeg redovnog režima spavanja, mala sijesta će možda olakšati umor – ako se obavlja kako treba.

Pokušajte da fiksirate svoju dremku za negde oko podne, tako da bude veoma daleko od vašeg uobičajenog vremena za spavanje. Ograničite dremež na 20 do 30 minuta – bilo šta duže odvešće vas u dubok san iz kojeg je teško probuditi se. I ne morate da brinete da ćete zaspati dubokim snom ako zadremate u diskoteci – ako samo zatvorite oči i sedite nepomično, i to će vas osvežiti.

je oko deset godina) i dobar, nealergenski jastuk (mogu se naći u bolje snabdevenim robnim kućama).

- Spavaću sobu koristite samo za spavanje i za seks. Nemojte obavljati poslove ili gledati TV u krevetu ako imate za to prostor negde drugde. Uklonite iz vidokruga sve što izaziva nervozu, kao

što su računi, nezavršen posao ili budilnik.

- Završite jelo i piće bar dva do tri sata pre odlaska na počinak. Teški obroci mogu da prouzrokuju nelagodu, začinjena hrana rađa žgaravicu, a previše tekućine će vas držati budnim u toku noći.
- Ako se probudite usred noći i ne možete da zaspite jer vam neka briga ili problem okupiraju mozak – ustanite iz kreveta, sedite i zapišite o čemu se radi. Bukvalno izbacite brigu iz svoje glave na papir, znajući da ćete se time pozabaviti ujutro. To je zaista delotvorno!
- Ako ne možete da zaspite u roku od 15 do 20 minuta otkad ste legli, ustanite i otidite u drugu sobu. Vratite se tek kad budete pospani. Svrha ovoga je da drži nesanicu podalje od vašeg kreveta.
- Ako dremate u toku dana, ograničite to na maksimum 30 minuta u rano popodne.

- Izbegavajte previše alkohola pre odlaska u krevet. Nasuprot uvreženom mišljenju, alkohol nije sedative i može da izazove probleme sa spavanjem.
- Izbegavajte kofein u poslepodnevnim časovima i uveče. Kofein generalno ostaje u vašem telu od tri do pet časova a neki ljudi osećaju efekte i po dvanaest časova. Ako imate nesanicu, ukinite kofein potpuno.

Ako imate hroničnu nesanicu i promena navika ne pomaže, porazgovarajte sa svojim doktorom. Često nesanicu izazivaju nervoza ili alergije, koje neće nestati koliko god kofeina da izbacite. Možda zvuči izazovno da rešavate svoju nesanicu nekim lekovima u slobodnoj prodaji, ali ako počnete da preterujete – pozovite doktora, ipak.

PROGUTAJTE OVO

Zdrava dijeta

Svi znamo koliko je važno da se pravilno hranimo. Problem je u tome što većina nas jede nesvesno, grabeći hranu u trku i ne razmišljajući o tome da mi zaista *jesmo* ono što jedemo.

Započnite odmah tako što će *izbalansirana* ishrana postati vaš prioritet. Ne treba vam ni previše ni premalo od bilo koje vrste hrane – potrebni su vam proteini, ali i hranljivi sastojci iz žitarica i kalcijum iz mlečnih proizvoda i povrća. Setite se stare izreke „Sve umereno" i dopustite da to vodi vaše navike u ishrani.

Ishrana je zapravo nega samog sebe – zato nemojmo zaboraviti koliko je jelo prij-a-tna stvar. Svi smo iskusili sjajne obroke koji se mogu meriti sa dobrim seksom (a i nekoliko večera koje su bile lošije od lošeg seksa, ali to je za neku drugu priču).

Dobra klopa: Hrana koju treba jesti obilno

Prvo i najvažnije, postoje tri osnovne kategorije hrane: ugljeni hidrati, proteini i masnoće Svima nama one su potrebne u izbalansiranoj proporciji. Pristup 40/30/30 propagira mnogo naučnika – to znači 40% vaše ishrane čine ugljeni hidrati, 30% proteini, a 30% masti. Ne znači da zato treba da odmeravate svaki gram – to je prilično ujednačena podela sa

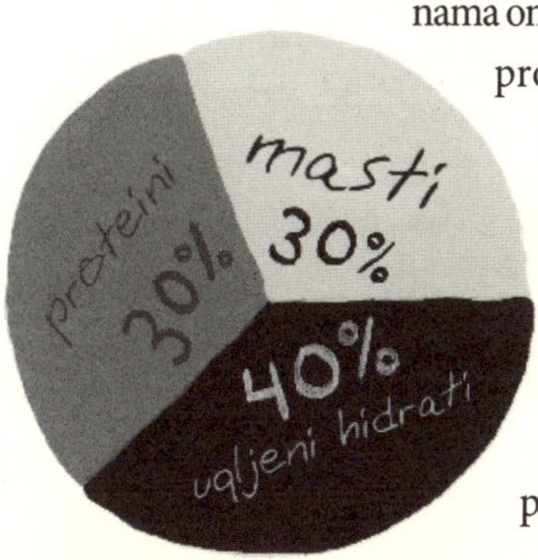

Šta je sledeće? Da pijemo sopstvenu mokraću?

I Ne treba ni da vam govorim da nas svaki dan bombarduju novinskim izveštajima, naučnim studijama i vladinim otkrićima u kojima hvale neku novu supernamirnicu. Danas je to riblje ulje, sutra mačja dlaka ili neki vitamin za koji u životu niste čuli. Baš kao što ste i vi (bar se nadam) skeptični po pitanju novih senzacija na polju ishrane, budite isto tako oprezni da ne živite svoj život po nekim najnovijim nutricionističkim izmišljotinama.

Sačekajte da se slegne prašina oko novih istraživanja, isprobajte stvari koje zvuče razumno i stalno imajte na umu da želite da postignete ravnotežu. Nemojte odbacivati savete niti ih se držati kao pijan plota – saslušajte novosti, ali donesite svoje odluke. Ako nešto zvuči previše dobro da bi bilo istinito, najverovatnije tako i jeste.

naznakom na ugljenim hidratima. Zato, hajde da vidimo šta imate u potrošačkoj korpi.

Ugljeni hidrati su, pogre-šno, ocrnjeni u proteklih nekoliko godina. Oni obezbeđuju naš glavni izvor energije i brane da se proteini koriste za energiju umesto za funkcije razvijanja tela, čemu i služe. Najbolje je da ugljene hidrate uzimate iz integralnih žitarica jer one nisu procesirane, tako da su njihove hranljive materije netaknute. U to spadaju integralni pirinač, heljda, proso i ovas. Svrsishodnost integralnih žitarica je veoma priznata u industriji hrane – danas možete naći i hleb i testenine od takvih žitarica, i u supermarketima i u prodavnicama zdrave hrane. Beli hleb i procesirane žitarice ne sp-adaju u integralne jer im je i duša isprocesirana i sve isceđeno. Ugljene hidrate dobijamo i iz povrća, zrnevlja i voća.

Proteini obezbeđuju nitrogen i aminokiseline za proteine u našem telu – kožu, mišiće, moždane ćelije i kosu: oni se takođe koriste za stvaranje antitela koji se bore protiv infekcija. Proteini obezbeđuju dobre enzime koji kontrolišu odnos hemijskih reakcija u našem telu. Proteine možete dobiti iz mleka, sira, jogurta, mesa, ribe, piletine, zrnastog povrća, jaja i tofua.

Masti su tip hrane koji je nama zaista *potreban* uprkos jednoj totalnoj medijskoj kampanji da ih potpuno izbacimo iz ishrane. Bez masnoća sve bi otišlo do đavola: naš mozak ne bi radio kako treba, naši organi bi prestali da funkcionišu, krvotok bi nam se usporio, izgubili bismo energiju a stradala bi nam i koža, kosa i oči. To ne znači da treba da gutate prženu hranu – postoje, kao što i pretpostavljate, dobre i loše masnoće. Zasićene masti, neophodne za stvaranje određenih hormona u našem telu, dobijamo iz proizvoda životinjskog porekla kao što je meso, puter i mlečni proizvodi. Zasićene masti su neophodne ali imaju visok procenat holesterola, pa zato pazite koliko ih unosite. Možete uneti veoma važne, nezasićene masti koje snižavaju nivo holesterola iz ribe i ulja od povrća, kao i iz avokada i raznih vrsta oraha. Nezasićene masnoće poznate kao omega-3 preporučuju nutricionisti i mnogi drugi doktori radi promovisanja zdravog srca i zbog mnogih drugih telesnih funkcija.

DRUGIM REČIMA...

Slobodni radikali: (ovo ne znači Fidel Kastro.) Visokoreaktivne hemikalije koje se proizvode tokom normalnih, svakodnevnih telesnih procesa i za koje se smatra da doprinose starenju i nekim bolestima.

Antioksidanti: supstance koje se bore protiv razarajućih efekata slobodnih radikala. Do nekih antioksidanata dolazimo jednostavno jedući povrće, voće, orahe i vitamine A, C i E i omega-3 masne kiseline.

„Na fakultetu sam imala glupave periode 'sve ili ništa' (od toga da ništa ne pojedem za doručak i ručak a onda uzmem činiju salate od 2,5 kg za večeru. Sada u kući držim jedino zdravu hranu. To je zbog toga što nemam kontrolu nad tim koliko pojedem slatkiša ili slično. Tako da je moj režim sledeći: kod kuće jedem samo zdravo, uglavnom naručujem zdravo u restoranima, ali kada na zabavi ugledam tortu, pa, ja je smažem, i to je to. Shvatila sam da ako se u 90% vremena pravilno hranim, ne treba da se do krajnosti kontrolišem i u onih 10%.“

—DŽEN, 29 GODINA

U redu, znači da jedete dovoljno integralnih žitarica, dovoljno ugljenih hidrata, proteina i masnoća. Šta još treba činiti?

Pa, kažu da ne jedete dovoljno voća i povrća. A oni sadrže većinu vitamina i minerala koji su vam potrebni za zdravo telo puno energije. Oni održavaju redovnu stolicu i obezbeđuju antioksidante. Potrebno vam je bar pet porcija voća i povrća svaki dan. To zvuči

(nastavak na strani 40)

IZNENAĐENJE

Stvari koje možda i ne znate

Nutricionista dr Džefri Morison zalaže se za izbalansiranost (Hm – opet ta reč. Mora da je stvarno važna!) On želi da se koncentrišemo na povrće, proteine i integralne žitarice. Nutricionisti obično rade sa pojedincima da bi razvili individualni plan ishrane, ali dr Morison nudi neke fascinantne informacije za sve nas, o tome šta trpamo u svoj organizam, informacije koje do sada možda nismo uzeli u obzir.

- Većina nas konzumira previše šećera. Šećer povećava trigliceride, zalihe koje prave masnoće, što povećava holesterol. Mi živimo u pogrešnom uverenju da jaja povećavaju nivo holesterola, ali dr Morison ističe da su komponente holesterola razbijene u mnogo jednostavnije forme pre apsorbovanja; ove 'dobre masnoće' ne utiču direktno na nivo holesterola. Šećer je pravi neprijatelj.

- Hleb od integralne pšenice (nemojte brkati sa integralnim hlebom) često je samo običan beli hleb sa karamel koricom. Pšenica je najzastupljenija žitarica u SAD i primoravaju nas da jedemo onoliko koliko se proizvede. Proverite sastojke u vašem hlebu i tražite integralne žitarice kao što su ovas i raž.

- Mada je ženama zaista neophodan kalcijum, mlečni proizvodi možda nisu najbolji za njegovo dobijanje. „I dalje postoji zabluda da moramo da nastavimo da uzimamo mlečne proizvode i kad prestanu da nas doje", kaže dr Morison. „Kada se mleko pasterizuje, ono se zagreva do veoma visoke temperature, što ubija enzime koji se koriste za varenje masnoće i šećera i za apsorbovanje kalcijuma. Usput, razmislite odakle ovo mleko dolazi. Krave u SAD su konstantno steone ili im se daju hormoni da bi nastavile da proizvode mleko. Što znači da mleko

koje pijemo i dalje u sebi ima hormone."

- Alternativni izvori kalcijuma uključuju lisnato tamnozeleno povrće, brokole, ribu i orahe. Dr Kristijana Nortrup, ginekolog i autor knjige *Žensko telo, ženska mudrost*, takođe dovodi u pitanje upotrebu toliko mlečnih proizvoda u našoj ishrani i primećuje da hormon rasta bovin, koji se daje kravama, izaziva akne, menstrualne grčeve i uznemirenost creva. Ona i dr Morison preporučuju da pređemo na proizvode od ovčijeg i kozjeg mleka i na organski proizvedeno mleko sa farme.

- Takođe, iste te krave koje se koriste za šnicle tove se na brzinu koncentratom umesto da pasu travu kao što zapoveda majka priroda. Zato, kada jedemo njihovo meso, mi takođe jedemo i njihovu masnoću. Žena koja raspolaže ograničenim budžetom verovatno ne može sebi da priušti organski gajeno mleko i junetinu, ali imajte na umu da, uz ovaj način kako se krave gaje u SAD, mi unosimo mnogo smeća u sebe. Umesto da jedete crveno meso, dr Morison preporučuje da uzimate protein iz „belih" proteinskih izvora kao što su riba, ćurka i jaja.

- Evo jedne male tajne koju treba da imate na umu kada pravite listu za kupovinu: probajte da kupujete na obodnim delovima supermarketa, tu je sveža hrana; u sredini je procesirana hrana.

DRUGIM REČIMA...

Procesirana ili „rafinisana" hrana: to je hrana koja je fertilizirana, skuvana, konzervirana, ukiseljena, izmrvljena ili ima na neki drugi način dodate hemikalije sa namerom da se eliminišu mikrobi koji izazivaju bolesti i da može duže da stoji na policama. Problem je u tome što hrana u toku procesiranja najčešće gubi svoju nutritivnu vrednost i postaje hrana koju često zovemo – prazne kalorije.

Ni vegetarijanci ne žive samo na zečjoj hrani

Ako ste vegetarijanac, morate da uzimate dovoljno proteina (pređite sa mesa i jaja na orahe, grašak, pasulj i soju), dovoljno gvožđa i vitamin B12. Uzimajte gvožđe iz sušenog pasulja, spanaća, sušenog voća i hrane obogaćene gvožđem. Vitamin B12 u prirodi dolazi samo od namirnica životinjskog porekla, ali može se naći u nekim boljim (ne kaloričnijim) cerealijama za doručak, obogaćenim napicima od soje, nekim tipovima nutritivnih napitaka od kvasca i vitaminskim suplementima.

Vegetarijanci moraju da nađu alternativne izvore za kalcijum i vitamin D koji mi dobijamo iz mlečnih proizvoda. Probajte napitke od soje obogaćene kalcijumom, tofu, spanać, raž.

kao mnogo ali zapravo i nije tako teško uključiti ga u svoju dnevnu ishranu (vidi uokviren odeljak *Baci petaka!*) Svi smo mi imali najbolje namere kada smo frižider napunili brokolijem, plavim patlidžanom, paradajzom, jabukama i kruškama, dve kile grožđa a onda se sve što smo platili pokvarilo jer ih nismo pojeli dovoljno brzo. Kupujte u manjim porcijama, podelite namernice sa cimerkom, ili napravite sedeljku na kojoj ćete prijatelje poslužiti voćem i povrćem.

Takođe, zaboravljamo koliko je važno piti vodu. Ona je dobra za svaki deo našeg tela, posebno za bubrege i creva. Nutricionisti preporučuju jedan do dva litra vode dnevno za žene: „Mi imamo naviku da pijemo kafu ujutru da bismo se probudili, što nas automatski stavlja u situaciju nedostatka vode jer kafa je diuretik, što znači da zbog nje gubimo vodu. Isto tako, gubimo mnogo minerala kao što su magnezijum, kalijum i kalcijum kada pijemo kafu."

Ne znam za vas, ali ja neću izbaciti moju jutarnju kaficu – to je jedna od malobrojnih nagrada koju dobijam zato što sam se izvukla iz kreveta. I zato, mada smatram da su oni koji su uspeli da se odreknu kofeina oličenje vrline, ja popijem veliku čašu vode pre nego što srknem kafu a kasnije, tokom celog dana, držim kraj sebe flašu vode i pijem je i kada ne osećam žeđ.

Ponekad pobrkamo glad sa žeđi – zato pijenje vode često zadovoljava potrebu za koju mi smatramo da je glad. Molim, da se zna, sokovi i gazirana pića nisu zamena za vodu. Oni sadrže šećer i kofein i druge nepotrebne stvari od kojih dobijamo kalorije a ne zadovoljavaju naše nutritivne potrebe.

UREDNA STOLICA

Kako da stvarno bude uredno

Budimo iskreni: mnogo žena ima problema sa pražnjenjem creva. Da, to je privatna stvar, neprijatno je razgovarati o tome, ali može da dovede do ozbiljnih nevolja ako ne obraćate pažnju na svoju hroničnu dijareju ili opstipaciju.

Evo šta treba znati: pražnjenje treba da bude redovna, laka, nekomplikovana aktivnost. Trebalo bi da je obavljate jednom ili dvaput dnevno, idealno nakon doručka ili večere. Ako ne uspete to da obavite dok prelistate jedan *Veniti fer,* verovatno ste začepljeni. Ako stalno imate slučajeve hitnog odlaska u toalet, onda verovatno imate problem dijareje. Prilično sam sigurna da nemam nijednu prijateljicu koja nema neki od ovih problema. Možete krivicu da svalite na one koji su vas trenirali kako da idete na nošu – Frojd bi rekao onima koji idu jednom nedeljno da ne umeju da izbace sranje iz sebe – bukvalno. Ili možete da krivite svoju ishranu: mi ne pijemo dovoljno vode i ne jedemo dovoljno vlakana, ili se pretrpavamo kofeinom i alkoholom i drugih stvarima koje utiču na probavu.

SAVETI ZA KONSTIPACIJU

Vlakna, vlakna, vlakna. Voće, povrće, integralne žitarice. Zato deke i piju „metamucil" – radi redovnosti. U dobre izvore vlakana spadaju mahunarke, integralne žitarice, artičoke, suve šljive, smokve, datule i većina povrća.

Voda, voda, voda. Neka stvari budu tečne! Vlakna će upiti vodu i nabubriti i postati okidač za pražnjenje creva, zato se postarajte da uvek budete dobro hidrirani ako imate tih problema. I mada napitak koji sadrži kofein može da pokrene stvari, on vas takođe tera da mokrite, pa zato morate piti i mnogo vode ako uzimate kafu, čaj ili gazirano.

Isprobajte prirodne laksative. Raspitajte se kod svog doktora u vezi sa alojom, psilijumom i nekim drugim blagim prirodnim medikamentima. Ne posežite lako za laksativima u slobodnoj prodaji – to su đavolji lekovi. Da, potrebno vam je da se ispraznite;

Baci petaka

Pet porcija voća i povrća dnevno zvuči kao mnogo, ali nije to baš tako teško. Vidite:

- Pojedite narandžu ili bananu za doručak (1 porcija.)
- Za ručak uzmite sendvič sa zelenom salatom, paradajzom i boranijom, ili salatu (1 ili 2 porcije).
- Poslepodnevna užina: mlada šargarepica ili jabuka, ili malo sušenog manga (1 porcija).
- Uz večeru uzmite salatu, ili sotirani spanać, ili obareni brokoli, ili lazanju od povrća (1 ili 2 porcije). Vidite!

Probajte da za užinu uzimate voće i povrće kad god možete. Možda nećete svaki dan uspeti baš stoprocentno, ali vidite da je sasvim moguće.

NETOLERANCIJA NA LAKTOZU

Je li to izgovor za puštanje vetrova na javnom mestu?

Ako imate problema s gasovima zbog mlečnih proizvoda (mnogi od nas to imaju, nije ništa strašno), probajte mlečne proizvode kod kojih je umanjena laktoza. Možete takođe da uzmete i enzim laktazu pre konzumiranja mlečnih proizvoda. Ako izbacujete mleko, probajte nemlečne izvore kalcijuma kao što je zeleno povrće, brokoli, riba i orasi da biste znali da se dobro brinete za svoje kosti i zube ali i za svoju situaciju u crevima.

ali ne, nisu vam potrebne hemikalije koje izazivaju grčeve i zavisnost.

Odvojite sebi dovoljno vremena za sedenje na WC šolji. Ako žurite na posao i autobus će vam pobeći pa imate samo pet minuta, vrlo je verovatno da ćete se začepiti. Ustanite dovoljno rano da imate vremena da se opustite.

Otidite u šetnju ili vožnju biciklom. Vežbanje ubrzava sve procese u organizmu.

Za ljubav božju, nemojte nipošto ignorisati opstipaciju. Mislite da su neki razgovori sa doktorom neprijatni? Probajte kako izgleda razgovor o hemoroidima. Hemoroidi su nešto kao proširene vene na analnom otvoru koje mogu da bole, peku, krvare i često su direktno posledica naprezanja kada imate opstipaciju. Bilo da imate hemoroide ili ne, predlažem da koristite vlažne maramice kada se brišete – ili još bolje blago tapkate – da se obrišete.

SAVETI ZA DIJAREJU

Pokušajte sledeću dijetu: banane, pirinač, jabuke i tost trebalo bi da vas dobro 'vežu'. Ne uzimajte hranu koja ima mnogo vlakana, alkohol, kofein ili bilo šta ljuto.

Popijte tonu vode. Kada imate dijareju, postoji opasnost od dehidratacije.

Uzimajte jogurt. Dijareja izaziva gubitak korisnih bakterija koje su potrebne za rad creva: ali možete ih ponovo dobiti iz jogurta.

Dijareja normalno prolazi sama, ali ako niste imali normalnu stolicu nedelju dana, vreme je da odete kod lekara. Ako imate bolove u stomaku, stalnu dijareju-konstipaciju, grčeve i/ili nadimanje, lekar će vam možda reći da se radi o sindromu nervoznih creva, koje se često naziva i 'spazmično debelo crevo'. Pedeset posto ljudi pogođenih ovim ima manje od 35 godina, i češće se javlja kod žena nego kod muškaraca. Iako ne postoji neki konkretan uzrok za ovaj sindrom, stres može da ga pogorša, a postoji mnogo tretmana koje će vam lekar preporučiti.

Za više informacija o sindromu nervoznih creva

http://digestive.niddk.nih.gov/ddiseases/pubs/ibs

Američki fakultet za gastroenerologiju
www.gi.org/patients/women/ibs.asp

Centrum, seme lana i kompleks vitamina B, oh bože!

Da li su vam potrebni dodatni vitamini? To zavisi od toga šta jedete. Trebalo bi da dobijemo najveći deo hranljivih sastojaka iz ishrane. Dodaci su upravo to – oni mogu da dodaje nutritivne sastojke koje već konzumiramo, ali ne mogu da im budu zamena.

PITAJTE NUTRICIONISTU

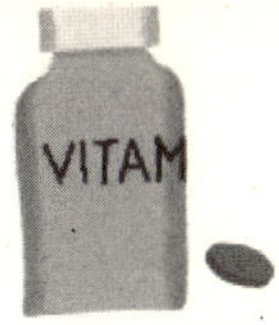

Koje suplemente treba da uzimam?

Pošto mnogi od nas ne dobijaju sve hranljive sastojke iz hrane, evo nekoliko osnovnih suplemenata koje preporučujem klijentima:

- 1.000 mg vitamina C (ojačava imuni sistem, poboljšava snagu, kožu i vid)
- kompleks vitamina A i B (pomaže kod stresa, raspoloženje i energije)
- 1.000 mg omega-3 masnih kiselina iz ribljeg ulja (smanjuje trigliceride, pomaže kod raspoloženja). Ako vam se ne sviđa ukus, kupite kapsule i držite ih u frizu.
- 400 jedinica vitamina E (moćan antioksidant)
- 600 mg kalcijum-citrata (kosti! zubi! mišići!)
- 400 jedinica vitamina D3 (pomaže kod apsorpcije kalcijuma)
- 400 jedinica magnezijum-glicinata (može da pomogne kod stresa i pomaže za spavanje).

— DR MORISON

Svako može da izvuče korist (i trebalo bi da ih uzima) iz multivitamina. To ne mora da bude neka fensi marka – *Centrum*, ili slično. Bilo koji preparat iz vaše lokalne apoteke odradiće isti trik. Ako ste slični meni i ne volite da gutate tablete veličine sopstvene glave, možete naći preparate koji se žvaću.

Ako jedete zdravo i pravilno, zašto su vam potrebni multivitaminski dodaci ili bilo koji dodaci uopšte? Jednostavan odgovor je da većina nas ne dobija vitamine koji su nam potrebni iz hrane. Ne pojedemo pet porcija voća i povrća, a čak i da pojedemo, današnji uzgoj onemogućava da apsorbujemo sve hranljive sastojke iz hrane. Pošto povrće uglavnom uzima hranljive sastojke iz tla, i ako je tlo u lošem stanju, ni povrće ni vi ne dobijate sve što vam je potrebno.

Ne morate biti toliko trendi: loše dijete

Zdravo gubljenje kilaže je lagan i sistematičan proces. Američko udruženje za bolesti srca upozorava na svaku dijetu koja propagira:

Magične ili čudotvorne namirnice koje 'sagorevaju masnoće'. Hrana ne sagoreva masnoće – ona stvara masnoću kada jedemo više nego što nam treba. Da bismo izgubili kilažu, moramo da iskoristimo više energije nego što unesemo, terajući tako telo da potroši višak. Masnoću možete sagoreti ili tako što ćete povećati fizičku aktivnost ili tako što ćete smanjiti unos hrane (ili oboje). To je tako prosto: kalorije unutra, kalorije napolje.

Neku pojedinačnu vrstu namirnica u bizarnoj količini: na primer, jedite samo paradajz ili junetinu ili hektolitre čorbe od kupusa. Ova hrana je odlična kao deo ukupne zdrave ishrane, ali jedenje velikih količina će dovesti do nutritivne neravnoteže. Osim toga, to je i dosadno i neodrživo.

Rigidan jelovnik. Mnoge dijete dozvoljavaju vrlo ograničen izbor hrane da se jede u strogo određeno vreme strogo određenog dana, strogo onako kako je propisano. Često, ovakve dijete ne uzimaju u obzir razlike u ukusima ljudi.

Brz gubitak više od jednog kilograma telesne težine nedeljno. Da, naravno, želite rezultate. Ne, ne možete da izgubite sve do sledeće nedelje.

„Stvarno pokušavam da se koncentrišem na to kako se osećam umesto na to kako izgledam. Nisam baš uvek uspešna u tome, ali sam primetila da se, iako sam tehnički gledano i dalje krupnija nego što bih želela da budem, ako jedem zdravu hranu i vežbam, osećam dobro u svojoj koži i moje samopouzdanje više dolazi do izražaja. Pošto održavam zdrave navike, i težina polako spada."

—ANDREA, 24 GODINE

Kako pametno izgubiti kilažu

Znači, hoćete da izgubite nekih 8 kilograma pre svadbe vaše sestre idućeg leta. Odlično, super, ali molim vas uradite to na pametan način. Zdravlje je uvek na prvom mestu, pre kukova i podbratka. Bila bi stvarno velika šteta da se toliko trudite, izgubite par kilograma i razbolite se, ili jednostavno vratite sve kile kada se vratite svom 'normalnom' načinu ishrane. Ako jedete samo bademe i pijete vodu, to će pomoći da skinete koju kilu, ali to očigledno ne može da postane stil života, a i na dobrom ste putu da upropastite

KOD DOKTORA

Znači, želite da oslabite?

1. Neka vaša očekivanja o tome šta možete da postignete dijetom budu realna. Ljudi često misle „Moj život će biti bolji ako oslabim", što ne mora baš da bude tačno. Za zdravo gubljenje težine potrebni su vreme i napor. Većina ljudi koji brzo omršave, brzo će i vratiti staru kilažu. Budite realni što se tiče vašeg konfekcijskog broja: „Ja se nikada neću smanjiti od veličine 48 do broja 34 – to nije moguće."

2. Mršavite dve po dve kile. Napravite konkretan plan: „Nameravam da izgubim pet kila za dva meseca, i to ću postići baveći se 'takvim i takvim' vežbama."

3. Planirajte unapred društvene događaje. Upitajte sebe: „Šta ću da uradim kada izađem na piće ili neko okupljanje?" Razmišljajte o tome kako da ograničite ono što pojedete u društvu ili ćete i nesvesno preterati.

4. Napravite plan. Većina ljudi može da smrša ali ne uspe da zadrži željenu kilažu. Ako ne promenite svoje osnovne navike – zdrava ishrana i pojačano vežbanje – vratićete stare kilograme.

—DR. KIL

Džulija Čajld i masaža puterom

U vreme najgorih brzih nepouzdanih dijeta, bilo je osvežavajuće čitati knjigu Mirej Đulijano *Francuskinje se ne goje: Tajna uživanja u jelu.* Sam naslov je oštar komentar na odnos Amerikanaca prema hrani: „Mi nefrancuskinje užasavamo se debljine i žrtvovale smo užitak u jelu opsesiji mršavosti.“ Tužna ali istinita činjenica. Gospođa Đulijano otkriva svoju tajnu kako ostati mršav: tri obroka dnevno, voće i povrće, kontrola porcija, idite stepenicama i zanemarite krivicu.

Njena poruka je varijacija na temu filozofije Džulije Čajld, čuvenog kuvara koja je ponosno izjavljivala, kada su pilići u pitanju, da ona „uvek svoju piletinu dobro izmasira puterom“. Kada su je pitali kako je ostala u formi kada u kuvanju koristi namirnice koje goje, smesta je odgovorila: „Male porcije. Nema repete. Nema užine. Pomalo od svega i dobro se zabavljajte.“ Prezirala je ogromne porcije bezvezne hrane u većini američkih restorana. Najvažnije od svega, isticala je da je hrana nešto u čemu treba uživati. Možete da jedete zdravo i istovremeno da uživate u tome. Kao što je Džulija napisala u svojoj knjizi *Kako kuvati*: „Zadovoljstva sa stola – ta divna staromodna fraza – predstavlja hranu kao vrstu umetnosti, kao predivan deo civilizovanog života. Uprkos dijetama, fitnes programima i brizi za zdravlje, nikada ne smemo smetnuti sa uma lepo osmišljen obrok.“

zdravlje. Vašem telu su potrebna sva tri tipa hrane da bi normalno funkcionisalo, sećate se? Dobro.

Evo nekih neoborivih naučnih činjenica: ako ne unosite dovoljno kalorija (za žene 2.000–2.500 kalorija ako ste izuzetno aktivni), vaše telo će početi da se ponaša kao izgladnelo – metabolizam sam sebe prebaci u neandertalski način rada, pretpostavljajući da je napolju ciča zima i neće biti nikakve hrane dok se ne otopi prvi sneg. Zato se tada metabolizam usporava da bi sačuvao kalorije. Organizam počinje da koristi ćelije iz mišića kao kalorije da bi napravio zalihe masnoće, pa ne samo što ne gubite kilažu već gubite mišiće. Zato morate da održite kalorije na normalnom nivou i budete pametni i strpljivi što se tiče gubitka težine. Bezbedan plan za mršavljenje uopšteno gledajući znači smanjenja unosa kalorija za ne više od 350 do 500 dnevno i istovremeno povećanje fizičke aktivnosti.

Nije cilj kalorija da vas upropaste

Kao što smo već naučili na časovima biologije, ali možda smo namerno zaboravili, kalorije nisu đavolje seme masnoće već mera sadržaja energije. Kada jedemo hranu koja ima mnogo kalorija ali malo hranljivih vrednosti, mi ne dobijamo baš mnogo toga iz svoje hrane. Zato, u osnovi, kolače koji tako divno izgledaju i svi mi ih moramo pojesti s vremena na vreme, treba da posmatramo kao 'čašćenje' jer nas ne snabdevaju hranljivim materijama. Uopšteno gledano, treba da odaberemo hranu koja je vrlo hranljiva ali ima umerene količine energije – takođe poznate i kao kalorije. Količina hrane koju treba da pojedete direktno je povezana sa tim koliko ste aktivni – što više vežbate, više vam je kalorija potrebno da biste imali gorivo za još jedan krug oko atletske staze. To je, istovremeno, i ključ za održavanje zdrave težine, i to ne samo zato da bismo upali u omiljene farmerice.

Jedini način da izgubite nekoliko kila na zdrav, održiv način jeste da unosite manje kalorija a povećate fizičku aktivnost. Ne zaboravite: kalorije koje unesete moraju biti jednake broju kalorija koje potrošite, ili ćete se ugojiti. Jednostavno! Prijatno!

Izvori o tome kako jesti zdravo

Američko udruženje za bolesti srca
www.americanheart.org/presenter.jhtml?identifier=503

Vodič za dijete
www.nal.usda.gov/fnic/dga/index.html

Kako bezbedno mršaviti
www.fda.gov/opacom/lowlit/weightls.html

Nutrition.org
www.nutrition.org

Kancelarija za dodatke ishrani
www.nutrition.org

Najzdravije namirnice na svetu
www.whfoods.com

ODBACITE *KOSMOPOLITEN*

Život u stvarnom telu

Poverljiva poruka svetu: uprkos skoro stalnoj pobuni žena koje osećaju da nisu pravilno predstavljene i grupa za propagiranje pozitivnih slika u reklamiranju, ženama se i dalje šalje zbrkana poruka o tome kako izgleda zdravo telo. Naše društvo je opsednuto dijetama, mršavošću, kontrolom nad jelom. Mnogi od nas su toliko užasnuti mogućnošću da se udebljaju (ili da na bilo koji način izgledaju 'pogrešno') da često zaboravljamo da smo mi ljudska bića, da jelo treba da nam predstavlja zadovoljstvo, da nikakav gubitak kilograma ili promena izgleda neće pomoći da se osećamo dobro u svojoj koži ako ne radite na unutrašnjem ja.

Naš odnos sa hranom ume da bude posebno dosadan u onoj tački našeg života kada se osamostaljujemo. Prvi put mi vodimo sami sopstveni šou i kuvanje za sebe je nešto novo (sajonara izboru salata; dobar dan smrznutoj i podgrejanoj hrani). To je teško vreme, i emotivno i fizički, a hrana može biti mesto utehe za naše strahove, a može biti i zamena za utehu porodice. U vreme kada osećamo da se toliko toga menja u našem životu i da je van naše kontrole, precizan izbor onoga što jedemo može nam vratiti osećaj reda u svem tom haosu. Moramo da uvidimo šta su naše *stvarne* potrebe – da li je to ljubav, pažnja, podrška, dobar zimski kaput – tako da hrana ne postane zamena za sve ostalo.

Ko je taj koji odlučuje jesmo li premršavi ili predebeli?

Dijete koje isključuju hleb, TV šou programi „pod nož", modeli tanki kao hologrami i mršave glumice u odeći modnih kreatora na naslovnoj strani svakog magazina: trebalo bi da ste drvena lutka pa da vas ovo ne pogađa, prodaja imidža apsurdne mršavosti i neodrživog ideala. Teško je suprotstaviti se ovim nerealističnim portretima ženskog tela samo pozitivnim stavom i pokušajima da „volimo sami sebe".

Mogu da vam ponavljam da izgledate dobro dok ne poplavim, a vi ćete, verovatno, i dalje sumnjati. Ali, šta ako vi *sami sebi* to kažete, i pri tom zaista to i mislite? Pokušajte da programirate svoj unutrašnji glas – znate onaj koji stalno nešto brblja dok pokušavate da zaspite – da bude ljubazan i pozitivan. Poradite na tome, da kažete sami sebi da ste sasvim u redu i da verujete da je to istina.

Sve se to svodi na sledeće: imamo ograničeno vreme ovde – hajde da ga potrošimo na stvari koje nam pomažu da volimo sami sebe. Možda nam u tome pomogne neka nova odeća koja nam dobro stoji ili makar samo da učinimo napor i obratimo se ljubazno toj devojci koja nas gleda iz odraza u ogledalu. Jedna je stvar želeti da izgledamo dobro – bože sačuvaj da dođe dan da iz kuće izađete noseći samo lančić oko struka – a sasvim je druga stvar mučiti sebe da izgledamo kao neko drugi. Da li ste razmislili o tome koliko bi život bio jednostavniji kad bismo prestali da se upoređujemo sa prepariranim likovima posle nekoliko operacija? Moramo sebe uvek podsećati da su reklame veštačke tvorevine, nisu realnost. Da bi prodavale proizvode, industrije stvaraju određeni imidž koji vam kaže: „Kupite ovaj grudnjak i izgledaćete baš kao Žizel!“ Izbor je naš: da isfiltriramo ovo i odbijemo da prihvatimo poruku koju nam mediji šalju. Psihoterapeut Risa Đordano savetuje:

Usudite se da razmišljate svojom glavom. Kada gledate sebe u ogledalu, vreme je da u njemu vidite jedno jedinstveno umetničko delo. Vizuelno prihvatite njegovu stvarnu veličinu i oblik. Naučite da cenite svoje fizičko biće. Nemojte uzimati zdravo za gotovo 'norme' koje preovlađuju u društvu. Ko kaže da su one ispravne? Upitajte sami sebe: „Kako bi se moj život promenio kada društvene osude debljine i veličine ne bi postojale?“ Ovo zahteva naporan rad. Cilj je da uhvatite sebe kako negativno razmišljate o svome telu a zatim da poradite na tom misaonom sklopu zbog kojeg podrivate osećaj sopstvene vrednosti. Oni će nastaviti da se vraćaju, kao rođendanske svećice koje nastave da gore i kada ih ugasite. Negativne misli su prosto takve. Ako uporno radite na tome, one će, konačno, izgubiti svoju snagu.

Isprobajte ovo kod kuće

Tako je lako pričati o tome šta ne volimo na našem telu da vrlo retko dozvoljavamo sebi da priznamo šta je to što nam se zapravo sviđa na njemu. Šta vam se sviđa na vašem telu? Sačinite spisak. Razgovarajte ljubazno sami sa sobom – možda se nećete osećati baš kao seks bomba svakog pojedinačnog dana u nedelji, ali kada podsećate sebe na ono što vam se sviđa, vi se koncentrišete na pozitivne stvari i to će vam pomoći kad se ne osećate baš preterano lepo. Obavežite se da redovno zapisujete stvari koje cenite kod svog fizičkog ja.

Može vam biti od pomoći...

Pitala sam mnogo žena da mi kažu šta je to što im se sviđa na njihovom telu:

„Veoma sam rastegljiva.
Bez ikakve neprijatnosti (i bez mnogo razmišljanja) mogu da podignem noge iznad ramena, mogu da sedim prekrštenih nogu i da se savijem do poda. Priznajem da volim time da se hvalim sada kad sam postala toga svesna.“

—Vanesa, 28 godina

„Obožavam svoja stopala!
Mislim da je prilično neverovatna stvar da naša krupna tela održavaju ravnotežu i kreću se na desetak centimetara vrlo dobro osmišljene površine.“

—Lin, 36 godina

„Volim *to što je moje telo senzorski provodnik kroz koji doživljavam svet, posebno preko hrane. To je moja direktna veza sa svetom oko mene.“*

—Heder, 27 godina

„Imam veliku moć u svom telu
Mogu njime da sagradim bilo šta, mogu da stvorim drugo ljudsko biće. Mogu da imam seks. Znam da moram da se osećam dobro u svome telu da bih mogla njime da se zabavljam,zato je osećaj ugodnosti za mene veliki prioritet.“

—Suzan, 34 godine

„Dopadaju mi se moje ruke,
jer me podsećaju na moju baku. Sviđaju mi se moji kukovi i grudi jer daju utisak da mogu da rađam decu. Zapravo, dopada mi se to što sam ženstvena; obla, umesto nekog stereotipno premršavog modela. Takođe sam shvatila da muškarci (barem oni muškarci koji se meni sviđaju) više vole ženstvene žene.“

—Stefani, 34 godine

„Volim moje pegice:
Ako bi me do kraja života zaključali u zatvor ili ludnicu, ja bih mogla da se zabavljam posmatrajući pegice na rukama i nogama.“

—Rouz, 30 godina

„Provodim dosta vremena uveravajući sebe da moje telo nije ništa ružnije onih dana kada se osećam bez veze nego u danima kad se osećam baš sjajno u svojoj koži. Stalno se podsećam da je taj osećaj posledica hemijske reakcije – često u danima neposredno pre menstruacije – zato ponavljam sebi da se ne gušim time i ne dozvoljavam da me drži duže nego koliko me hormoni drmaju. Pokušavam da uvidim šta su stvarno osećanja koja me napadaju i da nastavim sa svojim normalnim radnim danom.“

—AMANDA, 31 GODINA

Kada se osećate bez veze povodom svog tela

Ma koliko da radim na tome da se koncentrišem na one stvari koje volim kod sebe, te reklame koje nam predstavljaju sopstveno telo kao neprijatelja ne mogu se u potpunosti izbeći. Znate već, oni dani kada vam se ne da ni da se obučete, kada sve izgleda glupo, i kada stojite pred ogledalom pitajući se da li bi bilo sramota otići na rođakino venčanje u kišnoj kabanici. Racionalno, mi tačno znamo šta je uzrok ovakvih dana: varijacije u menstrualnom ciklusu, prejedanje, ustajanje na pogrešnu nogu, loše vreme – ali taj osećaj je i dalje tu, čak i da intelektom shvatamo šta ga je prouzrokovalo.

Svi mi se na različite načine nosimo sa takvim negativnim trenucima. Može se reći da je prilično univerzalna istina da u takvom trenutku treba obući nešto najudobnije što imamo, što nas ne žulja. Ako morate na posao, ne možete se jednostavno ogrnuti bade-mantilom, ali možete skinuti ukrojeni blejzer i i tesnu majicu.

Ako imate vremena, pokušajte da se opustite u kadi ili da se istuširate – operite kosu, namažite kožu, dajte svome telu dozu maženja. Nemojte nipošto prelistavati modne magazine koji vas zatrpavaju nerealnim tipovima tela. Prošetajte malo ili radite vežbe istezanja – bilo kakva vrsta pokreta koja vam godi. Ali nikako, nipošto se nemojte vratiti u krevet, pojesti ogromno parče torte ili stati pred ogledalo da sami sebe urnišete. Mada nas ovakve aktivnosti dovode stvarno u iskušenje, one su dokazano kontraproduktivne i neće pomoći da se osetite bolje.

Prebacivanje fokusa sa sebe na nešto drugo možda će vam dati novi pogled na stvari. Sklonite se od ogledala i uzmite novine. Genocid u Sudanu, zemljotres u Pakistanu, pokolj u Amazoniji. Vaše debele butine? Pih! Obucite udobne pantalone i krenite dalje.

Na samoj granici: poremećaji u ishrani

Poremećaji u ishrani su više od uobičajenih dijeta. Oni su vrlo često povezani sa mnogo ozbiljnijim problemima – vrlo uska društvena definicija lepote, manjak samopoštovanja, osećaj da nemamo kontrolu, problematične veze, bolna porodična istorija – mnogo više nego što su povezani sa hranom. Najčešći tip je *anorexia nervosa* (samoizgladnjivanje i preteran gubitak težine), često prejedanje van svake kontrole, i *bulimia nervosa* (prejedanje i povraćanje). Bilo koji od ovih poremećaja je opasan. Ako mislite da imate nešto od ovoga, smesta porazgovarajte sa nekim kome verujete. Tajnovitost podstiče izolaciju. Kada su poremećaji u ishrani veoma ozbiljni, oni mogu dovesti do zdravstvenih problema, ozbiljnih bolesti i, u nekim slučajevima, smrti. Pazite na sebe.

Više informacija o poremećajima u ishrani

Nacionalno udruženje za poremećaje u ishrani
www.nationaleatingdisorders.org

Fondacija *Renfrew*
www.renfrew.org

Anonimni anoreksičari i bulimisti
www.anorexicsandbulimicsanonymous aba.com

Zbogom, Barbi
www.adiosbarbie.com

Zašto još danas morate prestati da pušite

Nedavno sam razgovarala sa mojom prijateljicom Lisom koja ima 30 godina i pušač je. „Stalno pokušavam da prestanem," kaže ona. „Intelektom dobro znam koliko je glupo pušiti, sama sebi oduzimam 15 godina života, ali nekako mi to nije dovoljno. Potrebno mi je nešto ili neko da me preplaši toliko da stvarno ostavim pušenje." Mi nepušači umemo da budemo dosadni, namrštimo se kada prijatelj zapali i podsećamo sve na sliku pocrnelih pluća. Lako je nepušačima da kažu: „Da Lisa stvarno želi da prestane s tom navikom, ona bi to i učinila. Sigurno joj nedostaje snaga volje ili ne čita ona ista istraživa-

nja koja čitam ja. Zar ne zna šta čini sopstvenom telu?“

Međutim, što sam više razmišljala o Lisinim rečima, sve više mi je postajalo jasno: nama nije problem da uradimo zdravu stvar kada je to lako, na primer da se sa punomasnog prebacimo na obrano mleko. Ili u slučajevima kada vidimo brze rezultate kao što je na primer hidriranje kože kremom. Ali pretnja od potencijalne, daleke bolesti ili prerane smrti je teža za upijanje – kada imate 25 godina i navučeni ste, kada je pušenje nešto u čemu zaista uživate, nije ni čudo što zabrinuti prijatelji, strašni statistički podaci, čak ni vaša sopstvena savest, nisu dovoljni podsticaji da prestanete.

Ali, trebalo bi da budu dovoljni. Hajde da pogledamo činjenice:

- Pušenje je najveći uzrok smrti.
- Pušenje je direktno odgovorno za 87% svih smrti od raka pluća u Americi. Godine 1987. rak pluća je prešao rak dojke kao vodeći uzrok smrti od kancera među ženama. Pušenje svake godine ubije nekih 178.000 žena u SAD (vau!).
- Žene pušači koji umru od posledica pušenja u proseku gube 14,5 potencijalnih godina života.
- Žene koje puše dupliraju rizik od srčanih oboljenja. Kao da to sve

Da li su stvarne žene zaista tako glupe?

Bilo da verujete ili ne u to da nas industrija alkohola i duvana pokušava sve da pretvori u pijanice i pušače, njihove reklame zaista čine sve što je u njihovoj moći da prikažu kako je piće i pušenje seksi, zabavno i magično. Ti si mnogo napredovala, dušo moja, ali reklamiranje nije.

Znajte da vas svesno ciljaju i nemojte kupovati proizvode čije reklame vređaju inteligenciju ili ciljaju na vaše nesigurnosti. Znate na šta mislim: na te slike žena besprekorne kože koje uživaju u slim cigaretama, ili slike momaka kako balave za ženama koje ispijaju neku posebnu marku ruma.

Hajde da zajednički osudimo te vrste pića koje treba da vas načine da budete kul. Ne samo što imaju užasan ukus, oni agresivno ciljaju na mlade žene i predstavljaju se kao alternativa pivu, muškom piću, što stvarno može da iznervira čoveka.

nije dovoljno strašno, žene pušači koje koriste kontraceptivne tablete imaju *deset puta* veće šanse za srčane bolesti.

- Žene pušači preko 35 godina imaju 10,5 puta više šansi od nepušača da umru od emfizema ili hroničnog bronhitisa.
- Pušenje ugrožava menstrualni ciklus; vezuje se za smanjenu plodnost i ranu menopauzu.
- Pušenje ubrzava proces starenja, uzrokuje bore, lošu kožu, zadah i ostavlja fleke na zubima i noktima.
- Žene koje puše osećaju se na dim, što se univerzalno smatra vrlo neprivlačnim.

Dobre vesti: kada ostavite cigarete, povoljne posledice započnu praktično odmah. U roku od 20 minuta od poslednje cigarete, opada vam puls. U roku od 12 sati, ugljen-monoksid se u krvi se vraća na normalu. Posle nekoliko meseci, rizik od srčanih oboljenja počinje da pada, poboljšava se funkcija pluća i taj pušački kašalj koji nervira prestaje. Ako prestanete pre tridesete godine, rizik od raka ili srčanog oboljenja postaćete opet kao onaj kod nepušača – trebaće vam nekih sedam godina, ali vratiće se na isti nivo. Ako prestanete posle 30. godine, rizik će se smanjiti ali se nikada više neće vratiti na isti nivo. Zato, što pre prestanete, bolje za vas.

Istraživanja su pokazala da smanjenje pušenja takođe ima dobre rezultate ali se stručnjaci ne slažu da li je ovo stvarno tačno. Nemojte da vas to spreči: ako pušite paklu dnevno i možete lagano da smanjite, to jeste dobar korak u pravcu poboljšanja zdravlja.

„*Prestala sam da pušim kada sam se preselila u drugi grad i krenula na pravni fakultet. To mi je pomoglo da u potpunosti promenim izgled sebe – bilo je to novo mesto gde me niko nije poznavao kao pušača. Jednom kada sam prevazišla potrebu da se družim sa pušačima, to je postao moj izbor stila života da ne pušim. Takođe sam napravila spisak svih groznih stvari vezanih za pušenje – smrad, starenje kože i trpanje novca u džepove zlih ljudi u duvanskim kompanijama.*“

— Kesi, 26 godina

Kako prestati

Ostaviti pušenje je ludački teško, iz mnogo razloga. Nikotin, droga koja se prirodno nalazi u duvanu, izaziva zavisnost kao i heroin. To ne znači da ćete imati ludačke halucinacije i noćne more ako pokušate da ostavite pušenje – samo morate biti svesni da je fizička zavisnost stvarna. Zatim, tu su emocionalne i psihološke prepreke koje treba prevazići. Ako uvek poželite cigaretu kada uzmete piće, ako svi vaši prijatelji puše, ostavljanje pušenja će izgledati kao da treba da odstranite veliki deo svoga života. Teško je dobrovoljno uraditi nešto takvo što će, na kratke staze, učiniti vaš život manje zabavnim. Zato budite blagi sami prema sebi i budite strpljivi – jeste teško, ali vi to možete.

Postoje fantastični besplatni izvori (vidi dole) koji nude informacije i programe za odvikavanje od pušenja. Najčešći savet je da izbegavate situacije i mesta gde je verovatno da ćete zapaliti (na primer, barovi, ispred kancelarije gde svi puše). Takođe morate da pijete mnogo vode; i nemojte se bojati da ćete se ugojiti (možda i hoćete, ali to je mala cena kad uzmete u obzir opasnosti od pušenja) – kasnije ćete smršati. Vežbajte, štrikajte, slikajte – bilo šta što vam zaokuplja ruke da ne zapalite. Nađite druge načine da izbacite stres ako vam je pušenje bilo način za opuštanje. Moja prijateljica Ket je grickala mali drveni štapić veličine cigarete tako da i dalje ima pokrete pušača, ali ne puši. Kada vam dođe želja, ponavljajte mantru „za pet minuta, neću to više želeti“. I, to je istina; i nećete.

Postoje terapije zamene nikotina, kao što su žvake ili flasteri, koji čine čudo za neke ljude. Neki antidepresivi takođe dobro deluju. Kao i uvek, porazgovarajte sa svojim doktorom.

Za više informacija

Vodič američkog udruženja protiv raka
www.cancer.org

Žene i pušenje
www.women.americanlegacy.org

Američko udruženje za pluća
www.lungusa.org

Dah svežeg vazduha
www.4woman.gov/quitsmoking

Centar za kontrolu bolesti
www.cdc.gov/tobacco

Otkrijte zdravlje
www.health.discovery.com/centers/quit_smoking/articles/women.html

Nepušačka zona
www.smokefree.gov

ALKOHOL

Umirujući napitak ili đavolji eliksir

Mislim da sam imala 24 godine i svoj prvi pravi posao kada je koncept *happy hour* počeo da mi zvuči logično. Pre toga sam smatrala da je apsurdno da samo jedan sat dnevno bude odvojen za sreću. Mislila sam da ljudi koji kažu „Potrebno mi je piće" imaju neverovatno težak život, ili su alkoholičari ili jednostavno preterano drame.

Ali život jeste vrlo stresan – i čaša vina nam zaista može pomoći da se opustimo. *Happy hour* je nešto što barovi čine da bi profitirali iz stresa u našem svakodnevnom životu – na kraju napornog dana, može biti vrlo prijatno naći se sa prijateljima, malo se rasteretiti i popiti piće. Razgovaraćemo o razlici između pića radi rasterećenja i pijenja do tačke onesvešćivanja. Ali, pošto je naša trenutna tema zdravlje, trebalo bi da

Zdraviji odnos sa alkoholom

- Nikada nemojte piti na prazan stomak – pozliće vam.
- Alkohol na vaš sistem utiče mnogo jače kada ste bolesni, umorni ili treba da dobijete menzis.
- Proverite u apoteci da budete sigurni da lekovi koje uzimate nemaju negativan efekat kada se kombinuju sa alkoholom.
- Mada će vam možda pomoći da se opustite, nemojte koristiti alkohol kao rešenje problema. Ako se zbog njega ne hvatate u koštac sa stvarima ili ako vam je često potreban da biste nešto prebrodili, to može da dovede do problema.
- Ako ste izašli u kafić, popijte i čašu vode uz svako piće koje ste uzeli. To će vas održati hidriranim i smanjiće količinu alkohola koji popijete.
- Nikada ne može škoditi da čujete još jednom: za ime božje, nemojte piti i voziti.

bacimo pogled na ono što alkohol čini našem telu.

Lako je zaboraviti, dok ispijate svoj treći martini, da je alkohol depresant; on deluje na naš centralni nervni sistem i utiče na sve: od motorike i koordinacije do rasuđivanja u emocijama i ponašanju. Od previše pića, kao

što verovatno i znate, može vam biti loše, da ne govorimo o razornom mamurluku. Mnoge žene kažu da kada uđu u kasne dvadesete godine, ne mogu onako brzo da se oporave od celonoćnog pijančenja – neke se čak danima posle toga osećaju melanholično i lakše se razboljevaju – što je sasvim logično jer alkohol utiče na naš sistem za imunitet.

BELO VINO NIJE NAPITAK ZA DORUČAK

Ako mislite da imate problem s pićem – ili bilo kakvu zavisnost – potrebna vam je pomoć. Piće sa prijateljima, to nije problem. Povraćanje, onesvešćivanje, nemogućnost da pregurate dan ili nedelju bez pića – zaista jeste problem. Razgovarajte sa prijateljem od poverenja ili sa terapeutom.

Za više informacija o zavisnosti od alkohola

Alkoholizam i zavisnost
www.soberrecovery.com

Anonimni alkoholičari
www.alcoholics-anonymous.org

Žene za trezvenost
www.womenforsobriety.org

NEMOJTE DA ODUGOVLAČITE

Potražite medicinsku pomoć na vreme

Morate da odete kod lekara. Bar jednom godišnje, svake godine. Iako naizgled nemate nikakvih problema, morate uraditi taj PAPA test da proverite abnormalnosti koje mogu da ukažu na rak grlića materice. Mi smo naviknuti da o doktorima razmišljamo kao o ljudima kod kojih idemo kada smo bolesni. Voditi zdrav život znači preventivno brinuti o sebi – redovni pregledi a ne čekanje na neki gadni grip ili osip da odemo kod lekara.

Postoji mnogo razloga zbog kojih zapuštamo redovan odlazak kod lekara – zato što zaboravimo dok nešto ne pođe po zlu, zato što smo zauzeti ili zato što se bojimo da će

Pet stvari koje možete odmah uraditi za poboljšanje svog zdravlja

Ovim ne mislimo da nikada više ne treba da pojedete kolač ili pečeno pile – život ne bi bio vredan življenja bez nekih poslastica. Jedite i zbog zdravlja i zbog užitka – postoji mesto za umeren unos tih namirnica koje nisu baš najbolje za vas.

1 Izbegavajte prerađenu hranu i šećere. Uzmite integralnu rižu umesto glazirane, čisto voće umesto voćnog soka. Nemojte uzimati ništa što sadrži kukuruzni sirup, koncentrisane voćne sokove i, ako je moguće, izbegavajte belo brašno i beli šećer.

2 Konzumirajte manje kofeina i izbegavajte gazirano. Kada biste znali koliko šećera ima u jednoj konzervi gaziranog pića, zubi bi vam otpali

3 Jedite dovoljno. Nemojte izbacivati nijednu grupu hrane i izgladnjivati se da biste omršavili.

4 Ograničite unos alkohola. Jedno do dva pića dnevno maksimalno. Pogotovo izbegavajte opijanje.

5 Pazite se trans i zasićenih masnoća. Ove masnoće koje se nalaze u procesiranoj hrani u osnovi nemaju nikakvu hranljivu vrednost. Transmasnoće vrše radikalan poremećaj vaših normalnih telesnih funkcija i doprinose raznim problemima kao što je gojaznost i srčana oboljenja. Ove masnoće se nalaze u brzoj hrani i grickalicama. Margarin je najbolji primer transmasnih kiselina. Nalazi se u većini keksova, kolača i ostalih divno spakovanih specijaliteta. Odaberite pravi puter, samo nemojte odjednom smazati celo pakovanje.

6 I dalje vežbate, je l´ da? (Znamo da je ovo šesta stvar, a rekla sam pet, ali što je sigurno, sigurno je.)

naći da nešto nije u redu i onda ćemo morati da se nosimo s tim. Nedostatak zdravstvenog osiguranja je takođe veliki problem. Ponekad smo i preplašeni zbog negativnih iskustava sa doktorima koji imaju loš pristup ili ne znamo kako da pronađemo dobrog lekara. Sve su to dobri razlozi za odugovlačenje, ali nijedan nije dovoljno dobar da budete potpuno nepokretni. Vaše zdravlje je previše važno. Zato hajmo da vam nađemo dobrog doktora, nekoga ko vam se stvarno dopada.

DRUGIM REČIMA...

Lekar opšte prakse je vaš glavni doktor, prva osoba kod koje idete radi preventive i radi bolesti. U mnogim slučajevima morate se obratiti svom lekaru radi uputa specijalisti.

Od dermatologa do ginekologa: Kako pronaći pravog doktora

Sada imam fantastičnog doktora, ali nije uvek bilo tako. Nekoliko prvih godina posle fakulteta tražila sam i upoznala desetak doktora, ali ni kod jednog se nisam zadržala. Ili su delovali prezauzeto, ili previše oštro, ili nisu više prihvatali moje osiguranje. Pre mog prvog odlaska kod doktorke Kil, razmislila sam o svemu što tražim da moj doktor bude, o svim stvarima koje sam volela kod mojih doktora u prošlosti (moj pedijatar je imao lizalice) a i o stvarima koje mi se nisu dopadale (vrlo sam probirljiva pa je taj spisak bio stvarno dugačak). Kada sam sela oči u oči sa doktorkom Kil, bila sam vrlo direktna: „Imam 26 godina; umorna sam od skakanja od jednog do drugog doktora svaki put kada promenim posao. Tražim doktora na duge staze koji će pratiti moje zdravlje, koji će me savetovati i dobro lečiti jer poznaje moju istoriju i stalo mu je do mene."

Očekivala sam da će se ona nasmejati i reći mi da se uozbiljim i da povratim sve te moje idealistične zdravstvene maštarije u jedan od onih njenih lavora u obliku bubrega. Ali umesto toga, ona je ljubazno klimnula glavom, rekla nešto saosećajno o tome kako je teško naći visokokvalitetnu zdravstvenu zaštitu koju sebi možemo priuštiti, da razume tačno o čemu govorim, a onda je krenula na listu pitanja o mojim navikama i medicinskoj istoriji. Bila je prijatna ali profesionalna, gledala me je u oči i pravila beleške. Nijednog trenutka nije bilo osude ni u njenom glasu ni u ponašanju, čak ni kada sam davala odgovore koji su očigledno bili „pogrešni". Koristila je osnovni rečnik nauke, bez žargona (na primer: „Stvarno treba da vezujete pojas, čak i kada sedite nazad. To je najbolji način da sprečite povredu u slučaju saobraćajne nezgode.“) da bi me blago obrazovala o greškama koje činim. Zaljubila sam se u nju.

Ispostavilo se da ono što ja tražim jeste – ili bi bar trebalo da bude! – standardna stvar za dobrog lekara opšte prakse, ali neki lekari jesu bolji nego drugi. Kako da nađete pravog za sebe?

Prvo, razmislite o tome šta vam je važno. Evo nekoliko pitanja koje treba da postavite sami sebi:

- Da li vam više odgovara muškarac ili žena lekar?
- Imate li neku posebnu bolest koja traje u kontinuitetu? Ako imate, onda vam treba doktor koji ima iskustva u tome.
- Imate li osiguranje? Ako imate, onda želite da vaš doktor prihvata vaše osiguranje.
- Sa kojim bolnicama je vaš doktor povezan? Mnogi lekari imaju privilegiju da rade u pojedinim bolnicama pa ćete tu završiti u slučaju neke ozbiljne intervencije. Uverite se da je vaš lekar povezan sa ozbiljnim ustanovama.
- Da li želite da sledite alternativni pristup zdravstvenoj zaštiti, kao što je kineska medicina, biljna terapija ili akupunktura? Jeste li zainteresovani za lekara koji se bavi integrativnom medicinom, koja kombinuje tradicionalne i alternativne metode?

DRUGIM REČIMA...

Kineska medicina (KM) podrazumeva akupunkturu i biljnu terapiju – tehnike koje su u Kini korišćene za lečenje bolesti još pre 5.000 godina. Na zapadu sada postoji sve veći interes za KM kao za glavnu zdravstvenu alternativu, pogotovo tamo gde konvencionalni pristup ne daje rešenje. Možete na to gledati kao na dodatak zdravstvenoj zaštiti koju već imate – recimo, probajte akupunkturu za glavobolju ako tablete koje su vam prepisali ne vrede.

Kada znate šta je to što želite od svog doktora opšte prakse, najbolja stvar je da pitate prijatelje za preporuku. Ako vam je to u redu, pitajte i ljude sa kojima radite jer će ti doktori verovatno biti u vašem zdravstvenom osiguranju. Ako znate dobrog 69lekara koji nije u vašoj blizini (na primer iz grada gde ste studirali, ili doktor vaše majke), možete njega da pitate da vam preporuči nekoga u vašem gradu – možda tu ima nekog starog prijatelja.

Ako vam je zdravstveno osiguranje nova stvar, moraćete malo da se raspitate. Sastanite

Za pomoć pri traženju doktora

Američko zdravstveno osiguranje
www.ama-assn.org/doctorfinder/home.html

Administratori u zdravlju
www.docboard.org

se sa nekoliko njih, nemojte žuriti i naći ćete dobro osiguranje.

Kako da dobijete što više prilikom posete doktoru

Na prvi susret sa novim doktorom trebalo bi da dođete pripremljeni i ponesete svoj medicinski istorijat. To znači sve, od vaše poslednje vakcine protiv tetanusa do porodičnog istorijata bolesti. Za medicinski karton i evidenciju vakcina, verovatno ćete morati da nazovete svog prethodnog doktora. Za porodičnu istoriju pitajte roditelje, čak i da ste sigurni da sve već znate. Imam prijateljicu koja je tek negde sa 40 godina saznala da su joj i deda i ujak umrli od dijabetesa. Takođe bi trebalo da ponesete i recepte ili čak i lekove koje trenutno uzimate, i informacije o bilo kakvim alergijama ili reakcijama na lekove.

Pre nego što odete kod doktora, razmislite o tome šta želite iz ove posete i zapišite to. Ako dolazite na godišnji pregled, opišite svaki pojedinačni simptom na početku pregleda. Nemojte čekati do kraja zakazanog termina pa da onda kažete: „Oh, imam neki čudan bol u zglobu i bol u leđima." To je loša upotreba i vašeg i doktorovog vremena. Umesto toga, recite sve što vas brine na početku tako da lekar može da odredi prioritete

Hej, sestro!

Dobra medicinska sestra često može da pruži sličnu negu koju dobijate od lekara, ali jeftinije, a tu su i još neke prednosti. Licencirane medicinske sestre imaju dodatnu obuku tako da mogu da postavljaju dijagnozu, ili nezavisno ili u saradnji sa doktorom. Obrazovanje sestara obično uključuje i neke aspekte uma, tela i duha koje medicinski fakulteti često ne pružaju. Medicinske sestre su često blaže u pristupu i obučene su da slušaju pacijenta. One vam često mogu preporučiti odličnog lekara. Pošto blisko sarađuju sa njima, one mogu dobro da ih procene, čak i u sferama saosećanja i pristupačnosti – važnoj tački koju nećete dobiti od drugog doktora.

onome što je važno i da vam pruži neophodnu pažnju.

Znate onu izreku: nikada nemojte lagati svom doktoru i svom advokatu. Hajde da to malo dopunimo: nikada ne sakrivajte informacije od svog lekara jer vam je neprijatno ili niste sigurni da je nešto vredno spominjanja. Što više informacija date svom lekaru opšte prakse, on će vam pružiti bolju negu zato budite potpuno iskreni o zdravstvenoj prošlosti i svojim navikama. Možete biti sigurni da je vaš doktor, ukoliko niste otišli kod dr Nevinašca, već čuo sve to.

Vaš doktor treba da sasluša sve vaše potrebe i da na njih iskreno i saosećajno odgovori. Takođe treba da vam postavi mnoga pitanja koja ukazuju na to da doktor želi da obezbedi da živite zdravim životom. Kao dodatak rutinskim pitanjima o prošlim bolestima, trebalo bi da vas pita za vaš menstrualni ciklus, vaš seksualni život, da li pušite, pijete ili uzimate droge, i koliko i kako vežbate. Trebalo bi da ne žuri i da sve vaše bojazni shvati ozbiljno.

Ovo nije jednokratni susret već neko za koga želite da postanete vaš partner na duge staze, zato verujte svom instinktu kada se opredeljujete da li je baš taj doktor dobar za vas. Nekada je potrebno dati i malo vremena da se veza razvije. Često je potrebno više od jedne posete da se vi i vaš doktor upoznate.

Kako pronaći ginekologa

Mnoge žene imaju ginekologa kao prvog lekara pa ne moraju da idu na dva pregleda godišnje. Ja preporučujem da odete kod le-

4 vrste pogleda na menstrualne tegobe

Do sada već imate menstruaciju dovoljno dugo da ste, ukoliko patite od predmenstrualnog sindroma, verovatno našli neki svoj način da se s tim nosite. Čula sam milion raznih metoda: neke žene gutaju tablete kao bombonice, neke ostaju u krevetu, neke uporno vežbaju, neke se mole mesecu, neke postanu potpuno neupotrebljive, a neke prosto stisnu zube i guraju u tišini. Ne slažu se svi doktori po ovom pitanju – i ovde postoji milion različitih pogleda. Evo nekoliko preporuka koje treba uzeti u obzir.

1 Dr Morison, nutricionsita

Uzimajte kombinaciju ulja od jagorčevine i ribljeg ulja kao pomoć kod PMS-a, u dozi od 1.000 mg svakog dana u mesecu.

2 Kristijana Nortup, ginekolog i autor knjige *Žensko telo, ženska mudrost*

Ne konzumirajte sladoled, mrvljeni sir i jogurt. Mnogim ženama pomaže uzdržavanje od mlečnih proizvoda. Takođe preporučuje omega-3 masne kiseline (kojih ima u ribljem ulju), 1.000 mg vitamina B_6 i suplemente magnezijuma protiv grčeva.

3 Sandra Ču, specijalista kineske medicine

Izbegavajte bilo šta hladno. KM vidi menstrualne grčeve kao akumulaciju hladnoće u abdomenu i hladnoća sprečava protok krvi i protok *čija* (izvora energije u telu).

Sandra preporučuje da izbegnete proizvode kao što su sladoled, hladna pića i sirovo povrće; plivanje u hladnoj vodi i izlaganje stomaka hladnom vremenu. Takođe preporučuje zagrevanje (kroz tople čajeve i akupunkturu) da bi se uspostavila ravnoteža toplog i hladnog u telu.

4 Melisa, specijalista za grčeve

Moja metoda za menstrualne tegobe je prosta: prvog dana, kada su grčevi obično najgori, uzmem nekoliko „ibuprofena“ (treba ih uzeti pre nego što bolovi postanu prejaki) i ostanem u krevetu grejući stomak. Nekada sam pokušavala da dubokim disanjem umanjim bolove. Sada sam uvidela da se, posle otprilike sat vremena zagrevanja, bolje osećam kad se obučem i nastavim normalno radni dan.

Obvezno otidite kod ginekologa ako...

- Imate neki čudan iscedak.
- Ako vam je potreban recept za kontraceptivno sredstvo. Neki doktori opšte prakse prepisaće vam tablete, a neki će vas poslati kod ginekologa koji vam može prepisati i dijafragmu ili neko drugo sredstvo koje vama odgovara.
- Razmišljate o bebi ili mislite da ste već trudni.

kara opšte prakse za kompletan zdravstveni pregled, a da odete kod ginekologa za ženske stvari. Ali važnije od toga kod kog lekara ćete otići jeste da u svakom slučaju obavezno odete na pregled. Imajte na umu da većina zdravstvenih osiguranja dozvoljava ženama da idu i kod lekara opšte prakse i kod ginekologa bez uputa, pa zato kada jednom izaberete ginekologa, možete zakazati pregled kad god vam je zgodno (u toku radnog vremena, naravno).

Ako imate dobrog lekara opšte prakse, on bi trebalo da vam preporuči ginekologa. Ponavljam, pitajte i svoje prijatelje.

Čak i da u ovom trenutku niste seksualno aktivni, svejedno treba svake godine da uradite ginekološki pregled (ovo važi i za lezbijke). Do sada ste sigurno već prošli ono iskustvo na ginekološkom stolu sa nogama visoko podignutim u vazduh (ako imate više od 18 godina a niste, šta čekate?), ali hajde da ponovimo šta se može očekivati od ovog pregleda.

PREGLED KARLICE

1. PAPA test.

Uzima se bris sa ulaznog dela grlića materice. Uzorak se šalje u laboratoriju gde se pretražuje na nepravilne ćelije. Jeste malo nekomforan pregled, ali je gotov veoma brzo a vrlo, vrlo je važan. Zapamtite da većina pronađenih nepravilnosti nisu *rak*, ali PAPA test ima ključni značaj jer rano otkrivanje i tretman prekancerogenih izrastaka drži rak daleko od nas, tamo gde mu je i mesto.

2. Vaginalni pregled.

Dva prsta u vaginu, jedna ruka na stomak. Doktor pregleda matericu i jajnike da bi se uverio da li je sve u redu i to ništa ne boli. Doktor prepipava da nema slučajno nepravilnih izrastaka ili grudvica u vašim jajnicima, kao što su ciste. Doktor bi trebalo da vas

Reproduktivni sistem

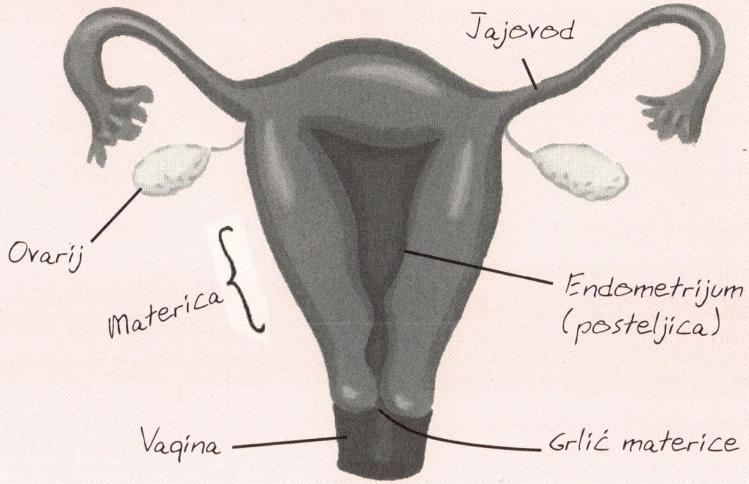

pita da li ovo boli. Treba iskreno da odgovorite.

3. Rektalni pregled

Čik pokažite mi devojku koja voli da joj čika doktor stavi prst u guzu. Jedan prst će možda istovremeno staviti u vaginu, da bi proverio mišiće između i da se uveri da nema tumora.

> **SAVET:** *Nemojte zakazivati pregled karlice u toku menstruacije osim ako ne želite da doktor baš proveri neke probleme sa krvarenjem koje eventualno imate. Prisustvo menstrualne krvi može da pogrešno prikaže neke rezultate iz laboratorije.*

PREGLED GRUDI

Vaš ginekolog će opipati obe vaše dojke i proveriti da nema nekih izraslina ili grudvica kojih ne treba da bude. Zamolite doktora da vam pokaže kako se to radi i zajedno opipajte grudi tako da znate kako normalno stanje izgleda. Neka vam doktor pokaže kako da sami obavite pregled – samostalan pregled jednom mesečno kod kuće omogućiće vam da dobro upoznate svoje grudi tako da ćete odmah moći da primetite ako nastupi neka promena.

SAVET: *postoji jedan izvanredan video Kako samostalno obaviti pregled grudi, koji će vas voditi korak po korak i reći vam tačno šta da tražite. Potražite ga na www.komen.org/bse.*

Kao i kod lekara opšte prakse, ginekolog će vam postaviti mnoga pitanja na koja treba iskreno da odgovorite. Doktor nije radoznao kada se raspituje za vaše seksualne partnere i da li koristite kontracepciju – to je njegov posao. Ako ste imali seks bez zaštite, morate reći ginekologu – doktorka vas neće dovesti u neugodnu situaciju ili vam nabaciti osećaj krivice već je tu da vam pomogne da donesete pravilne odluke u vezi sa vašim zdravljem. Ginekolog je pravo mesto gde treba da odete da vam prepiše sredstvo za kontrolu rađanja.

Planirano roditeljstvo u domovima zdravlja je izvrstan izvor za sve ginekološke savete. Većina centara nudi i zdravstvene usluge (uključujući pregled karlice i dojke, kontrolu rađanja, test trudnoće i HIV test, hitnu kontracepciju i abortuse) i većina zdravstvenih osiguranja ih pokriva baš kao i bilo koje druge medicinske usluge. Ako nemate zdravstveno osiguranje, Planirano roditeljstvo nudi zaštitu u zavisnosti od visine vaših prihoda. Njihov veb sajt je www.plannedparenthood.org.

Stvari stvarno loše stoje i ne idu nabolje

Loš odnos sa roditeljima, prekid veze, problem sa cimerima, pitanja o odnosu prema svome telu, usamljenost, želja za saosećanjem, bilo koja vrsta promene ili gubitka – iz bilo kog razloga, svi se mi osećamo grozno s vremena na vreme. Ponekad se osećamo toliko loše da jednostavno želimo da provedemo dan sasvim sami, uz neku muziku i šolju čaja. Ponekad nam se čini da bi bilo dobro da jednostavno preležimo ostatak svog života. (Verujte mi, to nije dobra ideja.)

Vama verovatno ovo nije potrebno, ali za svaki slučaj, imate moju dozvolu da se osećate upravo onako kako se osećate – život jeste težak, naša osećanja su komplikovana i tuga i nervozau problematičnim vremenima sasvim su u redu. Ali, pošto sada razgovaramo o zdravlju, želim da se koncentrišem na stvari koje možete da uradite da biste se osećali bolje kada naiđu svakodnevni problemi, ali i onda kada su stvari očaj-

„Kada se osećam usamljeno, to je često zato što sam zabrinuta ili uplašena zbog nečega. Neko me je jednom upitao: 'Šta bi ti radila kad se ne bi bojala?' To je ostao jedan od najboljih saveta koje sam ikada dobila – podseća me na to da u životu postoji toliko opcija koje eliminišemo samo iz straha da ne napustimo svoje ušuškane poznate staze. Taj savet pomaže mi da ne odbacim sve te opcije."

— KARA, 25 GODINA

ne već duže vreme a vi ne znate kome da se okrenete.

Doručak kod Tifanija *i ostali transformatori raspoloženja*

Moja prijateljica Francuskinja Denis naziva ih *les bleus*. Holi Golajtli, lik iz filma *Doručak kod „Tifanija"* koji tumači Odri Hepbern, nazivala ih je crvenim prokletinjama i mogla je da se iz njih izvuče samo ako uskoči u taksi i ode do *Tifanijeve* prodavnice. Kakvom god ih bojom krstite, na kojem god jeziku, svi mi imamo svoje metode kako da se nosimo sa lošim raspoloženjem. Ako vam ne pomaže kroasan i zurenje kroz izlog, možda će vam pomoći neki od ovih metoda da se iznesete sa svojom plavom, crvenom ili sivom fazom:

- Probajte da porazgovarate sa nekim – sa mamom, sa dobrom prijateljicom, sa sestrom. Ništa ne pomaže kao novi ugao gledanja na to što vas izjeda.
- Zapisivanje onoga kako se osećate može biti neverovatno isceljujuće iskustvo. Čak i da ne vodite redovno dnevnik, sledeći put kad se osećate loše, jednostavno izlijte svoja osećanja na stranice papira. Nekada i ne znate šta vas tačno muči dok to ne zapišete.
- Probajte sve tehnike za oslobađanje od stresa – tople kupke, joga, vežbanje, šetnja.
- Opustite se i dozvolite sebi da se osećate tačno onako kako se osećate: Ako vam je potrebno da se isplačete, ili da vičete, ili da lupate po jastuku, ili da uzmete dan samo za sebe i odete u bioskop, učinite to. Osećajte to što osećate; ne morate da gušite melanholiju ili osećaj lošeg raspoloženja. Ne bismo umeli da cenimo dobro raspoloženje kada ne bismo uvideli kakvo je kad je loše, zar ne? Možda ćete zapasti u iskušenje da uradite nešto ishitreno ili nasilno, kao da se izvičete na svoju mačku. Nemojte vikati na nju; ona samo želi da vam pomogne.

IZ KINESKOG UGLA

Kuća duhova

Kineska teorija ne koristi termin um kada raspravlja o tretmanima poremećenih emocija. Bilo da se radi o blagim stvarima kao što je kratkoročna nervoza i depresije, ili je to nešto gore, kao što je poremećaj osećaja panike ili dvostruke ličnosti, oni sve to vide kao problem duha odnosno šen, a ne problem uma. Takvi poremećaji tretiraju se tako što se ustanovljavaju uzroci fizičke neravnoteže kao i korišćenjem akupunkture i posebnih trava za 'umirenje žena'. — SANDRA ČU, MSTOM

TERAPIJA RAZGOVOROM

Kada treba razmišljati o terapiji

Ponekad loše raspoloženje dugo traje – mnogi terapeuti kažu da je dve nedelje lošeg stanja dobar pokazatelj da treba preduzeti neke aktivne mere. Naravno, ako se desi neka tragedija, kao na primer smrt, trebaće vam više od nekoliko dana da dođete sebi. Za neke od nas terapija je prirodno rešenje, čak neophodno, da bismo mogli da se nosimo sa svojim emocijama. Možda redovno idete kod psihoterapeuta, čak i kada nemate trenutnu depresiju ili nervozu. A možda vam je terapeut potreban samo na kratak period da prebrodite raskid veze ili neki vrlo loš trenutak na poslu.

Orijentišite se: Osnovne vrste terapije

Kao što se verovatno sećate, ima mnogo različitih teorija i vrsta psihoterapije. Većina psihoterapeuta danas koristi kombinaciju pristupa i opisuje svoj način kao eklektičan ili integrativan. Mada postoji preklapanje između vrsta, svaka ima svoj poznati znak. Ako razmatrate odlazak na terapiju, probajte da nađete specijalistu čiji pristup najbolje odgovara vašim potrebama. Ili o tome možete razgovarati sa specijalistom na prvom razgovoru koji će činiti jedan dug intervju o istorijatu vašeg mentalnog zdravlja i tu možete da postavite sva pitanja.

KOGNITIVNA I TERAPIJA PONAŠANJA

Ova teorija vidi pitanja mentalnog zdravlja kao rezultat iracionalnih misli zbog kojih razvijate neke bez veze navike (npr. zabrinutost ili preteran strah) i negativne emocije. Terapeut radi sa vama na tome da promenite način mišljenja što će, za uzvrat, promeniti vaše ponašanje. Možete početi terapiju nekim poznatim frazama (npr. „Upravo sam upropastila intervju za posao", „Potpuno sam bezvredna", „Moj život je gotov"). Vaš terapeut će pokušati da vam ukaže šta je neracionalno u takvom načinu razmišljanja, pomoći će vam da vidite kako je takva vrsta odgovora kontraproduktivna, a zatim će pomoći da promenite svoje mišljenje u neko realnije (npr. „Nisam baš najsjajnije prošla na razgovoru za posao ali još ima toliko divnih stvari u mom životu, a biće i drugih intervjua.") Ova teorija je veoma efikasna u slučajevima depresije i nervoze.

Za više informacija:
www.academyovct.org

PSIHODINAMIČNA TERAPIJA

Frojd je otac ovog tipa terapije koja se takođe naziva psihoanalizom, terapijom okrenutom ka unutra, psihologijom ega, psihologijom samog sebe i Jungovom teorijom privrženosti. Ali psihoanaliza je veoma napredovala od svojih početaka oko 1900. godine. Ona sada integriše Frojdove teorije sa modernijim pristupima (i izostavlja Frojdove diskreditovane mizogene ideje). Tehnike moderne psihoanalize uključuju slobodne asocijacije (ležite na kauču i pričate) i vrlo često polažu veliki značaj na iskustva

Opširno i ukratko

Pa, koliko vremena ćete provesti na terapiji? Nekoliko meseci? Nekoliko decenija? Ovo je nešto o čemu treba da prodiskutujete sa svojim terapeutom prilikom prve posete.

Postoji jedno opšte pravilo da je za neka pitanja, vezana za date situacije – na primer, kada treba da prebolite raskid ili to što mrzite svoj posao – najbolja kratkoročna terapija (možda jednom nedeljno u periodu od dva meseca). Kada treba shvatiti životna pitanja – kao što je loše detinjstvo, seksualno zlostavljanje ili potpuna depresija – za to je obično potrebno više vremena (nekoliko meseci ili godina).

Vrsta terapije koju odaberete može takođe da diktira i to koliko ćete tu vremena provesti. Psihodinamični pristupi jesu kopanje po prošlosti i za njih često mogu biti potrebne i godine. Kognitivna terapija ponašanja usredsređuje se na sadašnje probleme i obično se završava za manje od 15 susreta. Može se desiti da je pacijent došao kod doktora Viksa radi nekog konkretnog problema koji zatim otvori ceo svežanj nekih drugih stvari. Posledica toga može biti da pacijent često produži vreme za terapiju da bi se dublje zagledao u svoje nesvesno „ja".

iz detinjstva - iskustva koja često ostaju u podsvesnom - u formiranju toga što ste vi danas. Terapeut polako otkriva nesvesna osećanja u uverenju da kada jednom postanete svesni postojanja tih emocija, možete da poradite na njima i uvedete promene u svoj život. Psihodinamična terapija je posebno pogodna za problem ličnosti, kao i probleme intimnosti i druga problematična pitanja iz prošlih i sadašnjih veza.

Za više informacija:
www.ryerson.ca/-glassman/psychdyn.html

TERAPIJA USMERENA NA KLIJENTA

Dok su sve druge vrste terapija direktivne, kod kojih bilo kakav uticaj terapeuta namerno usmerava klijenta u određenom smeru, ova vrsta terapije nije usmeravajuća. Zasnovana je na postavci da je ljudska tendencija uvek usmerena ka rastu i razvoju i samoisceljenju, zato smislite sami odgovore na pitanja uz pomoć terapeuta koji pokušava da razume, na pozitivan i bezuslovan način, vašu tačku gledišta, a da ne sudi o vašem karakteru ili da vam ne nameće sopstvene teorije.

Ideja je u tome da manjak samopoštovanja dolazi otuda što nas drugi prosuđuju, i da ako i terapeut to čini nećete napredovati. Ova terapija koristi ponavljanje (ponavljanje onoga što ste upravo rekli tako da znate da vam drugi ne sude) i pojašnjavanje (pročišćenje onoga što ste upravo rekli i ponavljanje toga vama da biste dobili jasniju sliku šta to zapravo osećate) da bi vam se pomoglo u rešavanju problema. Ovaj pristup je najbolji za dugotrajnu terapiju pre nego za rešavanje nekog pojedinačnog problema ili neke fobije.

TERAPIJA PORODIČNIM SISTEMOM

Kao što ste i pomislili, ova terapija stavlja naglasak na probleme koji nastaju iz porodice i odnosa koji u njoj nastaju, a ne na individualnom. Na primer, vaši roditelji se ne slažu, ali se nikada ne svađaju. Umesto toga imate osmogodišnjeg brata koji teroriše sve po školi, rastura po učionici i prebija koga god stigne na dvorištu. Ovaj terapeut će vam reći da vaš braca reaguje na konflikt između vaših roditelja.

Tradicionalno, porodični terapeuti razgovaraju sa nekoliko članova porodice istovremeno, ali se ova terapija može primeniti i na ljude na individualnoj terapiji.

Za više informacija:
http://psychcentral.com/psypsych/Family_systems_therapy

„Kada sam žalila gubitak brata, osećala sam se kao da se ugasilo svetlo u mom životu i čekala sam da mi se oči naviknu. Čula sam jednu rečenicu koja mi je pomogla: 'Kada si izgubljen u šumi, stoj mirno i pusti da te šuma pronađe.' Jedini način da se probijem kroz tugu bio je taj da jednostavno budem tužna."

— MARDŽI, 31 GODINA

Kada se posavetovati sa profesionalcima

E pa, kako da znate kada je vreme da krenete na terapiju? Neki ljudi ni za živu glavu neće plaćati nekome samo da bi slušao njihove probleme. Drugi će platiti malo bogatstvo da ih terapeut drži za ruku i šapuće savete svaki put kada treba da donesu neku odluku. Ponekad je veoma jasno da se nešto stvarno ozbiljno dešava: prolazite kroz težak prekid veze, nosite se sa smrću, gubitkom posla, silovanjem, zlostavljanjima iz detinjstva, ili ste preživeli saobraćajku – terapija može zaista da pomogne (čak je neophodna, dodala bih) kada ste u žalosti ili se oporavljate. Ako ste zlostavljani ili traumatizovani kao dete, sada bi moglo da bude korisno da krenete na terapiju. Nikada nije prekasno uhvatiti se u koštac sa velikim pitanjima iz detinjstva – pogotovo ako osećate da vas oni proganjaju u zrelom životu.

Takođe, mogli biste otići kod psihoterapeuta kad ne postoji neki očigledan događaj a vi se osećate neraspoloženo, nervozno, zbunjeno, ili loša osećanja ne prolaze a ne vidi se neki očigledan uzrok. Znaci na koje treba obratiti pažnju uključuju i neprestano plakanje; sveobuhvatan osećaj tuge, iziritiranost ili bes za koji se ne vidi odakle dolazi; ili uopšten osećaj izgubljenosti. Naravno, svi mi doživljavamo stres, ali ponekad prihvatamo da su i nervoza, strah i depresija koji ga prate naprosto deo života koji moramo da odradimo. Ali ako se često osećate smoždeno ili vas i male stvari razjaruju, možda je dobro vreme da porazgovarate sa nekim. Možete upitati sami sebe: „Zašto da trpim kada postoje mesta gde ću dobiti pomoć?" (Ukoliko već nije očigledno, odgovor na ovo je da ne

Upoznajte psihijatra

Psihijatri su doktori medicine. Oni idu na medicinski fakultet i rade kao stažisti, obično tri do četiri godine. Psihijatri često definišu probleme mentalnog zdravlja na biološkom nivou i na nivou hemijskih reakcija u mozgu. Kao doktori medicine, oni vrlo dobro poznaju šta sačinjava procese u vašem mozgu kao i u ostatku vašeg tela. Oni mogu da prepišu lek i to je uglavnom njihov osnovni pristup problemima mentalnog zdravlja. Na nesreću, većina psihijatara nije obučena za psihoterapiju, a i oni koji jesu tu obuku započinju tek posle fakulteta. Dobar psihijatar morao bi da shvati koliko je značajno dolaziti kod nekoga na redovan razgovor kao terapiju i trebalo bi da uzmete u obzir događaje u životu i međuljudske veze, kao dodatak hemiji mozga, kada radi sa vama.

Psihofarmakolozi su psihijatri čija specijalnost je prepisivanje lekova kojima se leče psihijatrijski poremećaji. Verovatno će vas vaš terapeut uputiti na ovakve lekare zbog lekova, ili kao dodatak vašoj redovnoj terapiji.

Psiholozi diplomiraju na psihologiji, znači nisu doktori medicine. Njihova obuka se sastoji u tome da uče teorije psihologije, ljudskog ponašanja, testiranje ličnosti, i kako primenjivati terapiju razgovorom bez upotrebe lekova.

Socijalni radnici uobičajeno imaju diplomu i dve godine obuke. Po tradiciji, socijalni radnici naglašavaju mentalno zdravlje zajednice, a to znači služenje onima koji su manje povlašćeni. Međutim, mnogo socijalnih radnika danas održava terapije sa pojedincima, pa kao i psiholozi mogu biti podjednako efikasni.

Terapeuti za porodicu i brak imaju licencu za rad. Programi obično traju dve godine. Oni posmatraju probleme koji nastaju iz porodičnog i bračnog života i imaju dobru obuku za rad sa bračnim parovima. Slično kao i socijalni radnici, i oni primaju pojedince na terapiju.

morate patiti nepotrebno. A najveći deo patnje je nepotreban.)

Terapeuti mogu da budu posebno korisni kada se osećate zarobljeno, kada probate stalno jedne te iste taktike za rešavanje problema, a oni nikako ne prolaze. Znate i sami o čemu govorim – ne možete da prestanete svađe sa majkom, stalno se zabavljate sa ljudima koji su pogrešni za vas, sve i svako vam predstavlja veliko razočaranje. Ne morate da budete u nekoj dubokoj krizi ili da osećate da počinjete da ludite da biste odradili jednosatni razgovor sa terapeutom (istina je – većina terapeuta će vam naplatiti po satu ali će sa vama razgovarati svega 50 minuta – baš lukavo, je l' da?). Možda će vaš razlog za odlazak kod terapeuta biti nešto sasvim jednostavno, na primer: „Želim nešto drugačije u svom životu, ali nemam pojma šta."

Još neki znaci da vam je možda potreban terapeut: ako mislite da previše pijete, previše šopingujete, jedete previše ili premalo – uopšte, previše ili premalo bilo čega je često znak da je situacija loša.

Ako imate neke od pobrojanih emocija, naređujemo vam da potražite pomoć: osećate kao da ne želite da nastavite sa životom, razmišljate o tome da naudite sebi ili nekom drugom, osećate da nema nade da će bol ikada prestati.

Ne, niste ludača

Odlazak na terapiju ne znači da ćete završiti u sceni kao iz filma *Let iznad kukavičjeg gnezda.* Postoji milion različitih razloga zbog kojih ljudi odlaze na terapiju a da nisu poludeli. Većina žena koje odlaze na kratkoročnu terapiju čini to da bi bolje upoznala sebe, da nauči kako da bude bolja sestra, ćerka ili prijatelj – da shvati kako da poboljša svoj već sasvim solidan život.

Plaćanje terapeutu da sluša vaše probleme može biti vrlo efikasno, jer su oni objektivan izvor koji će vam dati iskrenu i poštenu povratnu informaciju a nemaju ličnu vezu u vašem problemu. Razmislite o tome: jeste li ikada proveli ceo sat sa nekim a da je koncentrisan isključivo na vas? Ne možete, na kraju krajeva, da prebacite baš *sve* svoje probleme na najbolju prijateljicu. Ne, stvarno, ne možete – koliko god sjajno ona ume da sluša, mora da se nosi i sa sopstvenim životom.

SAVET: dobar terapeut će vas saslušati i čuti vaše brige i učiniće da se osećate bezbedno i cenjeno. Kao što ni svaki momak nije za vas, tako nije ni svaki terapeut. Važno je proveriti unaokolo, raspitati se i pronaći nekoga s kim se osećate ugodno i kome verujete.

Karta za ludaru u jednom smeru?

Poslednjih nekoliko decenija doktori prepisuju nove i uglavnom vrlo efikasne lekove za nervozu i depresiju, i to sve češće i češće. Ovi lekovi su spasili život milionima ljudi, ali vredi napomenuti da je izbor na vama da li ćete početi da uzimate lekove. Doktor vam može sugerisati da uzmete antidepresiv, ali ako ne volite da pijete lekove, ne morate. A ako probate i odlučite da ne želite da budete zavisni od lekova, možete uvek (uz pomoć doktora, razume se) prestati da ih uzimate.

Važno je da verujete osobi koja vam prepisuje lek, da proučite negativne strane tog leka (za neke se smatra da smanjuju libido i da se od njih goji). Potrebno je i da pitate koliko dugo treba da pijete ovaj lek. Ako i odlučite da počnete da uzimate antidepresiv ili lek protiv nervoze, morate nastaviti redovnu terapiju razgovorima. Možete pasti u iskušenje kada lek počne da deluje, i da pomislite: „Hej, osećam se potpuno zdravo – moji problemi su nestali. Kome treba terapeut?“ Naprotiv: kada se osećate stabilnije, baš tada ste u boljoj poziciji da se nosite sa svojim problemima zajedno sa terapeutom. Lekovi neće odstraniti probleme koji leže ispod svega – oni, međutim, mogu da vas učine prijemčivijim za razgovor po tim pitanjima, za kopanje duboko po vašoj psihi da biste došli do korena problema. Jedna medicinska sestra na psihijatriji opisala je uzimanje antidepresiva kao „stavljanje flastera na ranu koja polako krvari.“ Uglavnom se veruje da je terapija lekovima najefikasnija

„Trebalo mi je mnogo vremena da prihvatim da je u redu pripadati onoj grupi ljudi koji uzimaju antidepresive. Uvidela sam ogromno smanjenje mojih depresivnih padova, naleta nekontrolisanog plača, i nervoznih ispada otkako uzimam lekove. Nadam se da ću se jednog dana skinuti sa tablete, ali i da se pokaže da će mi trebati do kraja života, smatraću da je to u redu.“ —Dženin, 31 godina

ako se kombinuje sa redovnom psihoterapijom. Zato ne odbacujte svog terapeuta kada lekovi prorade – sada možete stvarno da obavite posao.

Dr Viks na ovaj način razmišlja o lekovima: „Pokušavam da pacijentkinju dovedem u stanje da može dovoljno dobro da funkcioniše da bi mogla da poradi na problemima koji uzrokuju njene tegobe. Na primer, nekada pacijentkinja može biti toliko depresivna da ne može da ustane iz kreveta. U takvom stanju ne može nikako ni da dođe na terapiju. Ako uzme antidepresiv, ona barem ima dovoljno energije da prisustvuje terapiji i radi na novim načinima kako da se nosi sa svojom depresijom."

Zdravstveno osiguranje, jasno i glasno

Ne poznajem nikoga, bilo da je pun kô brod ili hronično bez dinara, ko misli da ima dobro zdravstveno osiguranje. Međutim, znam da, bez obzira na to koliko mi gunđamo o tome kako je skupo, zbunjujuće i nefer zdravstveno osiguranje, postoje načini da se plovi kroz sistem. Uz malo uputstva, možda ćete uvideti da, uprkos glavoboljama koje nam zadaju, postoje i dobri i fini doktori,

vrlo posvećeni lečenju naših rana. Sada, hajde da pogledamo koje su nam opcije na raspolaganju.

Organizovana nega je sistem koji koristi većina privatnih zdravstvenih osiguranja u SAD. Vi plaćate članarinu u zdravstvenom planu, što vam daje pristup krugu „umreženih" doktora.

HMO je organizacija za zdravstveni menadžment, što je jedan vid osiguravajućeg plana čiji se uslovi često menjaju. HMO imaju svoje posebne mreže zdravstvenih ustanova, uključujući doktore, bolnice i druge uslužne kuće povezane sa njima.

Možda ćete izabrati lekara opšte prakse kao što smo ranije razgovarali, da bude glavni za

Pripazite se, diplomci

Kada završite koledž, ostavite iza sebe svoje sveske i olovke, svoju nevinost i svoju studentsku zdravstvenu zaštitu. Diplomirani studenti često mogu ostati na osiguranju svojih roditelja još nekoliko godina; ali ako niste student, možda će vas odmah skinuti sa liste. Ako nemate posao, proverite one kompanije koje nude jeftino osiguranje na kratke staze, posebno za one koji su nedavno diplomirali.

vas. Pre nego što idete kod dermatologa ili nekog drugog specijaliste, vaš lekar opšte prakse mora vam dati uput, neku vrstu propusnice koja vam daje pravo za nekoliko poseta specijalisti.

Zato što HMO ima sopstvenu mrežu doktora, i opšte prakse i specijalista, oni ne vole kada idete kod nekoga ko nije povezan sa njima – ako idete, obično morate to da platite sami.

Point of Service Plans **(POS)** su HMO na malo višem nivou koji vam dopuštaju da idete i kod doktora koji nisu u mreži, obično uz visoku proviziju ili višu doplatu. Obično su i premije za ovakve osigu-ravajuće kuće više.

Premija je mesečni iznos koji plaćate za članstvo u HMO. Ako imate osiguranje preko posla, vaš poslodavac verovatno plaća deo vašeg osiguranja, a drugi deo vam se odbija od plate.

Svaki put kada odete kod doktora ili vam ispišu recept, treba da izvršite **doplatu**. To je obično jedan nominalan iznos (negde između 5$ i 50$) koji se zaračunava da bi se odbili ljudi kojima zapravo nije potrebna medicinska pomoć. Vaš HMO će verovatno pokriti ostatak svih troškova iznad doplate.

Preferred Provider Organizations **(PPO)** razlikuju se od HMO po tome što ne morate da birate lekara opšte prakse i nije vam potreban uput za specijalistu. Oni mogu da idu kod bili kojeg doktora u mreži. Ovakve osiguravajuće kuće plaćaju vrlo veliki deo vaših troškova ako izaberete lekara ili instituciju koja pripada mreži.

Mada većina zdravstvenih osiguranja funkcioniše kao organizovani model nege, i dalje postoji i poneki stari model koji se naziva **plan obeštećenja**. Tu se radi o tome da možete da idete kod bilo kojeg doktora i u bilo koju bolnicu, a onda pošaljete račun osiguravajućoj kompaniji koja plaća ostatak . Ovi planovi su skuplji i ređi nego HMO.

U zavisnosti od toga šta nudi vaš poslodavac, imate izbor između raznih zdravstvenih osiguranja i vrsta planova. Na nekim radnim mestima nude planove obeštećenja i HMO. Kada birate svoju zdravstvenu zaštitu, imajte na umu koliko često idete kod doktora, da li imate neku hroničnu bolest koja zahteva redovno lečenje ili lekove. Možete često uštedeti na zdravstvenom osiguranju ako odaberete npr. one koji ne uključuju recepte.

Alternativni načini zaštite

Pokušavati da nađete HMO sami vrlo je teško. Premije za individue su često astronomski visoke, a zaštita nije potpuna. Ako vaš posao ne obezbeđuje zdravstveno osiguranje (možda radite za neku malu firmu ili zapošljavate sami sebe), vama je najbolje da se pridružite organizaciji koja obezbeđuje zdravstveno osiguranje. Na primer, ako ste glumac, učlanite se u njihov sindikat koji nudi zdravstveno osiguranje za svoje članove. Pošto su oni velika organizacija sa mnogo članova, imaju popuste za bolje planove. Vi plaćate mesečnu članarinu a dobijate povlasticu dobrog osiguranja koje možete sebi da priuštite. Postoje ovakve organizacije za praktično sve struke – slobodne preduzetnike, naučnike, filmske stvaraoce, pisce. Pitajte svoje kolege, pogledajte na vebu – gotovo uvek ćete dobiti bolju ponudu kada idete u grupi nego sami.

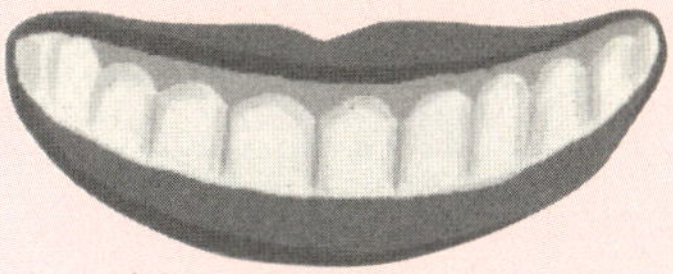

Biseri koje možete imati jeftino

Ne zapuštajte svoje zube. Zubno osiguranje je obično prilično povoljno kada ide zajedno sa zdravstvenim planom – i veoma se isplati u svetu u kome jedna plomba može da košta i do 150$. Ako živite blizu grada koji ima zubnu školu, možete dobiti jeftinu zubarsku negu od licenciranih učenika. Proverite reputaciju škole pre nego što im dozvolite da vam izvade koren. Nije vredno štednje nekoliko novčića ako ćete u narednih 60 godina moći gutati samo ovsenu kašu. Većina ljudi ipak kažu da su na takvim mestima dobili zadovoljavajuću, prilično jeftinu uslugu.

Kobra (COBRA) nije zmija u travi. To je zapravo jedan prilično nevin program. Ovaj plan vam omogućava da budete u zdravstvenom programu svoje kompanije i do 18 meseci nakon što napustite taj posao, bilo da ste otpušteni, da ste dali otkaz, ili šta god. Vi plaćate punu mesečnu premiju (to je ono što ste plaćali svakog meseca uz ono što je plaćao poslodavac plus 2 procenta administrativnih troškova – što može biti skupo ali verovatno niže nego ako pokušate da nezavisno dobijete grupne popuste). Takođe, vaše zdravstveno osiguranje neprekinuto teče.

Ako odlazite s jednog posla i nemate odmah novi pred vama, potpišite ugovor sa Kobrom (ili odaberite neki drugi kratkoročni plan). To je veoma važno jer prekid u zdravstvenom osiguranju od više od 63 dana može dovesti do toga da ćete teško dobiti osiguranje od druge kuće (posebno ako imate neku hroničnu bolest, na jeziku HMO „ranije stečenu bolest“).

Ponekad zvano „pokošeno osiguranje“ jeste osiguranje od nesreće i upravo je to što mu ime kaže – pokriva samo u slučajevima velike hitnosti, kao kada vas pregazi kamion. Ako ne možete sebi da priuštite HMO plan, onda učinite sebi veliku uslugu i barem uzmite ovo osiguranje. Dobijate fleksibilnost i svakodnevno pokriće za vrlo nisku premiju (najviša za koju sam čula bila je 70$ mesečno) i dobijate miran san u slučaju da vam se desi nešto stvarno loše. U svakom slučaju je bolje nego da rizikujete bankrot ako se razbolite – ili vas udari kamion.

Za više informacija o zdravstvenom osiguranju

E-Health Insurance
www.ehealthinsurance.com

Healthpages Guide to Managed Care
www.thehealthpages.com/articles/ar-manag.html#pick

U.S. Department of Labor
www.dol.gov/dol/topic/health-plans/index.htm

Medicaid je zdravstveni program federalne vlade za osobe koje imaju vrlo nizak prihod; neoženjene, zdrave osobe retko potpadaju pod ovaj program, ali trudnice spadaju u ovu grupu. Proverite onlajn.

Neke države nude izvesnu verziju zdravstvenog osiguranja za ljude ograničenih sredstava koji drugačije ne bi imali zdravstvenu negu. Proverite na Internetu da vidite šta ima u vašoj oblasti. Mnogi gradovi takođe imaju neku varijaciju besplatne (ili skoro besplatne) klinike za ljude koji uopšte nemaju osiguranje. Kvalitet nege koju ćete dobiti u tim ustanovima razlikuje se od mesta do mesta – doktori često imaju previše posla, higijena nije na visokom nivou i obično se dugo čeka. Ali ako ste bolesni ili vam treba hitna nega, ove klinike mogu biti spas za neosigurane.

Molim vas, nemojte dopustiti da vaše zdravstveno osiguranje istekne. Nemojte se kockati i prekrstiti ruke misleći da se nećete razboleti u narednih dva meseca kada počinje osiguranje na vašem novom poslu. Nije vredno rizika.

Zašto je osiguranje čarobni štapić?

Ako imate kvalitetne informacije o sistemu zdravstvene zaštite, to vam može pomoći da donesete ispravnu odluku. Takođe, možete da ispitujete sistem koji je, kao što ste verovatno čuli, jedan od najskupljih na svetu i neverovatno neefikasan, uzimajući u obzir kolika je zemlja efikasna u toliko stvari.

Svi organizovani zdravstveni programi postoje da bi uštedeli novac. Osiguravajuće kompanije štede novac jer imaju čuvare koji paze da neko ko se prejeo paštete ne napravi preveliki račun kod gastroenterologa. Vi štedite novac jer ne morate da platite ogromne honorare da biste otišli kod lekara po svoj lek za alergiju ili ako (bože sačuvaj) zaglavite u bolnici. Ali, mnogi ljudi veruju da pritisak na doktore da paze da troškovi budu niski može dovesti do zastoja ili odbijanja medicinske nege ili do previše izdavanja lekova na recept. Oni tvrde da su, pošto ukupni zdravstveni sistem ne želi preventiv-

Više informacija

Centers for Medicare and Medicaid Services
www.cms.hhs.gov/hipaa/hipaa1

Kaiser Family Foundation: Women's Health Policy
http://kff.org/womenshealth/index.cfm

State Health Facts
www.statehealthfacts.org

nu zdravstvenu zaštitu i zapravo podstiče pacijente da ne idu kod doktora dok nije već sasvim kasno, posledice toga što sve na duge staze postaje samo još skuplje.

Zdravstveni sistem u našoj zemlji je daleko od savršenog – ako ste veoma bogati, možete platiti da odete kod bilo kojeg doktora i dobijete savršenu negu. Ako ste veoma siromašni ili veoma stari, vlada ima neke programe da obezbedi osiguranje, mada ne sasvim adekvatno. Oni koji nemaju nikakvu zaštitu jesu ljudi koji ne zarađuju dovoljno da bi mogli da plate zdravstveno osiguranje ali zarađuju previše da bi dobili pomoć od vlade. To je ogroman problem: otprilike 45 miliona Amerikanaca nije osigurano, a to uključuje skoro 20 procenata žena u dobi između 18 i 64 godine.

Ovo je, kao što ste i mislili, teška tema. Tema koja je podelila zemlju, potisnula politička pitanja, i uništila mnoge prijatne ručkove. Nemojte biti pasivni posmatrač ili nezadovoljna žrtva – obavestite se o zdravstvenoj reformi. Potrošite svoj novac kada god je to moguće na zdravstvene planove i doktore kojima je stalo do vašeg zdravlja i koji vam pružaju ljudsku negu i pažnju.

Poglavlje 2

Karijera i posao

Kako dobiti, zadržati, otkazati, promeniti, poboljšati, objasniti i preživeti bilo koji posao

Samo zato što ste završili dva fakulteta, na primer psihologiju i španski jezik, ne znači da ćete odmah sa faksa otići u Nikaragvu da vršite frojdovska ispitivanja na nekadašnjim sandinistima. Umesto toga, možda ćete se naći na poslu veb dizajnera za nekog lokalnog političara koji nema pojma o tome kako da se obrati latino zajednici. Vi, u svojoj neviđenoj mudrosti, pišete članak na španskom za veb sajt koji će biti zlatna karta za osvajanje glasova manjina i *Juhu*! – ne samo što ste iskoristili svoje diplome – vi ste zauvek promenili politiku.

Zato, nemojte da se bunite što ne postoji konkurs za urednika u velikom magazinu za svakog ko je diplomirao književnost, glavna uloga u filmskom megahitu za svakog ko je završio akademiju glume, ili položaj savetnika za svakog ko je stekao diplomu mastera u ekonomiji. (Priznajem, toliki broj tih misterioznih savetnika u proteklih nekoliko godina navodi me na pomisao da možda još ima nekih dobrih poslova u konsultantskim kućama. Mada, niko nikada nije diplomirao iz savetništva.)

Vaša karijera nije jednosmeran asfaltiran autoput kojim vi klizite; to je više krčenje neprobojnih staza i za tu borbu ćete verovatno morati da kupite nove cipele. Ali verujte mi – ja sam imala i grozne poslove i one koji su san snova, imala sam mnogo šefova i sama sam bila šef, bila sam i unapređena i otpuštena – što je staza više izuvijana, to će putovanje biti uzbudljivije.

Šta želiš da budeš kad porasteš?

Možda ste odmalena želeli da budete veterinar, još otkad vam je tatica doneo zeku kojeg ste nazvali Vilijam i koji je spavao s vama u krevetu. Možda ste zaista išli na veterinarski fakultet i diplomirali, pa sad imate svoju privatnu ordinaciju za ljubimce, u dobrom kraju i sa finim klijentima. Blago vama, moja potpuno nepoznata prijateljice, jer ste se popeli na ovu stazu karijere još dok ste bili u pelenama, i više se odatle niste ni skidali.

Ako ovo zvuči veoma drugačije od vašeg života, nemojte da paničite. Osećaj nesigurnosti, panike i nervoze oko toga „šta ćete uraditi sa svojim životom" potpuno je uobičajen. Većina nas pripada negde između grupe koja je potpuno sigurna šta će raditi do onih koji nemaju blage veze. Važno je zapamtiti da nesigurnost u vezi sa budućnošću nije loša stvar. Ono što ne znate nije nužno opasno po vas. To postaje loša stvar samo onda kada dozvolite da vas nervoza u vezi sa budućnošću parališe u sadašnjosti.

Potraga za poslom ume da bude vrlo teška stvar. Većina ljudi u dvadesetim i tridesetim godinama toliko su zabrinuti šta će njihovi prvi poslovi značiti, kako će uticati na ostatak njihovog života, da ih traženje posla potpuno savlada. Ako se osećate kao da će vam pasti čekić na

Kad su bili vrlo mladi...

Pre nego što su slavni postali slavni i zaradili sve one silne milione, bili su obični smrtnici kao vi i ja:

- **Dženifer Aniston** je bila kelnerica pre nego što je zaigrala u seriji *Prijatelji.*
- **Medlin Olbrajt** je bila prodavačica.
- **Fejt Hil** je bila sekretarica u muzičkoj izdavačkoj kući.
- **Sindi Loper** je bila kao i sve devojke koje samo žele zabavu – čistila je za kućnim ljubimcima.
- **Madona** je radila u prodavnici krofni na Tajms skveru.
- **Elen Dedženeris** je radila kao moler.
- **Džulija Roberts** je u poslastičarnici prodavala sladoled.
- **Vupi Goldberg** je bila kozmetičarka u pogrebnom zavodu, zidar i službenik u banci.
- **Greta Garbo** je pravila sapunicu u berbernici.
- **Merilin Monro** je bila inspektor u fabrici aviona.

glavu i razbiti vas u paramparčad svaki put kada sednete za računar da napišete propratno pismo, ili zbog same ideje o surfovanju po ponudama za posao dobijate preskakanje srca, samo hrabro! Dobra vest je da u svemu tome *niste sami.*

Misao da čovek mora da nađe sjajan posao i da ga obavlja do kraja svog života je prevaziđena. Možete da isprobate desetine poslova, pri čemu će vaša biografija biti samo bolja zbog toga. Mada treba da pružite svakom poslu šansu a ne da date otkaz već drugog dana, nema više sramote vezane za menjanje posla kao što je to bilo pre nekoliko decenija. Na svakom poslu vi ponešto naučite. Svaki put kad shvatite da radite kao konj, vi naučite šta hoćete da radite, ali još važnije, i šta *nećete* da radite na poslu. Samim posmatranjem ljudskih aktivnosti – ko ima efikasnu komunikaciju, koga ignorišu na sastancima – vi kupite veštine koje možete upotrebiti na sledećem poslu. Da, prva stvar koju će vas ljudi pitati na žurkama, sahranama i svadbama je: „Čime se baviš?“ Ne dozvolite da vas to uznemirava: ne morate baš ovog sekunda da odlučite šta ćete raditi. Potrebno je vreme da to shvatite i ne trkate se ni sa kim ko će prvi naći odgovor.

I tako, ispijate svoju jutarnju kaficu iz šolje na kojoj je odštampano ZA OVO SAM JA IŠLA NA FAKULTET? ali, nažalost, vi to shvatate smrtno ozbiljno – svaki idiot bi mogao da obavi posao koji ste dobili; mogli su istrenirati i šimpanzu. Pa šta? Držite oči otvorene. Svašta se dešava na svakom mestu gde radite i dok ste tu, postavljajte što više pitanja i naučite što više možete. Možda nećete naučiti mnogo o sadržaju samog posla – čak i unos podataka u *Microsoft Excel* ima svoj plafon, a vi ćete ga vrlo brzo doseći ako dovoljno dugo unosite jedno te isto. Imala sam posao odmah posle fakulteta na kojem sam, skoro pune dve godine, praktično samo adresirala koverte. Ali, mogla sam da posmatram kako ljudi sarađuju u napetoj, užurbanoj atmosferi i uspela sam da uspešno isposlujem povećanje plate kod prilično opasnog šefa. Kada se setim toga, mislim da je pravi posao bio umrtvljujući, ali su veštine u međuljudskim odnosima koje sam pokupila imale neprocenjivu vrednost i dan-danas mi dobro služe.

I dalje teško dišete? Slušajte: vaš prvi posao najverovatnije neće biti posao iz vaših snova. Možda ni izdaleka neće biti povezan sa onim što ste učili u školi, možda se neće uklapati u životni plan koji ste sami sebi skicirali kad vam je bilo 18 godina. Ali najvažnija stvar koju treba zapamtiti (koliko god bez veze da vam ovo sada zvuči, kasnije ćete mi zahvaljivati) jeste to da u svakom poslu možete nešto da naučite. Ali, prvo morate da se prihvatite posla. Energija koju unesete u svoj posao i u ono što ćete naučiti mnogo su važniji od onoga šta taj posao zapravo jeste. Možete da se osećate uplašeno i nesigurno u vezi s tim šta vam budućnost nosi, ali prihvatite taj prvi posao – to je najbolji način da shvatite u čemu ste dobri, umesto da samo brinete o tome ili da pokušate „sve da shvatite odjednom i sada".

Nesigurnost je, naravno, zastrašujuća. Ona znači da ne znate šta će sledeće doći a to je jasan znak da ne možete da kontrolišete budućnost. Imaćete mnogo izbora, napravićete neke greške u proceni, možda ćete napraviti i neke ogromne previde. Takođe, bićete prijatno iznenađeni tokom svega toga. Jedna od izvanrednih stvari kad si mlad je ta što ste u poziciji da isprobate stvari, napravite greške i saznate šta je to što vas interesuje. Možete da preuzmete rizik i nema mnogo toga što biste mogli da izgubite.

E pa, šta ćete biti kad porastete? To ćete odlučiti na samom putu. I doživećete, tom prilikom, jednu sjajnu avanturu. Zato, hajde da započnemo potragu za poslom, važi?

BUDITE TIGAR OD PAPIRA

Biografije i propratna pisma

Evo najvažnije stvari koju treba da znate kada je u pitanju biografija: ona postoji samo zato da bi vam obezbedila razgovor za posao. To nije poslednja šansa da se ostavi dobar prvi utisak – to je prva šansa. Dobićete sledeću šansu ako dobijete intervju. Vaša biografija je nešto što vas predstavlja – to n-iste zapravo vi.

Pošto je biografija dokument koji ide na uvid pre vas samih – ulaznica, bejbi – morate da se postarate da ona bude jasna, koncizna i neodoljiva. Ne mora da sadrži svaki božji poslić koji ste ikad uradili, ili činjenicu da volite da kuvate, ili vaše političke stavove. Sačuvajte svoje lično, unikatno *Ja* za sam intervju.

Hajde da bacimo pogled na vašu biografiju. Prvo i prvo, odbacite sve reči kao što su *pomagao, ispomagao i pružao podršku.* Možda ste vi upravo činili sve te stvari, ali možete da upropastite svoje šansu za poslove koji mnogo bolje zvuče.

Ali zar to nije laž?

Ne, to nije laganje. To je refraziranje istine na takav način da vi izgledate dobro. Niko neće misliti da ste direktor jedne od 500 vodećih kompanija na svetu a vi ste radili u kopirnici kada ste imali 22 godine. Međutim, mnogo bolje zvuči kada kažete da ste *organizovali kampanju za direktnu poštu* umesto da kažete da ste lepili koverte. Kapirate? Nećete otići na razgovor za posao u najgorem odelu. Zašto biste sebe opisali najgorim rečima u svom rečniku? Za više od ovoga, pogledajte pasus „Važno je da se ne laže".

Jedna vrlo važna stvar koju treba zapamtiti o biografiji: isti slučaj je i sa zubima, ne želite da imate samo jedan jedini. Možete da menjate svoju prezentaciju za različite poslove tako što ćete ukazati na važne stvari i

Istaknite ono najbolje

Ovi onlajn izvori pomoći će vam da napišete i oblikujete kvalitetne biografije:

CollegeGrad.com
www.collegegrad.com/resumes

Biblija za one koji traže posao
www.jobhuntersbible.com/resumes/resumes.shtml

Biografije za one koji trže posao
www.quintcareers.com/resres.html

Pisanje biografije
www.rockportinstitute.com/resumes.html

staviti ih na početak ili ćete izbaciti one poslove koji za to uopšte nisu važni.

Vaša biografija treba da se nalazi na jednoj strani, osim ako imate baš toliko važnog iskustva da ne može da stane, što nije baš verovatno ako uzmemo u obzir koliko kratko radite. Neki ljudi će vam reći da postoje nepopustljiva pravila u vezi s tim kako bi biografija trebalo da izgleda. Ali, zapravo, postoji samo jedno jedino važno pravilo: prikažite svoje iskustvo i obrazovanje na koncizan, pozitivan i gramatički ispravan način – recite ono što imate jasno, u obliku koji se lako čita, i to je to.

DAJTE SEBI PRATNJU

Propratno pismo, kao i vreme provedeno u sauni, treba uvek da bude kratko. Pokušajte da ga adresirate na stvarnu osobu – nazovite kompaniju i saznajte ime osobe koja zapošljava. Ako ništa ne uspe, naslovite na „Kadrovsko odeljenje kompanije ______" radije nego neodređeno i hladno „Poštovani", prevaziđeno „Poštovani gospodine/ gospođo" ili neoprostivo „Poštovana gospodo".

Istaknite par razloga zbog kojih ste vi nesumnjivo kvalifikovani za taj posao i umirete da vas uzmu u obzir. Svrha ovoga je da pokaže da umete čestito da napišete pismo, da predstavite sebe i da, kulturno, napustite prostoriju, ostavljajući da biografija obavi ostalo.

Munje i gromovi po pitanju pisanja propratnog pisma

Laboratorija za karijeru
www.careerlab.com/letters/default.htm

Primeri propratnih pisama
http://jobsearch.about.com/library/samples/blsampleCoverLetters.htm

www.quintcareers.com/covres.html

www.vault.com/nr/ht_list.jsp?ht_type=9

Tražiti posao (na pravom mestu)

Nekoliko sati surfovanja onlajn a zatim slanje biografija mogućim poslodavcima, i pre nego što ste oprali zube ujutru, možda izgleda kao najlakši način da se nađe posao. Ali nije i najdelotvorniji.

Godine 2005. DBM, jedan od vodećih svetskih servisa za promenu radnog mesta, objavilo je izveštaj da je tek 10% njihovih klijenata našlo posao preko Interneta. Štampani oglasi i reklame u novinama su donele još manje procenata. Ali, 64% njihovih klijenata našlo je svoj posao na dobri stari način: preko veze.

Alison Heming, autor knjige *Odradi to!*, jednog izvanrednog vodiča kako naći posao, predlaže sledeću formulu: „Provedite ne više od 20–25% vremena potrage za poslom na vebu, a ostalih 75% razvijajte svoje veze na društvenim događanjima, traženjem preporuka, i traženjem informacija od kontakata." Iako ove aktivnosti zahtevaju više fizičkog i mentalnog napora nego obično klik-klak na Internetu, videćete da donosi i mnogo bolje rezultate.

Vaša lična mreža

Vaši najbliži prijatelji i rodbina čine vašu „ličnu mrežu" – oni vas vole bez obzira na to kakav ste gaf napravili na večeri sa potencijalnim klijentom. Otarasite se nevernika, onih koji stalno kažu „ne", onih koji vas stalno vuku na dno i ljubomornih koji se osećaju ugroženo zbog vas. Oni vide vaš uspeh kroz sopstvenu prizmu i njihov savet će biti prožet sitničavošću.

RAZVIJANJE VEZA

Umrežite svoje veze

Tata me je upoznao sa terminom razvijati veze. Bila sam na dečjem igralištu, u jednoj ruci sam stiskala flašicu a u drugoj ćebence, kada mi je otac objasnio prednosti koje donosi uskakanje u igru. I sada mogu da ga čujem: „Melisa, idi tamo i igraj se sa drugom decom. Sad ili nikad, tigre!"

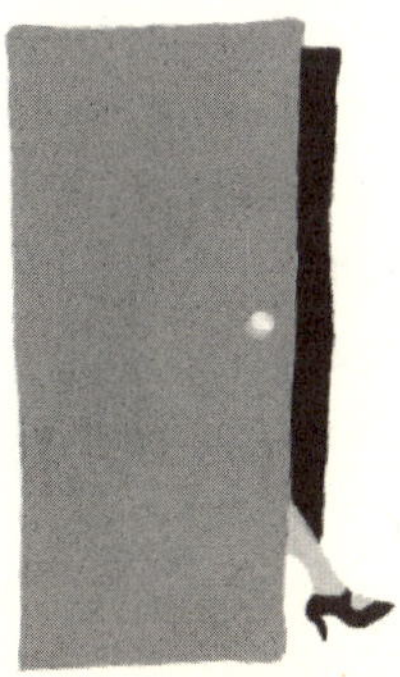

Okej, možda se nije baš tako desilo ali dovoljno je reći moj otac je tokom velikog dela moje mladosti i odrastanja stalno ponavljao značaj povezivanja, poznavanja pravih ljudi, odnosno *stvaranja veza*. I tada, kao i sada, moja reakcija je bila ista.

Užas.

Nikada nisam želela da se lepo igram u pesku samo zato da bi me tata Dženi Blejk pozvao u posetu kod njih (pričalo se da imaju bazen i pravi vodopad). Sama ideja uvlačenja profesorima ili nadređenima u poslu, odlazaka na prave zabave da biste upoznali prave ljude i da biste, na taj način, „otvorili prava vrata", izazivala mi je mučninu.

Uobičajene (i neuobičajene) mogućnosti traženja posla

Koristite pravilo 25% onlajn, 75% uživo. Još ne znate gde da započnete potragu. Evo ideja:

- Pronađite veb sajtove na kojima se nudi posao
- Konkursi u lokalnim novinama i magazinima
- Univerzitetski veb sajtovi
- Skupovi podrške ljudima koji su nedavno otpušteni
- Lovci na posao koji su specijalizovani za određenu oblast (znam jednog tipa koji smešta profesore u bukvalno sve privatne škole u određenom gradu – oni koji žele to da postanu započinju potragu uz veliki hendikep ako ne znaju za njega)
- Događaji na kojima se razvijaju veze, zabave, druženja
- Veb sajtovi posebnih organizacija za koje ste zainteresovani (mnoge kompanije jednostavno stave svoje oglase na sopstveni sajt)
- Pošaljite imejl svim poznanicima da vidite da li oni znaju za neki konkurs
- Ako ništa drugo ne uspe, podignite slušalicu i nazovite kompaniju da pitate da li će zapošljavati nekoga. Šta je najgore što može da vam se desi?

Otvaranje vrata izgledalo je podjednako zabavno kao kad bi mi neko prikleštio ruku u vratima. Postepeno sam zamrzla ta vrata. Zašto je tako teško provući se kroz njih? Ako jednostavno zazvonim kao i svaki posetilac, zar neće oni srećnici koji imaju propusnicu jednostavno pustiti i mene unutra?

Razvijanje veza je fensi izraz za druženje sa ljudima koji mogu da vam pruže podršku ili vođstvo i kojima vi, potencijalno možete da uzvratite uslugu. Empirijski je dokazano da *poznavanje pravih ljudi*, ili *upoznavanje pravih ljudi*, ili najbolje od svega *biti jedan od pravih ljudi*, može neverovatno da pomogne na tržištu radnih mesta. Ako poznajete nekoga ko radi u kompaniji u kojoj želite posao, vi ste prava budala ako ga ne nazovete i upitate za neke insajderske informacije da biste dobili posao. Ako želite da počnete da pišete za neki muški magazin, ludi ste ako ne nazovete prijateljicu kojoj je upravo izašao članak u *CKM-u* i ne pitate je za savet. Prijatelji, prijatelji prijatelja, prijatelji komšija vaših roditelja... ovi ljudi znaju da se sve vrti oko „ljudi koje poznajete“, zato morate da prevaziđete stidljivost, ponos, strah da ne možete dobiti posao na osnovu sopstvenih vrednosti. To je sve glupost koja nije ništa drugo nego neka vrsta samo-sabotiranja.

„*Niko ne spominje nervozu u vezi sa razvijanjem veza, o tome kako je teško jednostavno nazvati nekoga. Svaki put kada bih pozvala na osnovu prethodnog razgovora, trebao mi je ceo dan da skupim hrabrost za to jer sam stidljiva. Ali svaki put kada sam to uradila, to je pomoglo mnogo više nego da pošaljem deset biografija. Razgovarala bih sa jednom osobom, a ona ima dve prijateljice koje mi preporuči da ih nazovem, pa njih dve imaju svoje prijatelje, i tako dalje, i odjednom bih imala ceo jedan novi krug prijatelja koji su radili upravo ono što ja želim. Tako sam dobila i svoj prvi posao i svaki posao posle toga.*“

— Dženifer, 35 godina, publicista

Razvijanje veza prekida anonimnost kod traženja posla. Poslednja stvar koju neki prezauzeti šef želi da radi jeste da objavi konkurs a onda pregleda gomile biografija. Kada zapošljavaju na početnička i središna radna mesta, ljudi će se mnogo verovatnije setiti one devojke koju su upoznali preko prijatelja ili one koja ih nazove s vremena na vreme posle neformalnog razgovora. Biografije se svode na gomilu statistike, a ako ste ostavili dobar utisak na nekoga, lakše mu je da pozove vas kada se ukaže konkurs nego da intervjuiše gomilu onih koji se baš ne uklapaju potpuno.

Čaj i ćaskanje: Neformalni razgovor za posao

To su intervjui za koje zamolite ljude u vašem polju interesovanja da biste videli šta tačno znači raditi u određenoj profesiji, biti učitelj, bankar, advokat, ili proizvođač sveća. Možda ćete izaći na kaficu ili se sresti u kancelariji te osobe, i tada *vi* obavljate intervju – saznajte šta osoba preko puta vas radi na svom poslu, zbog čega je dobra u tome, i kakva obuka bi vam bila potrebna da dobijete sličan posao.

Možete da pitate nekoga koga upoznate na zabavi da li bi bio voljan da vas primi na neformalni razgovor za posao, ili prijatelje

NA KAUČU

Razvijanje veza

Razvijanje veza može biti još teže ženama, jer smo naučene da budemo manje agresivne od muškaraca. Mnoge od mojih klijenata žena smatraju da je jednostavno nazvati nekoga previše navalentno i agresivno. One misle: „Oh, ko bi želeo mene da čuje?" ili „Zašto bi mi bilo ko učinio uslugu?" Ustručavaju se da zatraže bilo šta od osobe sa kojom razgovaraju telefonom. Naravno, sve to je povezano sa odbijanjem.

NA KRAJU KRAJVEA

Podignite slušalicu i pozovite.

Mogla bih da vam kažem: „Prevaziđite to, nema ničeg ličnog u biznisu", ali sumnjam da bi to pomoglo. Ali ovo ću vam reći: „Morate da promenite način svog razmišljanja." Prvo i prvo, biznis se ne odnosi na vas. Možda ste vrlo talentovani i sposobni, ali ti talenti nisu potrebni u ovom trenutku nekoj određenoj kompaniji ili osobi, zato idite dalje. Ako ne zovete ljude i prijatelje, ili poznanike, niko neće znati da ste spremni da pokažete svetu šta umete da uradite.

— DŽOAN KJUEL, SOCIJALNI RADNIK

vaših roditelja, ili da jednostavno nazovete firmu i hrabro zamolite nepoznatu osobu. Većina ljudi će biti polaskana vašim interesovanjem. Jedan od bonusa ovakvog razgovora jeste to što možete ostati u vezi sa tom osobom, a ako ostavite dobar utisak, možda će vas pozvati kad se otvori mesto u njihovom sektoru. Uzmite vizitkartu, nakon sastanka pošaljite poruku u kojoj se zahvaljujete, proverite s vremena na vreme i javite svima kada vas unaprede ili kada dobijete novi posao. Ko zna – možda ćete naći mentora ili prijatelja iz ovakvog neformalnog razgovora. Dobar posao.

Vrlo dobar razlog da se učlanite u organizaciju svog nekadašnjeg fakulteta

S vremena na vreme moj telefon bi zazvonio – gde god da sam bila – možda sam kod kuće, u hotelu ili primam lokalnu anesteziju kod zubara. Mogla sam da budem i u programu zaštite svedoka, svejedno, oni bi me ipak pronašli. Oni su najuporniji u telemarketingu, predstavnici udruženja mog fakulteta, i ja sam godinama izbegavala njihove pozive. (Plašim se svakoga ko me zove i traži novac a ne nudi čak ni da će mi poslati set kuhinjskih noževa.) Ali, da sam im dala samo minut svoga vremena, uvidela bih šta sve mogu da dobijem iz članstva u ovom udruženju. Mnogi fakulteti ne traže ni da se učlanite – vi ste jednostavno član samim tim što ste diplomirali na ovoj uvaženoj instituciji. Ako je tako i kod vas, iskoristite sve prednosti koje oni nude:

1. Mogućnosti za karijeru, razvijanje veza za posao, novine, magazini i mentorski programi u kojima ćete se povezivati sa iskusnijim diplomcima.

„Pratim svaku generaciju u prospektima udruženja sa mog fakulteta zbog ljudi koji su makar marginalno uključeni u reklamnu industriju. Pronađem nekoga ko radi u agenciji za reklamiranje ili slično – svejedno iz koje su generacije – i pošaljem pismo u kojem ih obaveštavam da sam početnik na tom polju i da molim za neki savet koji možda imaju. Uradila sam ovo šest puta i ni jedna jedina osoba nije ignorisala moj imejl.“

— Džanin, 30 godina, marketinški savetnik

2. Redovni događaji gde ćete se sretati sa kolegama koje, drugačije, možda ne biste nikada upoznali.

3. Velike korporacije odlučuju koliko će donirati nekom fakultetu i, delimično, na osnovu toga, koliko njihovih diplomaca može biti u udruženju. Više novca znači bolje uslove, što unapređuje status vaše škole i daje bolji kredibilitet fakultetu. Zato, pošećerite ih malo i učinite svoju školu vrednijom.

Uprkos mom ličnom skepticizmu, istraživanje pokazuje da nemate šta da izgubite ako se učlanite. Čak sam čula da postoje i zdravstveni klubovi, restorani i hoteli iza tapaciranih vrata vašeg lokalnog udruženja. Pokucajte – ko zna šte ćete pronaći unutra?

Kako da svaki put briljirate na razgovoru za posao

Vremena su teška. Nema mnogo intervjua za posao. Koja ste srećnica što imate zakazan razgovor! Naravno, jednom kada se izborite za intervju, odmah počinjete da se dvoumite u vezi s poslom za koji ste se prijavili. Radno

„Prijavila sam se za posao u prestižnoj firmi i znala sam da ću se takmičiti sa mnogo ljudi koji su kvalifikovaniji od mene. Provela sam celu nedelju pre razgovora u izradi projekata koji bi precizno odgovarali ovom poslu i ovoj kompaniji. Kada sam otišla na razgovor, bili su zaprepašćeni što sam uložila toliko vremena. Bilo je očigledno da sam jedini kandidat koji je to uradio i na kraju su mi ponudili posao.“

—Kristina, 26 godina,
grafički dizajner

mesto sigurno ima neku skrivenu fatalnu manu, nikakve prednosti ili se radi sedam dana u nedelji. Ako je to dobar posao, zašto bi oni, za ime božje, pozvali mene? Gledajte na to ovako: ne biste imali zakazan ovaj razgovor da niste nekoga impresionirali. Niko ne daje intervjue iz sažaljenja.

Odlazak na intervju za posao koji ne želite

Svaki razgovor je vežba za sledeći razgovor. Ne odbacujte razgovor samo zato što ste besni da vas nisu pozvali u vezi s poslom vaših snova ili mislite da je ova kompanija loša za vas. To vam je kao kod zabavljanja: kompanija koja vas je pozvala ima dobar ukus. Nemojte to da im zamerate. Idite na svaki razgovor koji vam zakažu i skupljajte veštine obavljanja razgo-vora. Nikada ne znate koga ćete upoznati ili kakva neočekivana dobra veza za posao može iskrsnuti.

Priprema za intervju

Budimo pošteni: vaš prosek u školi više nije bitan, i niko ne daje ni pet para na to koji ste fakultet pohađali ako ne umete da predstavite sebe kao timskog igrača ili da objasnite šta bi bio posao iz vaših snova.

Pre nego što odete na razgovor, potrudite se da saznate sve što se može o toj firmi. Raspitajte se, nađite insajderske informacije od poznanika koji tamo rade. Potražite ih na netu. Napravite beleške. Zapišite pitanja. Razmislite zašto želite ovaj posao i pokušajte da smislite dobre odgovore na pitanja koja će vam verovatno postaviti (pogledajte odeljak „Uobičajena pitanja prilikom intervjua“).

Ne treba baš da poludite, ali ja zaista verujem da što ste bolje pripremljeni i informisani, bićete opušteniji prilikom razgovora i, stoga, verovatnije je da ćete odgovarati kao šarmantna osoba a ne kao drvena lutka koja ima lošu probavu. Sva priprema koju odradite sa prijateljima ili sa mentorom ima mnogo veće šanse da vam se isplati nego ako dopustite da vas parališu napregnuti živci.

Na sam dan intervjua

Obratite pažnju da ponesete nekoliko primeraka svoje biografije, olovku i papir, i svoj spisak pažljivo smišljenih pitanja. Obucite se kulturno i ležerno i, povrh svega, dišite duboko. Stavite listove sa vašom biografijom u fine fascikle čiji su uglovi presvučeni mesingom i ponesite kvalitetnu akten-tašnu. Niko ne mora da zna da ste prethodnih šest meseci živeli na hlebu i siru. I NIKO NEĆE NI ZNATI, zar ne? To znate samo vi i niko, niko drugi.

ŠTA OBUĆI?

Kostim, ili makar jaknu i pantalone, ili bar košulju u kompletu. Imam prijateljice koje će se sa mnom raspravljati do smrti o tome da je za neka radna mesta bolje otići ležerno odeven ali ja se, molim lepo, nikako ne slažem. Jednom sam obukla džemper i suknju na intervju (mislila sam da je u redu preskočiti kostim jer je razgovor bio u vezi sa poslom gde se traže tri početnika i obavljen je u garsonjeri mog potencijalnog poslodavca). Iako jesam dobila taj posao, moja ultrakritična šefica kasnije mi je rekla da je smatrala vrlo lošom formom to što nisam obukla profesionalnu uniformu. Ako je intervju u nekoj baš progresivnoj kompaniji, nekoj hipervarijanti MTV-ja, možda možete obuti visoke čizme umesto štiklica ali, molim vas,

Pitaj me, pitaj me, pitaj me

Znate staru izreku: stidljivost nije loša stvar ali može da vas spreči da iskažete sve što želite u životu. Intervjuisanje osobe koja obavlja intervju sa vama isto je toliko važno kao i odgovaranje na pitanja. To je vaša šansa da saznate sve o poslu, da vidite je li pravi za vas. Koliko god to može izgledati kao ispitivanje, ovo treba da bude razgovor. Pitajte o svakom aspektu posla osim o godišnjem odmoru, plati i ostalim bonusima. Biće dovoljno vremena da o tome razgovarate kasnije, nakon što budete dobili posao.

Uobičajena pitanja na intervjuu

Ne znam šta će vas tačno pitati na licu mesta, ali biće vam od pomoći ako imate neke koncizne odgovore na sledeća pitanja koja uvek iskrsnu:

- Zašto želite da radite u ovoj oblasti?
- Zašto želite da radite u ovoj firmi?
- Prikažite nam vašu biografiju / vaše odgovornosti na prethodnom poslu.
- Koji je vaš omiljeni projekat?
- Šta volite da radite u slobodnom vremenu?
- Ispričajte nam jednu situaciju koja je predstavljala izazov za vas.
- Navedite jednu stvar koju biste voleli da postignete, koliko god da je možda luda.
- Kakve jedinstvene sposobnosti vi možete doneti na ovo mesto?
- Kako se snalazite sa teškim ljudima?
- Gde vidite sebe za pet godina?

izborite se same sa sobom i svejedno obucite kostim. Nemate šta da izgubite ako svakim svojim delićem odajete utisak da ste kompetentna, vredna osoba, svejedno za koje radno mesto konkurišete. Za više detalja o oblačenju, pogledajte odeljak „Odeća za svaku priliku".

ŠTA ĆE VAS PITATI?

Opustite se. Intervju nije situacija otetih talaca, već vaša šansa da govorite o sebi i da zadivite svog potencijalnog poslodavca. To je kao prvi sastanak: oboje želite da vidite kakav je onaj drugi i da li biste bili dobar par.

Osoba koja obavlja intervju već je videla vašu biografiju. Sada želi da vidi da li ste samo neko ko ume lepo da artikuliše svoje ciljeve i talente, već da li ste osoba pored koje može da sedi na petosatnom prekookeanskom letu. Baš zato vi treba da budete najšarmantnija verzija sebe same. Primetite da sam rekla *sebe same.* Ako odete na intervju pokušavajući da budete pametniji od svih tako što ćete biti nešto i neko ko niste, to će se videti, i možda ćete ostaviti utisak osobe koja ima poremećaj podvojene ličnosti (a to baš nije kandidat iz snova) i možda ćete upropastiti intervju.

Pitanja možda jesu uopštena, ali vi niste. To je dobra stvar u svemu tome: vi ste jedan fantastični pate na tostu koji je inače prilično suv. Sama uopštenost pitanja upravo će vam dati šansu da zablistate ako unapred razmislite kako ćete odgovoriti.

Zapamtite, nema pogrešnih odgovora. Samo treba da odgovorite na najubedljiviji način, koliko god možete, a da ne izgledate kao marioneta ili igračka za žvakanje koja neprekidno gnjavi oko poslova koji nisu dobro prošli. Šta god da radite, nemojte nipošto lagati ili se pretvarati da ste stručnjak u nečemu gde niste. Vi ste dovoljno impresivni a da im ne izgledate kao „naduvano idiotsko puvalo".

Hvala vam, a sada me, molim, zaposlite

Volim da istog dana pošaljem zahvalnicu osobi koja je obavila intervju. Ako je vreme bitno, dobro sročen imejl će odraditi stvar. Ako mislim da imam pred sobom dan ili dva, poslaću rukom pisanu poruku na l-epom papiru i u finoj koverti. Ne mogu da vam opišem koliko ljudi mi je reklo da osećaju da ih je to što nisu poslali zahvalnost koštalo posla.

U svojoj poruci spomenite neke elemente razgovora i potvrdite, jasno i glasno, da želite ovaj posao, da ste na raspolaganju u bilo koje doba da odgovarate ukoliko ima još pitanja, i da se radujete skorašnjem susretu. Nemojte okolišati – želite da zacementirate dobar utisak sa intervjua jednim jasnim HVALA VAM. Učinite to. Učinite to odmah sada. I pogledajte Poglavlje 4 gde šire pričamo o korespondenciji.

„Išla sam na intervju za jedan potpuno apsurdan posao zalivanja cveća u kancelarijama u toku noći. Osim potpune apsurdnosti tog posla, bilo je to loše razdoblje u mom životu i pomislila sam: Proveravaju da li umem da zalivam biljke. I UZ SVE TO, nisam dobila posao možda i zato što je iz mog stava bilo jasno da nisam zainteresovana."

— KOLINA, 33 GODINE

Trenutak istine

Predivno obavite intervju a onda vam se ne javi potencijalni poslodavac ili odbija da primi vaše pozive. Ili mislite da ste upropastili intervju za najbolji posao koji će vas ikada snaći, a narednog dana oni vas pozovu i ponude fantastičnu platu i

Slab stisak ruke, slaba osoba...

Toliko je lako ostaviti dobar utisak da je neverovatna šteta što toliko pametnih žena ide kroz život pružajući ruku mlitavu kao crknuta riba.

Gledajte u oči: gledajte osobu ispred sebe dok se rukujete. Ne mislim da ih gledate pogledom tipa „Hajde da se povatamo“, već pogled koji govori „Drago mi je što smo se upoznali“. Čovek koji ima slab stisak ruke i vrda očima momentalno je sumnjiv.

Stisak: ne morate da oblačite ogromnu postavljenu rukavicu, dovoljno je da su vaši prsti paralelni i da dotiču ruku druge osobe. Imate samo jednu šansu da se rukujete i zato pazite da to uradite čvrsto. Nemojte smrviti ruku drugog čoveka već normalno pružite čvrsto ruku. Bljak. Mrzim one koji vas tek jedva dotaknu vrhovima prstiju. Neobavezni, bez veze tipovi. Koristite celu šaku.

Rukovanje: mi u SAD imamo tu nezgodnu naviku da čoveku tresemo celu ruku kada zapravo treba protresti šaku. Evropljani to rade bolje – nije stvar u mahanju već u stisku ruke. Uhvatite šaku, stisnite, stanite, pustite. Ne treba mahati kao zastavicom.

Razume se samo po sebi da niko ne želi da dotakne vašu ruku ako je vlažna ili znojava. Trudite se da vam dlanovi budu suvi kada dođe do rukovanja, čak i da morate diskretno da obrišete ruku o suknju.

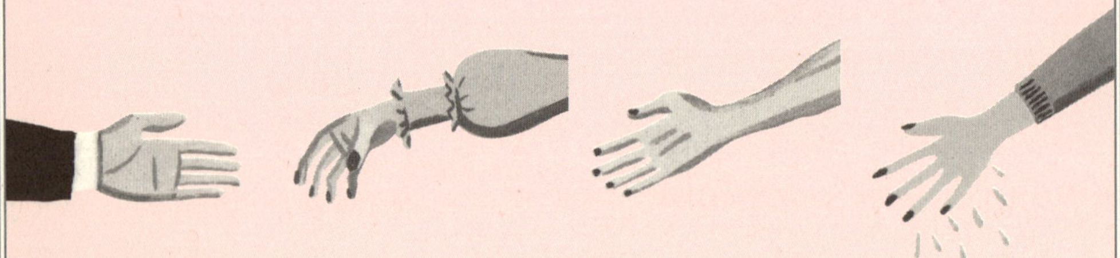

službeni auto. Silne i moćne dobre vile Karijere rade na čudan način.

Trebalo bi da u roku od otprilike nedelju dana čujete rezultat vašeg intervjua. Ako u toku intervjua ne pomenu da će odlučiti odmah posle, nemojte se ustručavati da pitate: „Koji je vremenski okvir za zapošljavanje na ovom radnom mestu?“ Vi ste jedna vrlo tražena stvar, na kraju krajeva, imate toliko ponuda pred sobom – potrebno vam je da znate kada će vam se javiti.

Ako ništa niste čuli u naznačenom vremenu, ili je već prošlo nedelju dana, nazovite onoga ko vas je intervjuisao. Ne zaboravite – radi se o vašem životu i vi „zovete samo da proverite“. Niste dosadni; samo vam trebaju činjenice. Ako neko ko treba da bude vaš budući šef smatra informativni poziv iritirajućim, imate posla sa nekim ko nema mnogo takta u međuljudskim odnosima i to mesto verovatno i nije za vas.

JA TEBE VOLIM, TI MENE NE VOLIŠ

Ako mislite da je intervju bio dobar, verovatno i jeste. Ali postoji toliko mnogo skrivenih faktora koji odlučuju da li ćete ili ne dobiti posao – možda je mesto obećano šefovom sinovcu, možda ste bili previše kvalifikovani – tako da morate da naučite da prebolite stvari kada se radi o razgovorima za posao.

Ako su vas prevideli za posao, a to će se sigurno dogoditi tokom vaše burne odiseje traženja posla, provedite što je manje moguće vremena u žaljenju za tim. Nemojte poslati zločesto pismo osobi koja je obavila intervju u kojem ga informišete da ima najgori mogući zadah iz usta. Ali, zatražite da porazgovarate sa tom osobom i da saznate zašto su vas preskočili. On je sasvim sigurno odvojio vreme da bi vas vrednovao i treba da ima neke razloge koji stoje iza njegove odluke. Uvid u to može vam pomoći kod narednih intervjua.

TI VOLIŠ MENE, JA TEBE NE VOLIM

Moguće je da će se desiti da ćete odbiti ponudu za posao. Možda ste odlučili da vam ne odgovara. Možda ste shvatili da nikako ne možete da živite od plate koja je manja nego mesečna kirija koju plaćate. (U pravu ste, ne možete!) Treba da pošaljete pismo u kojem kažete koliko ste polaskani što su vas uzeli u obzir i da izrazite iskreno izvinjenje što morate da odbijete ponudu. I stvarno treba da se osećate polaskano. Čak i da posao nije bio za vas, ova kompanija umela je da prepozna kakva ste vi zvezda.

ZALJUBLJENI

U mom omiljenom scenariju, vi se prijavite za posao, imate odličan intervju, provedete vrlo malo vremena grickajući zanoktice, i u roku od nedelju dana dođe vam ponuda za posao. Ovo je vreme da se razmotri plata, slobodno vreme, funkcija i bilo šta u vezi sa prednostima o kojima ste se pitali još od intervjua.

Formalna ponuda bi uvek trebalo da stigne napismeno i da uključuje dogovorenu platu i paket beneficija (zdravstveno i zubno osiguranje, godišnji odmor). Ako ovi elementi nisu zadovoljavajući, sada je vreme da o njima pregovarate. Kada jednom prihvatite posao, nećete uspeti nikoga da uhvatite ko bi hteo da vas sluša kada pokušavate da iscedite veću platu.

Unapred odredite koliko smatrate da vredite (možete da pronađete na Internetu koliko su prosečne plate na sličnom poslu, razmislite iz svog iskustva, porazgovarajte sa prijateljima), koja je najniža ponuda koju možete prihvatiti. Vi vredite onoliko koliko vredite i ni u kom slučaju niste previše jeftina roba. Vi ste ljubazni i profesionalni do poslednje pare, ali i dalje morate da zaradite dovoljno za potrošačku korpu.

Uvek, uvek, uvek pročitajte sitna slova tako da znate tačno u šta se upuštate. Čak i oni poslovi koji zvuče najbolje možda imaju neke detalje – nema godišnjeg odmora, nema beneficija, nema bolovanja – što ih čini ne baš tako dobrim kasnije.

POSTDIPLOMSKE STUDIJE

Sad ili nikad

Neki ljudi će vam reći da ne možete ostati u školi do kraja života. Isti ti ljudi će vam kazati da je-dnoga dana morate izaći iz svoje kule od slonovače i sresti se sa stvarnim svetom.

Hajde da zastanemo odmah i raščistimo neke stvari: svi mi živimo baš u tom stvarnom svetu. Vaš život se odvija upravo sada, ne kada završite školu, kada dobijete posao koji *stvarno* želite, ili tek kad oslabite pet kila, ili kad se udate. To je to. Ovo je stvarni svet i svejedno je da li ste postdiplomac ili mafijaš, to je vaša stvarnost.

Volela bih da mi je neko rekao sledeću stvar kada sam diplomirala: *Nema žurbe. Postdiplomske studije će uvek biti tu.* Što si dalje od škole, više ti nedostaje. Shvatite da nije trebalo toliko da brinete o oce-

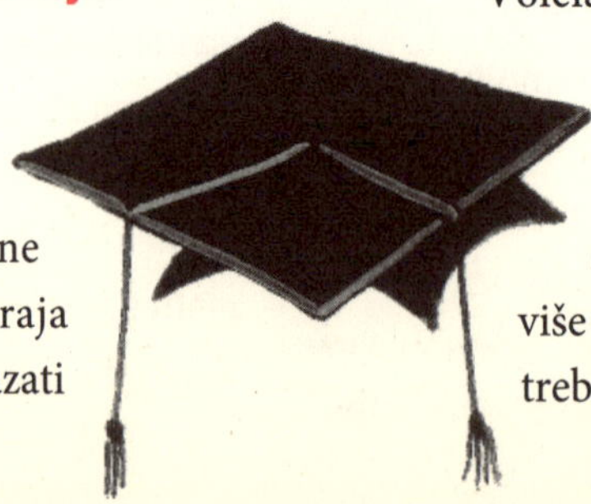

> *„Najbolje godine mog života bile su rane dvadesete, tek pošto sam završila fakultet - imala sam mnogo energije, bila sam snalažljiva i nije mi bilo potrebno previše novca. Sa 22 godine, postdiplomske studije čine vam se primamljivo, pogotovo ako ne znate šta ćete dalje. Na kraju završite sa karijerom koju niste želeli, samo zato što niste znali kako da ne budete na fakultetu.“*
>
> — Lisa, 34 godine, profesorka

nama već da se posvetite i drugim stvarima. Sećate kako je kul imati besplatan pristup biblioteci; fitnes klubu; i susrete sa pametnim, interesantnim ljudima koji rade pametne, interesantne stvari. Stvari možete da vidite iz ove perspektive *tek kada ste izašli iz škole.*

Kada provedete par godina radeći nešto drugo, pitanja „Ko sam ja?“ i „Šta ja hoću da budem?“ dolaze sve više u žižu interesovanja i vama dođe ideja da biste mogli otići na postdiplomske. Možda ste završili biologiju ali hvala bogu što niste pojurili da prijavite biologiju kao svoju doktorsku tezu, jer šest meseci (ili šest godina) posle fakulteta vi shvatate da želite da budete vaspitač u vrtiću gde vam vaša diploma neće pomoći ali master iz osnovnog obrazovanja hoće.

> ” *U mom polju mnoge kolege imaju visoke diplome iz žurnalizma. Ali ja sam prionula na posao – bili biste iznenađeni koliko daleko vas može odvesti malo sreće i mnogo upornosti. Započela sam proveravajući činjenice – danas sam na mestu urednika u svetski poznatom magazinu za potrošače. Da li bi bilo lakše dobiti ovaj posao da sam išla na postdiplomske? Verovatno. Ali bih isto tako i dalje otplaćivala kredit.“*
>
> — KEJT, 29 GODINA

VOLONTERI

Zlatna kartica ili robovski rad

Želite da uđete u određeno polje rada, bilo da je to reklamni biznis ili umetnost kuvanja. Nemate iskustva u tome i zato ste spremni da počnete od nule. Jeste li spremni da počnete iz minusa i ukopate sebe još dublje? Naravno, govorim o radu bez plate.

Imam dva mišljenja u vezi sa ovim. Kada ste tek završili fakultet i možda još imate luksuz da vas roditelji finansijski pomažu, prihvatite ali pažljivo. Možda nikada više nećete imati šansu da prihvatite posao gde je vaša odgovornost da budete sunđer, da upijate što je moguće više o oblasti koja vas zanima. Stažiranje često može biti prva stepenica ka sjajnom poslu, prečica da uđete u datu delatnost.

U najboljem slučaju pokazaće vam kako se radi u određenoj grani, obezbediće vam iskustvo iz prve ruke i zaista ćete steći veštine, a da i ne pominjemo veoma važne kontakte. U najgorem slučaju, gde provodite vreme raznoseći kafe i fotokopije, napraviće od vas robove bez plate umesto ambiciozne ljude koji stiču stvarno iskustvo.

Ako jeste stažista, vrlo je važno da imate neku nadoknadu, najbolje finansijsku. Vi ste i previše pametni da biste radili posao samo posla radi i neprijatno mi je da mislim na vas kako radite mnogo bez ikakve plate. Ako ste na neplaćenom stažiranju, a to vam se čini kao sjajno iskustvo, ipak tražite bar nešto. Možda nećete dobiti, naravno, ali u svakom slučaju postarajte se da dobijete bar nešto iz tog posla, bilo da je to iskustvo. Takođe, ovo bi iskustvo trebalo nekud da vas odvede jer ćete kasnije kriviti sami sebe ako ste radili robovski a nemate ništa da dodate u svoju poslovnu biografiju.

Privremeni rad nije za preziranje

Rad na određeno vreme ima mnoge prednosti, ali nijedna nije kao ona stvar koju svi često previđamo – da privremeni poslovi, po svojoj prirodi, traju privremeno.

„Uvek sam najviše volela da kad stažiram po ceo dan sedim na poslu i čitam časopise. Zatim sam se, potpuno prestravljena, upitala: Jesam li ovo zaista ja? Da li sam ja devojka koja sedi za stolom i lista novine, za koju niko nikada nije čuo, a koja ima diplomu koju ni ne koristi? Da li sam ovo stvarno ja... Hoću li doživotno biti pripravnica?“

— Samanta, 29 godina

A za razliku od drugih kratkoročnih iskustava, kao što je menstruacija ili uslovna kazna, možete da izađete kad god poželite ako se ne osećate dobro.

- Pozovite prvo agenciju i raspitajte se kako uzimaju nove klijente. Neki će vam reći da prosto svratite; drugi zakazuju sastanke.
- Pre nego što odete, podsetite se aktuelnih kompjuterskih programa. Poznavanje napredne tehnologije verovatno će vam doneti više para po satu.
- Budite spremni na test iz daktilografije. Možda čak i na

nekoj staroj pisaćoj mašini, a ne na računaru. Oh, kako ćete se smejati ako nema brisanja na vašoj mašini!

Privremeni radnici su autsajderi. Imaćete šansu da vidite politiku u kancelariji a da se ne umešate stvarno. Možete da odete kući u 17:00 a da ne brinete da li ćete zbog toga izgubiti unapređenje.

Setite se da vi sada namerno igrate ulogu autsajdera. To je samo uloga, to nije vaš identitet. To niste stvarno vi.

Na radnom mestu

Biti asistent pre nego što postanete šef

Najuspešniji ljudi koje poznajete verovatno su započeli karijeru kao asistenti. Uprkos niskoj plati i, ponekad, otupljujućim z-adacima, postoji samo jedan način kako da naučite de budete šef, a to je da radite za njega ili nju. Razmišljajte o tome kao o odrastanju – kako biste mogli da znate kakvog roditelja želite – ili ne želite – da imate da niste videli način na koji su vaši roditelji podizali vas. Vaše vreme provedeno na mestu asistenta vaša je šansa da neumorno radite i pokupite neophodne veštine za obavljanje šefovskog posla jednog dana.

Ali, nemojte samo da radite neumorno – radite pametno. Ovo znači da prekoračite granice prizemnog, zahtevanog posla (arhiviranje, slanje faksova, javljanje na telefon) i da počnete više da se uključujete u kompaniju. Zamolite da budete deo projekata koji

„Kada ste profesor, morate toliko toga da obavite odjednom: društveni angažman, planiranje predavanja i upravljanje vremenom. Tokom jedne godine koju sam provela kao pomoćnik profesora, uspela sam da pomognem u vođenju odeljenja a da ne preuzmem odgovornost sasvim sama. Uključite se, preuzmite inicijativu – to je bolje nego bilo kakvo akademsko igranje uloga ili teorijsko diskutovanje." —KRISTIN, 29 GODINA

Ubrzajte napredovanje u karijeri

Šta možete da radite ako ste u grani ili na radnom mestu koje volite i u kojem želite da napredujete? Kako da dobijete priznanje i unapređenje za kojim umirete?

1 Pojaviti se. Dođite rano na posao, ne ostajte predugo na ručku. Ako morate da izađete, javite nekom sa: „Vraćam se za petnaest minuta". To pokazuje da poštujete svoje kolege i da znate da ste dovoljno vredni da će se vaše odsustvo osetiti. Nemojte nestati usred dana ili uzeti slobodno popodne ako ste sa službenog puta stigli u podne. Nemojte biti prvi u liftu kada je kraj radnog vremena.

2 Javite se doborovoljno da pomognete u projektima. Uradite to čak i kad su projekti pomalo izvan vašeg kruga. Ponudite se da pomognete ljudima koji imaju dosadne zadatke. Jedna direktorka prodaje kaže da tačno zna ko je zainteresovan za posao kada vidi ko radi monotone zadatke kao što je pakovanje uzoraka. Možda ćete se ponekad osećati kao da je dosadan posao jedini koji imate, ali razmišljajte o tome da prvo treba platiti svoje obaveze da biste posle mogli da ih unovčite.

3 Progovorite. Razmišljajte o tome kako se obavljaju stvari na poslu i kako mogu bolje da se urade. Možete ovo da uradite a da ne ispadne sveznalica – objektivno iznesite svoje sugestije i nemojte to činiti baš svakih pet minuta.

4 Zatrubite sami u svoju trubu. Ali trubite pažljivo. Postarajte se da vaš šef zna kad ste obezbedili ugovor ili ostavili utisak na klijenta. Možete imejlom da pošaljete transkript i da pre toga napišete: „Šaljem sumiranu korespondenciju u vezi sa onim velikim računom", iz koga sija vaša genijalnost. Ovo takođe možete da postignete ako podelite dobre vesti koje utiču na celu firmu, ne samo na vas. Sročite vaše uspehe tako da se vidi da će biti dobro za celu firmu: „Ovaj ugovor će biti odličan za našu prodaju." Ovo je bolje nego predstaviti ga kao lični trijumf.

5 Vodite beleške o svojim dostignućima. Kada vam neko imejlom pošalje kompliment, odštampajte ga i ostavite u fas-cikli. Čuvajte kopije prezentacija koje ste napravili, projekata za koje radite tekst, svaki dokaz toga koliko naporno i koliko dobro radite. Ovo će dobro doći kada budete zatražili unapređenje.

6 Planirajte promenu. Možda volite vaš posao, obožavate firmu ali je moguće da nikada tu nećete biti unapređeni. Kompanije uglavnom vole svežu krv, ljude koji su se već negde dokazali. Koji god da je razlog, oni ne vide sopstvene zaposlene kao sjajne već nekog drugog iz druge kuće. Ovo je teška lekcija koja mora da se nauči, ali često morate da napustite svoj posao i odete u drugu kompaniju da biste napredovali. Nikada ne isključujte mogućnost da ćete napustiti posao – čak i stvarno dobar posao – ako nemate mogućnost za razvoj.

interesantno zvuče. Kada idete na sastanke, progovorite i recite svoje ideje. Nemojte svaku noć ostajati do kasno (vidi odeljak „Postoji radno vreme za sva radna mesta") ali zapamtite da prekovremeni rad s vremena na vreme, kao dodatak tome što ste impresionirali svog šefa, može zapravo da vam donese nagradu. Preuzimanje inicijative čini od vaš posao asistenta (ili bilo koji posao, što se toga tiče) zabavnijim zato što koristite svoj mozak.

Odelo čini čoveka

Kao što stara izreka kaže: Obucite se kao da idete na posao koji želite da dobijete, a ne na onaj koji stvarno imate. Ako ste asistent i želite da jednoga dana budete šef, vaše odelo to mora da pokaže. Kao osnovni minimum, gledajte kako se oblači vaš šef – ako ona ne nosi farmerice, možda ne biste trebali ni vi. Na posao idete da biste zaradili pare pa o odeći mislite kao o sredstvu koje vam omogućuje zaradu. Lakše ćete dobiti to unapređenje ako ste obučeni da uspete.

Pretpostavite da šef zna da ste vi predodređeni za velike stvari i da ne planirate da vaš plafon bude to što se javljate na nečiji telefon. Dobar posao asistenta ima u sebi prostora za rast, za penjanje po lestvici. Ako imate utisak da vam je šef okačio nevidljivu etiketu doživotne sekretarice a vi pokušavate da napredujete, možda je vreme da krenete dalje.

Ako radite u grani u kojoj nemate želju da budete unapređeni, to će se videti i možda treba da razmislite da napravite jasan prekid. Biće vam veoma teško da sakrijete svoj prezir za kucanje dopisa i kancelarijska trebovanja ako uopšte niste ni želeli da radite u firmi za finansijski konsalting.

Drži me za ruku: Mentori i uzori

Uzori su ljudi koje poštujete i sa kojima želite da se upoređujete. Mentor je super-superuzor koji verovatno radi u vašoj oblasti, čijoj radnoj etici se divite, ko može da vas posavetujete kad ste u nezgodnoj situaciji i da vam pomognete da manevrišete kroz izazove u vašoj karijeri jer je sve to već prošao, ili nešto slično. Najbolja mentorka koju sam imala bila je toliko uverena u sopstveni uspeh da nikada nije osetila da joj iko predstavlja pretnju. Trudila se koliko god je mogla da pronađe ono najbolje u ljudima i da pohvali onoga ko je zaslužan. Postoji razlika između nekoga ko je na višem položaju i samo sipa savete i mentora koji demonstrira kvalitete koje i vi želite da imate i ko se takođe lično interesuje za vašu karijeru.

Pa, gde da nađete sebi jednog od ovih mentora? To nije situacija gde šaljete pozivnice za večeru pa vidite ko je odgovorio da će doći. Morate jednostavno biti otvoreni i morate pažljivo da osmatrate. Vidite ko ostavlja utisak na vas. Pogledajte ko su ljudi u vašoj oblasti koji imaju ono iskustvo koje vi želite, koji vam se čine mudri. Vaš savršeni mentor možda nije iz baš iste struke kao i vi, ali možda ima životno iskustvo koje je čini idealnom za vas. Mnoge mlade žene koje poznajem žale se da nemaju pristup mentorima na poslu. Ako ste u sličnoj situaciji, probajte nešto od ovoga:

- Pridružite se ženskom udruženju profesionalaca – postoje mnoga udruženja u skoro svakoj oblasti. Javite se dobrovoljno da odradite neki posao za njih; tako ćete upoznati stvarno mnogo ljudi. Ako tek treba da se kvalifikujete za članstvo, razmislite da sami oformite malu grupu ljudi u svojoj oblasti, za podršku, kritiku i međusobnu pomoć. Primer:

Važno je biti skroman

Biti skroman nije isto što i imati nisko samopoštovanje. To ne znači da samo treba klimati glavom. To, u svakom slučaju, ne znači da svako svoje mišljenje treba da sročite kao pitanje: „Volela bih da odem u taj i taj restoran na večeru?“, kao da nemate sopstveno mišljenje.

Hajde da raščistimo nekoliko stvari: vi mnogo znate. Vi ste mnogo postigli. Vi ste jedan divan kolačić, jedan od onih baš skupih, uvoznih. Evo još dobrih vesti: vi ne znate baš sve. Zapravo, verovatno je da ćete u prvim godinama posle fakulteta naučio isto onoliko ako ne i više nego tokom školovanja.

Skromna devojka veruje u sopstveni identitet da uvek prizna kada nešto ne zna. Da poštuje činjenicu da možda ima istine u kritici koja boli. Da pogleda u drvo ispred svog prozora i da ne bude ljubomorna jer je to drvo prošlo mnogo više nego ona ali to to drvo nikome neće odati svoje tajne.

Udruženje žena profesionalaca
www.bpwusa.org

Žene profesionalci u građevinarstvu
www.pwcusa.org

Žene od karijere
www.careerwomen.com

Žensko odeljenje nacionalnog udruženja advokata
www.nbawomen.org

Žene na filmu
www.wif.org

- Proširite svoje vidike: razgovarajte sa prijateljima svojih roditelja, roditeljima svojih prijatelja, rođacima, profesorima iz srednje škole – sa ljudima kojima se divite i koji vam se čine mudri.

- Prihvatite volonterski rad u svojoj oblasti, u neprofitnoj organizaciji, ako je moguće. Ljudi koji rade u takvim kućama često su obučeni da budu mentori mladim ljudima.

- Pokušajte sa svojim društvom sa fakulteta.

Rizik: mentori su ljudi koji imaju sopstveni život, posao i svoje sopstvene mentore. Mada mogu biti zainteresovani da vam pomognu, ne zaboravite da niko ne voli daveže i da rizikujete da izgubite dobru volju sa druge strane ako preterate.

Postoji radno vreme za svako radno mesto

Za razliku od mnogih evropskih zemalja gde se ide kući na ručak i imaju dvosatni poslepodnevni odmor, Amerika je zemlja marljivosti, zemlja straha od siromaštva, radnika koji se grčevito bore da napreduju i posvećenosti poslu kao ličnom identitetu. Mi često gubimo svaki osećaj o tome gde prestaje posao a počinjemo mi sami. Ponekad od samih sebe pomislimo da smo najobičniji završni račun.

Vaš posao ima vreme kada počinje i vreme kad se završava, bilo da je to od 9 do 5, mnogo duže ili mnogo kraće, ili varira iz dana u dan. Negde među nepisanim pravilima vašeg posla spada i radno vreme i ja vas podstičem da pronađete taj dokument i da ga, radi svog ličnog zdravlja, pročitate. Iz istog razloga zbog kojeg ne možete da se dovučete na posao u 11:30 ako su svi ostali tamo već u 8:30, isto tako ne bi trebalo da radite u ponoć ako je ostatak vašeg tima otišao u 7 uveče.

Nemate nikakav sopstveni život ako radite 14 sati dnevno. Vaš posao nikada, nikada neće biti gotov i zato treba da otkažete večeru s prijateljima, zar ne? Nemate nikakvih planova osim da pojedete smrznutu večeru ispred TV-a i zato šta ima veze ako nastavite da radite? *Pogrešno.* Toliko, toliko pogrešno.

Osim toga, svi će mrzeti devojku koju smatra da se pravila na nju ne odnose. Čak i da možete da odradite svoj posao za upola kraće vremena nego bilo ko drugi; čak i da radite isti broj časova kao i svi drugi samo počinjete četiri sata kasnije, vi niste više deo tima onda kada počnete da mislite da vi određujete pravila.

Vreme za mene: kako ga steći i zašto ga zaslužujete

Mrzim izraz *moje vreme* jer implicira da postoji vreme za mene i vreme za ostatak sveta, tako da uvek zvuči kao da moram da stvorim to neko moje vreme a ovo drugo će se desiti prirodno. Moje vreme je kao neka premija i sama sebe treba

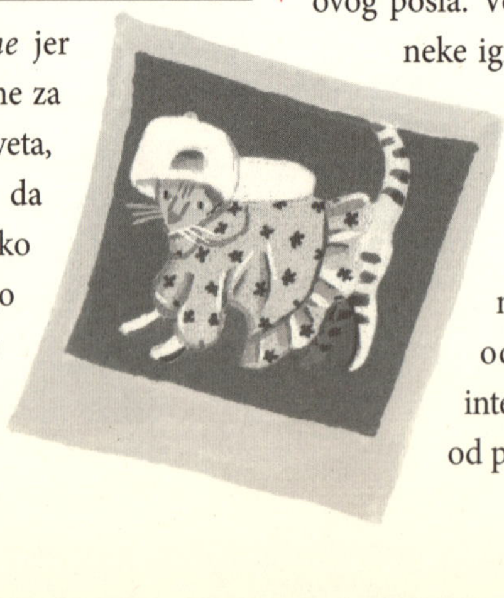

„Imala sam posao koji me primoravao da često radim noću, i za vreme odmora i praznika. Dopadao mi se posao ali je radno vreme bilo depresivno i naporno. Stvarno sam mislila da moj društveni život ne mora da trpi u tolikoj meri, pogotovo što su mnogi moji prijatelji imali sličan posao koji nije zahtevao toliko sati rada. Na kraju sam morala da radim i za Novu godinu i prvog dana 2000. godine. To što sam propustila proslavu dolaska novog milenijuma bila je kap koja je prelila čašu. Ubrzo sam našla novi posao.“

— KRISTINA, 26 GODINA, GRAFIČKI DIZAJNER

da ubedim da mi pripada kao što Fajdo dobija finu kost kada donese novine ujutru.

Vi ste imali i svoju ličnost i svoj život pre ovog posla. Voleli ste da štrikate, da igrate neke igre, da popijete dobro pićence sa prijateljima, da oblačite svoju mačku pa da je onda slikate, da čitate knjige i pišete pesme. Postaćete suvi i naborani kao suvo grožđe ako odbacite sva svoja „spoljna interesovanja“ i postanete zavisnik od posla. Postaćete dosadni.

Da li radite u nekoj od onih napornih firmi gde niko ne ide na ručak? Gde možda samo iskoče i pokupe po sendvič koji pojedu za radnim stolom? To je tužan način da se živi život. Molim vas, ako želite pauzu za ručak, to i uradite. Ako nemate razuman početak i kraj radnog vremena (to je samo posao a ne intravenozna intervencija) ili zbog toga što vi ne stižete da obavite posao ili zbog toga što se niko ne drži razumne satnice, ili ako vaš šef očekuje da stavite ležaj pored pisaćeg stola i izdate svoj stan, onda je vreme da porazgovarate sa tim istim šefom.

KAKO DA DOBIJETE ONO ŠTO ŽELITE

Razgovor sa šefom

Kraće radno vreme, povećanje plate, promena titule, unapređenje. Sve ovo su razlozi za iniciranje razgovora sa šefom. Ali ne zaboravite ovo kada mu se obratite radi neke promene na radnom mestu: prioritet broj jedan vašeg šefa je da obezbedi da vi budete dovoljno zadovoljni da biste dobro obavljali posao. U suprotnom, svi su na gubitku, uključujući i njega. Uvek se obratite šefu s poštovanjem i obećajte sami sebi da se nećete ulizivati osim ako je to stvarno neophodno (stvarno veliko povećanje plate, stvarno veliko unapređenje, sve ono što vam ne pripada a vi to svejedno želite).

1. Zakažite sastanak za razgovor onda kada ima dovoljno vremena, a ne kada žuri na ručak ili je već pet po podne u petak.

2.Odredite šta hoćete da postignete pre nego što odete na sastanak. Ako je u pitanju unapređenje ili povećanje plate, treba da zamislite u glavi taj rezultat i korake koji će vas dotle dovesti. Drugim rečima, nemojte šefu izneti samo problem; iznesite i rešenje.

3. Predvidite šta je najgori mogući scenario. Na primer, vaš šef možda nema ni malo simpatije za vaše muke ili da vaš zahtev za unapređenjem dočeka rečima oštrim kao čelik: „Bojim se da to nije moguće." Kada zamislite svoje najgore strahove, budite sigurni da možete da izađete na kraj sa bilo kojim negativnim scenariom koji se može desiti.

4. Dođite pripremljeni i donesite dokaze koji potkrepljuju vašu ideju kao dobru. Vaš tromesečni izveštaj, brojke sa tržišta, dopise u kojima vas hvale – bilo šta što mislite da može ojačati vaše argumente.

5. Zadržite mirnoću. Čak i da stvari počnu da se usijavaju ili morate da se borite za svoj slučaj, verovatnije je da ćete isterati svoje ako ostanete mirni i fokusirani.

6. Budite izričiti i uporni. Ako na početku naiđete na negativnu reakciju, nemojte odmah da se povučete. Trebalo bi da se osećate da su vas saslušali na fer način i uz fer diskusiju, a ne otpisali zdravo za gotovo.

7. Ako je odgovor ne, pitajte koji su razlozi za to. Ako ne popušta, upitajte da li možete kasnije da ponovo razgovarate na istu temu.

Imate prava da tražite stvari. Vaš šef ima prava da vam kaže „ne". Ali nikada nemojte da mislite da nemate prava ni da pitate. Promena se neće dogoditi sama od sebe, već će biti potrebna vaša jaka inicijativa.

Prihvatanje kritike na poslu

Baš me briga koliko je snažno vaše samopouzdanje – prihvatanje kritike nikada nije šetnjica u parku. Ali deo našeg bivstvovanja u univerzumu je, pogotovo u radnom delu tog univerzuma, da budemo otvoreni za kritiku. To je bolna životna činjenica koju ne mogu da vam sakrijem. Jedino što mogu jeste da vam pomognem da se pripremite.

Imate posao i obavljate ga dobro ili loše; ili solidno. Možda je vaša plata određena time koliko dobro radite svoj posao. Neke firme prikrivaju ovaj proces fensi imenima kao što je „tromesečni izveštaj" ili „menadžment učinka" (kao da ste operska diva koja radi na svojoj solo tački). Ali sve se to stvarno svodi jeste da vam šef ili kolege kažu šta im se dopada kod vas ili gde vam je „potrebno poboljšanje".

Konstruktivna nasuprot destruktivnoj kritici

Konstruktivnu kritiku iznosi neko ko vam želi sve najbolje; nudi je sa namerom da vam pomogne da budete što bolji. Pretpostavite da će svaka kritika koju dobijete biti konstruktivna i da ste u istom timu za onim ko vas kritikuje. On želi da se osećate dobro u vezi sa svojim poslom i da postanete još bolji.

Osim ako je vaš šef poznati tiranin ili egomanijak, verovatno vredi razmisliti o povratnoj informaciji koju ste dobili. Što više verujete u svoje sposobnosti, lakše će biti da tu povratnu informaciju shvatite kao konstruktivnu. Zapamtite, to se ne odnosi na vas već na vaš učinak.

Prilikom donošenja izveštaja, pruža vam se šansa da postanete bolji na poslu. Ako ste savršeni, bilo bi vam dosadno – ne biste imali šta da naučite. Zato prihvatite kritiku i aktivno pokušajte da je primenite. To je najlakše kada kritika dolazi od nekoga koga poštujete i kada je iskazana tako da se vidi želja da vi napredujete. Ako vam se čini da ne dobijate dovoljno takve vrste kritike, zatražite izveštaj od ljudi sa kojima blisko sarađujete. To možete koristiti kao vodič za poboljšanje, dokaz napredovanja ili ih ostavite u fascikli za naredno radno mesto.

Povremeno, međutim – oh, dobro, češće nego povremeno – naći ćete se u situaciji da primite kritiku koja ujeda kao zmijski otrov. Destruktivna kritika – mada i u njoj možda postoji trunčica dobre namere, zakopana negde duboko – jeste prosto jedna zla stvar. Ako osećate da ste dobijali destruktivnu kritiku, ispričajte je nekim prijateljima van posla. Možda vas je ta kritika pogodila u osetljiv živac i možda shvatite da zapravo i *nije* destruktivna, nakon što dobijete objektivno mišljenje. Destruktivna kritika vređa a ne pomaže: umesto da kaže „Mogla bi da poradiš na tome i tome“, ta stvar vam se prikazuje kao karakterna mana. Destruktivna kritika je često lična i nema nikakve veze sa poslom. Ako se nadređenom ne dopada način na koji obavljate posao, to je jedna stvar. Ako vaš nadređeni prosto ne

Bolovanje, godišnji odmor i ostalo legitimno slobodno vreme

Bolovanje: ako ste bolesni, nazovite i javite. A zatim ostanite kod kuće i gledajte španske serije. Nemojte preterivati u objašnjenju: očigledno je da neko folira ako svom šefu diktira sadržaj jutarnje stolice preko telefona.

Lično odsustvo: ovo je bizaran, skraćeni naziv za dane godišnjeg odmora koje možete da koristite ako se desi nešto „lično“ za šta morate da se postarate. To je nešto kao bolovanje kad niste bolesni već ste iskreni. Iskoristite sve svoje slobodne dane i ne osećajte se krivim zbog toga.

Godišnji odmor: saznajte tačno koliko imate a zatim ga i iskoristite, draga moja, premorena drugarice. Bolje ćete raditi kada odvojite vreme da napunite baterije; to je ugrađeno u vaš ugovor o radu i niko nema prava da vam prebaci što koristite tačno onoliko dana koliko ste se dogovorili sa svojim šefom.

trpi vas, to ne bi trebalo da se vidi iz njegove procene vašeg učinka na radnom mestu.

Jedan od lekova je da prodiskutujete sa svojim direktorom zašto takva kritika nije produktivna u vašem slučaju. Neke kompanije čak imaju izgrađeni sistem u kojem zaposleni kritikuju direktore (često se nazivaju „poboljšanje menadžmenta"). Ako vaš šef nema sluha za ovo ili takav sistem ne postoji u vašoj firmi, razmislite o tome da porazgovarate sa kadrovskim odeljenjem ili drugim nadređenim.

Primiti kritiku a ne zaplakati

Sasvim je moguće da sam ja ovde jedini plačljivko među nama, ali mislim da je taj fenomen ipak mnogo rašireniji nego što ljudi priznaju. Koliko god želela da nije tako, odmah zasuzim čim neko počne da me kritikuje. Možete to zvati detetom u meni koje se oseća kao se upravo upiškilo u krevetu; ali ima nešto u kritikovanju zbog čega počnem da sažaljevam samu sebe i zbog toga skoro uvek zaplačem. Nema ni potrebe da naglašavam da ne želim da budem takva osoba. Mrzim i pomisao na to da sam *curica*, da *nisam dovoljno jaka*, i da sam *nesposobna da prihvatim istinu*. Zašto ne mogu da saslušam konstruktivnu kritiku a da se ne rascmoljim?

Pre nekoliko godina, nekoliko kolega mi je otkrilo najvredniju tajnu koju znam vezanu za posao. Od tada, ona se infiltrirala u svaku oblast mog poslovnog života i ja vam je sada prenosim: *posao se odnosi na činjenice i nema nikakve veze sa osećanjima.*

Koliko god pojednostavljeno to zvuči, dok god ne upijete tu informaciju, prihvatite tako da ona postane deo vaše dnevne rutine kao vitamini, bićete pod rizikom da vam se srce slomi na poslu.

Kada podsetite sami sebe da posao nije vezan za osećanja, vi šaljete dete u sebi u vrtić. Postajete osoba koja može da podnese kritiku a ne reaguje kao da ju je izgrdila učiteljica. Ako neko kritikuje vaš učinak na poslu, to je činjenica i činjenično odgovorite na to; shvatio poruku, hvala za informaciju, idemo dalje. Kada dođete kući, ako hoćete možete i da se izvičete i psujete i nazivate

Kad osetite da ćete zaplakati na radnom mestu

1. Dišite duboko.

2. Ako je moguće, mirno se izvinite i otidite u toalet. Pustite ledenu vodu preko zglobova na rukama, to pomaže!

3. Kada popijete malo hladne vode, to zaustavlja nagon za plakanje. Pokušajte.

4. Mislite na nešto sasvim drugo od ove situacije – na primer kako su vam neke društvene igre dosadne ali i izazivaju zavisnost. Ili mislite na dobru klopu. Mene to uvek oraspoloži.

5. Ako morate da otplačete, onda plačite! Probajte najbolje što možete da to bude negde gde vas niko ne vidi. Dobra stvar je to što ćete, kad jednom počnete da plačete, na kraju i prestati i nećete više morati da se uzdržavate.

svoga šefa makijavelističkim idiotom ili da se valjate po podu jecajući tako glasno da će doći komšije. SAMO NE NA POSLU.

Upravo zato što se posao odnosi na činjenice, ne osećanja, vi možete – sa dužnim poštovanjem – izreći svoje mišljenje o novoj marketinškoj inicijativi (rekla sam *sa poštovanjem*) a da ne brinete da li će to uništiti ego vašeg kreativnog direktora. Možete da se radujete kada neka koleginica dobije unapređenje a ne da osećate da njena promocija znači da ste vi bezvredni, potpuno bez veze a i frizura vam je očajan uradi sam mini-val. Činjenice nemaju veze sa vama, one se vas ne tiču, i možete da ih procesirate na isti način kao što divlja patka jednostavno pusti da joj se voda slije niz leđa.

Kada najviše treba da zapamtite da se posao odnosi na činjenice, ne osećanja? Kad god osetite da vam se oči pune suzama. Kad god osetite da vam je potrebno da odete do toaleta i priberete se. Kad god osetite da će vam pući glava od ljutine zbog načina na koji su vas tretirali na sastanku sektora. „Činjenice, ne osećanja", ponavljajte to koliko god često je potrebno.

Lepo je sve ovo što pričamo o tome da treba biti jak, ali ponekad će vam grunuti suze i svi u ovim modernim boksovima od kancelarija bez zidova videće vaše natečeno lice i oči, kako se posramljeno vučete do ženskog WC-a. Reći da ljudi ne treba da plaču na poslu jeste isto što i reći da ljudi ne treba da imaju normalna ljudska osećanja na poslu. Nije ni to kraj sveta; ali je najbolje izbeći to kad god je moguće.

Biti ljubazan sa kolegama

Mnogi od nas očekuju od našeg posla da nam obezbedi i društveni život; često je ovo i veoma uspešno. Upoznate neke dobre ljude na poslu koje zavolite kao i svoju cimerku na prvoj godini fakulteta. Ali takođe možete naleteti i na neke čudne odnose na poslu za koje ste mislili da ste ih ostavili iza sebe u trećoj godini srednje škole.

Vaš posao nije kolo sestara

Tajni stisak ruke, zakletve i bedževi – ah, dobri stari dani u sestrinstvu na koledžu. I mada nikada ne bih ni pokušala da umanjim značaj tog ključnog momenta u vašem društvenom razvoju, apelujem na tebe, sestro, da se setiš da je radno mesto nešto sasvim, sasvim drugo.

Sećate se onoga da je posao vezan za činjenice a ne osećanja? (Ako vam treba podsetnik, pogledajte prethodni pasus). Možda je teško imati ovo stalno na umu kada snagu vaše volje testiraju određeni međuljudski odnosi koji vam idu na živce.

Evo jedne situacije: grupica vaših kolega sa posla stalno izlazi zajedno na piće i zaboravlja vas, koji ste centar svake žurke. Pa naravno da se osećate izostavljeno, da vas ljudi ne vole, postoji jedna klika popularnih a vi niste u njoj. Vozite se kući busom i plačete celim putem.

Sad, pre nego što postanete tužni i napušteni, hajte da porazgovaramo o ovome. Prvo i prvo, da li vi stvarno želite da se družite sa ovim ljudima, ili želite poziv samo zato da biste bili pozvani – čak i da nemate baš previše toga zajedničkog s njima? Ako je ovo drugo u pitanju, zaboravite na sve to i postarajte se da odete na piće sa svojim pravim prijateljima.

Ako iskreno želite da budete drugari sa bandom s posla, onda morate to jasno da kažete. Možda vaše vibracije njima govore: „Imam pametnijeg posla." Zato, sledeći put kad budu uzimali jakne da odu do kafića, ubacite jedno: „Hej, mogu li da se pridružim?" Obećavam vam, ako ta grupica vredi druženja, odgovor će biti jedno veselo, zajedničko: „Naravno!"

Vrlo važan rizik koji se tiče odlaska na piće sa prijateljima: koliko god da je zabavno zezati se sa ljudima sa posla, molim vas, obećajte same sebi da nikada nećete popiti toliko da izgubite i jednu jedinu trunčicu svog, inače, besprekornog ponašanja sa kolegama sa posla. Molim vas! Vrlo, vrlo sam ozbiljna što se tiče ovoga i ozbiljno podižem svoju pažljivo iščupkanu obrvu.

Kada se napijete u društvu kolega, možda ćete pričati loše stvari o svojim najboljim saradnicima ili ćete igrati na stolu sa svojim asistentom. Završiće tako što ćete možda uraditi stvari zbog kojih biste mogli da zažalite a to neće biti baš zabavno sutra, pod neonskim svetlom u sali za sastanke. To ne znači da kratko piće sa kolegama ne može biti dobar način da se opusti tenzija posle posla. Samo napred i đuskajte celu noć: samo se postarajte da sve njih možete pogledati pravo u oči u ponedeljak ujutro. Vidi odeljak „Šta zna devojka pijuckajući koktel".

Kada vaše kolege nisu vaši prijatelji

Na radnom mestu ste zato da biste obavili posao. Tu ste zato da biste zaradili platu kojom plaćate kiriju, račun za struju i Internet. Ako se desi da razvijete i poneko prijateljstvo, fantastično; ali ako se desi da nemate prijatelja na poslu, to ne govori ništa o vašem učinku na radnom mestu ili o tome da ste vredni nečijeg prijateljstva.

Koliko god bih volela da dokažem da nije u pravu, moja majka uvek voli da me podseti na sledeće: *nećeš se baš svima dopadati.* Ponekad vaša ličnost ili stil upravljanja ili maniri jednostavno ne odgovaraju nečijem ukusu i ova osoba vas neće baš mirisati. Šta reći o tome? Čim osetite da se nekom ne dopadate – ili da se oni vama ne dopadaju – prihvatite to i krenite dalje.

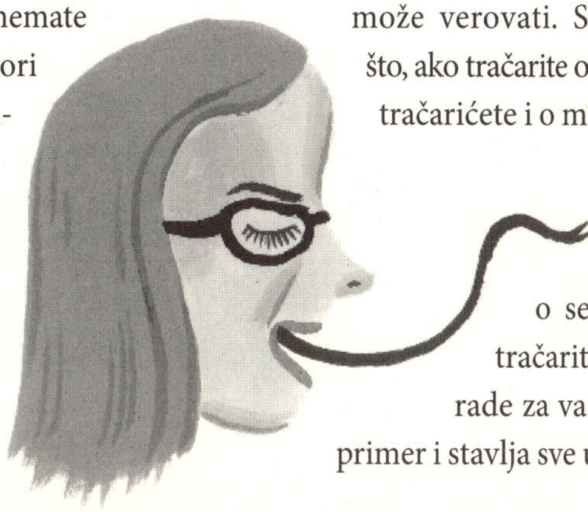

Zašto se zaklinjemo da nikada nećemo tračariti na poslu

Prestanite s tračarenjem. Prestanite! To će vas stići, kad-tad. Bilo da vam je učinjena neka neoprostiva nepravda, ili ste čuli da će neko dati otkaz ili ste sasvim pouzdano saznali da potpredsednik spava sa onom iz kadrovskog, odmah sada napravite dogovor sa mnom da nećete tračariti na poslu. Da, tračarenje će vas verovatno dovesti u nevolju pre ili posle (vrlo verovatno pre), ali postoji još i bolji razlog.

Tračarama se, čak i najnevinijim, ne može verovati. Stvar je u tome što, ako tračarite o nekom drugom, tračarićete i o meni. Što znači da vam ni za živu glavu neću reći ništa o sebi. Nije u redu tračariti sa onima koji rade za vas (to je odvratan primer i stavlja sve u vrlo neugodnu poziciju). Takođe, uopšte nije u redu tračariti sa ljudima koji su vam nadređeni o vašim kolegama. Čak i da vaš šef priča o njima pred vama, vi možete kulturno da se izvučete i ne budete deo takvog čavrljanja.

Verovatno ćete se osećati pomalo izostavljeno ako radite u okruženju koje obiluje tračarenjem, ali svaki put kad se budete suzdržali, koeficijent vašeg integriteta će porasti.

„Nekada sam stalno tračarila sa mojim najbližom prijateljicom sa posla. Išle bismo u supermarket blizu posla i razvezle jezik. Jednog dana pričala sam o tome koliko je grozan moj šef a moja prijateljica je počela značajno da me gleda, klimajući glavom u pravcu iza mog ramena. Pogledala sam i tamo je stajao moj šef, pored police sa začinima. Nije me čuo, ali bilo je vrlo blizu. Tada sam se zaklela da ću prestati da tračarim o poslu – o čemu god da se radi.“

— DŽESIKA, 27 GODINA, FINANSIJSKI SAVETNIK

Štaviše, odaću vam jednu tajnu (ne na onaj tračerski način, već onako: „Iskusila sam to i zato me poslušajte“). Ako se desi da su stvari tako grozne na poslu, vrlo je primamljivo povratiti sve to u ženskom toaletu ili na cigaret pauzi, sa poverljivom osobom sa posla. Tajna je u ovome: što više govorite o tome, što više analizirate situaciju, postaće sve gore. Ne kažem da treba da držite sve to u sebi, ali pokušajte da sagledate stvari iz drugog ugla. Svakako imate nekoga ko nije sa posla – prijatelje, porodicu, terapeuta – s kim možete da prodiskutujete o tome. I verovatnije je da ćete dobiti dobar savet od bilo kog od njih nego na poslu gde se, sasvim neproduktivno, uzrujavate i besnite.

Govoriti s poštovanjem

Ružno govorenje o svojim kolegama sigurno će vas dovesti u nezgodu, pre ili kasnije. Ali govorenje s poštovanjem o ljudima sa posla, e to je sjajna ideja. Kada Keli uradi odličan posao u PR kampanji, recite joj to i postarajte se da saznaju i njen šef i ostatak tima. To pokazuje da niste sitničava osoba i da shvatate da biti deo tima znači raditi zajedno, a ne svaki put doći ujutru prvi na posao.

Nemojte biti kao ovi ljudi

Guru komunikacije Debora Tanen kaže da žene vole da kukumavče o svojim problemima a muškarci su skloniji da ih rešavaju. Ne budite cmolja. Nećete zadobiti ničije profesionalno poštovanje ako stalno cvilite o svom predugom radnom vremenu. Biće bolje da smislite kako da se pobrinete za svoje obaveze i ćutite o opterećenju na poslu. Ali, porazgovarajte sa svojim šefom ako zaista imate previše tereta na svojim plećima. Za ime božje, nemojte samo ćutke trpeti – mučenici su isto tako loši kao i kukumavke, a isto tako iritantno je i ono poznato pasivno: „Oh, u redu sam ja, samo ti idi kući."

Imejl bonton

Skoro u svakoj profesiji, imejl je postao neophodno sredstvo za komunikaciju, prenos podataka, tračarenje i – beskrajno gubljenje vremena. Kao i sva moćna komunikaciona sredstva, i ovo se može koristiti za dobro ili za krajnje zlo (bombe poslate poštom ili telefonski poziv koji ste, mrtvi pijani, uputili prošle nedelje svom bivšem).

Imejl je promenio način na koji komuniciramo. Ranije, ako ste imali nekome nešto da kažete, ili biste podigli slušalicu ili

Šta nikada ne činiti imejlom

1. Nikada, nikada nemojte tračariti imejlom o bilo kome sa posla. Štaviše, ako imate i najmanju moguću sumnju da je nešto što ćete reći neprikladno, nemojte to nipošto napisati. Čim to stavite na elektronsku stranicu, vaše ime je povezano sa tim, kao i krivica za eventualnu katastrofu.

2. Nikada nemojte odabrati imejl font koji je ružičast, liči na crtani film ili ima srce umesto tačke na „i".

3. Nikada ne prosleđujte imejl. Pretpostavljamo da nikada ne biste na svoj sto stavili pločicu na kojoj piše POTPUNO ISKLJUČEN IZ SVOG POSLA! NE RADI AMA BAŠ NIŠTA!, isto tako nikada, nikada nemojte prosleđivati „lance ljubavi", recepte, peticije ili viceve, bilo da su smešni ili ne, svojim kolegama.

Lažna hrabrost

„Da vam napravimo tu novu bazu podataka do ručka – *neeema problema!* Ne, ne treba mi Sara iz informatike da mi pomogne, držim sve pod kontrolom. Rumunija? Naravno da je bezbedno piti njihovu vodu. Studirala sam evropsku istoriju. *Neeeema problema!*

Ooo, konjiću. Ne samo što ćete morati da progutate sve što ste kazali kada dođe ručak a vi ste uprskali stvar sa tabelama u *Excelu*; ili će vaš ugovorni partner dobiti težak slučaj trovanja od lokalne vode u Konstanci; već je i vaše natprirodno sveznanje još providnije.

Nema sramote u tome reći: „Ne znam.“ Niko vas neće oterati u ćošak ako nešto ne znate. Mnogo je verovatnije da ćete ih iznervirati svojim izjavama da znate nešto što ne znate, a stavljate i druge u nezgodnu situaciju.

zakucali na njihova vrata. Ili, ako stvari nisu baš tako hitne, možda biste im poslali dopis.

Ne treba ni da vam govorim da je imejl i božji dar i kamen oko vrata. Osim činjenice da su neki od nas umeli da upropaste ceo jedan dan da bi sročili odgovor na neku poruku koja ih je pogodila, tužna istina u vezi sa imejlom jeste da, za razliku od telefona ili ćaskanja oči u oči, on nema ama baš nikakav ton. Pa zato kada se zezate na imejlu na nečiji ili svoj račun, budite vrlo, vrlo pažljivi.

SAMOUBISTVO IMEJLOM

Jednoga dana neko će izmisliti dugme koje će se zvati OH SRANJE! kojim ćete moći da izbrišete imejl o svojoj užasnoj gljivičnoj infekciji koji ste hteli da pošaljete svojoj sestri ali ste, greškom, poslali na nekih 3.500

adresa širom sveta. Do tada, imate samo svoj verbalni poklič OH SRANJE! ali time ne možete da izbrišete ništa.

Mnogo je pametnije u takvim situacijama udahnuti duboko i obratiti se šefu koji će najverovatnije imati razumevanja za ljudski faktor u imejl korespondenciji (svi mi pravimo greške; jedino što je ova vaša baš vrlo neprijatna) i savetovaće vam kako da postupite. Možete da očekujete kratku lekciju o pravilnom imejl bontonu, u toku koju ne bi trebalo da slažete face ili da se raspravljate, već da ćutke istrpite.

Ako je jasno da je imejl bio namenjen nekom drugom, oni koji su ga primili verovatno znaju da vi već dovoljno ispaštate i bez da vam trljaju nos vašim gafom. I mada će vaša gljivična infekcija verovatno postati izvor smeha za ceo zapadni svet, budite srećni da niste pogrešili u vezi sa onom vašom imejl porukom u kojoj se hvalite da ste imali seks u ženskom WC-u.

Videla sam kako ljudi upadaju u nevolju zbog raznoraznih imejlova, od toga da pošalju pogrešnu poruku pogrešnoj osobi, do toga da, imitirajući generalnog direktora, pošalju nekome poruku da se gubi. Ne treba ni reći da su ovakvi „vickasti“ imejl tipovi totalno sranje. Upozorila sam vas.

Poverljiva korespondencija

Napravite odvojen imejl za privatne stvari i sa službene imejl adrese nemojte slati ništa osim stvari sa posla. U zavisnosti od pravila u vašoj firmi, oni su verovatno vlasnici svakog imejla koji je poslat sa vašeg kompjutera. Ali sasvim sigurno možete da smanjite šanse za strašan, nepopravljiv OH SRANJE incident ako strogo držite privatne stvari na drugoj adresi koja koristi potpuno različit softver.

Kada dobar posao postane smrtno dosadan

Tipično radno mesto je prepuno malih nepravdi – radni sto pored prozora koji niste dobili, vaš doprinos projektu je prošao potpuno neprimećeno, nikad nema papira u WC-u...

Ali šta je sa onim kada se sjajan posao, naizgled preko noći, pretvori u potpunu noćnu moru? Znate o čemu govorim. Jedan

dan radim baš ono što volite, sa ljudima koje volite u dobro zagrejanoj kancelariji gde imate sopstvenu heftalicu i selotejp; dobar, zabavan tim i šefa koji smatra da ste faca i koji vodi svoj tim u bioskop petkom po podne. Sećate se tog posla? Sećate se tog šefa?

Jednog dana dođete i sve se promeni. Možda ovako nekako: vašem šefu ponude posao u drugom sektoru – nema više filmčića. Sledeće, vaš sjajan tim duhovitih ljudi se raspe na sve četiri strane sveta, u sektore na različitom spratu.

Vas premeste kod šefa koga, potpuno nebitno, interesuje samo „krajnji rezultat," ili „vaš stav". Vaš posao koji je bio tako divan da se i nije činio kao posao je sada usrana verzija robovskog rada za pisaćim stolom za koju ste mizerno plaćeni.

Zanimljivosti: *čak i da ne planirate da uskoro napustite svoj posao, pitajte šefa koga volite da vam napiše preporuku pre nego što on ili ona ode iz tog odeljenja. Na taj način imaćete to u svom dosjeu kada vam bude bila potrebna preporuka za novi posao.*

Hvala nebesima, stoga, što je vaš posao ipak samo nešto što treba obaviti.

Sećate se onog vica: „Koje je doba kada slon sedi na vašem ručnom satu? Došlo je vreme da kupite novi sat." Ha, ha, znam. I vi i ja možemo bolje od toga. Ali teška vremena, omekšana s malo humora, mogu se popraviti i nekim starim zagonetkama iz škole. Dokle je došlo kada vam posao postane neizdržljiv, naporan, uništava vam život i izaziva zatvor? Došlo je doba da se promeni posao, devojko draga.

Šef koji ujeda

Postoji taj odvratni fenomen, u kancelarijama širom sveta, gde se uspostavlja vizantijska hijerarhija moći i gde ljudi koji su inače vrlo dobri postanu opijeni od moći, koriste je na razne loše načine i mi, nesrećne ambiciozne potlačene mase, postanemo bespomoćne žrtve. Govorimo o lošim šefovima.

Teško je prepoznati loše šefove jer oni imaju tu nezgodnu karakteristiku da se prikriju prilikom intervjua za posao; ili loš šef postane neko ko je unapređen nakon što su vas zaposlili. Jedna zajednička stvar za sve loše šefove jeste da su oni loši menadžeri. Najbolji menadžeri na prvo mesto stavljaju svoj tim a svoje potrebe na kraju. Često me šokiraju priče koje čujem o šefovima koji su potpuno van kontrole. Razgovarala sam sa dvadesetogodišnjom ženom čiji se šef konstantno žalio na njene kolege, stavljajući je u neugodnu poziciju. S jedne strane znala je da je njen šefovo potpuno neprilagođeno; sa druge, osećala se nekako posebno jer je bila njegovo rame za plakanje i nije htela da bude grđena.

Savetovala sam joj da ostane izvan toga što je više moguće – da se smeška, udubi nos u posao a, ako situacija postane nepodnošljiva, da kaže nešto. Ovo ume da bude teško: postoji tanka linija između poštovanja nadređenog i postavljanja sopstvenih granica. Kao mladi ljudi, često osećamo da nam pozicija „miljenika“ oduzima prava da izrazimo sami sebe ili da uložimo pošten prigovor.

Jednom sam imala šeficu koja sa mnom nije razgovarala nedelju dana jer sam morala da budem u poroti baš na dan kad je ona planirala da otputuje. Kasnije je od mene zahtevala dokaz da sam stvarno bila u poroti. Na kraju krajeva, njeno ponašanje je postalo nepodnošljivo i otpustili su je – ali sam pre toga ja dala otkaz, već sasvim očajna. Poludeli likovi ne slušaju glas razuma: ovo je dobro poznata stvar.

Biti smiren sa šefom koji ujeda gotovo je nemoguće. Poludeli šefovi vole da uvlače i druge u svoje ludilo.

Koliko ja znam, na većini fakulteta vas ne uče politici na poslu. Odnosi sa teškim osobama, korektnost i poštovanje a da pri tom zadržite svoj integritet – to su veštine koje stvarno možete da naučite tek na poslu. Naporan rad nije jedini faktor uspeha na većini radnih mesta. Znati kako se razgovara sa ljudima, biti profesionalan a zadržati svoju ljudskost, kvaliteti su koji će vam pomoći da izađete na kraj sa šefom koji ujeda i da, na kraju krajeva, pobedite.

„Moja šefica se ponaša kao kraljica koja zahteva previše informacija. Svejedno šta se dešava u njenom ličnom životu, ja saznam za to. Nije bilo šanse da joj na fini način kažem: 'Molim vas prestanite da mi pričate o vašem razlazu!' Drama sa momkom, drama u porodici, ginekološki detalji – sve sam to morala da slušam.“

— Rebeka, 28 godina, urednica

ŠTA URADITI

Ako stvari postanu teške sa vašom šeficom, imate tri osnovne opcije, i obično je najbolje isprobati ih ovim redom:

1. Razgovarajte sa svojom šeficom da biste doprli do nje. Spremite se pre toga i budite otvoreni o stvarima koje ne funkcionišu. Ponašajte se prema njoj kao prema normalnoj, mentalno zdravoj osobi, čak i da to nije istina.

2. Idite „iznad glave" svoje šefice do višeg direktora i porazgovarajte o problemu.

3. Zbrišite. Nijedan posao koji je toliko loš nije vredan da ostanete.

Vaša potraga za sutrašnjicom

Traženje novog posla može biti gnjavaža, osim ako na to ne gledate kao na vaš pasoš koji vas izvodi iz loše situacije. Uvek je lakše naći novi posao kada već imate neki posao. Mogući poslodavci na vas gledaju povoljnije i, mada niste u potpunosti zadovoljni, makar imate finansijsku sigurnost dok ne naiđe sledeća šansa. Ali nikada nije dobra ideja tražiti novi posao dok traje vaše radno vreme.

Da pojasnim: vaš trenutni posao je truo a na njemu imate sve izvore koji su vam potrebni da biste našli novi posao – Inter-net, kompjuter, štampač, faks, telefon gde možete neograničeno da razgovarate. Možete provesti svaki sekund kad vas kolege ne gledaju u potrazi za poslom, je l' da? Znam da ste očajni, ali molim vas nemojte to činiti.

Jedina gora stvar od lošeg posla jeste loš posao na kojem svi znaju da tražite novi posao. Što više upotrebljavate visoku tehnologiju koja vam je na raspolaganju, veće su šanse da ćete postati neoprezni i da će neko, možda neki „taster", shvatiti šta radite. A tada stvari pođu s lošeg nagore. Znala sam da ste mislili da gore ne može biti. Može!

Kada vaš šef nađe vašu biografiju u faks mašini; kada neko koristi vaš kompjuter i slučajno vidi listing vaših poziva agencijama za zapošljavanje, možete se pozdraviti i sa onom mrvicom iluzije o harmoniji na poslu. Tražite posao u svoje slobodno vreme, koristeći sopstvena sredstva. To će vam sačuvati i živce i reputaciju, a doprineće da loša situacija ne postane potpuno neizdržljiva.

„Na mom prvom radnom mestu kao asistent, delila sam malu kancelariju sa mojom šeficom. Jednoga dana, zatvorila je vrata, posela me ispred sebe, pogledala pravo u oči i vrlo zabrinutim glasom rekla: 'Dženifer, ti nerviraš ljude. Znam da želiš da stekneš prijatelje ovde; svako želi da stekne prijatelje. Jednostavno, bolje je da, kad si asistent i kad si nova, ne otvaraš usta. Kada sam ja počinjala, nisam govorila celih godinu dana.' Zahvalila sam joj za savet a zatim otišla do WC-a gde sam doživela napad panike, jecajući: 'Ljudi me ne podnose!' Sada mogu da se smejem sećajući se toga, mada je bilo zastrašujuće. Zapravo, trebalo je momentalno da dam otkaz."

— DŽENIFER, 35 GODINA, PUBLICISTA

Šta je to seksualno uznemiravanje?

Nadam se da nikada nećete morati da postavite ovo pitanje, ali u slučaju da morate, evo: „Nepozvano seksualno nuđenje, zahtevi za seksualne usluge i drugo verbalno ili fizičko ponašanje seksualne prirode; gde potčinjavanje ili odbijanje ovakvog ponašanja eksplicitno ili implicitno utiče na rad pojedinca, ima nerazuman upliv na radni učinak ili stvara neprijateljsku atmosferu ili uvredljivo radno okruženje." Tako kažu vlasti, a to zapravo znači u detalje:

- Žrtva, kao i zlostavljač, može biti i žena i muškarac. Žrtva ne mora da bude suprotnog pola.
- Onaj koji uznemirava može biti žrtvin pretpostavljeni, agent poslodavca, nadređeni u drugoj oblasti, kolega ili nezaposleni.

- Žrtva može biti bilo ko koga pogađa uvredljivo ponašanje. To ne mora da bude osoba koju uznemiravaju.
- Nezakonito seksualno uznemiravanje može da se desi bez ekonomske povrede ili bez otkaza žrtvi.
- Ponašanje onog ko uznemirava ne sme biti dobrodošlo.

Šta možete da učinite po tom pitanju?

Niko ne želi da bude Kalamiti Džejn. Možda osećate da biste radije tolerisali ono što vidite kao potencijalno seksualno uznemiravanje nego da ljuljate brod i da vas nazovu lažovom. Ne treba da budemo advokati pa da shvatimo kako je oduran postao život Anite Hil nakon što je uputila one optužbe na račun Klarensa Tomasa. „Reformisani konzervativac" Dejvid Brok orkestrirao je – a kasnije to i priznao – kampanju blaćenja protiv nje u kojoj su je nazvali „ludarom i lakom ženom", a to još i nije bilo najgore od svega.

Apelujem na vas da ne ćutite u slučajevima gde ste bili zlostavljani. Nema veze kakva je vaša politika – trebalo bi da vam je prijatno da dođete na posao i da osećate da nikada

„Moj šef je stajao u dovratku i presvlačio se u smoking za važnu večeru. Otkopčao je šlic na pantalonama i spustio ih da upaše košulju. Kada sam rekla 'Šta to radite?', on je odgovorio 'Oh, prestani. Nije to ništa što nisi videla i pre.'

— ADELEJD, 24 GODINE, RECEPCIONERKA

nećete biti stavljeni u situaciju u kojoj se osećate nesigurno ili povređeno.

Možete više da se informišete u vezi sa seksualnim uznemiravanjem i kako da prijavite diskriminaciju poslodavca bilo koje vrste na veb sajtu: www.eeoc.gov

Dati otkaz i zadržati svoj identitet

Mudra prijateljica mi je jednom rekla: „Nikada nemoj da osećaš krivicu što napuštaš posao." Ako je to pogrešan posao, ako imate bolju ponudu, ako ste odlučili da morate napisati scenario za film sad ili nikad, ako vas bogati prosac vodi na Bali, onda napustite svoj posao i učinite to ponosno.

Često, napuštate posao koji je jedna ogromna laguna patnje, gde su vas loše tretirali, koji je prouzrokovao da ležite noću budni sanjajući da dajete otkaz. Ili se osećate opasno blizu tački pucanja gde ćete vrisnuti: „E pa, možete svoja 'pitanja po pitanju mog ponašanja' zabiti sebi u guzicu, jer ja kidam odavde!" (Okrenite se, zgrabite kaput, svoju šolju za kafu, heftalicu, stolicu na okretanje, i nemojte se ni osvrnuti za sobom.

Započnite sasvim, sasvim novu karijeru).

Nadajte se da ćete dati otkaz pre nego što prokljućate. Jer, nevezano za to koji su vaši razlozi što napuštate posao, koliko god da je vaša odluka opravdana ili ne, nikada nema opravdanja da date otkaz kao u nekoj plačljivoj melodrami. Možda ćete se prvih petnaest minuta osećati superiorno ali, kada to prođe, shvatićete da ste spalili sve mostove za sobom pri tom verovatno izgledajući kao totalna budala. (Niko nikad nije uspeo da iznese stolicu izvan zgrade.)

Kako graciozno dati otkaz

Kada je vreme za kraj, vaš cilj je da upravljate tom situacijom sa svom mogućom zrelošću koju možete da skupite.

1. Zakažite sastanak sa svojim direktnim pretpostavljenim da mu saopštite novosti. To znači da nikome od kolega nećete izbrbljati pre toga. To takođe znači da nećete ići iznad svog šefa da objavite svoje, čak i da je vaš šef jedan od uzroka što dajete otkaz. Nemojte to učiniti imejlom. Kao što smo već apsolvirali, nikada nemojte raditi ništa osetljivo imejlom. Odvojite vreme i mesto gde ćete razgovarati, i otvoreno razgovarajte sa svojim šefom. Profesionalac do samog kraja, eto to ste vi, čak i da vam se čini da vam naživo vade jajnike.

2. Morate znati tačno šta ćete reći i kakav će biti rezultat, pre sastanka. Zapamtite, kada jednom date otkaz, nema povratka, zato morate biti sigurni u svoju odluku. Vi ne tražite ničiju dozvolu, vi pružate informaciju. Cilj: da izađem sa ovog sastanka a da sam dala otkaz. To je to. Nema suza, nema svađanja, nema onoga „zašto ja, zašto baš ja." Nema ni P.S. poruke „Jeb'te se."

Umesto dugačkog uvoda o vašem spisku za i protiv koji ste napravili, o koracima koje ste napravili da biste stigli dovde, probajte jednostavno da kažete: „Prihvatila sam drugi posao," ili „Dajem otkazni rok od dve nedelje". Odluka ne podleže diskusiji.

Najverovatnije, vaš šef će biti malo ljut, zbunjen ili povređen, zavisi od njegove ličnosti. Očekujte to; nemojte misliti da će vas moliti da ostanete ili da će moliti da im kažete svoje razloge. Ako i dobijete nešto od toga, samo ponovite izjavu koju ste već uvežbali. Ne morate da se izvinjavate. Vi niste odgovori za bilo čija osećanja ili činjenicu da vaš šef sada mora da popunjava jedno radno mesto.

Rekavši to, draga moja „samo što nisam dala otkaz", možete da ustanete i išetate. Niko nikada nije žalio zbog svog kulturnog ponašanja prilikom davanja otkaza. Molim vas, jednostavno dajte otkaz. Sada vaša šefica mora da saopšti svom šefu da je upravo izgubila jednog zaposlenog. U ovom trenutku vaš život je nekoliko puta bolji od njenog. Probajte da iscedite mrvicu saosećanja.

3. Dajte minimum dve nedelje otkaznog roka. Da li vas zakon obavezuje da date otkazni rok? Ne, osim ako to nije u vašem ugovoru. Je li to standardna procedura? Jeste, i to je stvar vašeg kulturnog odnosa prema svima koje ostavljate.

Dve nedelje je obično dovoljno vremena. Ako vam je ovaj posao bio dobar, ili ako želite da se rastanete u odličnim odnosima, dajte im i više vremena. Ali, pošto devojku koja je upravo dala otkaz tretiraju kao lisicu u kokošinjcu, ponekad je najbolje jednostavno se pokupiti i otići.

4. Dozvolite da vaš šef odluči kako da kaže vašim kolegama. Vi ste već odlučili da odlazite. Nemojte razbijati porculan pri izlasku. Očekujte da će šef pokušati da spasi obraz kada objavi da odlazite ostalom osoblju. Budite spremni da će možda čak nešto i slagati. „Beti je odlučila da ode zato što planira da putuje, ili da se vrati u školu!" Očekujte takav revizionizam i pokušajte da se ne razbesnite.

Primiti otkaz a ne sagoreti

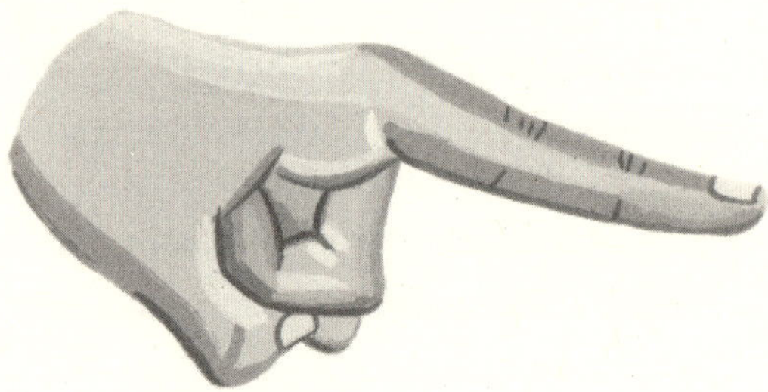

U redu, udahnite duboko. Šta god da je razlog, dobili ste otkaz.

Dobijanje otkaza vrlo je zastrašujuće iskustvo. Koliko god da ste znali da taj posao nije za vas, negde u otpuštanju leži kvaka: vaš posao je otpustio vas. Ako ste otpušteni (ili su vam se, ako tako više volite, zahvalili na saradnji) na ljubazan način, apelujem na vas da to primite uz svoju uobičajenu mirnoću. Ne morate da saslušate ceo spisak vaših ličnih mana, ali *konstruktivna* kritika – racionalni razlozi za to što su vas otpustili – samo može da vam pomogne na duge staze. Ako imate sreće, dobro prihvatanje kritike može vam dati šansu da od nekoga iz firme zamolite preporuku za naredni posao. Možda vam to u ovom trenutku ne izgleda bitno, ali možda će postati bitno za nekoliko dana ili meseci.

Ako ste otpušteni i znate da se to ne može okvalifikovati kao nepravedno, nećete imati pravo na povlastice za nezaposlene. Zato je najbolji način da date sebi dan ili dva da ožalite stari, a onda počnete da tražite novi posao. Zbog toga ćete se osećati bolje (kunem se u to), da se vratite u trku.

Ako mislite da su vas nepravedno otpustili, da je možda posredi neka nepravilnost, proverite na Internetu šta kaže zakon. Možda možete da ih tužite i tražite povlastice za nezaposlene. Mogućnost da tužim nekoga i da na sudu nekako ispadnem kriva stvar je od koje se meni lično okreće stomak, ali morate uraditi ono što se mora.

Otkaz

Otpuštanja često dolaze u velikim naletima, gde se mnogo ljudi eliminiše jednim potezom. Visoko rukovodstvo voli da to bude brzo i čisto i zato to obično rade kada misle da niko ne gleda, potpuno nenormalno se nadajući da ostali ljudi neće primetiti da nedostaje nekih 300 njihovih kolega.

KOMPENZACIJA

Ovo je vaša nagradna igra, poklon za kraj u igri u kojoj ste igrali. U to može biti uključeno:

Plata za određeni broj nedelja ili meseci nakon vašeg odlaska, u zavisnosti od toga koliko ste vremena proveli u kompaniji, koliko ste visoko na lestvici, i koliko vaša firma može sebi da priušti. Dve nedelje je standard, ali možda ćete dobiti više.

Povlastice za taj isti period – to znači zdravstveno osiguranje ili nešto drugo što ste imali.

Pokrivanje savetovališta za traženje novog posla.

Od vas će tražiti da pročitate plan za vašu kompenzaciju i da ga zatim potpišete. Čitajte pažljivo. Ovo je ugovor i tu je negde verovatno i rečenica slična ovoj: „Kunem se svojim životom da razumem svaku reč ovog dokumenta, i da vas neću tužiti, niti da ću pomisliti na to, niti da će mi to ikada pasti na pamet. Kunem se bogom da vas neću tužiti.“ Ako mislite da imate razlog za tužbu ili da vas nepravilno otpuštaju, na nelegalan način, onda

Javiti se na Zavod za zapošljavanje i sačuvati ponos

Nećete moći da se povučete na Kostu del Sol od para koje dobijaju nezaposleni. Bićete srećni ako uopšte možete da plaćate račune od te crkavice, ali hej, to je novac, vaš novac i, možda to i ne znate, ali vi ste ga zapravo zaradili. Novac za nezaposlene se akumulira u fondu koji je vaš poslodavac bio obavezan da puni, u slučaju da vas otpusti. Baš brižno od njih!

NE treba da potpišete. DA, činjenica da su vas otpustili zvuči preteći. Ali, NE, to samo po sebi nije dovoljna osnova da ih tužite.

U većini slučajeva kompenzacioni plan je dobra stvar, jer povlastice koje dobijate znače da niste izbačeni bez ičega. Možda ćete pomisliti da je to minimum što ta prokleta firma može da učini za vas posle tolikog vašeg napornog rada, i verovatno ste u pravu. Zato je verovatno najpametnije potpisati, uzeti novac i izaći iz zgrade.

Pratiti svoje srce, uprkos onome što kažu roditelji/prijatelji/horoskop

„*Vaspitačica u jaslicama?!* Ali, šta je sa pravnim fakultetom, kao što smo razgovarali kad si imala šest godina?!"

„Nisam podigla još jedan kredit sa hipotekom na kuću da bi ti platila četiri godine fakulteta kako bi postala *kelnerica.*"

„Želiš da završiš *poslovnu školu*? Šta si ti, potpuno nesposobna u 23. godini?"

I tako dalje, i tako bliže. Uvek će postojati neko ko ima snažna osećanja oko toga šta vi treba da odlučite o svom životu. Vaši roditelji su verovatno visoko na toj listi, ali bučni mogu biti i ostali vaši rođaci (živi ili preminuli), vaš analitičar, vaš astrolog, ili običan stranac na ulici.

Vaši roditelji su odrasli u drugačijem vremenu od vas. Oni možda imaju ideje koje su različite od vaših jer su bazirane na informacijama iz neke 1971. godine. Morate da ih podučite ne samo o tome šta je moguće i prihvatljivo danas, već i o onome ko ste vi i šta je prihvatljivo vama. Za više o čvrstom stavu u porodici, vidi u Poglavlju 7.

Pre ili kasnije, morate da naučite kako da ućutkate glasove koji sumnjaju u vaš izbor (a jedan od tih glasova je možda vaš sopstveni – toliko duboka ponekad postaje naša sumnja u sebe) i da krenete napred. Činjenica je da je donošenje odluka zastrašujuća stvar. Odluka da uradimo nešto hrabro, ili nešto što možda i neće uspeti, može nas zalediti od muke. Ali imam sjajne vesti za vas: vi donosite dobre odluke. Vaš zadatak je upravo da donosite ove odluke, i to ne na polovičan način. Vaš zadatak nije da uveravate druge da su vaše odluke dobre. Vi ste pametni, vi ste racionalni, vi ne biste skočili sa mosta ako neko drugi skače. Ja vas znam. Zato budite čvrsti koliko god treba sa nekim ko pokušava da vas uvuče u svoj način razmišljanja, i vratite se na svoju stazu. Imate jedan život da proživite i zato uradite to kako treba.

Biti odličan u svom poslu

Nema te plate ili titule koja će vam dati zadovoljstvo koje vam donosi kada ste izvrsni u

svom poslu. Bez obzira na to šta radite trenutno – čak i da je to samo korak ka poslu koji stvarno želite, ili se snalazite dok ne nađete nešto bolje – uvek radite posao kvalitetno. Radite naporno. Ponosite se svojim poslom i čestitajte sami sebi kada završite projekat ili postignete rok. Prevaziđite sopstvena očekivanja.

Teško je izdići se iznad usranog posla i zasijati. Izvrsnost je poslednja stvar koju imate na umu kada vam se ujutru ni ne oblači da idete na posao. Ali iz toga ne možete lako pobeći. Izvrsnost je vezana za vas a ne za vaš posao. Razmislite o tome: donesite svoju sopstvenu radnu etiku – sopstvene standarde, pravila za rad i prilagodite ih sebi – a zatim se strogo držite toga, nevezano za to šta u ovom trenutku radite.

Šta je vama važno? Da radite što god bolje možete? Da budete pošteni i očekujete i od drugih isto? Da imate integritet i pozitivan stav nevezano za situaciju? Sastavite svoju sopstvenu listu za dobar rad, i pokušajte da je ostvarite, bez obzira na bilo šta. (Ne morate sve da beležite, ali pomaže ako to učinite, u slučaju da treba da proverite s vremena na vreme.)

Biti izvrstan u svom poslu ne znači da treba da se udavite u njemu. Niste vi robot. Možete da imate snažnu radnu etiku a da ne postanete kopija Tonija Robinsa. Biti izvrstan ne znači uvek dobiti peticu – barem ne od učiteljice ili šefa. Na kraju krajeva, odgovorni ste sebi, a znaćete da ste uspeli jer tako osećate – uspeli ste za sebe i zbog sebe.

Vi ste gospodar svoga vremena. Možete da ga provedete buljeći u časovnik ili planirajući sledećih pet godina svoga života kao povlačenje poteza u partiji šaha. Ali vaš život se odvija upravo sada – ako uspete da nađete deo posla koji vas uzbuđuje, dobićete još nešto osim plate. Razmišljajte o sebi kao da ste zakoračili na jednu stazu. Nekuda ste krenuli i tamo ćete, na kraju, i stići. U međuvremenu, možete da se krećete sopstvenom brzinom, uživate u pogledu usput i dalje budete na pravoj stazi. Razmislite o tome šta vam donosi zadovoljstvo. Tražite dok ne nađete. A do tada, možda ste na poslu koji obožavate ili ne podnosite – ali šta god da radite, uradite to kako treba.

Poglavlje 3

Novac i finansije

Štednja, potraga za kreditom, sređivanje dugova, penzioni plan i gomila drugih finansijskih stvari o kojima niko ne želi da govori

Ne morate nužno da imate problema sa novcem. Uprkos vrlo neprivlačnom etiketiranju naše generacije, ne morate sami sebi da iskopate duboku rupu doživotnog duga niti da se udavite u moru trauma oko kreditne kartice. Ovo poglavlje nije u vezi s tim da cicijašite na hrani ili da nosite prevrnuto donje rublje da biste uštedeli na pranju. Možete živeti na budžetu i biti i dalje srećni. Možete biti finansijski odgovorni i dalje imati društveni život. Počnite odmah tako što ćete postići zdravu vezu sa novcem. Možete da štedite, investirate i potrošite ga inteligentno tako da ne završite užasnuti svojim dugom u banci, zabrinuti zbog naredne kirije ili da potpadnete pod tu prastaru naviku, da vaša sreća zavisi od novca.

PARE ILI ŽIVOT

Napraviti mesta za oboje

Mislila sam da je novac stvar koja nema veze sa polom. Smatrala sam da je seksistički i apsurdno da muškarci i žene budu različito edukovani po pitanju finansija – berza, banke, kamatne stope, ništa od toga, na kraju krajeva, nema veze sa tim kog ste pola. Milion dolara je isto i za mene i za nekog tipa, zar ne? Zašto postoji pretpostavka da žene jednostavno ne mogu da shvate finansije?

Većinu devojaka niko nikada nije podstakao da budu finansijski odgovorne ili da razmišljaju o investiranju. Muškarci sa kojima sam razgovarala sećaju se razgovora o novcu sa svojim očevima koji je zvučao prilično slično kao razgovor o seksu na primeru ptičica i pčelica. Devojke kojima su njihovi roditelji ulili pravilno razmišljanje o finansijama još su im zahvalne na tome, ali priznaju da su u velikoj manjini u ženskom rodu. Moja majka mi kaže da joj je žao što nije više naučila sestru i mene u vezi s novcem. Kada bi morala sve da uradi ponovo, uradila bi stvari drugačije. (Moj brat je investicioni bankar: ima li to veze sa samopouzdanjem? Odlučite sami.)

Ne želim da krivim nikoga za stereotipe koji se pripisuju ženskom poznavanju finansija, ili njegovom izostanku. Ali važno je da edukujemo same sebe sada i da odbijemo da zabadamo glavu u pesak po pitanju novca, vraćajući se u svoje snove u kojima će nas vitez na belom konju spasti. Ako ovo zvuči kao jedna od onih parola „Samo napred, devojko“, možda to i jeste. Ne morate da nosite pancirni oklop ili da se ponašate kao Donald Tramp da biste imali dobar kredit, solidnu štednju ili da, ako je to ono što želite, budete poznati po svom bo-gatstvu i povučete se iz posla sa 40 godina. Samo napred, devojko, gde god želela da pođeš, samo nemoj ići u zaduživanje.

> *„Volela bih da je bar meni neko objasnio kada sam imala dvadeset i neku koje su sve prednosti kupovine sopstvene kuće umesto iznajmljivanja u periodu od deset godina!“* — *Lisa, 38 godina*

Izbor postoji

Hajte da porazgovaramo o toj popularnoj pogrešnoj predstavi da nemate dovoljno novca. O toj pogrešnoj predstavi da nemate izbora. Uvek imate izbor. Imate širok izbor opcija i, u većini slučajeva, možete ovog trenutka da napravite promene i poboljšate svoje finansijsko stanje.

Evo nekoliko stvari koje možete da uradite:

- Uzmite cimerku (ili još jednu cimerku) da biste smanjili troškove kirije.
- Nađite drugi posao kao kelnerica ili bebisiterka.
- Preselite se u drugi kraj ili područje gde je trošak života niži a kvalitet života viši.
- Prodajte auto i vozite bicikli.
- Nemojte se voziti taksijem i koristite javni prevoz.
- Prijavite se za posao koji je možda manje interesantan ali se više plaća.

Poziv na oružje

Želim da predložim da svaki fakultet na svetu uvede obavezan predmet iz ličnih finansija. Kada sam ih pitala šta bi im učinilo život lakšim u njihovim dvadesetim, skoro sve žene koje sam intervjuisala za ovu knjigu rekle su da žele da im neko pojasni stvari oko kreditne kartice, kreditnih izveštaja, dugova i ostalih aspekata upravljanja novcem. Trend da ćete za svoje dvadesete platiti u tridesetim može biti izbegnut ako smo upozoreni na posledice ozbiljnog duga istog trenutka kada dobijemo svoju prvu kreditnu karticu. Ko hoće da me podrži u ovoj ideji?

Ovi izbori ne umanjuju vaš finansijski stres, znam. Ali pomaže vam da imate na umu da, šta god da se dešava sa vašim računom u banci, sami možete da uradite nešto po tom pitanju. Svi mi imamo različit finansijski istorijat i okolnosti, ali svi možemo da poradimo na tome što imamo – mali koraci, mali koraci. Sada je pravo vreme da postavite temelje za komforan finansijski život.

Finansijske nedaće na primeru ptica: koji ste tip?

Noj drži glavu zabijenu u pesak. Ona jednostavno baci izveštaj iz banke i sa bankomata a da ga i ne pogleda. Ona živi na tankoj nadi da će tamo uvek biti dovoljno kada treba platiti kiriju. Nema investicija i odbacuje ideju o penziji; ima trideset i neku, ali ne da joj se da prouči program svoje firme. Nije luda za kupovinom, ali kupiće stvar koja joj se dopadne i još nije zapala u problem. Kada razmišlja o budućnosti, ima neku neodređenu predstavu da će stvari biti u redu što se tiče finansija, ali ne misli baš previše na to, jer kad bi to učinila, shvatila bi da nema nikakvog pojma o svom finansijskom životu.

Recept za Noja:

1. Naučite kako da izbalansirate čekovnu knjižicu.

2. Vodite dnevnik trošenja kuda ide vaš novac.

3. Ugovorite sastanak sa predstavnikom svoje banke o programima štednje i fondova.

4. Pročitajte knjigu Suzi Orman *Devet koraka do finansijske slobode.*

Svraka vodi pažljivu evidenciju svake transakcije sa svojih brojnih računa i fondova. Svako veče sređuje svoju čekovnu knjižicu koristeći raznobojne flomastere. Živi na striktnom budžetu – to ne ugrožava njen stil života, ali ona strogo kontroliše svoje trošenje. Odgovorna je za svoje ponašanje i zna gde je otišao i poslednji cent njene plate. Ima penziono osiguranje (PO), neke fondove i štednju. Ona je ta koja može da brzo izračuna u glavi koliki će biti račun kada celo društvo izađe na večeru – naravno, ona ne ide baš često na večere jer radije štedi. Svaki telefonski račun u njenom životu je sačuvan u nepromočivoj kutiji ispod kreveta – za svaki slučaj.

Recept za Svraku:

1. Izlazite češće jer to je nagrada što ste tako dobri s novcem.

2. Uspostavite sopstveni fond „Novac za ludosti" i potrošite ga redovno na neka razumna časćenja.

3. Dopustite sebi dan ili dva u kojima nećete računati koliko tačno vredite, neto.

Guskica

Guskica ima problem da bilo šta uradi na vreme. Ona ima dovoljno novca da plati račune, ali je neverovatno ležerna po tom pitanju. Ona zna da su svi računi već pristigli, ali jednostavno ne može da se natera da ode da ih plati. Svi smo mi to prošli – pa ko voli da plaća račune? Dešava joj se da zadrži iznajmljeni DVD toliko da bi bilo jeftinije da ga je kupila – čoveče, možda bi bilo jeftinije da ga je sama snimila. Neki kažu da je lenja; ona za sebe kaže da je zauzeta, rasejana, zaboravna. Tvrdi da naprosto onemi kad joj se spomene investiranje na duži rok. Guskici je potreban život koji će sam sebe voditi – ona ima dovoljno novca da bi bila odgovorna, ali nema motivaciju.

Recept za Guskicu:

1. Otvorite tekući račun sa kojeg će pristigli računi biti plaćeni.

2. Neka deo vaše plate automatski odlazi na štedni račun.

3. Nemojte iznajmljivati DVD, skidajte sa Interneta.

4. Pročitajte knjigu *Gola ekonomija* Čarlsa Vilana posle koje ćete o novcu razmišljati kao o jednoj zabavnoj stvari.

5. Stavite zabranu prekoračenja na svoj račun.

6. Plaćajte svoje račune preko Interneta. To štedi vreme a vaši računi su momentalno izbalansirani.

Kukavica je u najvećoj meri izgubila bilo kakvu kontrolu nad svojim finansijama. Devojka koja voli dobar provod. U dugovima je do guše, ali ima stvarno finu garderobu. Ona pazi na svaki poziv na telefonu jer je stalno ganjaju poverioci zbog neplaćenih računa. Ona je sjajna za druženje jer, za razliku od bilo koga drugog, ona uvek ima dovoljno para. Ili se bar *čini* da ima – u stvarnosti, njen potpis na čeku ne vredi ništa. Ona je na dobrom putu da bankrotira, ali se tim putem vozi u vrlo lepim kolima.

Recept za Kukavicu:

1. Idite na finansijsku terapiju kod licenciranog finansijskog savetnika.

2. Uredite sa bankom da šalje deo vaše plate direktno poveriocima.

3. Iseckajte sve kreditne i platne kartice tako da do gotovine možete doći samo na šalteru.

4. Konsolidujte sve svoje dugove na jednu kreditnu karticu.

5. Pročitajte knjigu *Steknite finansijski život* Bet Kobliner.

DRUGIM REČIMA...

Kreditni savetnici pomažu ljudima u finansijskim problemima da pregovaraju sa poveriocima ili kako smanjiti dug.

Kolibri ima zdrav odnos sa svojim novcem. Ona ima budžet od kojeg može da živi, koji joj omogućava da plati sve što joj je potrebno, da potroši na ono što stvarno želi i da ne upadne u dug. Na vreme plaća račune i ima kreditnu karticu sa malim dozvoljenim minusom koji skoro u potpunosti plati svakog meseca. Ona automatski odvaja od plate i u

Instant tajkun: Osam stvari koje morate smesta da uradite

1. Izbalansirajte čekovnu knjižicu bar jednom mesečno. To znači da sredite (i sačuvate potvrde) sva gotovinska podizanja sa bankomata.

2. Platite barem osnovni minimum na svakom računu svakog meseca.

3.Platite svoje račune na vreme. Ni milisekundu kasnije. Bez izvlačenja. Plaćanje računa na vreme najlakši je način da utičete pozitivno na svoju kreditnu sposobnost.

4. Napravite budžet za sebe, u kojem ćete nabrojati neophodne i troškove koji nisu neophodni.

5. Držite se ovog budžeta. (Držati se budžeta zapravo je mnogo lakše nego ga napraviti.)

6. Izvadite kreditnu karticu i odgovorno je koristite. Kupite jednu malu stvar koju možete sebi da priuštite svakog meseca i platite je smesta. Svrha je da izgradite kreditnu sposobnost a ne da se vežbate za velike kupovine. Ako ne budete trošili novac na kartici nećete imati kreditnu sposobnost, što može jednako biti prepreka kao i loša kreditna sposobnost.

7. Otvorite penzioni račun. Ne morate da stavljate u njega novac svakog meseca, čak ni svake godine kada su teška vremena, ali morate ga otvoriti. Mit o nekom nasledstvu koje će vam pripasti jeste upravo samo to, mit.

8. Budite odgovorni prema svom novcu i poštujte ga. Vi ste ga zaradili, vi umete da odlučite kako ćete ga potrošiti, uštedeti, investirati. Ako vodite računa o svom novcu, ako ste pametni, informisani i nezavisni u svojim odlukama, vi držite svoje finansije pod kontrolom i vaša je ekonomska budućnost svetla. Ne zezam se – možda vam zvuči bez veze, ali tako je.

uplaćuje u penzioni fond. Ona nije stroga prema sebi kada potroši previše, jer da je samo čovek, ali odgovoran čovek – ona veruje sebi. Prati prilično pažljivo koliko novca ima, šta može da priušti, i dobro je upoznata sa stanjem na računu. Ona zna razliku između određenih akcija na berzi; nije baš sigurna da li uskoro želi da kupi kuću ali shvata kako funkcioniše hipotekarni kredit i kako promena kamatnih stopa može da utiče na nju. Ona leti visoko, sigurno i snažno.

Koliko plata imate uštеđenih da ne biste dospeli na ulicu?

Nezavisno od toga koliko novca zarađujete, osnovno pitanje je koliko plata ste udaljeni od toga da dospete na ulicu. U idealnom slučaju, odgovor je više od 0 ili 1. Nevezano za to koliko ljudi zarađuju, njihov životni stil često pojede njihov prihod pa je teško podići ovaj broj. Ali, što je broj veći, vi ćete se osećati sigurnije: najmudrije devojke imaju tri meseca pokrivenih troškova, u slučaju otkaza, poplave ili bilo koje više sile.

P.S. Niko ne voli (u redu, niko osim mene) ne voli da igra ovu igru . To upropaštava svaku žurku i uznemiruje celo društvo oko toga koliki je njihov dug. Zato je najbolje da se ovim bavite u tišini noći, ispred svog onlajn bankarskog programa na računaru.

DRUGIM REČIMA...

Kreditna sposobnost: dozvola da kupite nešto u sadašnjosti i platite kasnije.

Poverioci (najčešće banke ili velike korporacije) izdaju kreditne kartice koje vam omogućuju da kupujete stvari. Oni plaćaju trgovcima odmah, a vi obećavate da ćete platiti njima, najčešće uz kamatu kao kompenzaciju (za kupljenu suknju, večeru, auto).

Kamata je plaćanje za upotrebu novca. Može da se obračunava na dug (kreditna kartica, studentski kredit, auto, kredit za kuću) ili na investiciju (penzioni ili štedni fond, zajednički fond, itd.).

Kako staviti sebe na budžet

U redu, ovo može biti malo teže, ali svakako ne bi trebalo da traje celu noć. (Pa dobro, možda će trajati jednu noć, ali vredi.) Sasvim sigurno će vam biti potreban digitron a dobro bi vam došla i tabela u *Excelu*. Postoje i neki drugi zgodni programi, kao na primer *Microsoft Money* – vaš budžet ne mora da bude komplikovan, samo tačan i efikasan.

Dnevnik izdataka. Ne možete da budžetirate svoje izdatke ako ne znate gde vam odlazi novac. Uzmite svesku i, u toku jednog meseca, vodite evidenciju o svakom centu koji potrošite. To je jedna fascinantna vežba. Ubeležite svoje redovne, velike troškove kao što je kirija i račun za telefon, i neke povremene kupovine kao što su magazini.

Svaki put kada kupite majicu, zapišite to. Na kraju meseca, imaćete sveobuhvatnu finansijsku sliku o tome kuda idu vaše pare.

Oduzmite izdatke od prihoda. Saberite svoje mesečne izdatke. Oduzmite taj iznos od svoje *mesečne neto plate* (plata posle *odbitka poreza*). Ako trošite manje nego što donesete kući, dobro se snalazite i verovatno nećete imati problema sa budžetom. Ako ste slični kao većina nas, onda živite malčice preko svojih mogućnosti i dobro bi vam došla pomoć.

Načinite spisak. Obavezni izdaci dolaze na prvo mesto – to su oni koje ne možete izbeći: kirija, komunalije (grejanje, struja, Internet, telefon); krediti, kreditne kartice (barem minimalni obavezan iznos) i rata za kola. Zatim zapišite šta još potrošite u toku meseca i na čega. Ovde ćete videti šta je neophodno a šta nije – znači, vi odlučujete kuda novac ide. Budite oprezni oko toga šta ćete kvalifikovati da nije obavezno. Tu ne spada hrana, ali spadaju obroci u restoranima. Šampon i sapun nisu opcionalni, ali vi odlučujete gde ćete ih kupiti.

Kada kupite kafu na putu za posao

Koliko potrošite za godinu dana:	
Ako uzimate običnu kafu.............	**275$**
Ako uzimate veliku kafu s mlekom, na skupim mestima......	**962,25$**
Koliko možete da uštedite za godinu dana:	
Skuvajte kod kuće veliku kafu i sipajte to u šolju za nošenje. Možete čak da kupite i fensi kapučino mašinu i to za manje od 150$ i napravite sebi moku očas posla.	**Ušteda: do 842$**

Potkrešite viškove. Pogledajte koji su delovali vašeg budžeta najviše naduvani. Vidite gde se vaše trošenje ne uklapa sa prioritetima i proverite na kojim mestima možete da uštedite. Možda dajete zadnju paru za svoj pisaći sto, a polovinu radnog vremena provodite na terenu. Ili trošite 65$ mesečno na kablovsku koju jedva da i gledate plus 9$ dvaput nedeljno kada idete u bioskop. Treba da uvidite gde odlazi novac i gde morate da vežbate odricanje. Potkrešite rashode u raznim kategorijama sve dok ne napravite budžet koji staje u okvir vaših mogućnosti.

Kako brzo napraviti budžet

1. Vodite dnevnik potrošnje jedan mesec.
2. Podelite troškove u obavezne i neobavezne.
3. Oduzmite troškove od neto plate i vidite koliko treba da skrešete.
4. Poigrajte se malo sa oblastima neobaveznih troškova da biste uklopili svoj stil života u svoju platu.
5. Napravite budžet koji je racionalan za vas i za vaš prihod.
6. Poboljšajte svoj budžet tako što ćete voditi evidenciju svoje potrošnje i uporediti sa budžetskim proračunima.
7. Čestitajte sami sebi – pravljenje budžeta jedna je od najneprijatnijih stvari na svetu. Uspeli ste. Sada više ne morate da se mučite oko toga.

Prvo platite sebi. Stručnjaci za novac se slažu da je dobro pokušati da potrošite 90% svoj prihoda a ne svih 100%. Na taj način stvarate svoj plan za štednju, a ako preterate sa neobaveznim rashodima, imate malo rezerve.

Provera u realnosti. Kada ste napravili budžet, morate da pokušate da živite u okviru njega. Jednog meseca ćete videti da ste predvideli previše novca za, recimo, odeću ali ne dovoljno za neplanirane izdatke kao što su rođendanski pokloni ili putovanja. U toku par meseci vodite evidenciju o tome koliko stvarno trošite i uporedite to sa svojom prognozom. Verovatno ćete morati da prilagođavate pojedine oblasti i predvidite novac za neke stvari na koje niste ni mislili, kao što su baterije i dr.

Razmišljajte o budžetu kao o dijeti. Cilj pravljenja budžeta je uvesti zdravu ishranu, a ne crći od gladi. Treba da se osećate dobro u vezi sa stvarima na kojima štedite, a ne da se osećate bolno ili kažnjeno. I stvarno, jedina bolna stvar jeste odluka da nešto smanjite. Jednom kad odredite koliko stvarno možete da priuštite troška na obavezne i neobavezne izdatke, više ne morate da brinete da ćete ostati bez prebijene pare ili da osećate krivicu što rasipate. Znaćete tačno koliko novca imate i vaš mesečni bankovni izveštaj neće vam se činiti kao dolazak same smrti.

ZAŠTO JE TEŠKO NAPRAVITI BUDŽET

Kreiranje budžeta znači da treba realno i pažljivo da se zagledate u svoje finansije, i to izbliza, bez treptanja. Možda ideja budžetiranja izaziva toliku mučninu zato što uključuje i pomisao na kresanje troškova, štednju svakog novčića, i kompletno eliminisanje zadovoljstva u ime finansijskog opstanka. Baš super, mislite vi. Sledeće što ću uraditi jeste razređivanje deterdženta za pranje suđa i život na čorbi od kupusa i starom hlebu.

Strategija koju planeri budžeta najviše vole jeste tabeliranje u kojem vi odredite koji deo svoje plate treba da odvojite za razne neophodne (kirija, auto, hrana, odeća) i ne toliko neophodne (zabava, izlasci i razno) troškove. Život je vrlo retko tako jednostavan kako pokazuje tabela i, mada će vam pomoći da shvatite koliko zapravo love imate, verovatno će biti teško zaista se pridržavati budžeta. Ali barem ćete znati na čemu ste i kada srljate u nevolju.

Odradite to

Ako volite tabele, probajte Excel, Quicken ili neki drugi softver za lične finansije. Možete i sami napraviti tabelu koristeći marker i lenjir.

www.kobliner.com/calculators/calc_budget.html

CNN/Idealni digitron za budžet

http://cgi.money.cnn.com/tools/budget-101/budget_101.jsp

ŽELJE NASUPROT POTREBA

Identitet i superego potrošnje

Nije me sramota da priznam da sam mnogo puta umirala od želje da kupim posteljinu od turskog pamuka protkanu satenom za devet hiljada dolara. Moja potreba za tim stvarima je bila tako izražena da sam čak, u pojedinim momentima, ubedila samu sebe da ću biti samo senka žene bez njih. Sklopila sam nemu pogodbu sa cicijom u mojoj glavi, objašnjavajući da bi bila potpuna ludost uskratiti sebi nešto što mi tako očigledno garantuje potpunu sreću, samovrednovanje

i mnogobrojne izlaske. Osim toga, zar ja ne *zaslužujem* ništa?

Ona tanka linija između *onoga što želite* i *onoga što vam je potrebno* jeste ples po tankoj žici dok se dete u vama i roditelj u vama bore za kontrolu nad vašim novčanikom i vašom savešću. Odgovorno postupati s novcem ne znači da uzmete samo ono što vam je baš neophodno potrebno i uskratite sebi baš sve što želite. Sve dok vam ne sija crveno, možete trošiti bez grižnje savesti, a možete i dozvoliti sebi da malo rasipate na neke stvari zbog kojih ćete se osetiti kao bolja osoba.

Evo gde ja podvlačim crtu. Kada uđem u radnju i beskrajno se zaljubim u neku stvar, igram sama sa sobom igru koja se zove „Šta da je samo 10 minuta ranije?".

Deset minuta ranije nisam ni znala da ta neodoljiva crvena kožna torba uopšte postoji, a bila sam relativno srećna. Mogu da izađem iz ove radnje i da se pravim da nikada nisam ni bila tu. Znam da ću moći i dalje da živim punim životom bez crvene torbice jer sam to mogla i pre nego što sam je videla.

Apelujem na vas da isprobate ovo. Vrlo često, kad se vratim kući već i zaboravim na tašnu.

Pokušajte da ograničite svoje šoping izlete na potragu za određenim stvarima: „Danas mi je potreban dobar zimski šal" nasuprot onom „Danas trošim da bih bila srećna". Po mom iskustvu, „terapija šopingom" može zaista biti efikasna da mi popravi stanje duha – ali samo na vrlo kratak rok. Prebrzo nakon toga, preterivanje u šopingu donosi mi loše varenje, krivicu – i postanem mnogo siromašnija. Život je mnogo jednostavniji kad izbegnete pokušaje da kupite sebi sreću.

Kada vas proganja ono što želite

Znate onaj savet koji vam ljudi daju kada stvarno umirete da nešto kupite: „Idi kući, i ako za par dana i dalje misliš na to, vrati se u radnju i pogledaj ponovo." Često kada se vratite kući, shvatite da zapravo i ne želite toliko predmet za kojom ste ludovali. A drugi put, opet, neka stvar vas proganja. Mesečarite kroz svoje dane dok vam slika nekih pantalona igra pred očima. Oh, sve one stvari u vašem ormanu sa kojima možete da uparite pantalone!

Evo šta imam da kažem na to: ako se radi o odeći, vratite se u radnju i isprobajte; vrlo često ćete uvideti da vam ne stoji dobro i da je ona čežnja koja vas je proganjala nestala a sebi ste sačuvali dobru porciju keša. Ali, ako ste i dalje zaljubljeni u te pantalone, ako su vrlo kvalitetne i ako ste

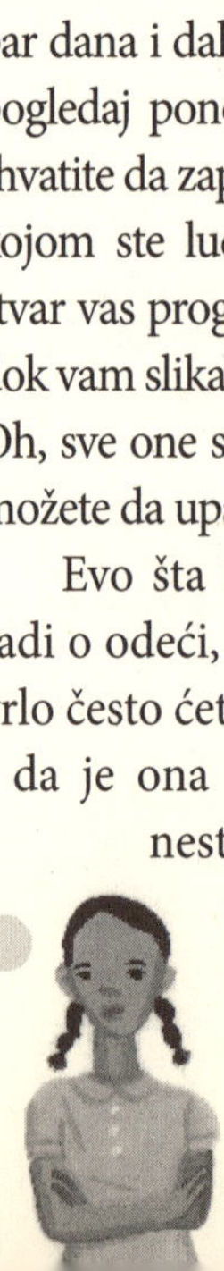

Osam jednostavnih šema da zaradite dodatni keš

1. Prodajte svoje knjige.

2. Prodajte svoje stare stvari – komisioni nude dobre uslove.

3. Možemo prodati bukvalno bilo šta preko Interneta – od stare lampe do kartonskih kutija za selidbu. Neki ljudi od toga i žive, prodajući stari kuhinjski pribor.

4. Izdajte kuću ili stan – možete da budete kod svojih roditelja (ako su od te vrste) ili kod prijatelja, ili posetite cimerku s fakulteta dok ne zaradite malo keša od svog stana.

5. Organizujte prodaju iz garaže.

6. Prodajte svoje stare CD-ove i pređite na MP3.

7. Nađite sporedan posao – u kafiću, kao kelnerica, bebisiterka, šetačica pasa ili držite privatne časove.

8. Koristite mobilni noću i vikendom. Ako imate određeni paket, držite se toga. Nema razloga da plaćate preterane iznose. Takođe, razmislite o tome da potpuno izbacite fiksni i koristite mobilni za sve.

Šta ne treba prodati

- svoje telo
- svoje organe
- svoj pasoš
- svoju dušu
- tabloidima tajne svojih prijatelja o njihovim vezama s političarima

potpuno sigurni da ćete ih često nositi, svakako ih kupite. Ali platite gotovinom – nemojte karticom! – i osećajte se dobro po tom pitanju.

Nemojte impulsivno kupovati. Ako ne možete da priuštite tu stvar, ako ona znači da se ne možete grejati ceo mesec, onda pokažite malo uzdržanja i krenite dalje, prijateljice moja, krenite dalje.

Uđe devojka u banku

Ako planirate da plaćate svoje račune, što vam toplo preporučujem, biće vam potreban tekući račun. Evo šta treba da proverite kod bankarskih ponuda:

Nema provizije! Neke banke će zahtevati minimalan iznos na računu da bi ukinule proviziju. Ako ste sigurni da možete da budete iznad tog iznosa, nema problema. Ali zapravo, vi već banci dajete svoj novac. Pokušajte da nađete banku koja vas neće guliti provizijama, bez obzira na stanje računa.

Platna kartica: ova kartica služi i za podizanje para sa bankomata. Platna kartica izgleda kao Visa ili Master ali funkcioniše kao ček. To znači momentalno skidanje para sa vašeg računa prilikom plaćanja.

DRUGIM REČIMA...

Zaduženje: kada se neki račun odobrava, njemu se dodaje novac. Kada se zadužuje, uzima se novac.

Dug (samo da razjasnimo): kada ste u dugu, znači da morate da vratite taj novac.

Provizija za podizanje gotovine: ovo varira od banke do banke. Neke će vas ograničiti na određeni broj podizanja mesečno. Drugi će vam zaračunavati proviziju samo kada koristite bankomat druge banke. Izaberite banku koja ima mnogo filijala ili je u blizini vaše kuće ili posla i pokušajte da se limitirate na određeni broj podizanja u mesecu. (Imajte na umu da će vam verovatno zaračunavati proviziju i banka u koju svraćate a niste njihov klijent – zato ih izbegavajte da ne biste imali dodatne troškove.)

Onlajn bankarstvo: obavezno. Onlajn bankarstvo ukida potrebu da ispisujete čekove prilikom plaćanja računa. Čak vam štedi i poštansku markicu. Dobri onlajn bankarski sistemi imaju detaljan pregled vaših transakcija koje možete pogledati 24 časa 7 dana u nedelji. Vi želite banku koja ima robustan i siguran Internet bankarski sistem, bez dodatnih troškova. Banke ne bi smele ovo da naplaćuju jer im onlajn usluge štede novac – nije im potrebno ono silno vreme da obrade veliki broj čekova. Ali nemojte zaboraviti da brižljivo čuvate dokaz o onlajn transakcijama, kao što biste i sa čekovnom knjižicom! Trebalo bi da možete da proverite stanje, platite račune i prebacujete novac između računa u bilo koje doba dana, gde god da ste. Banka koja nema dobar onlajn sistem verovatno zaostaje za vremenom i u drugim stvarima.

Zaštita od prekoračenja: uvek je lepo kada banka obeća da će vas pokriti ako imate ček bez pokrića. Na taj način, ako slučajno ispišete ček za koji nemate sredstva, banka će platiti, a onda ćete vi platiti banci uz vrlo visoku kamatu. (Jesam li već spomenula da su kamate vrlo visoke? Negde oko 20%.) Zaštita

od prekoračenja je za svaki slučaj – dobra je da je imate (jeftinije nego provizija za ček bez pokrića), ali je najbolje izbegavati je.

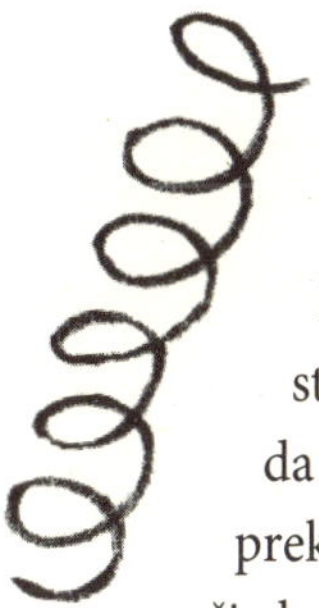

Upozorenje kupcima: većina ovih programa ne plaća automatski prekoračenje kada se novac deponuje. Umesto toga klijent mora da naznači da depozit služi da bi se pokrilo prekoračenje. (Ovo je, jasno, način banke da prikuplja visoku kamatu u što dužem periodu.)

Direktan depozit: kada god je to moguće, trebalo bi da vaša plata ide direktno na račun u banci umesto da je dobijate na ruke. Na taj način plata vam je na raspolaganju istoga dana. Neke banke i ukidaju provizije ako plata ide direktno na račun.

Povezani računi: ako vaša banka zahteva minimum sredstava na računu da ne bi zaračunavala proviziju, vidite da li možete da povežete račune (npr. sa štednim računom) i da koristite stanje na oba da biste ispunili zahtev.

Kreditna udruženja: alternativno bankarstvo

Baš kao i u bankama, depozite u kreditnim udruženjima osigurava država. Za razliku od banaka, ovo su neprofitne kuće čiji su članovi vlasnici, a to su ljudi koji imaju nešto zajedničko, kao što je posao u istom sektoru ili diplomiranje na istom fakultetu. Kreditne zadruge profit vraćaju svojim članovima pa su zato njihove kamate više a ostale provizije niže nego u komercijalnim bankama. Oni takođe mogu imati manje usluga na raspolaganju i stroža pravila u vezi s bankomatima. Vidite da li možete da se učlanite i proverite na www.cuna.org.

Pisanje čekova/limit transakcija: želite da nemate troškova za čekove. I dalje ćete morati da platite te čekove ali ne bi trebalo da platite samo zato da biste imali tekući račun. Naručite najjeftinije čekove (osnovni bančin dizajn je najjeftiniji a, uostalom, svi oni čekovi sa crtanim likovima samo šalju poruku o vama „Ja sam ludak!“ od koje nemate nikakve koristi). Najmanji broj čekova je dovoljan, jer ćete većinu računa platiti onlajn.

Neke banke limitiraju broj čekova koje možete ispisati svakog meseca, ili broj puta kada možete da izvršite bilo kakvu transakciju. Ja popreko gledam na takve stvari. Trebalo bi da nađete banku koja makar pokušava da ostavi utisak da želi da mazi i pazi i vas i vaše finansije, doživotno. Rekavši da možete da dođete u banku samo deset puta mesečno, šalje vam jednu ne baš vrlo prijateljsku poruku. To je kao da vam prijateljica kaže da se možete videti samo tri puta u naredna tri meseca. To nije dobar prijatelj. Vi od vaše banke želite više od toga.

Balansiranje čekovne knjižice: U čemu je problem?

Neki od najpametnijih ljudi koje poznajem priznali su mi da ne umeju da izbalansiraju svoju čekovnu knjižicu. Ili da znaju kako ali da to nikada ne čine, jer je prevelika gnjavaža. To jednostavno nije istina i, kao neko ko

NAUČITE KAKO DA PROVERITE ČEKOVNU KNJIŽICU

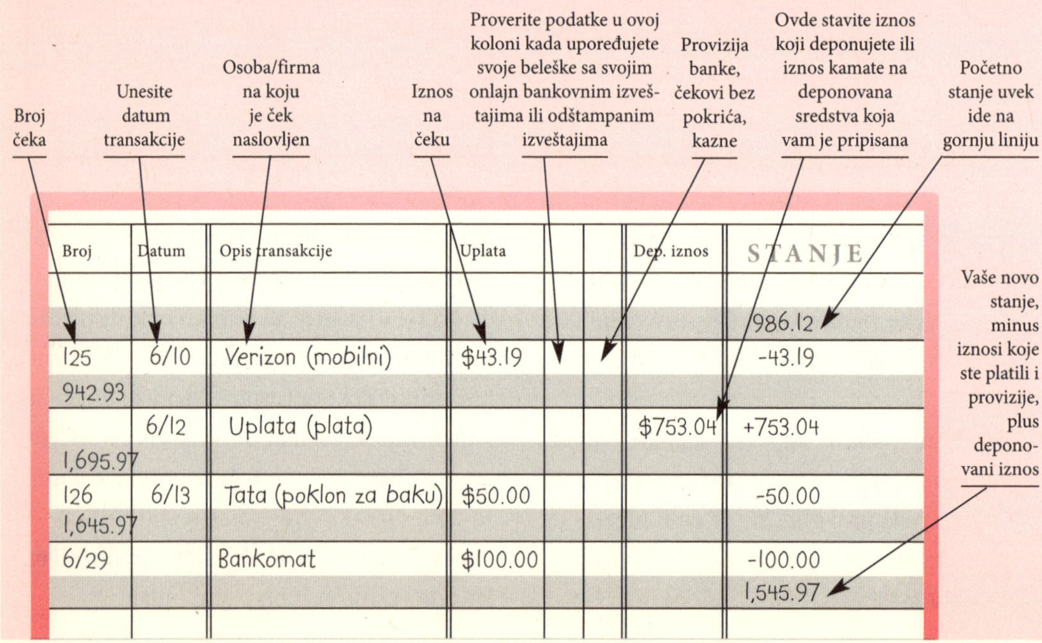

Šah-mat! Četiri lagana koraka

- Otvorite i proverite vaš mesečni bankovni izveštaj čim stigne.
- Proverite zarađenu kamatu, mesečnu proviziju, i tako dalje.
- Ubeležite sve provizije u svoju čekovnu knjižicu. Nazovite banku i raspitajte se u vezi sa provizijama koje ne razumete.
- Sačuvajte sve bankovne izveštaje u formi dokumenta ili u elektronskoj formi (ne onlajn formi) u barem naredne dve godine.

ima vrlo nisku toleranciju za gnjavažu, ja bi bar trebalo da znam.

Razmišljajte o sebi kao o jednoj maloj korporaciji: vi donosite pare i vi određujete kako će se pare trošiti. Vaša čekovna knjižica je vaša trgovačka knjiga svih ulazaka i izlazaka. Da biste izbalansirali čekovnu knjižicu, uporedite sopstvenu evidenciju sa mesečnim bankovnim izveštajem, računima iz radnje i potvrdama sa bankomata i postarajte se da sve odgovara. Čak možete da koristite i svoj onlajn bankarski program za to. Ako to ne učinite, vaša banka bi mogla da pogreši a vi da izgubite gomilu novca, i niko neće znati.

U najmanju ruku, zabeležite broj svakog čeka i iznosa pre nego što pošaljete ček tako da ćete imati evidenciju gde vaš novac odlazi. To je vaš novac – zašto ga ne biste pratili?

NAPLATA U BUDUCNOSTI

Najjednostavnije objašnjenje penzionog plana na koje ćete ikada naići

Čuli ste da sam to već spomenula, a čuli ste da i drugi razgovaraju o tome: penzioni račun je samo oličenje pravila „prvo platite sebi". Ako osnujete svoj račun kroz svoju firmu, nikada ne vidite onaj novac koji se skida sa vaše plate i deponuje na 401(k). Znači, prvo platite *sebi* i pre nego što platite kiriju ili bilo koji drugi račun. (To *sebi* znači *vi u šezdesetoj*, ali i dalje treba prvo platiti sebi).

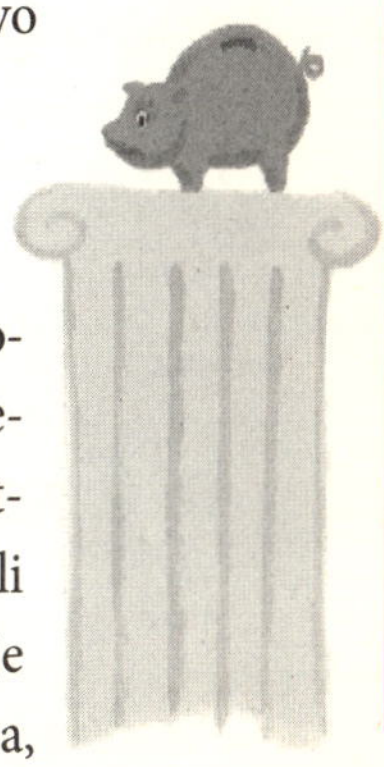

Nije baš toliko ludo štedeti za penziju u svojim dvadesetim i tridesetim. To vam možda izgleda kao neverovatno nedokučiv koncept u ovom trenutku vašeg života ali, verovali ili ne, taj dan će doći. Dobra vest je što ostavljanjem malih iznosa, možete sebe osloboditi poreza i sami sebi učiniti ogromnu uslugu u budućnosti, a da sve to ne utiče previše na stil vašeg života sada i ovde.

Penzioni računi nisu teški za otvaranje ali mogu biti komplikovani, a vi treba tačno da razumete šta potpisujete. Napravite pravilnu odluku oko toga šta ćete danas uraditi sa vašim novcem i na kraju ćete imati sjajnu situaciju kada odlučite da ne morate više da radite (dotle će proći pola veka, a ne nedelju dana).

DRUGIM REČIMA...

Glavnica: suma novca koju investirate ili pozajmljujete.

Penzioni štedni plan: Investicioni fondovi za koje vlada dozvoljava da se uvećavaju neoporezovano sve dok ne podignete novac. To je izuzetno važna stvar jer ćete se vi obavezati da nećete podići novac sve dok se ne penzionišete – što mlađi krenete u ovo, to duže vaš novac raste neoporezovan i više ćete imati da podignete kada se penzionišete.

Prosta kamata: kamata koja se računa samo na glavnicu neke investicije ili duga. Kamata se obično ne obračunava na ovaj način. Sve je to prosto previše... prosto. A mi ne možemo da se bavimo prostim stvarima.

Složena kamata: kamata na kamatu. Vi deponujete novac (glavnicu), na taj novac ide kamata, a onda sve to zajedno (glavnica + kamata) donosi još kamate. Složenost je to što čini penzione fondove toliko privlačnim, pogotovo što se novac neoporezovano uvećava.

Šta je 401(k) i ko bi ikada mogao da dospe čak dotle?

401(k) su penzioni računi koje otvara vaš poslodavac. Priliv se vrši direktno pre nego što se vaši dolari oporezuju, ne prijavljuju se Poreskoj upravi kao deo vašeg prihoda sve dok se ne penzionišete, i smeštaju se na račun koji vi ne možete da pipnete do tog trenutka. Vi sami odabirate da li ćete učestvovati ili ne u 401(k) programu vaše kompanije i vi odlučujete koliko želite da priložite i gde želite da se to investira. U zavisnosti koje opcije nudi vaša firma, to mogu biti akcije, deonice ili zajednički fondovi. Neke kompanije će za svaki vaš dolar dodati još pedeset centi ili dolar što je veoma dobra povlastica koju ne bi trebalo da propustite ako vam se nudi. Dobijate redovne izveštaje od vaše firme iz kojih se vidi koliko ste zaradili (ili, u tužnim momentima ekonomske situacije, izgubili).

Limit koliko možete da položite na svoj 401(k) obično je vrlo visok, ranije određeni procenat plate sa limitom koji je mnogo viši nego onaj za individualni penzioni račun.

Ovo ćete čuti milion puta – ako podignete novac sa svog 401(k) računa pre nego što napunite 59,5 godina života, oprljiće vas teškim provizijama i porezima. Kada god da povučete novac posle te tačke, platićete porez na prihod i na kamate koje ste zaradili.

Hajde da raščistimo: nećete biti oporezovani na novac koji stavite na penzioni račun koji je uspostavila vaša firma, kao što je 401(k). Zato dobijate ogromnu investicionu povlasticu jer investirate novac pre oporezivanja. Recimo da dajete 50$ na račun. Da su tih 50$ bili oporezovani, imali biste samo $35 posle plaćanja poreza. Znači vlada zapravo doprinosi sa 15$ vašem penzionom fondu. Koja druga investicija će odmah doneti 15$ na uloženih 35$?

Ako radite za kompaniju koja doprinosi vašem 401(k), dobijate ogromnu korist od vašeg penzionog računa od prvog trenutka kada se račun otvori. Dolar za dolar (mnoge kompanije ovo nude) jeste 100% povraćaj istog momenta, plus poreska ušteda! I sve to legalno! Ako napustite posao, možda ćete imati opciju da prebacite svoj 401(k) na drugi posao, ili da ga prebacite na svoj individualni penzioni račun, ili da ga ostavite na svom starom poslu.

Nije to neka trka i zapravo je pomalo dosadno

401(k) je ime dobio po delu poreskog zakona iz 1978. Ovaj deo sadrži pravila za zaposlene u privatnom sektoru. Postoje tri različita dela za zaposlene u javnom sektoru (457) i neprofitne (403b). Znači (k) je samo pododeljak dela 401, koji reguliše zarađenu penziju, deljenje profita i plan za bonuse od akcija. Zevate. Ali to je ipak vaš najbolji prijatelj što se tiče penzionog osiguranja.

Individualno penziono osiguranje: nije vam ujak, ali kada ostari, vi se obogatite

Možete da započnete svoje individualno penziono osiguranje (IPO) kod svoje banke ili onlajn. To je investicioni račun koji ne pipate dok se ne penzionišete. IPO je potreban ljudima čije firme ne nude penzioni plan, za samostalne preduzetnike ili kao dodatak penzionom planu zaposlenog. Svako ko ima novca za finansijsku instituciju koja nudi IPO može da otvori ovaj račun.

Ako imate šansu za 401(k), iskoristite prvo nju, jer ima manje ograničenja. Ali možete da imate IPO kao dodatak 401(k) – to su samo dve različite opcije penzionog plana. Imate dva izbora: tradicionalni IPO ili Roth IPO. Razlika između ova dva je mala ali važna.

Prvo, upoznajte pravila:
Nema minimalnog iznosa za otvaranje IPO-a. Mnogi bankarski konglomerati neće raditi sa malim ulagačima (oni koji imaju manje od 1.000 dolara); trebalo bi da nađete nekoga ko je voljan da sarađuje sa vama u okviru vaših mogućnosti.

Od 2005. maksimalno ulaganje koje vam je dozvoljeno u sve vaše IPO račune (bilo da imate jedan ili 500 računa, total je isti) iznosi 4.000$ godišnje. (Ovaj maksimum će se povećati na 5.000$ u 2008. godini). Znači, možete da stavite koliko želite u svoj IPO, ali ne možete da prekoračite maksimum.

Tradicionalni IPO: opšti pregled

- Vaše ulaganje se odbija od poreza.
- Možete početi da podižete novac kada imate 59,5 godina a **morate** početi kada navršite 70,5 godina.
- Platićete porez na prihod kada podignete novac sa IPO.
- Vaš IPO se može koristiti za kupovinu raznih investicionih sredstava (akcije, i sl.).
- Tradicionalni IPO je dostupan svima; nema restrikcija po pitanju prihoda.
- Sav novac (uključujući i uloženu glavnicu) biće umanjen za 10% ako ga podignete pre 59,5 godina života (postoje neki izuzeci, npr. ako kupujete svoju prvu kuću).

Roth IPO: opšti pregled

- Vaše ulaganje se ne odbija od poreza.
- Ne morate da podižete novac do nekih određenih godina koje ste napunili.
- Sva zarada i inicijalni ulog su 100% neoporezovani ako se strogo prate pravila i regulativa.
- Vaš IPO se može koristiti za kupovinu raznih investicionih sredstava (akcije, i sl.).
- Roth IPO je dostupan samo neudatim/neoženjenim osobama koje zarađuju do 95.000$ ili bračnom

paru koji zajedno zarađuje najviše 150.000$ godišnje.

- Uložena glavnica se može podići u bilo kom trenutku bez umanjenja (podleže samo nekim malim uslovima).

VELIKA RAZLIKA: VREME POREZA

Najveća razlika između tradicionalnog i Roth IPO-a jeste način na koji vlada tretira porez. Ako zarađujete 50.000$ i ostavite 2.000$ u tradicionalni IPO, moći ćete za ovaj iznos da umanjite svoj prihod koji podleže oporezivanju (znači da ćete morati da platite porez na 48.000$). Kada napunite 59,5 godina, možete početi da podižete novac, ali ćete morati da platite porez na svu zaradu, kamatu, dividende, itd. koje ste zaradili proteklih godina.

Sa druge strane, ako stavite isti iznos od 2.000$ u Roth IPO, nećete biti oslobođeni od poreza. Ako vam je potreban novac, možete da podignete *glavnicu* u bilo kom trenutku, kao sa štednog računa (mada, platićete proviziju ako podignete bilo koji deo zarađene kamate). Kada dođete do godina za penzionisanje, možete da podignete sav novac neoporezovano, čak i kamatu koje je vaše ulaganje ostvarilo.

Moje mišljenje je, kao i kod mnogih investitora, da u vašim dvadesetim i tridesetim Roth je najbolja opcija za vaš IPO. Ukoliko niste baš zapeli za još jednu mogućnost umanjenja poreza, mislim da je bolje radovati se neoporezovanom kešu kasnije nego uštedeti nešto dolara sada, a glavna obaveza vam sledi kasnije.

Neke kompanije su počele da nude Roth 401(k). Oni uzimaju neke delove iz Roth IPO-a (ulaganje posle oporezivanja, podizanje bez oporezivanja) i kombinuju ih sa 401(k) koji nema restrikcije po pitanju prihoda. Genijalno!

IZRAČUNAJTE SAMI

Bez obzira na to koji plan izaberete, treba odmah da izaberete jedan. Mrzim da vam ovo ponavljam, ali jedini efikasan način da ubedite nekoga ko ima manje od 40 godina

Ko je uopšte bio taj Rot?

Vilijam V. Rot (William W. Roth) bio je republikanac iz Delavera koji je bio član Senata od 1971. do 2001. Njegov Roth individualni penzioni plan je stvoren kao deo Zakona o oslobađanju poreskih obveznika iz 1997. zato da bi „ohrabrio sve obveznike da imaju IPO, a ne samo one najbogatije.“

da mu je potreban penzioni plan jeste da mu pokažete koliko će vam to doneti:

- Dvadesetpetogodišnjak koji ulaže 3.000$ godišnje u Roth IPO u toku 40 godina pri 5% kamate, imaće 380.510$ na svom računu kada napuni 65 godina.

- Ako budete čekali samo pet godina, dok ne napunite 30, da počnete sa ulaganjem, vaš total će pasti na 284.509$. Umanjenje od 91.010$ u zaradi zbog umanjenja od 15.000$ u ulaganju!

Nema veze koliko ulažete, samo što pre, to bolje.

> Izračunavanje IPO
>
> **Roth IRA Web Site**
> www.rothira.com
>
> **Smartmoney**
> www.smartmoney.com/retirement

KREDITNA KARTICA

Pilule za beg?

Kreditne kartice su stekle lošu reputaciju uglavnom zbog toga što možete lako upasti u nevolju sa njima. Ali one mogu da budu vrlo korisne ako ih odgovorno koristite. Svrha kreditne kartice je da dozvoli ljudima da odmah dođu do stvari koje ne mogu da plate gotovinom. One vam nude luksuz da platite svoju kupovinu u toku određenog perioda. Kartice, takođe, nude zaštitu od prevare (u nekim slučajevima se prihvataju kao vrsta identifikacije), obezbeđuju određenu osiguravajuću zaštitu i čine Internet šoping lakim kao dašak vetra. Ako možete da odolite iskušenju da živite iznad svojih mogućnosti, bićete sasvim u redu uz kreditnu karticu. Nevolje počinju kada ne platite svoje obaveze, opustite se po pitanju kamata ili trošite više nego što zarađujete.

Sirenina pesma kreditne kartice je toliko primamljiva da je poznato da su neke devojke morale da preduzmu drastične mere da bi joj odolele. Moja sestra je stavljala svoju kreditnu karticu u friz, u činiji vode. Na taj način morala je da čeka da se otopi gromada leda da bi mogla da koristi karticu. Nije ni to loša ideja. Dok se led otopi, vi možete još jednom da promislite u vezi sa svojim šoping impulsom i da uštedite sebi gomilu novca.

Plastika fantastika! Izabrati karticu

Ponude se gomilaju kao i obećanja, promotivni mamci koji nude da *vam* plate samo da

Na Internetu, kao na spravi za mučenje

Jedna stvar koju su kreditne kartice svakako olakšale jeste kupovina na Internetu. Zapravo, skoro da ni ne možete kupovati onlajn bez kreditne kartice. Tri sata ujutru, sedite u krevetu i držite laptop na kolenima, zaslađujete se pekmezom, i upravo ste sebi kupili četiri džempera od kašmira, pokrivače za uši od pravog zečjeg krzna, namirnice za nedelju dana i pretplatu na časopis za mačke. Toliko je to jednostavno!

Lak pristup omogućava lagano trošenje preko limita – iskušenje je tu svaki put kada bacite pogled na svoj imejl. Zato, držite se ovih sugestija, za svoje sopstveno dobro:

- Razmislite pre nego što potrošite. Internet možda nije određeno fizičko mesto, ali novac koji tu potrošite vrlo je stvaran i vi stvarno morate da platite te račune, kao i u stvarnom svetu.
- Postarajte se da koristite bezbedne sajtove. Pojaviće vam se sličica katanca u uglu ekrana kada šaljete lične podatke na bezbedan veb sajt.
- Koristite samo one kreditne kartice koje imaju zaštitu u slučaju prevare ili od nesigurnih veb sajtova. Ovo znači da nipošto ne koristite svoju platnu karticu za onlajn kupovinu. Taj se novac momentalno skida sa vašeg računa u banci i, mada možete da im objasnite šta se desilo, obično je potrebno dugo vremena da vam nadoknade sredstva. Bolje je upotrebiti kreditnu karticu tako ne koristite svoj sopstveni novac i osigurani ste ako se nešto loše desi, npr. ako hakeri preuzmu veb sajt i ukradu vaše podatke.

biste potpisali za njih. Šta treba da tražite od vaše kreditne kartice?

- Da nema godišnju proviziju. Zašto plaćati nešto što možete dobiti besplatno?
- Najniža kamatna stopa koju možete pronaći. Pokušajte nešto između 8-4%.
- Pošten grejs period. Ovo znači da imate određen vremenski rok između kupovine one haljine vašom Visom i

vremena kada počinju da vam zaračunavaju kamatu na novac koji ste potrošili. Ako nema grejs perioda, kamata će početi da se gomila istog trenutka kada izađete iz robne kuće.

- Potražite posebne povlastice za učlanjenje i ostale olakšice. Obeležite u svom kalendaru kada one ističu da vas ne bi odalamili nekom ogromnom provizijom čim okrenete leđa (vidi Poglavlje „Umetnost: kako naći dobru karticu").

DRUGIM REČIMA...

Transfer stanja: čin prenosa celog ili delimičnog stanja sa jedne kreditne kartice na drugu, obično na neku koja ima manju kamatu.

GKS: to je „godišnja kamatna stopa." To je visina kamate na ukupnu pozajmicu (kamata plus provizije) u toku jedne godine. U ovom slučaju pozajmica je iznos kojim opteretite svoju kreditnu karticu.

Godišnja provizija: ono što banka zaračunava kao „proviziju izdavanja" zato što imate kreditnu karticu kod njih. Izbegavajte ovu proviziju.

E pa, gde da se informišete o članarini, grejs periodu i nekim posebnim provizijama koje zaračunavaju na karticu?

Sve kreditne kartice izdaju se uz Ugovor o izdavanju, a to je spisak koji sadrži sve informacije odštampane onim supersitnim slovima. (Savet mudrima: kupite sebi jednu dobru lupu.) Potražite odeljak koji se verovatno zove Detalji oko kreditne kartice, ili nešto slično.

Tabela kreditne kartice

Procenat godišnje kamate, fiksno	6,9%
Grejs period za kupovinu od najmanje 25 dana ako svakog meseca imamo uplatu koja u celosti pokriva vaše novo stanje do DATUMA ZA PLAĆANJE koji je naveden u vašem mesečnom izveštaju	
Grejs period za gotovinske pozajmice	NE
Metod izračunavanja ostatka	...NO STANJE
Godišnja provizija	
Provizija za transakciju	... pozajmice
Minimalna finansijska nadoknada	
Provizija za vraćene čekove	

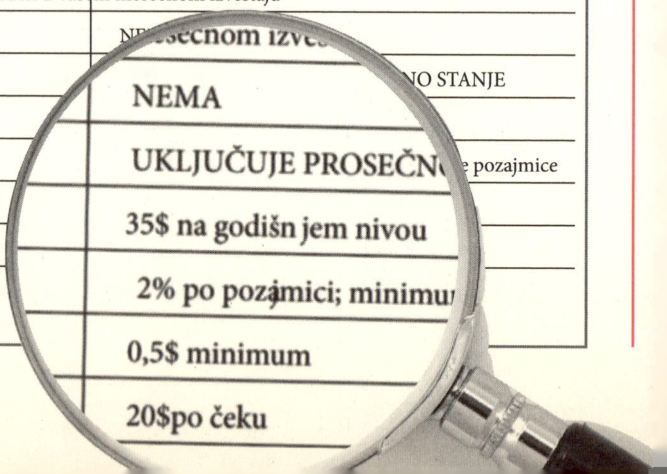

Najbolji veb sajt koji sam pronašla a koji nudi informacije u vezi s kreditnim karticama, kamatnim stopama i sl. jeste Bankrate. Možete dobiti mnogo informacija i u vezi s drugim ličnim finansijskim stvarima. Vidi www.bankrate.com.

Kamata je u vašem interesu

Kamata koja se nagomila na vašoj kartici svakog meseca zavisi od toga kako se zaračunava. Evo nekih opcija:

NAJBOLJE:

Poravnanje stanja: izdavač kreditne kartice oduzima vaše plaćanje od totala na vašem računu i zaračunava kamatu na ostatak.

NAJČEŠĆE:

Prosečno dnevno stanje: ako platite ceo račun pre datuma dospeća, nema kamate. Ako ne, zaračunavaju vam kamatu na prosečno stanje vašeg duga za svaki dan prethodnog zaračunatog perioda. Ako isplatite deo preostalog duga, vaše prosečno stanje je manje i manja će biti i kamata. Ali jedini način da izbegnete plaćanje kamate jeste da platite ceo dug svakog meseca (ili pre nego što istekne vaš grejs period).

NAJMANJE POŽELJNO:

Prethodno stanje: zaračunavaju vam kamatu na ukupan iznos koji dugujete na početku ciklusa zaračunavanja. Ne uzimaju u obzir nikakve uplate.

Tu je kvaka: izvinjavamo se, nemate kredita

Neki u poslednje vreme izbegavaju zamke duga tako što jednostavno uopšte ne uzmu kreditnu karticu. Ovo može biti problem samo po sebi. Da biste stekli dobar „kredibilitet“, morate da imate kreditnu karticu, kupujete njome i plaćate na vreme. Ako nemate nikakvu kreditnu istoriju nije isto kao imati dobar kredibilitet. Zapamtite; ne stičete kredibilitet platnom karticom. Bez kredita, platićete više za kreditne čekove i osiguranje za kola, a odbiće vas za zajmove ili hipoteku za kuću.

Ako možete da dobijete prvu kreditnu karticu preko roditelja, imate sreće. Drugi način da ne posedujete svoju kreditnu karticu jeste da izvadite **obezbeđenu** karticu. Stavite novac na račun – recimo 500$ uz kreditni limit od 500$. To vam daje šansu da dokažete da ste vredni poverenja na svom sopstvenom novcu.

Trebalo bi da se pobrinete da izveštaji sa vaše obezbeđene kartice odlaze u glavne kreditne biroe.

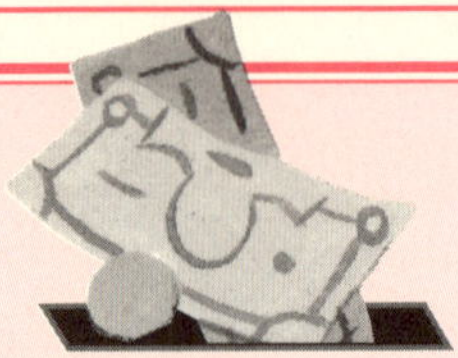

Gde da nabavite bezbednu (osiguranu) karticu?

Nude ih mnoge banke, ako ne i sve. Pogledajte sajtove Bankrate.com I FTC.gov za kompletan spisak na kojem se porede prednosti i nedostaci.

Pazite se onih koji zaračunavaju neke apsurdne iznose za ovu uslugu ili vam garantuju kredit (niko ne može da vam garantuje da ćete dobiti kredit). Ovu karticu koristite najviše godinu dana – da biste obezbedili kredibilitet.

AKO IMATE KREDIBILITET

- Bićete zatrpani primamljivim ponudama za kreditne kartice – ali budite oprezni. Dobar kredibilitet nije večit. Kompanije koje izdaju kreditne kartice bi crkle za to da unište vaš kredibilitet. Ne dajte im.

- Biće vam lakše da iznajmite, kupite ili zakupite kuću ili stan, da dobijete telefonski broj ili kablovsku, da započnete svoj posao i da dokažete svoje poverenje u bilo kojim stvarima povezanim s novcem. Kupovina velikih stvari kao što je auto često zahteva proveru kredibiliteta. Čak i poslodavci proveravaju kreditno stanje potencijalnih zaposlenih da bi se uverili da je to konjić na kojeg se treba kladiti.

- Vaš finansijski život trebalo bi da prođe prilično bezbolno. Nećete imati problema da dobijete odobrenje za kreditnu karticu, zajam ili bilo koju transakciju koja uključuje proveru kredibiliteta. Samo onda ako vaša kreditna kartica ode u crveno, to ćete dobro zapamtiti.

AKO NEMATE KREDIBILITET

- Imaćete poteškoća da dobijete novu kreditnu karticu.

- Banke možda neće odobriti zajam koji ste tražili.

- Imaćete poteškoća pri velikim kupovinama kao što je kuća, auto ili bilo šta što uključuje proveru kredibiliteta.

- Možda vam neće dopustiti ni neke male stvari kao što je još jedna telefonska linija ili kablovska.

- Verovatno ćete izgubiti grejs period na vašoj kreditnoj kartici ili ćete teško naći dobru ponudu u vezi sa kamatnim stopama.

Umetnost pronalaženja dobre kartice

Nema razloga da plaćate kamatu na stanje na vašoj kreditnoj kartici ako možete da prebacite taj iznos na karticu gde se ne zaračunava kamata. Uz pretpostavku da imate kredibilitet, verovatno ćete stalno dobijati

Kako izbeći podle provizije

- Platite svoj račun u potpunosti. Grejs period se obično daje mušterijama koje plate ceo iznos pre roka. Izgubićete grejs period ako ne podmirite crtu.

- Nemojte propuštati rate. Provizije sa kašnjenjem su astronomski visoke i zakasnele rate se često prijavljuju kreditnom birou, što može loše uticati na vaš kredibilitet.

- Odbijte ponuđene nagrade za neplaćanje rate. Nikada nisam imala dug na kreditnoj kartici sve dok mi nije stigao račun na kojem je pisalo PUTOVANJE na mestu gde je trebalo da stoji rok za uplatu. Misleći da sam nešto posebno, otišla sam na taj odmor. Ono što nisam znala bilo je to da se kamata gomila na moje stanje duga i dok sam na odmoru, pa sam sledećeg meseca morala da platim dupli iznos. Bilo je to previše za mene da platim odjednom, pa sam opet imala dug. Kada vam ponude ovako nešto, najbolji odgovor je: „Ne, hvala."

- Izbegavajte gotovinu unapred i zgodne čekove. Vaša kreditna kompanija poslaće vam čitavu gomilu zgodnih čekova. Ispisujete ih baš kao i običan ček, ali iznos tereti vašu kreditnu karticu vrlo visokom kamatnom stopom. Pašćete u iskušenje da platite kiriju jednim ovakvim zgodnim čekom. Oduprite se tom izazovu. To možda liči na vašu čekovnu knjižicu, ali nije.

ponude za specijalne popuste za nove članove (čak i 0% kamate). Ovakve ponude se zovu „mamci". Najbolji mamci će vam dati popust za godinu dana. Često je dovoljno samo da naznačite na pristupnom ugovoru „mamca" koliko želite da prebacite i sa kojih kartica. Zatim vaša nova kreditna kompanija plaća vaš stari dug i vi ste sami sebi upravo obezbedili godinu dana bez kamate na taj grozni stari dug. Podrazumeva se da morate plaćati mesečne rate.

- **Pripazite: niska stopa kamate „mamca" verovatno će se odnositi samo na prebačeni iznos.** Troškovi daljeg poslovanja na ovakvoj kartici verovatno će vrištati do neba, zato pazite da ovu karticu koristite samo i isključivo za prebačeni dug.

Evo načina kako 0% kamate postaje 13,99% kamate. Noćna mora. Čak i da platite nešto vrlo malo, 10 dolara, platićete normalne finansijske troškove za to. A nećete prestati da plaćate kamatu na vaš dug sve dok ga u potpunosti ne isplatite (ili prebacite). Zabava prestaje istog trenutka kada nešto zaračunate na ovu kreditnu karticu.

Teranje do krajnjih granica nikada nije dobro

Ne samo što ne treba da dovedete vašu kreditnu karticu do kreditnog limita, već ne bi trebalo da mu priđete ni blizu. Nema ničeg neprijatnijeg nego kada date svoju karticu da biste platili večeru sa šefom a ona bude odbijena (ili konfiskovana) zato što ste dosegli limit. Baš kao što se nikada ne biste toliko napili da povraćate po šanku, nemojte opteretiti svoju karticu do pucanja. To je vrlo neprikladno i neprijatno.

- **Pazite na datum kada niska kamatna stopa prestaje.** Zapišite vidljivo u svim svojim kalendarima tačan datum kada vaš „mamac" ističe. Budite obazrivi – kada istekne niska kamata stopa sa „mamca", oni će vam sve vratiti neverovatno visokim troškovima. Nadamo se da ste do tada isplatili svoj dug, a ako niste, prebacite ga na novi „mamac".

- Ako ćete propustiti ratu, nazovite i

zamolite za milost svoju kreditnu kompaniju. Recite im da ste svesni da kasnite i da biste voleli da zajedno sa njima razradite jedan razuman plan otplate. To ne znači da će rate nestati, neće ih ni zaustaviti od povećanja kamate, ali to je mnogo bolje nego prosto bežati od poverilaca. A time što pokušavate da napravite plan otplate, možda ćete sačuvati svoj kredibilitet.

- **Pazite: neke kompanije će vam možda zaračunati troškove transfera duga sa namerom da suzbiju one „mamce".** Nema ničega lošeg u potrazi za dobrom karticom: samo pazite da plaćate svoj dug.

- **Ugasite kreditne kartice koje ne koristite.** U zavisnosti od vaše kreditne istorije, veliki iznosi na kreditnom raspolaganju mogu loše uticati na vaš kredibilitet.

- Zapamtite: potraga za karticom je jedna pametna stvar samo za onoga ko planira da isplati svoj dug pre nego što istekne period „mamca". Ako mislite da ne možete da držite korak, ili ako koristite niske kamatne stope „mamca" zato da biste izvadili novu kreditnu karticu da biste kupili još više stvari koje želite a zapravo vam nisu potrebne, ovo nije stvar za vas.

IGRA KARATA

Svi žele vaš novac

Beskrajan je broj organizacija koje se uortačuju sa kompanijama za izdavanje kreditnih kartica da bi vas namamile da uzmete njihovu karticu. Od dobrotvornih, kakva je Organizacija za zaštitu prirode, do vašeg lokalnog piljara, svi oni hoće da se ogrebu o vas. Hajde da vidimo neke od opcija koje su u ponudi, i njihove prednosti ali i zamke:

Nagradne kartice

Mnoge kreditne kartice će vam u današnje vreme nuditi skupljanje poena da biste ušli u obzir za nagrade, kao što su šoping, ekstra-bonus kod aviokompanija, ili čak stari dobri keš. Ove kartice često imaju godišnju proviziju i visoku kamatnu stopu (u proseku 14%) pa su zato jedino za one stvarno bogate koji troše mnogo i svakog meseca isplate svoj dug u potpunosti.

EKSTRA KILOMETRI KOD AVIOKOMPANIJA

Jednom me je zavela ideja da bih mogla da zaračunam neki ogroman iznos na moju kreditnu karticu i da dobijem besplatnu povratnu avionsku kartu do Grčke. A onda sam sela da prosto izračunam i shvatila: da bih zaradila jednu besplatnu milju za svaki moj potrošeni dolar, trebalo bi da iskeširam 40.000$ pre nego što bih dobila kartu u jednom pravcu u teretnom stočnom avionu. Bilo je mnogo verovatnije da će mi cenu te avionske karte naplatiti kroz visoku godišnju proviziju i kroz kamate pre nego što uopšte zaradim dovoljno milja da bih mogla da ih iskoristim.

Činjenice: Kartice sa bonusom u miljama zaračunavaju na godišnjem nivou proviziju od 39–139$. Ukoliko ne potrošite minimum 9.000$ na vašoj kartici godišnje, nećete leteti nikuda.

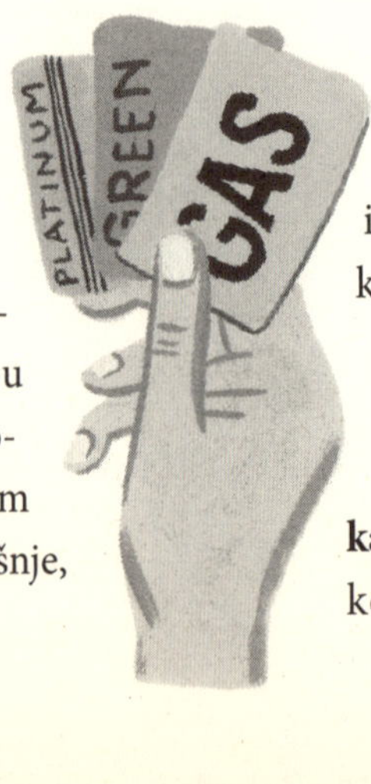

KARTICE ROBNIH KUĆA

Čini se da u današnje vreme možete dobiti karticu bilo koje radnje u kojoj redovno pazarite. Oni vas mame momentalnim sniženjem od 10% na sve što ste kupili *samo da potpišete.* U redu, to je dobra stvar ako trošite mnogo novca. Zato, ako baš morate, iskoristite to sniženje, idite kući oduševljeni svojom kupovinom i novcem koji ste potrošili a onda *smesta isplatite taj iznos.* I pre nego što vam poštom pošalju plastičnu karticu, isplatite je i poništite. Finansijski troškovi kreditnih kartica robnih kuća spadaju među najviše moguće. Čitajte ono što piše pri dnu supersitnim slovima. Ovde se radi o nekih 20% kamate ili više, sa drakonskim kaznama za kašnjenje u plaćanju. Moj savet: odolite iskušenju i nemojte im prići ni blizu.

Činjenice: Visoke provizije, visoke kamate – zašto jednostavno ne sačekate rasprodaju?

KARTICE ZA BENZIN

Kartice benzinskih stanica (*Mobil*, *Shell*, itd.) nisu ničiji prijatelji. Vrlo su slične karticama robnih kuća – važe samo u toj određenoj benzinskoj stanici. Povlastice koje dobijate su praktično nikakve. Ali možete da uzmete **kartice koje nude benzin kao nagradu**, ili *MasterCard* ili *Vizu* iz bilo koje banke koja je partner sa nekom benzinskom kompanijom i gde vam se nudi popust ili nagrade. Ove kartice su mnogo bolje.

Činjenice: kartice koje nude benzin kao nagradu obično vraćaju 3% od troškova goriva i 1% na ostale kupovine. Godišnja članarina je negde oko 20$ – to iznosi otprilike 1,67$ mesečno. Ako svake nedelje dosipate u rezervoar, postoji šansa da će vam se ovakve nagrade isplatiti, sve dok na vreme podmirujete svoj račun.

KARTICE KOJE NUDE POVRAĆAJ NOVCA

Neke kreditne kartice nude da vam vrate određeni procenat od svega što potrošite na karticu. Ali, koliko vi trošite? Nigde nema nešto za ništa – nikada nije ni bilo niti će biti. Zato koliko god da vam vraćaju nazad, to ne može biti mnogo u odnosu na ono što morate da potrošite pre nego što vam to refundiraju.

Činjenice: postoje dve vrste kartica sa povraćajem: one koje nude isti procenat povraćaja (otprilike 1% na iznos na kartici do 60.000$) i one koje imaju progresivan sistem povraćaja u odnosu na to koliko trošite. Po mom mišljenju, suludo je potrošiti više zato da biste uštedeli nešto malo.

DOBROTVORNE KARTICE

U redu, svi kažu da ste im potrebni, ali sebi ste najpotrebniji. Kartice koje daju deo iznosa koji vi potrošite na karticu u dobrotvorne svrhe (vrlo često štampaju logo te dobrotvorne ustanove na kartici) zovu se **dobrotvorne kartice**. Ja sam pobornik davanja dobrotvornim ustanovama kada god to možete, ali ako neko dobija povraćaj od vašeg novca, to bi trebalo da budete vi. Dajte donaciju akciji koju podržavate kada god imate novca ili, j-oš bolje, učestvujte kao volonter – za mene ovako nešto ima mnogo više značenja nego dati dozvolu kreditnoj kompaniji da pošalje delić vašeg računa Ekološkom pokretu.

Činjenice: mnoge dobrotvorne kartice imaju visoke kamate od 15% do 20% a u proseku daju 0,5% od onoga što vi potrošite dobrotvornim ustanovama, što znači pola centa na jedan dolar. Pola centa? Pa molim vas: to nije vredno spomena. P.S. Donacije koje dajete preko kreditne kompanije ne odbijaju se od poreza.

Nešto bezbednija varijanta

AMERICAN EXPRESS

Ako ne verujete sami sebi po pitanju kreditne kartice, možda bi trebalo da uzmete u obzir standardnu *American Express* karticu koja,

Budi bezbedna

Grozno je kada izgubite novčanik. Najbolja odbrana protiv moguće prevare jeste da delujete brzo. Zaštitite se tako što ćete napraviti fotokopije svih svojih kartica (obostrano). Na taj način imaćete sve informacije kada budete zvali da ih poništite. Neke kreditne kartice imaju tu opciju da na njih stavite svoju sliku – to zaista jeste dobra ideja.

Na poleđini moje kreditne kartice na onom belom prostoru ostavljenom za potpis uvek napišem TRAŽITE LIČNU KARTU UZ OVU KREDITNU KARTICU. Ovo umanjuje mogućnost da neko spontano istrči iz moje kuće i zaduži me na karticu, a takođe podseća službenika da zatraži identifikacionu ispravu pre nego što procesira transakciju. Ako se desi da mi je kartica ukradena, nadam se da ovo stavlja još jednu prepreku i odbranu između mene i lopova.

tehnički gledano, nije standardna kreditna kartica već platna. Nema kamate niti kreditnog limita kod *AmExa*, jer svakog meseca morate da isplatite dug u potpunosti. Ako ne platite, troškovi zbog kašnjenja sručiće se na vas kao pljusak. (Jedini izuzetak je *AmExov* plan putovanja koji vam dopušta da platite putne troškove u određenom periodu vremena, kao i redovna kreditna kartica.) Izdavanje *AmEx* kartice košta otprilike 55$ na godišnjem nivou.

Zašto bi bilo ko želeo bilo šta od ovih nabrojanih stvari? To vas čini odgovornim – nema one opcije gde možete da platite samo minimum mesečnih troškova. Takođe ima nekoliko bonus funkcija i bezbednosnih funkcija koje *AmEx* nudi svojim članovima. To je svakako sigurnija varijanta od kreditne kartice, ali morate da platite za tu privilegiju da neko drži vaše trošenje pod kontrolom. Možete da izgradite gvozdeni kredibilitet veoma brzo tako što ćete platiti svoj *AmEx* na vreme. Ako njima ne platite na vreme, međutim, niko vas neće ljubazno ni pogledati. Možete i sa njima da razvijete plan otplate – ali to je situacije visoke kamate, bez ijednog smeška – nemojte uzimati *AmEx* ako niste sigurni da možete da isplatite svoj dug svakog meseca.

Kakva je razlika između mog kreditnog izveštaja i vladinih dokumenata?

Da, i jedni i drugi su opširni, misteriozni dokumenti. Ne, niko zapravo ne zna ko ih je napisao. Najveća razlika je što vladini dokumenti ne sadrže detaljne zapise o tom maglovitom periodu istorije kada niste isplatili svoju Visu tri cela meseca.

Vaš kreditni istorijat sakupljaju velike kompanije i on je na raspolaganju bilo kojoj ovlašćenoj osobi – npr. potencijalnom poslodavcu, gazdi stana, izdavaču kreditne kartice ili banci – kada ih zatraži. Vaš kreditni izveštaj sadrži praktično sve što bilo ko želi da zna o vašim potrošačkim navikama. Svaki detalj o svim vašim kreditnim karticama – uključujući i tačan iznos vašeg duga, maksimalni limit vašeg računa koji smete da potrošite, da li ste zakasnili ili ne sa bilo kojom ratom otplate – sve je tu da se pažljivo pregleda. I vaš studentski zajam je tu, ali vaš prihod, kirija i medicinski računi nisu.

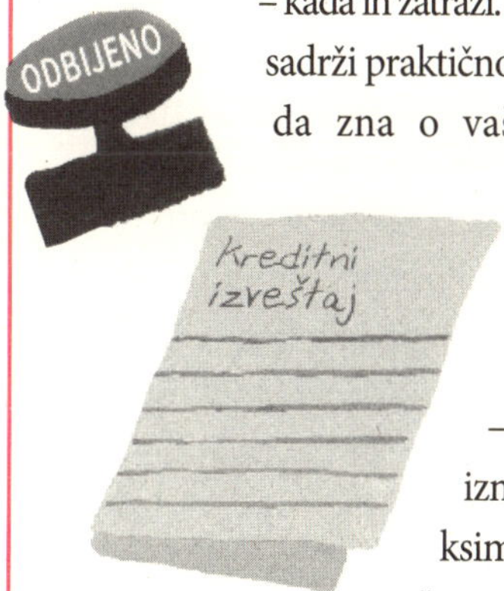

Pojednostavljeno, vaš kreditni izveštaj će pokazati svakome ko gleda koliki rizik preuzimaju sa vama. Ako kasnite s ratama u otplati kreditne kartice ili kredita, ili ako imate mnogo kreditnih kartica sa različitim stanjem, ne izgledate baš tako sjajno. Ako sve plaćate na vreme, vaš izveštaj će biti super.

Ljudi koje odbijaju kada zatraže kredit za auto, kuću, stan ili novu kreditnu karticu

Deset stvari koje ne smete da uradite nikada

Kunem se svojom čašću da nikada neću:

1. Potrošiti više nego što imam.

2. Propustiti da platim ratu.

3. Zakasniti s ratom.

4. Staviti kiriju na kreditnu karticu (osim ako dođe do izbacivanja na ulicu).

5. Koristiti zgodne čekove.

7. Uzeti putovanje kao nagradu za korišćenje kartice.

8. Da nikada neću reći „Šta je još jedna stotka? Već imam 5.000$ duga" da biste opravdali još jednu u nizu kupovina.

9. Nikada neću platiti večeru u restoranu mojom kreditnom karticom, dok mi ostali daju keš za svoj deo.

10. Pocepati neotvoren račun za kreditnu karticu, ubaciti ga u fioku ili baciti na gomilu stvari koje treba da odradite a na koju niste bacili ni pogled od prošlog leta.

11. Izmisliti neka kreditna pravila koja nekako dobro zvuče, kao „Što više trošim, bolji će mi biti kredibilitet," ili „Kada kupim ovu stvar, to zapravo nije trošenje već ušteda"!

jesu oni koji imaju visokorizičan kreditni izveštaj. Najbolji način da izbegnete pripadnost ovoj grupi jeste da makar platite zahtevani minimum na svojoj kreditnoj kartici svakog meseca – bez greške. I nikome ne treba više od dve kreditne kartice – ako imate više od toga, konsolidujte stanje na kartici koja ima nisku kamatnu stopu i zatvorite ostale račune. Jedini slučaj kada vam treba više od jedne kreditne kartice jeste kada vršite potragu za dobrom kreditnom karticom, prebacujete dug sa jedne na drugu koja ima nižu kamatu. Zapamtite: ako već imate tonu zaduženja, niko vam neće dati više ni centa.

Ko će umreti prvi, ja ili moj kreditni rejting?

Informacije obično stoje na vašem kreditnom izveštaju sedam godina. Ako ste se prijavili za bankrotstvo, to može da umrlja vašu dobru reputaciju i mnogo duže. Nema šanse kod tih agencija da se krene čisto iz početka. Ne postoji nešto kao ekstra kredibilitet ali možete se dokopati primerka svog kreditnog izveštaja. Postoje tri agencije koje prate vaš kreditni istorijat i svaka od njih možda ima različite informacije, zato naručite izveštaj od sve tri. Možete dobiti jedan besplatan izveštaj godišnje od njih – iskoristite ovo na sajtu www.annualcreditreport.com . Takođe, imate prava na besplatan kreditni izveštaj ako ste odbijeni za, na primer, kreditnu karticu ili kiriju zbog vašeg kreditnog izveštaja.

Kada dobijete primerak tog izveštaja, proverite da li postoji neka razlika u odnosu na vašu evidenciju. Federalni zakon vam dozvoljava da postavite pitanje bilo kakve nepravilnosti i to potpuno besplatno – možete to učiniti i online preko veb sajtova ovih agencija. Zatvorite bilo koju kreditnu karticu za koju niste ni znali da je imate (bićete iznenađeni koliko vam je kompanija izdalo kartica a da ih niste ni tražili). Ako vidite da je tu nešto sumnjivo, nazovite tu kompaniju za izdavanje kreditnih kartica i ispitajte stvar. Vaš kreditni izveštaj je važan – ne biste želeli da neka birokratska greška umanji vaše šanse da dobijete kablovsku TV ili da kupite kuću.

Kreditne agencije

- **Experian**
  www.experian.com
- **TransUnion Corp.**
  www.tuc.com
- **Equifax**
  www.equifax.com

DRUGIM REČIMA...

Kreditni rejting: broj koji pokazuje ili ocena koju izračunavaju kreditne agencije koji određuje, na bazi vašeg istorijata pozajmljivanja i vraćanja, koliko ste kreditno vredni, ili koliki je relativni rizik odobravanja novog kredita vama, bilo u formi zajma, hipoteke ili nove kreditne kartice.

Sali Me nije obična siromašna devojka sa farme

Pre ili kasnije, otprilike jedna trećina svih privatnih studentskih zajmova bude prodata jednoj potkompaniji *Vilks-Barija* u Pensilvaniji, koja je poznata po svom slatkom imenu Sali Me. Nemojte da vas ovo zavara – zapravo, Sali Me je bogata, profitna organizacija koju podržava vlada. Studentski zajmovi, bilo za diplomce ili postdiplomce, muče veliku grupu postkoledž populacije. Dobra vest u vezi sa studentskim zajmovima jeste da je kamata mnogo niža nego kod bilo kog drugog zajma koji ćete dobiti tokom života; a većina poverilaca uglavnom je fleksibilna po pitanju toga da se dogovori sa vama oko nekog razumnog plana otplate.

Vreme za plaćanje: osnovne stvari

Imate šest meseci posle diplomiranja pre nego što krenu vaše mesečne otplate. Iskoristite to vreme da razradite koliko možete realno platiti a i dalje biti u mogućnosti da sebi priuštite hranu, kiriju i ponekad, poneku bocu dobrog vina.

Dobićete nekoliko opcija otplate, od ujednačenih mesečnih iznosa tokom celog perioda vašeg otplate (obično deset godina), pa do plaćanja same kamate prvih nekoliko godina, a zatim veće rate kasnije kada pretpostavljaju da će i vaš prihod biti veći. Ujednačeni plan je na kraju krajeva najjeftiniji – kod ostalih vi plaćate kamatu ali još ostaje glavnica na koju se računa kamata. To je kao da sipate vodu u kantu koja ima rupu. Vi napredujete pomalo, ali to je baš sporo.

Ko je zaista Sali Me?

Ne, dušo moja, ne postoji Sali Me. To je skraćenica za Student Loan Marketing Association (SLMA). Sali Me je stvorila vlada, ali je ona na najboljem putu da postane potpuno privatna kompanija.

Koliko ste tačno u dugu?

Prosečan studentski kredit za diplomce više se nego udvostručio u proteklih deset godina, na nekih 20.000$, prema istraživanjima Centra za ekonomske studije. A kamate na federalne studentske zajmove rastu kao poludele: 1. jula 2006. godine kamata na zajmove za studente popela se sa 5,3% na 7,14% – najviša stopa od 2001. godine. Uprkos ogromnom dugu koji preuzimamo da bismo bili tako pametni, ekonomisti nam kažu da plate za visokoobrazovane nastavljaju da rastu kako raste i trošak školovanja, i da je visoko obrazovanje i dalje izvanredno ulaganje. Ali mi ne možemo ignorisati činjenicu šta ovaj dug radi psihi onih koji su zaduženi.

Naše obrazovanje je skupo i bez obzira na to koliko su impresivna naša svedočanstva, posle diplomiranja mi smo primorani da nađemo posao koji ima platu dovoljnu da otplaćujemo dug. Zato ako ste paralelno radili i stekli doktorat, postarajte se da čitko napišu to „dr" na vašoj Visa kartici – zaslužili ste to.

Stvarni iznos koji ćete plaćati mnogo je veći od onoga koji ste inicijalno pozajmili (glavnica) zato što morate da vratite glavnicu i interes. Što vam je duže potrebno da vratite zajam, to se više gomila kamata i veća je suma koju ćete platiti.

Kamata na studentski zajam je složena i računa se kako je ugovoreno – može biti dnevno, nedeljno, mesečno, godišnje, ili beskonačno. Svakog perioda kamata se izračunava na neplaćenu glavnicu plus na neplaćenu kamatu.

Velika otplata studentskog duga: nebo ne može da čeka

Ako imate dug na kreditnoj kartici ili bilo koji dug sa velikom kamatom, vaš prioritet svakako je da prvo to isplatite. Taj dug stvara kamatu mnogo brže nego vaš studentski kredit. Ako dug na vašoj kreditnoj kartici gomila kamatu brže nego vaš studentski zajam (a to je uglavnom tako), ustanovite razuman raspored otplate studentskog duga, platite taj minimum svakog meseca a agresivno pokušajte da isplatite više od minimuma na kreditnoj kartici.

ZAKLJUČAJTE TO ZA SVA VREMENA

Kada konsolidujete svoje studentske zajmove, vaš zajmodavac isplaćuje vaš inicijalni dug i efektivno vam izdaje novi zajam, pri novim kamatnim uslovima, na novi rok. Kamatna stopa je često niža nego ona koju plaćate, a period otplate je produžen. Ovo znači da ćete, ukupno gledano, platiti više kamate, ali ako tako više volite i ako vam ne smeta da produžite par godina period otplate, to je odličan dil. Sali Me garantuje da vaša kamatna stopa neće preći određeni procenat tokom cele dužine otplate.

Devojci koja ima tesan budžet, toplo preporučujem konsolidovanje kredita. Jedan produženi period plaćanja nije tako strašan ako je vaša stalna rata nekih 100$ mesečno, nasuprot tome da se ubijate da isplatite kredit na vreme uz rate od 500$ mesečno. Međutim, konsolidovanje možete obaviti samo jednom, čak i da kamatne stope kasnije postanu niže. Možda će se desiti da izgubite neke prednosti ako pribegnete konsolidaciji. Takođe, većina privatnih nevladinih zajmova ne potpada pod konsolidaciju. Raspitajte se dobro pre nego što odlučite.

KADA JEDNOSTAVNO NE MOŽETE DA PLATITE

Vidite, to se dešava. Zajmodavci i vlada će sarađivati sa vama. U ekstremnim situacijama možete odložiti otplatu zajma, a kad naiđu dani da ste samo na hlebu i vodi, možete na određeni period prestati u potpunosti da plaćate. Nemojte očajavati – vi imate obrazovanje i za nadati se da će se to isplatiti tako da sva ta glavobolja bude vredna truda.

Kada ne možete da prođete pored knjžare a da nešto ne kupite

Koliko potrošite u jednoj godini:

Dva fensi džepna izdanja (znate one koje stave u izlog)

Prosečna cena = $12.95 x 2 = $25.90 mesečno	**310.80$**

Koliko možete da uštedite

Idite u javnu biblioteku! Ako vaše lokalno odeljenje nema ono što želite, mogu da poruče. Ili započnite razmenu knjiga sa prijateljima.	Ušteda: **do 310.80$**

Probajte prvo veb sajt vašeg zajmodavca. Naša prijateljica Sali Me (www.salliemae.com) nudi vam tri opcije za olakšavanje situacije:

Promena plana otplate: to su planovi u kojima je uzet u obzir prihod, gde plaćate određeni procenat vašeg bruto mesečnog dohotka i produžavate otplatu, čak i do 25 godina.

Odlaganje ili uzdržavanje: odlaganje je privremena suspenzija plaćanja duga zbog neke posebne situacije kao što je ekonomska kriza, povratak u školu, nesposobnost, ne-z-aposlenost ili vojni rok. Dobrovoljno uzdržavanje je odlaganje plaćanja duga za koji možete da se prijavite u slučajevima finansijskih poteškoća. Možete naći obrasce onlajn.

Konsolidacija: kao što smo već razgovarali, duži period otplate sa nižim mesečnim ratama.

Bankrot: zemlja izgubljenih

Odbor federalnih rezervi nam kaže da potrošači u proseku duguju i više od 20% svog prihoda: zato možda i ne treba da bude iznenađenje zašto se toliki broj ljudi okreće vlastima da ih spase. Pre nego što pribegnete ovoj poslednjoj šansi, međutim, proverite i ove opcije:

- **Nazovite i pregovarajte:** vidite kakve su vaše mogućnosti kod poverilaca i zatražite produženi plan otplate. Ne možete da škodi da pitate; kompanije kreditnih kartica i banke ne žele zapravo da vas izgube ako možete naći neki način da im platite.
- **Savetovanje za dužnike:** tu su mudri ljudi koji imaju razuman honorar i koji će vam pomoći da stavite svoj dug pod kontrolu. Možda ćete moći da izbegnete potpuni bankrot uz pomoć dobrog savetodavca. Vidite: Nacionalna fondacija za kreditno savetovanje www.nfcc.org
- **Pokušajte konsolidaciju:** privatne kompanije će vam pozajmiti keš da biste platili svoj dug i imaćete samo jedan dug da platite u dužem periodu i niže rate. Verovatno će vam zaračunati astronomske kamate i provizije ako prebrzo isplatite dug.

Ako se i dalje davite u dugu a pokušali ste sve ove tri mogućnosti, onda napred kod advokata.

OPCIJE ZA BANKROT

Poglavlje 7, takođe poznato i kao „Direktan bankrot“ ili „Novi početak“: sav vaš dug je izbrisan, osim nekoliko sitnica kao što su porezi i studentski dug. Nešto od vaše imovine može biti zaplenjeno (eufemizam je „prodato“) da biste platili za ovaj novi početak, ali možda ćete uspeti da zadržite auto i kuću, u zavisnosti od toga gde živite.

Poglavlje 13: za ovaj bankrot se kaže da je manje neugodan od prethodnog (ne znam šta se dešava sa odeljcima 8–12, pretpostavljam da ni to nije piknik). Možete da zadržite svoje stvari, a pravi se plan tako da isplatite neke, ako ne i sve dugove u periodu od nekoliko godina.

Vidite na www.abiworld.org za više detalja.

Od 2005. godine vlada je znatno otežala prijavljivanje za bankrot iz odeljka 7. Zakonodavci su mislili da previše ljudi dobija „novi početak" i ne mora da otplati ništa od svog duga. Da biste se kvalifikovali za bankrot iz poglavlja 7, vaš prihod mora biti ispod državnog proseka i morate da dokažete da ne možete da otplatite 25% vašeg duga. Ako ne prođe ovaj test, vaša jedina opcija će biti poglavlje 13 i otplata nešto od vašeg duga. Zakoni iz 2005. godine učinili su da advokati za bankrot budu odgovorni za bilo kakve nepravilnosti u slučaju klijenta, zbog čega su advokatski honorari skočili do neba – nekada ste plaćali 1.500$ do 3.000$ za advokata za bankrot, a sada je honorar i 100% veći. Jeste li se preplašili? Vlasti se nadaju da jeste.

Bankrot ostaje na vašem kreditnom izveštaju deset godina, ali možda ćete uspeti da dobijete neki kredit nakon nekoliko godina od bankrota. Neće vam se javljati neki superpoverioci, ali možda ćete uspeti da iskamčite kreditnu karticu. Najgora stvar u vezi s tom dugotrajnom crnom flekom na vašem kreditnom istorijatu jesu potencijalni poslodavci i gazde. Verovatno nećete moći da kupite novi stan ili da odradite bilo šta što zahteva proveru kredibiliteta. Ali sve je to sigurno bolje od finansijske propasti i poverilaca koji lupaju na vrata dok se vi unutra šćućureni smrzavate jer niste mogli da platite struju.

Izlazak na piće svakog vikenda

Koliko potrošite u jednoj godini	
Za dva votka-tonika od po 6$ svakog vikenda, plus bakšiš. (Pretpostavljam da koktel košta otprilike 6$ u vašem kraju; prilagodite ovo rastu cena na malo, inflaciji, itd.)	**700$**
Koliko možete da uštedite u jednoj godini	
Pozovite prijatelje kod sebe na koktel ili idite svaki put kod drugog pa nećete trošiti toliko na kafiće. Nema nikakvog razloga zašto ne biste uživali u kućnom koktelu dok se oblačite. Ili, naravno, možete da pijete manje.	Ušteda: **i do 500$**

Spasti sopstveni život

Ova knjiga nudi osnove investiranja ali pre nego što krenete da investirate i jedan jedini dinar vašeg novca u bilo kakav investicioni račun, deonice, akcije ili piramidalnu šemu, morate da uradite detaljno istraživanje.Nesreća jedna kada devojka, kao neka slepica, baca svoj novac na berzu, a da prethodno nije pripremila teren.

Deonice i akcije

Čak i da nemate petocifrenu (ili četvorocifrenu) uštedu na računu, i dalje imate pravo na mnoge mogućnosti zarađivanja novca koje se nude u raznim finansijskim institucijama, po vašem izboru. Jednostavno nije istina da morate da imate mnogo novca ili da investiraju samo bogati ljudi. Nemojte da vam neobaveštenost uskrati vaše puno pravo na mesto u finansijskom univerzumu. Ne postoji nikakav uslov o visini plate da biste mogli da učestvujete. Međutim, trebalo bi da se dobro obavestite u vezi sa opcijama koje su vam na raspolaganju.

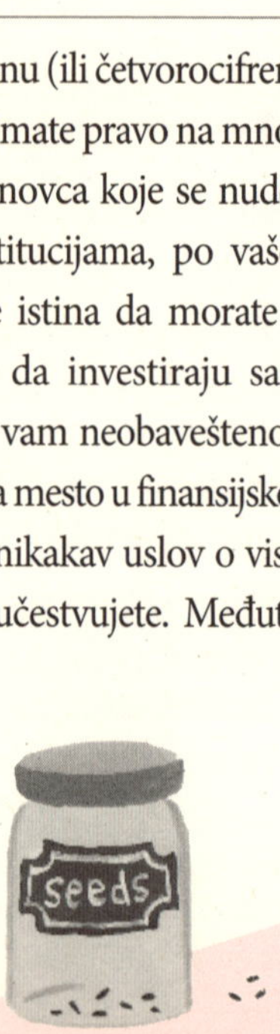

Štednja

Najjednostavniji način koji istovremeno donosi i najmanje prihoda jeste tradicionalni štedni račun u banci. Ovi računi donose vrlo malu kamatu, ali uglavnom nemaju proviziju ili minimum za ulaganje a novac možete da podignete u bilo kom trenutku, bez na-doknade. Možete započeti tako što ćete staviti nekoliko novčića na štedni račun – makar i pet dolara nedeljno.

Štedni računi ne donose veliku kamatu, zato što su lako dostupni. Generalno gledano, što je veća kamata koju investicija d-onosi, veća je i „kazna“ ako podignete pare pre određenog roka (ili „dospeća“) a veći je i rizik (znači, šansa da možete da izgubite novac ako vaša investicija ili ukupna privreda ne prođu dobro). Uštedite sumu dovoljnu za tri meseca vaših tekućih troškova na svom štednom računu. Onda ćete moći da krenete dalje na rizičnije investiranje. Hajde da v-idimo neke mogućnosti.

ŠTA JE SD?

SD znači sertifikat o depozitu (oročavanje). Evo kako on funkcioniše: stavite određenu

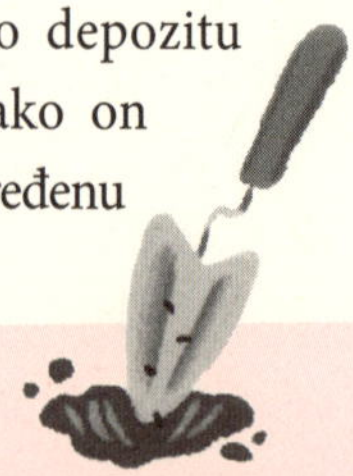
Ulaganje

sumu novca na period koji može biti i svega nekoliko meseci ali i nekoliko godina, i složite se da nećete podići novac pre isteka tog perioda, jer ćete u suprotnom morati da platite suludo visoku „kaznu" koja bi od celog vašeg pokušaja mogla da napravi zapravo gubitak. Dobijate kamatu po tekućoj stopi kada otvorite SD i ta stopa ostajete ista, nevezano za to kako će kamata varirati. Što je duži period na koji ste oročili novac, veća je ponuđena kamatna stopa. Na kraju perioda dobijete svoj novac uvećan za kamatu. Nema troška za otvaranje SD računa. Ako imate viška keša pri ruci koji vam neće biti potreban neko vreme, možete da zaradite novac tako što ćete ga staviti na SD.

ŠTA SU AKCIJE?

Akcija je deo vlasništva nekog preduzeća. Kada kupite akcije neke korporacije, vi posedujete jedan deo te kuće. Vi kupujete akcije zato što se nadate da će njihova vrednost porasti i da ćete, na dugi period, dobiti zaradu na svoj ulog. Akcijama trguju investitori. Cena akcija ide i gore i dole, u zavisnosti koliko ste vi i svi drugi investitori voljni da platite za akciju (a to, naravno, zavisi bukvalno od svega, od poslednjeg skandala u kompaniji pa do cene čaja u Kini, bukvalno). Kupovina akcija samo jedne kompanije, međutim, generalno se smatra suviše rizičnom, pogotovo za ulagače početnike (vidi poglavlje „Investicioni fondovi").

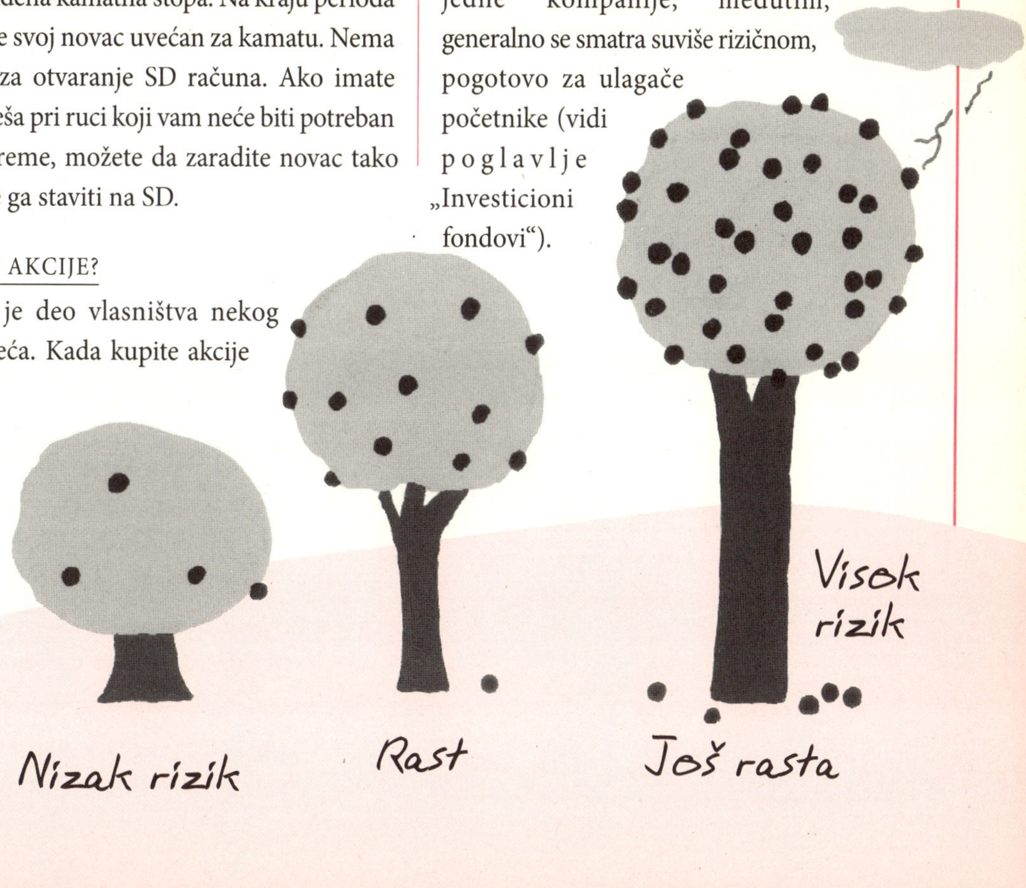

Stavite novac tamo gde vam kaže vaša savest

Pre nego što uložite keš u investicioni fond, raspitajte se u koje kompanije će vaš novac biti uložen. Može da se desi da neke od hartija od vrednosti u vašem portfoliju pripadaju kompanijama čije proizvode ili postupke ne odobravate – možda proizvođači alkohola ili duvana, firme koje imaju izrabljivačku politiku ili štetno utiču na okolinu. Praksa povezivanja vaših vrednosnih normi sa vašim investicionim izborom poznata je pod nazivom društveno odgovorno investiranje. Pobrinite se da novac ulažete tamo gde će vam zaraditi još novca a neće biti u konfliktu sa vašim verovanjima.

www.ethicalinvesting.com

www.socialinvest.com

ŠTA JE DEONICA?

Deonica je hartija od vrednosti kojom se javno trguje. To je zajam koji donosi kamatu na utvrđeni period. Na kraju roka glavnica i kamata se isplaćuju zajmodavcu. Možete na to gledati i kao na neku vrstu studentskog zajma, osim što ste kod deonica vi zajmodavac i pozajmljujete novac velikim kompanijama ili možda federalnim vlastima. Za deonice se smatra da su manje rizične od akcija jer najmanje gube na vrednosti u slučaju da korporacija objavi stečaj. Pošto su deonice obično manje rizične, one često ne donose toliko veliki povraćaj kao akcije. Vladine agencije kao što je Ministarstvo finansija ne mogu da izdaju akcije, zato oni izdaju deonice.

Investicioni fondovi: najbolje za vas

Ako na akcije i deonice gledamo kao na neku vrstu solo plesača, onda su investicioni fondovi jedna zajednička žurka gde svi đuskaju đuture. Imate mnogo partnera, mnogo opcija, i ako jedna ne uspe, ima mnogo drugih igrača koji će se ubaciti u igru. Niste tu samo vi i vaša akcija, pa šta vas snađe. Tu je hiljade investitora i mnogo različitih akcija i deonica i šta sve ne još. Imate znatno manje šanse da tresnete, a ako se to i desi, ima toliko drugih ljudi koji igraju pored vama, da se verovatno nećete jako ni

Pregled mogućnosti kod investicionih fondova

Fondovi novčanog tržišta su bezbedno mesto na koje možete da smestite vaš novac. U osnovi, to je štedni ulog bez rizika, sa solidnom kamatom, i na njega možete da puštate čekove po potrebi, a kamata se može porediti sa onom na oročena sredstva. Nijedan ovakav fond nikada nije propao.

Fondovi deonica mogu da sadrže deonice vlade SAD (kamata je oslobođena federalnih poreza), opštinske akcije (kamata oslobođena federalnog i poreza na nivou države) ili korporativne deonice (puno oporezivanje).

Akcijski fondovi mogu da sadrže diversifikovane fondove, indeksne fondove, deonice posebnih industrija (npr. farmaceutske industrije) i/ili međunarodne akcije. Svaki fond će precizno izlistati one vrste hartija od vrednosti koje menadžer sme da kupuje. Smatra se da su akcije rizičnije od deonica ali, s vremenom, treba da donesu više.

Izbalansirani fondovi sadrže mešavinu akcija (viši rizik) i deonica (niži rizik).

Indeksirani fondovi kopiraju učinak nekog određenog indeksa (najčešće S&P 500 Index). Oni obično imaju vrlo niske provizije zato što ovi investicioni menadžeri ne biraju sami u šta će investirati. Mnogi investitori smatraju da jednostavna kupovina indeksnog fonda ima mnogo smisla jer ćete (po definiciji) imati zagarantovanu zaradu na tržištu.

ugruvati. Čak imate i vođu orkestra – direktora fonda koji donosi odluke i odlučuje gde će se keš investirati.

Menadžer fonda će verovatno kreirati raznovrstan portfolio, investirajući novac iz fonda u neke rizične hartije od vrednosti i u neke manje rizične. Stručnjaci se slažu da, na duži rok, diversifikacija umanjuje rizik mnogo više nego što umanjuje vaš očekivani povraćaj. Znači, morate da prihvatite određeni rizik, ali znate da neko pametan vozi ovaj autobus i mudro investira novac celog tog društva. Prihvata malo kockanja s vremena na vreme, ali pazi da ne oduva celu životnu ušteđevinu na akcije neke ludačke biotek kompanije za koju niko nije ni čuo.

Budimo iskreni: ako ozbiljno razmišljate o investiranju, proverite knjige na vebu koje vam ovde preporučujemo. I porazgovarajte sa savetnikom u banci za više informacija. Niko se još nije obogatio samo na osnovu mog finansijskog saveta; ali barem sam ih uputila u pravom smeru.

Izrazi vezani za hartije od vrednosti

Hartije od vrednosti: akcije, deonice ili bilo koja druga finansijska imovina kojom se može trgovati.

Akcija: deo kompanije koji u vlasništvu ima akcionar. Vrednost te akcije zavisi od toga kako tržište gleda na potencijal za zaradu i rast ove kompanije.

Porftolio: skup svih investicija u vlasništvu pojedinca ili organizacije. Možete imati investicioni portfolio; zajednički fond takođe ima portfolio raznoraznih akcija, vladinih ili komercijalnih deonica ili u šta je već menadžer fonda izabrao da investira.

Diversifikacija: strategija investiranja u mnogo raznih hartija od vrednosti da bi se izbegao rizik neke lude fluktuacije u cenama samo jedne vrste akcija.

Diversifikacija vam dopušta da investirate u neke rizične i neke sigurnije

akcije. Kada izvršite diversifikaciju, vi izbegavate da stavite sva jaja u jednu korpu (tako da ako gubite, ne izgubite sve odjednom a još imate šansu i da mnogo zaradite).

Indeks: vrednost cele gomile raznih akcija. Ova vrednost se menja iz dana u dan i koristi se kao indikator stanja na tržištu. Na primer, Dow Jones Industrial Average sastavljen je od 30 industrijskih akcija. Finansijski stručnjaci prate kako stoje ove akcije i odatle razvijaju predviđanje o tome kako će se uopšteno ponašati berza.

Berza hartija od vrednosti: mesto gde se akcije kupuju i prodaju. Najpoznatija berza je u Njujorku gde akcijama trguju stvarni berzanti na podijumu berze. Takođe i National Association of Securities Dealers Automated Quotation System (NASDAQ) gde se akcijama trguje elektronski. Većina kompanija se nalazi ili na jednoj ili na drugoj, a ne na obe berze.

Podela akcija: marketinški manevar kojim se broj akcija jedne kompanije povećava dok se cena po akciji smanjuje tako da vrednost kompanije i vrednost koju poseduje svaki akcionar ostaje ista. U podeli dva za jedan, na primer, broja akcija se udvostručuje a cena po akciji se smanjuje za 50%. Podele dovode do toga da se akcije kompanije mogu lakše kupiti.

Više o investicionim fondovima

About.com Mutual Funds
http://mutualfunds.about.com

Mutual Funds Basics Tutorial
www.investopedia.com/university/mutualfunds

Vi ste nešto posebno, ali kada dođe dan za prijavu poreza, svi smo isti

Osim ako ste samostalni preduzetnik, imate više nego samo jedan posao, radite u različitim državama ili imate mnogo investicija, nasledstvo ili skriveno blago, možete sami da izračunate svoj porez. Neću da vas lažem: Uputstva nas zaista nerviraju i čini se da su varljiva i arbitrarna. Postoje Internet programi kao što je *TurboTax* koji su slični elektronskim knjigovođama i koštaju tek negde oko 30$ ili možete platiti knjigovođu koji će uraditi posao za vas. Većina ljudi koje znam, bez obzira na to u kojoj su životnoj situaciji, obradi sopstveni porez barem jednom a onda se odluči za knjigovođu, ako može da ga priušti. Vidite odeljak o knjigovođama o tome kako izabrati dobrog. Zapamtite i ovo: *morate prijaviti porez do 15. aprila svake godine, odavde do večnosti.*

Kako pobediti W-4

Kada god počinjete novi posao, morate da popunite obrazac W-4. Broj koji stavite na liniju 5 jeste broj poreskih izuzeća na koje imate pravo u narednoj godini. Vaš odabir broja 1, 2 ili 0 zapravo je vezan za onaj trenutak kada ćete platiti porez. To je situacija *Avantura: izaberi sam svoj porez*, i vi ste bubnju.

Ako upišete 2, vi ćete platiti nedovoljno poreza tokom cele godine. Manji iznos će biti izdvojen od vaše plate i kada dođe 15. april, dugovaćete novac poreskoj službi.

Ako upišete 1, verovatno ćete platiti tačan porez tokom cele godine. Više novca će se skidati od vaše plate nego ako izaberete broj 2, ali nećete mnogo dugovati, možda ni ništa, kada dođe vreme za poresku prijavu. (Možda će vam nešto čak i vratiti.)

Ako upišete 0, Poreska uprava će uzeti maksimum tokom cele godine i vi ćete biti refundirani kada prijavite porez. Ljudi misle da je poreski povraćaj novac na koji nemaju pravo sve dok ne dođe vreme za oporezivanje. To nije istina. Ako napišete 0 na vašem W-4

KAKO POBEDITI W-4

Cut here and give Form W-4 to your employer. Keep the top part for your records.

Form **W-4** | **Employee's Withholding Allowance Certificate** | OMB No. 1545-0074 **2006**

Department of the Treasury Internal Revenue Service

► Whether you are entitled to claim a certain number of allowances or exemption from withholding is subject to review by the IRS. Your employer may be required to send a copy of this form to the IRS.

1 Type or print your first name and middle initial. | Last name | 2 Your social security number

Home address (number and street or rural route) | 3 ☐ Single ☐ Married ☐ Married, but withhold at higher Single rate.
Note. If married, but legally separated, or spouse is a nonresident alien, check the "Single" box

City or town, state, and ZIP code | 4 If your last name differs from that shown on your social security card, check here. You must call 1-800-772-1213 for a new card. ► ☐

5 Total number of allowances you are claiming (from line H above or from the applicable worksheet on page 2) | 5
6 Additional amount, if any, you want withheld from each paycheck . . . . | 6 $
7 I claim exemption from withholding for 2006, and I certify that I meet **both** of the following conditions for exemption.
• Last year I had a right to a refund of **all** federal income tax withheld because I had **no** tax liability **and**
• This year I expect a refund of **all** federal income tax withheld because I expect to have **no** tax liability.
If you meet both conditions, write "Exempt" here . . . . ► | 7

obrascu to je kao da dajete vladi beskamatnu pozajmicu, iz vašeg sopstvenog džepa. Taj novac može da ostane vama i da vam donosi prihod od kamate.

Proverite taj izvod

Kao što smo upravo prodiskutovali, vaš W-4 obrazac određuje iznos novca koji će biti zadržan od vaše plate. Kada dobijete platu (čekom ili direktno na račun) dobićete i izvod na kojem su detaljno navedeni porezi i ostali odbici uzeti od vašeg bruto prihoda, koji ostavljaju krajnji iznos plate.

Kada god dobijete taj izvod, odmah ga proverite da biste videli da su dobri izvodi uzeti u svakoj kategoriji. Znaćete tačno gde odlazi vaš teško zarađeni novac i uhvatićete eventualne greške odmah čim nastanu. Ovo vam kažem ja koja nisam otkrila da moj poslodavac jedne cele godine nije odvojio nijednu žutu paru od moje plate za lokalni porez. Niko nikad ne bi trebalo da dođe u tu groznu situaciju da mu zazvoni telefon na sledeći način: „Ovde tvoj knjigovođa. Sedi pre nego što ti nešto saopštim." Malo preventivnog delanja, prijateljice moje. Nemojte da vam i poslednju kap krvi iscedi greška nekog referenta.

Ako pronađete grešku, odmah prijavite svom poslodavcu. Ako je već april mesec, verovatno se ista greška potkrada već tri i po

KAKO IŠČITATI IZVOD OD PLATE

Earnings Statement

Period Ending: 09/15/2007
Pay Date: 10/01/2007

Extremely Fun Job, Inc.
63 Moneybucks Blvd.
New York, NY 10001

Social Security Number: 000-00-0000
Taxable Marital Status: Single
Exemptions / Allowances:
Federal: $3,125 Additional Tax
State: 1
Local: 1

MELISSA KIRSCH
209 EASY STREET (PH)
NEW YORK, NY 10003

Earnings	rate	hours	this period	year to date
Regular	10.00	32.00	320.00	16,640.00
Overtime	15.00	1.00	15.00	780.00
Holiday	10.00	8.00	80.00	4,160.00
Tuition			37.43	1,945.80
	Gross Pay		452.43	23,525.80

Deductions	Statutory	this period	year to date
	Federal Income Tax	- 45.22	2,351.44
	Social Security Tax	- 29.83	1,551.67
	Medicare Tax	- 6.98	362.89
	NY State Income Tax	- 17.37	903.24
	NYC Income Tax	- 8.23	427.96
	NY SUI / SDI Tax	- 0.66	31.20
	Other		
	401(K)	- 28.85*	1500.20
	Net Pay	$ 328.85	

* Excluded from federal taxable wages

Federalni porez na prihod
Ono što plaćate državi.

Porez socijalnog osiguranja
6,2% vašeg bruto prihoda

Porez za zdravstvo
1,45% vaše bruto plate

Državni i lokalni porez na prihod
Neki gradovi imaju i svoj porez kao dodatak na ovo.

Državni porez osiguranja za nezaposlene
Ovo je novac koji će vam biti isplaćen u slučaju da dobijete otkaz. Nadajmo se da vam nikada neće biti potreban.

Neto plata
Iznos vaše plate.

Bruto plata: jeste ukupan prihod za ovaj period pre nego što se izuzmu porezi.

Neto plata: jeste novac koji dobijate.

Poreska terminologija

Prilagođeni bruto prihod: prihod prijavljen na vašim poreskim obrascima koji uključuje i neka plaćanja koja poreska uprava priznaje, kao što su troškovi selidbe i dobrotvorne donacije.

Odbici: stvar koja se oduzima od vašeg prihoda da bi se smanjio iznos prihoda koji se oporezuje.

Detaljizacija: proces izlistavanja svih pojedinačnih odbitaka za vaš povraćaj poreza.

Standardni odbici: minimum odbitka, bazirano na vašem statusu (oženjeni, udati sa/bez dece, i sl.) koji se mogu automatski skinuti. Ovaj iznos utvrđuje svake godine poreska uprava i trenutno je 5.000$ za osobu koja nije u braku. Poreska uprava se nada da je ovo dovoljna motivacija da ne radite detaljizaciju, što njih košta i vremena i novca. Ako imate odbitke koji su viši od ovog iznosa, onda treba da ih detaljno prikažete.

meseca u tekućoj poreskoj godini i moraćete da izbalansirate svoje stanje tako da nećete nadalje imati taj problem. Evo kako da dešifrujete taj izvod.

Kome treba plan A?

Porezi postanu komplikovani kada uvidite da imate pravo na odbitke koji su veći od standardnih odbitaka. Tada predlažem da uzmete knjigovođu za svoj poreski izveštaj.

Slobodnjaci koji rade puno radno vreme i samozaposleni gotovo uvek treba da izvrše detaljizaciju svog izveštaja – oni nemaju kompanijski penzioni plan, oni su odgovorni za plaćanje premija svog zdravstvenog osiguranja, i oni sami snose sve svoje kancelarijske troškove. Šanse da oni pređu iznos standardnog odbitka je skoro sigurna ako zarađuju dovoljno za život. Ali šta je sa ostalim svetom?

Najbolji izvor kako da saznate da li treba da detaljišete na svom poreskom izveštaju jeste sajt uprave prihoda www.irs.gov. Ovde ćete videti da gradski i državni porezi, dobrovoljne donacije, otplaćivanje hipoteke i drugi troškovi, ako prelaze 5.000$, treba da se navedu u detaljizaciji. Kada vršite detaljizaciju, koristite obrazac koji se zove Plan A i priložite ga uz poreski izveštaj.

Kada se podvuče, poreznici više voleli ako vi jednostavno uzmete standardne od-

Unajmiti profesionalce

Nisu sve knjigovođe jednake. Ako ocenite da pripremanje izveštaja nije baš za vas, izaberite nekoga ko može da vam pruži šta vam je potrebno.

Velike kuće. H&R Block i njihovi saradnici nude komercijalnu pripremu poreskog izveštaja prilično povoljno. Oni su najpopularniji u svakom kraju i to s pravom – oni posao obave brzo, i uglavnom dobro. Mogu da vas savetuju ako dođe do revizije, ali ne mogu da vas predstavljaju pred poreznicima.

Agenti su nekadašnji radnici u poreskoj službi (insajderi!) ili su prošli kroz pakao od dvodnevnog testa koji organizuje poreska služba kako bi dobili akreditaciju za komplikovane izveštaje. Možda koštaju malo više, ali svakako imaju dobre veze i dobro obavljaju posao.

CPA su Certified Public Accountants (Licencirane javne knjigovođe). Oni imaju mnogo iskustva i obuke, mogu da vas predstavljaju prilikom revizije, i skupi su. Uzmite preporuku pre nego što ih angažujete – neki nisu stručnjaci za poreze. Ali ako možete sebi da ih priuštite, oni vrede svaku paru.

bitke i prilagođava taj iznos inflaciji svake godine da bi bio prikladan za prosečnog poreskog obveznika. Ako imate velike odbitke, međutim, imate pravo na povraćaj sredstava i trebalo bi to da istražite – uprava prihoda ima odgovore a takođe i knjigovođe s kojim bi trebalo da se posavetujete.

P. S. Nemojte da vas preplaši koliko je ogroman sajt poreske uprave, on je zapravo vrlo koristan, dobro dizajniran i razumljiv za početnike.

Svejedno ko sređuje vaš poreski izveštaj, ako poreska dođe u kontrolu, doći će na vaša vrata i vi ste jedini odgovorni za plaćanje. Proverite znanje onoga ko obavlja ovaj posao za vas, njegov istorijat i koliko dobro poznaje zakon.

Vaša zbirka ploča

U retkom slučaju poreske revizije, trebalo bi da možete da potkrepite sve što ste naveli u izveštaju.

Uvek sačuvajte original za svaki odbitak. Računi za opremljenu kancelariju kod kuće, davanja radi sopstvenog zapošljavanja i dobrotvorna davanja od ključnog su značaja. Čak i da ih gurnete u kutiju od cipela ispod kreveta, čuvajte ih barem tri godine.

ČUVAJTE ZAUVEK:

- Primerke vaših poreskih izveštaja (uključujući obrazac W-2 i 1040)
- Dokumentaciju o investicijama i penzionim fondovima
- Dokumente o vlasništvu nad kućom i prepravkama
- Medicinski karton

ČUVAJTE BAREM TRI GODINE:

- Izvode od plate
- Poništene čekove
- Izvode iz banke
- Izvode od kreditnih kartica
- Račune za stvari korišćene kao poreske odbitke

Šta se dešava ako varate (čak i slučajno)

Nikada ništa dobro nije proizašlo ako ste loše uradili svoj izveštaj ili ga uopšte i niste uradili. U stvari, hajte da to obavimo odmah sada: mi funkcionišemo pod pretpostavkom da ako radite, znači i da plaćate porez. Ako to nije tako, svi izvori (odnosno sve osobe kojima je stalo do vas) reći će vam da počnete odmah sada. Nikada nije prekasno da platite!

Karin, 32 godine, imala je dva puta reviziju pre nego što je napunila dvadeset pet godina. Ona savetuje da neudate žene koje se često sele treba da budu posebno oprezne po pitanju poreza – njene revizije su se uvek dogodile kada je bila rezident jedne države tokom dela godine a onda se preselila negde drugde. Usred sve ove zbrke, Karin je odlučila da ponovo razmisli o svojoj ranijoj pretpostavci da su samo izuzetno bogatima potrebne knjigovođe. Bila je vrlo zadovoljna da je knjigovođi morala da plati samo 100$ i svaka para tog honorara vredela je njenog slobodnog vremena.

Sada, šta se dešava ako se dogodi poštena greška? Hoćete li provesti popodne u buvari? Trunuti u zatvoru u narednoj deceniji? Evo najboljeg mogućeg scenarija ako se desi greška u vašem poreskom izveštaju: dobiće-

te pismo od državnih ili federalnih vlasti u kojem vas obaveštavaju da su otkrili nepravilnosti u vašem izveštaju. To se obično zove „revizija". Vi pregledate svoje papire iz naznačene godine (jer ste sačuvali sve svoje važne papire, sećate se?) i razmislite da li želite da tvrdite da greška ne postoji. Ako ste stvarno pogrešili, pošaljite im ček. Ako je iznos veći nego što možete da platite, razradite plan otplate. Oni ne žele *vas* – oni žele vaš novac.

Ako vi otkrijete da su *oni* zabrljali, javite im. Sve je to samo novac, spakovan u neku ludačku poverljivu vladinu fasciklu. Možete se nositi sa poreskom upravom. Iskreno se nadam da nećete morati, ali možete.

U najgorem scenariju, pozovu vas iz poreske i ispostavi se da su vas odabrali za detaljnu kontrolu. Agent će doći u vašu kuću i možda će tražiti da vidi vaše papire i da zajedno sa vama pregleda vaš poreski izveštaj. To takođe ne mora da bude zastrašujuća situacija. Dobar knjigovođa će vam reći kako da budete pripremljeni za ovo, ukoliko se uopšte desi, što nije verovatno. U svakom slučaju, poreska služba može da pregleda vaš poreski izveštaj bilo kada u periodu od tri godine.

Što se tiče dužničkog zatvora, on je zvanično ukinut u SAD još 1798. godine.

Šanse za reviziju

Godine 2006. prosečan Amerikanac je imao šanse 1:107 da bude pregledan. Oni koji mnogo zarađuju (preko 100.000$ godišnje) imali su šanse 1:63. Crvene zastavice su takođe podignute za samostalno zaposlene, bračne parove koji odvojeno podnose izveštaj, slobodne umetnike i ljude koji su donirali auto u dobrotvorne svrhe ili su priložili ono za šta poreska služba misli da su „preterani odbici".

Nemoj biti ni poverilac ni dužnik

Sećate se onih „tekstualnih zadataka" na času matematike? *Džoan je imala sedam jabuka i dala je Alis četiri jabuke.* Nikada nisu obratili pažnju na to varljivo emocionalno jezgro ovog pitanja: šta se desilo *nakon* što je Džoan dala Alis jabuke? Džoan je morala da smisli kako da povrati svoje voće a da ne upropasti potpuno svoje prijateljstvo sa Alis.

Uskladi prijatelje i finansije

- Nikada nemojte tražiti zajam koji ne nameravate da vratite – to je poklon, to nije zajam.
- Nikada nemojte dozvoliti da dođe do toga da neko mora da vas podseća da mu dugujete novac. Brzo vratite ljudima što dugujete, a ako ne možete, recite im kada ćete platiti. Tamo gde prestaje komunikacija, počinje zamršen i čudan odnos.
- Nikada nemojte opravdavati to što niste platili svoj deo rečima: „Oh, ona zarađuje mnogo više nego ja."
- Ponosno zatražite odvojene račune ako vam se pridruži „padobranac" za stolom.
- Pobunite se pre nego što dobijete račun koji ne možete da platite – ta stvar ne može da se reši kada se već desila. Svi smo mi drugari sve dok neko ne počne da oseća da ga iskorišćavaju.
- Dozvolite da vas ljudi počaste kada im je to važno i budite zahvalni primalac.
- Budite velikodušni kada možete. Taj duh davanja je vrlo zarazan.

A što se tiče Alis, šta ako je ona dve jabuke već pojela i ostavila treću da istruli na prozorskom simsu dok se ona provodila na plaži sa Tonijem? Kako da to saopšti Džoan? Niste valjda mislili da su te jabuke *poklon*, je l' da? Vraćanje duga je đavolska stvar, shvatile su Džoan i Alis, dugo nakon što ste vi već napustili školsku klupu.

Glavna stvar koju treba da imate na umu svaki put kada se upletete u davanje pozajmica ili pozajmljivanje novca jeste sledeće: *Ljudi postanu čudni kada je novac u pitanju.* Fine devojke postanu grozne, laka prijateljstva se naduju od nervoze i nepoverenja, i svi umešani postanu sumnjičavi – vi zovete svoju najbolju prijateljicu „grebatorom" a ona vas lopovom. Ukratko, ljudi koji su inače sasvim normalni, potpuno se izgube, i tu nisam videla nijedan izuzetak.

Zašto? Zato što niko nikad ne misli da ima dovoljno novca, jer novac se ne odnosi na činjenice, već na naš identitet i odgajanje u detinjstvu, i odnosi se na naš ego, i na naš instinkt za opstankom. Svi mi imamo neka svoja pitanja u vezi s novcem, i kada bismo ih sve ovde izneli, gde bismo stigli. Suzi Orman i drugi finansijski filozofi posvetili su svoj život da otkriju zašto su ljudi tako komplikovani po pitanju novca. Ali dovoljno je reći da naše lične glavobolje u vezi s novcem počinju kada dobijemo prvi džeparac i nastavljaju se do naše starosti.

FINANSIJSKA ZABLUDA

Vitez na belom konju

Do šezdesetih godina dvadesetog veka žene su ostajale kod kuće i brinule se o deci dok su njihovi muževi išli da zarade za život. Bilo je vrlo važno da upecate uspešnog muža ako želite da imate udoban život, jer se podozrivo gledalo na ideju da se žena zaposli. Očigledno, mi živimo u sasvim drugačijem vremenu, ali takvo nasleđe ostavilo nam je jednu ustajalu fantaziju: viteza na belom konju. Takođe je poznat pod imenom Bogati Bankarski Investitor, Doktor Jevrej, Naslednik. To je jedan prevaziđen lik iz bajke na koga su se nekada žene isključivo oslanjale za strategiju svakodnevnog života. To je fikcija o kojoj neke žene još sanjaju a na koju verovatno ne bi trebalo da troše previše vremena.

Često se govori da, koliko god da mislimo da smo liberalne, svaka od nas duboko u sebi čuva jednu malu želju i očekivanje da će nas neki muškarac spasiti. Hajde da se uozbiljimo; koliko istine ima u ovome.

Vas ne treba niko da spasava, iz mnogo razloga. Prvo i prvo, niste ni u kakvoj opasnosti. Drugo, i da jeste u opasnosti, potpuno ste opremljeni da spasite sami sebe. A ako ne osećate da biste to mogle, tu dolaze ova knjiga i svi njeni izvori. Vaš život ima mnogo elemenata bajke, ali nemojte da san o nekome ko će vas spasiti bude jedan od njih.

Finansijska nezavisnost zahteva veštinu, kao na primer učenje francuskog jezika ili sviranje saksofona. Ponekada pritisnete pogrešnu notu, ali dok god znate osnovna pravila – koliko zarađujete, koliko vam treba, koliko želite i kako da to zaradite – to je potpuno ista stvar, bilo da je reč o kupovini kuće na hipoteku ili kupovini nove haljine. To nije igra fantazije , ali ako vi baš želite da budete princeza iz bajke, možete i sami da ostvarite taj cilj. Nema potrebe da čekate na svog princa. Samo stavite malo više u svoj penzioni fond svake godine, balansirajte svoju čekovnu knjižicu i klonite se trka i klađenja. Budite pametni po pitanju svojih finansija, i čak i vaši najluđi snovi mogu se ostvariti.

DVE KRUPNE KUPOVINE

Auto i kuća

Osim ako ne planirate da kupite privatan avion ili sopstveno ostrvo, dve vaše najveće kupovine biće auto i kuća. Ne treba onda da nas iznenađuje što ovi ogromni troškovi zahtevaju malo kreativnog finansijskog manevrisanja. Hajde da ispitamo ove troškove života na visokoj nozi.

KUPOVINA AUTA

Šta ide prvo, račun za struju ili 'porše'

Koliko god da volim vožnju u prebukiranom, vrelom autobusu, ona se ne može porediti sa komforom da odlazite i dolazite kako vam drago u sopstvenim kolima. Niti sa krstarenjem po autoputu dok vam vetar mrsi kosu a zvučnici udaraju. Pre nego što stignete na taj autoput, međutim, morate se upoznati sa mističnim tajnama kupovine prvog auta. Počnite tako što ćete sami sebi postaviti sledeća pitanja:

Cena. Koliko sam voljna (ili koliko mogu) da potrošim? Da li mi je stalo da li je auto nov ili polovan? Da li sam uzela u obzir i ostale troškove kao što je osiguranje i gorivo?

Održavanje. Kakvu ulogu u mojoj odluci igraju stvari kao što su benzin ili troškovi registracije?

Performanse. Koliko značaja dajem na to kakvo je skretanje u krivinama, kompresija motora, brzina kojom se stiže od 0 do 100 km/h? A šta je sa unutrašnjom bukom, glatkom vožnjom, količinom prostora?

Prestiž. Da li mi je stalo da li vozim „merkjuri" ili „mercedes"? Američko, evropsko ili azijsko vozilo?

Stil. Da li moj auto mora biti fensi i seksi? Da li moram da imam sedišta sa grejanjem i otvoreni krov? Ili je moj auto jedno-

DVE KRUPNE KUPOVINE: Auto i kuća

stavno jedan zatvoreni prostor na četiri točka koji me prevozi od tačke A do tačke B?

Koliko to košta?

Sve one TV reklame koje vam nude najniže moguće cene i bez ikakvog depozita, mogu biti veoma primamljive, ali pre nego što se previše uzbudite, dobro se zagledajte i zapitajte u vezi sa vašim budžetom. Ako ne možete sebi da priuštite da platite gotovinom (ne smejte se, molim vas) utvrdite koliko realno možete da platite odmah i/ili u mesečnim ratama.

Vaš mesečni budžet za auto takođe mora da uključi operativne troškove. Osiguranje, na primer, obično košta još 5–8% preko cene vozila; dodajte tome i troškove registracije, parking i održavanje – promena ulja, sređivanje motora, novi vetrobran ili brisači, a da i ne pominjemo povremenu kaznu za parkiranje i, da naravno, benzin – saberite sve to.

Mani magazin nudi ovo provereno pravilo: planirajte da potrošite 10–15% mesečnog budžeta na troškove vezane za auto.

Sada kad znate koliko želite da potrošite, preduzmite neke korake pre nego što započnete lov.

Novo ili polovno?

Zašto kupiti polovno? Nova kola gube otprilike 40 posto svoje vrednosti u roku od tri godine (kasnije taj procenat opada). Mada polovan auto možda ne nudi onako savršeno sjajno stanje o kojem ste sanjali, neko je već platio za taj veliki pad vrednosti i vi ćete dobiti mnogo nižu cenu.

Zašto kupiti novo? Osim očiglednog (sjajan je, netaknut, nisu ga ni pipnule grube ruke prethodnog vlasnika), vaši troškovi popravke za novi auto trebalo bi da budu ravni nuli. Garancije za novo vozilo štite vas od skupih opravki čak i do pet godina (mnoga polovna kola uopšte nemaju nikakvu garanciju). Osim toga, što je novije vozilo, verovatnije je da će imati svu opremu za bezbednost na putu

Pogledajte ovaj sajt da se odlučite za novo ili polovno:

Banka preporučuje: „Vaš sledeći auto: novo ili polovno?“ www.bankrate.com/thirdage/auto-advisers/br_newvused.asp.

Uzmite primerak svog kreditnog izveštaja i pazite da u njemu nema grešaka. Ako ima grešaka, sredite ih odmah, a ne nakon što se prijavite za kredit – vaša kamata na kredit biće bazirana na vašem kreditnom statusu.

Potražite dobar kredit. Banke, kreditne zadruge i dileri kola su najčešći izvori auto zajmova; neko od njih možda ima posebnu ponudu da privuče kupce. Pogledajte sajt *Bankrate.com* da biste dobili informaciju o najnižim kamatnim stopama u vašoj oblasti. Mnoge banke dozvoljavaju da se prijavite i čak vam i odobravaju kredit onlajn. Ako ćete kupiti auto od dilera, u mnogo ste jačoj poziciji ako vam je kredit odobren pre nego što zakoračite u njegov salon.

Da izračunate koliko sebi možete da priuštite, koristite sledeće kalkulatore

www.bankrate.com/brm/auto-advisers/auto-afford.asp

http://autos.msn.com/loancalc/newloan.aspx?src=finance

KUPOVINA NOVIH KOLA

Dakle, hoćete da se malo provozate

Kao druga najskuplja kupovina (posle kuće) u skoro svačijem životu, novi auto je ozbiljna obaveza. Zato pogledajte dobro unaokolo – sve je podložno pregovaranju i svaki diler koji hoće da se tako zove pokušaće da vam ponudi bolju cenu od konkurencije. Budite spremni za borbu – dilerski profit je obično negde između 10 i 20% i oni su voljni da se cenkaju sa teškom mušterijom.

Ako cenkanje baš nije za vas, možete da platite honorar servisu za kupovinu vozila, kao na primer CarsDirect.com i njihov agent će pregovarati cenu u vaše ime, srediće papirologiju i isporučiti auto pred vaša vrata.

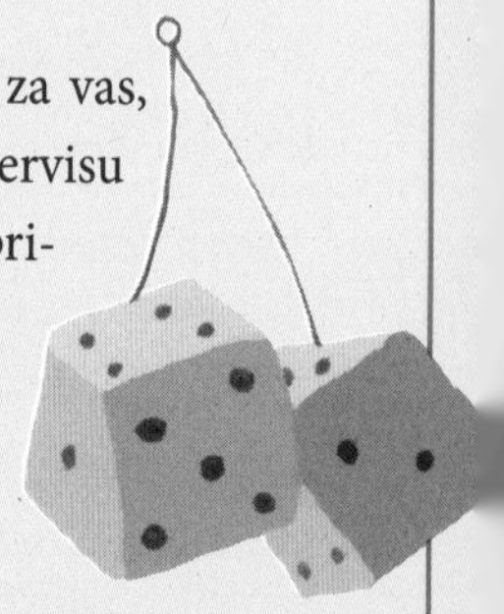

Postoje dva posebno dobra izvora koja vam omogućavaju da zavirite u svet auto dilera: Vodič za kupovinu novih kola koji uključuje potpuni rejting kvaliteta i nezamenjive savete kako dobiti najbolju cenu. Zatim, Ke-

DVE KRUPNE KUPOVINE: Auto i kuća

lijeva plava knjiga (www.kbb.com), koja je biblija po pitanju cena automobila, daje vam dilersku cenu za vozilo koje želite plus svaki popust i posebno sniženje koje diler dobija od proizvođača – moćne informacije za vaš potencijalni manevarski prostor po pitanju cene.

DRUGIM REČIMA...

Proizvođačka cena jeste ono što proizvođač zaračunava dileru. Obično je viša od onoga što diler dobije na kraju jer tu su i popusti, diskontna prodaja i nagrade za prodaju. Dileri zadržavaju popust sebi – ali u Kelijevoj plavoj knjizi možete saznati koliko su tačno platili. Uzmite u obzir ta sniženja kada pregovarate o ceni.

Osnovna cena: jeste cena za auto bez dodatnih opcija kao što je GPS ili kožna sedišta, ali uključuje standardnu opremu i garanciju fabrike.

Cena vozila pokazuje osnovnu cenu, opcije koje je instalirao proizvođač i preporučenu prodajnu cenu, trošak prevoza i potrošnju goriva.

Pre nego što odete do dilera, odlučite koja je vaša **ciljana cena** koju želite da platite. Prodajna cena od dva procenta od dilerove cene razumna je mada nikada ne znate koliko je on spreman da popusti – ako model koji želite nije baš najprodavaniji (dobar pokazatelj toga je veliki popust) onda se cenkajte kao đavo sa doktorom Faustom.

Počnite **ispod** svoje ciljane cene da biste mogli doći do nje. Ako znate da diler ima 1.000$ rabata od proizvođača (jer ste obavili svoj domaći zadatak, gospođice draga) počnite vašu ponudu oko 600$ ispod cene da biste mu dali do znanja da znate za rabat.

U novim kolima, vi možda stvarno želite da se pokažete. Elektronski podizači stakla i brave? Krov na otvaranje? Bočni erbegovi? Kočnice koje ne proklizavaju? Izbor je vaš. Ali da li vam je to stvarno potrebno? Jedno vozilo po pristojnoj ceni može stvarno postati skupo ako mu dodajete neke posebne zahteve. Odlučite šta je ono što stvarno morate imati pre nego što krenete u kupovinu – ako baš tačno takvo vozilo nije na raspolaganju kod vašeg dilera, možete i uštedeti nešto para ako prihvatite malo drugačiji model koji on ima na skladištu.

Kada je vreme da se sklopi posao, recite finansijskom menadžeru da već imate odobrenu kreditnu liniju (prethodno ste to obavili, sećate se?). Oni će pokušati da vam prodaju produženu garanciju, glazuru protiv rđe, detalje u vezi sa povećanjem bezbednosti i

NIKO VAMA NEĆE PODVALJIVATI

Dil sa dilerom

- Od početka jasno pokažite da ste ozbiljan kupac i da znate tačno šta želite, uključujući i model i opcionalne dodatke. Ako prodavac misli da ima ozbiljnu mušteriju pred sobom, i on će se ponašati odgovorno.
- Dajte dileru do znanja da ste odradili svoj domaći zadatak. Pokažite mu odštampanu stranicu sa Interneta gde se nalazi i cena za auto koji želite.
- Budite fini ali ne brbljivi. Prodaja vozila je biznis koji uključuje ličnost i diler će pokušati da vas proceni i da nađe vašu slabu tačku: „Pošto završavate medicinski fakultet sledeće godine, možda želite da uzmete u obzir model deluks.“ Ne odajte informacije o sebi.
- Ako dobijete cenu koju želite, sto dolara gore-dole, zaključite posao. Ako niste zadovoljni, prenesite njihovu najbolju ponudu drugom dileru.

druge luksuzne dodatke. Ništa vam od toga ne treba (ne, čak ni trkački branici), zato im jednostavno recite: „Ne, hvala.“ Potpišite se na donju crtu, proverite da li imate uputstvo za upotrebu, račun i, naravno – ključeve – i palite!

KUPOVINA POLOVNIH KOLA

„Korišćeno“ jednostavno zvuči bolje

Neophodno je da prelistate Kelijevu plavu knjigu pre nego što kupite polovno vozilo, da saznate koliko ćete otprilike platiti i koliko ima prostora za pregovore. Nacionalno udruženje auto-dilera (www.nadaguides.com) reći će vam za koliko se neka određena godina ili model prodaje u vašem kraju. Konačno, *Vodič za polovna vozila* provešće vas kroz celokupan proces kupovine uključujući i iscrpnu listu stvari na koje treba obratiti pažnju kada pregledate vozilo, listu najboljih i najgorih vozila i savete kako da vam ne uvale nešto loše.

DVE KRUPNE KUPOVINE: Auto i kuća

Nasuprot popularnom mitu, kupovina polovnog vozila ne mora da bude ljigav posao. Bilo da kupujete od dilera ili od vlasnika, možete da odradite dobar posao – ako preduzmete određene mere opreza:

Odvezite auto na probnu vožnju. Ne morate da ga terate van puteva i po peščanim dinama, ali vidite kako se ponaša na različitom terenu, u saobraćaju, u nagibima, i na autoputu. Ako možete da ubedite prijatelja ili člana porodice da pođe sa vama, tim bolje – možda će on čuti da motor svira ili kočnicu koja cvili, što vi možda ne biste čuli.

Detaljno pregledajte ceo auto. Počnite tako što ćete odraditi sve sa spiska *Izveštaja potrošača* (ili neku drugu sličnu listu onlajn) za pregledanje polovnog vozila. Ne morate da budete stručnjak da biste osetili miris jakog dezodoransa (koji možda služi da zamaskira miris vlage ili buđi), ili da primetite potpuno novu gumu na pedalama za kočnice (što vam govori da se originalna guma istanjila od jakog kočenja), ili da prepoznate rđu kod brisača (moguća indikacija da je vozilo oštećeno u poplavi). Nemojte žuriti sa postavljanjem pitanja o bilo čemu što vam izgleda sumnjivo, bez obzira na to koliko je malo.

Korišćeno sa specifikacijom: Najbolje iz oba sveta

Na pola puta između glanc novog vozila i običnog polovnog auta, nalaze se korišćena vozila sa sertifikatom: vozila koja spadaju u određeno godište i kilometražu (često ne više od šest godina i manje od 80.000 milja). Ta kola su prošla opsežnu kontrolu dilera, kontrolu koja pokriva sve od toga koliko dobro kola idu do toga koliko dobro se zatvaraju prozori. Kada auto prođe test, dobija garanciju – uglavnom 30.000 do 40.000 milja iznad postojeće garancije.

Skuplje je kupiti ovakav auto nego onaj koji nema sertifikat, ali ogromna prednost je to što možete biti mirni znajući da je auto pregledao stručnjak iz fabrike. Zatražite izveštaj sa ovog testa jer svaki proizvođač ima svoj spisak stvari po kojima proverava. I uvek postoji prostor za cenkanje: pogledajte sajt Edmunds.com da biste uporedili dilerske cene, da biste sebi obezbedili najbolju ponudu.

Saveti za kupovinu dobrog auta

- Držite se kola koja imaju malu godišnju kilometražu, ispod 15.000 milja godišnje.
- Potražite modele koji su stari od dve do četiri godine – ova kola su proverena u određenom periodu i prošlo je vreme najvećeg pada cene.
- Izbegavajte vozilo koje ima poduži spisak odlazaka kod majstora.
- Individualni vlasnici neće dati garanciju, ali diler hoće. Potražite dužu garanciju i proverite cene unaokolo. Što je niža cena duže garancije, to je auto pouzdaniji.

Zabeležite identifikacioni broj vozila (VIN) koji se nalazi na metalnoj pločici sa vozačeve strane vetrobrana. Ukucajte ovaj broj u *Carvax.com* ili *Autocheck.com* i dobićete celu životnu priču vozila: koliko je imao vlasnika, da li je bilo saobraćajki, kilometražu, i koliko još važi garancija. Neke očigledne crvene zastavice sumnje: VIN provera kaže da je vožen 100.000 kilometara, ali auto na satu pokazuje 50.000. Ili *Carfax* pokazuje tri promene branika, dok prodavac tvrdi da auto nikada nije udaren.

Odvezite auto kod mehaničara dobre reputacije. To bi trebalo da vas košta oko 100$ ili manje da biste dobili testiranje na licu mesta kod licenciranog profesionalca. Ovo je ključna stvar – ta fina starica koja prodaje svoj „plimut" u izuzetnom stanju možda izgleda slatka i od poverenja, ali ona ne može da vas opusti kao mehaničar koji se zavukao pod šasiju i proverio auspuh.

Kupovina nasuprot lizingu

Kada uzmete auto na lizing, vi ga u osnovi iznajmljujete na određeni period (recimo, tri ili četiri godine). Kada taj zakup istekne, vi morate da vratite vozilo, mada vam većina ugovora o lizingu daje opciju da kupite vozilo po dogovorenoj ceni.

Ugovor o lizingu postavlja ograničenje na kilometražu koju možete napraviti godišnje (obično manje od 15.000 milja) i morate da čuvate vozilo u dobrom stanju, inače ćete na kraju perioda zakupa platiti za načinjenu štetu. Za lizing je potreban depozit, obično manji nego kod kupovine kola, i mesečna plaćanja se baziraju na razlici između inicijalne cene i koliko diler očekuje da će auto vredeti nakon vašeg lizinga. Kao i kod svega ostalog vezanog za automobile, o uslovima se može pregovarati. Dobra stvar kod lizinga je što možete dobiti glanc novo vozilo na kraju lizinga. Loše je to što imate ograničenje koliko možete preći i što, naravno, niste vlasnik vozila.

Nekoliko reči o osiguranju kola

Da, ono jeste skupo, ali da, obavezno je. Vidite dodatak B o pet različitih vrsta osiguranja vozila. U međuvremenu, evo nekoliko načina kako da vaša premija ne bude veća od nacionalnog duga..

- Vozite veoma pažljivo. Zaista. Vaša premija može otići gore nakon neke saobraćajke.

- Podignite svoje odbitke za sudar/obavezno osiguranje. Pošto vozite bezbedno, male su šanse da ćete biti u nezgodi koja će oštetiti vaše vozilo. Povećanje vaših odbitaka od 250$ na 1.000$ može da snizi nivo vaše premije za četrdeset procenata.

- Kupite auto koji niko ne želi da ukrade. Mnogo je skuplje osigurati skupo vozilo.

- Kupite bezbedan auto. Kola koja imaju i prednje i bočne vazdušne jastuke obično možete jeftinije osigurati.

- Učlanite se u nacionalnu auto-moto kuću i dobićete popust na osiguranje.

- Nemojte uzimati osiguranje sudar/obavezno za stara vozila.

- Napunite 25 godina. Vaša premija će se značajno smanjiti.

DVE KRUPNE KUPOVINE: Auto i kuća

Kuća

VI? VLASNIK KUĆE?

Zašto kupovina nekretnine nije nemoguća stvar, već može zapravo biti vrlo dobra ideja baš sada

Tokom života želela sam da posedujem mnogo stvari: dobre srebrne karike, jedno olinjalo kuče, jarkocrvenu vatrostalnu posudu za musaku. Ali nisam, sve donedavno, želela da posedujem kuću. Kuća je bila za ljude koji su mnogo stariji i mnogo bogatiji nego ja, kao na primer moji roditelji, ili Dajan Sojer, ili neke druge uvažene osobe. Bio je veliki šok za mene kad sam videla statističke podatke Nacionalnog udruženja za nekretnine koji govore da je 38% skorašnjih kupaca kuća imalo ispod 35 godina. Neudate žene kupuju otprilike 20% svih kuća (mi smo druga najveća kategorija, odmah iza tradicionalnih bračnih parova koji imaju dve plate). Zato kupovina kuće u vašim dvadesetim godinama, čini se, postaje jedna normalna stvar. Da li želim da budem jedna od 31 miliona žena u Americi za koje se smatra da će do 2010. godine posedovati sopstvenu kuću? Da li treba da stavim kuću na svoj spisak želja, odmah iza stavke „par dobrih čizama za kišu"?

Ako imate lovu i volju, vi biste mogli biti sjajan kandidat za kupovinu sopstvenog doma. Hajde da vidimo razloge za i protiv kupovine kuće, hoćemo li? Ja sam podstanar više od jedne decenije, pa sam pozvala stručnjaka: Čening Keli, 32 godine, agent za nekretnine (i sama vlasnik kuće) u Albukerkiju, Nju Meksiko.

Prednosti kupovine

Imovina. O tome svi govore kada pričaju o kupovini kuće. Osnovna ideja je da će, kada prodate svoju kuću za nekih deset godina, njena vrednost narasti značajno iznad onoga što plaćate sada – tako da ćete dobiti povraćaj za svoj kapital umesto da jednostavno trpate novac gazdi u džepove kada ste podstanar.

DVE KRUPNE KUPOVINE: Auto i kuća

„Prednosti kupovine moga stana su ogromne. Više ne moram da trpim lude cimere. Moja rata za kredit i troškovi održavanja su otprilike onoliki koliko sam plaćala kiriju, a mogu jedan deo da odbijem od poreza. Takođe, pre nego što sam bila vlasnik stana, imala sam dve veze koje su prebrzo napredovale jer smo se uselili i počeli da živimo zajedno. Umesto da to bude naredni logičan korak u vezi, moj dečko i ja smo odlučili da živimo zajedno zato što nismo mogli da priuštimo da živimo odvojeno. U oba slučaja, veza se raspala u narednih šest meseci. Nismo jednostavno bili zreli za taj nivo obavezivanja jednog prema drugom." — IZABELA, 31 GODINA

Otpis poreza. Kao vlasnik kuće, možete da oduzmete svu kamatu plaćenu na hipotekarni kredit i porez na nekretnine. Povrh toga, ako u kući živite barem dve od poslednjih pet godina pre nego što je prodate, onda je novac koji zaradite od prodaje kuće neoporezovan (do iznosa od 250.000$). Vidi sajt www.ginniemae.gov da biste izračunali finansijske prednosti kupovine u odnosu na zakup.

Nezavisnost. To je vaš sopstveni dom. Vi odlučujete kojom bojom ćete okrečiti koji zid i da li ćete zasaditi vrt. Nikada ne morate da brinete zbog ljigavog gazde (ukoliko vi sami niste takvi), ili da li će vam produžiti ugovor ili ne. Vi ste jedini šef svoga doma.

Osećaj moći. Ma hajte, vi ste vlasnik kuće. Vi koji ste nekada živeli u ružičastoj sobici prepunoj postera dečačkih bendova. Vlasništvo nad kućom je vrlo jasan pokazatelj koliko ste postigli.

DRUGIM REČIMA...

Razlika u ceni: razlika između cene koju ste platili i hipotekarnog zajma koji otplaćujete. Idealno je kada vrednost imovine raste dok se vaš dug smanjuje, i tako povećava vrednost vaše ukupne imovine. Ako dobro odigrate, što više imate u vlasništvu kuću ili stan, više ćete i zaraditi.

Kredit: zajam za kupovinu kuće.

Agent: broker za nekretnine koji je član nacionalnog udruženja. Oni su podložni strogom etičkom kodu i smatra se da su najpouzdaniji.

Porez na imovinu: godišnji porez koji plaćate lokalnim vlastima i koji je zasnovan na procentu vrednosti vašeg doma. Taj porez se koristi za finansiranje škola, policije i lokalne vlasti.

Izvod iz zemljišne knjige: dokaz o vlasništvu nad imovinom.

Superbrzi koraci za kupovinu kuće

Započnite rano (na primer danas), čuvajte sve svoje finansijske izveštaje (poreske prijave, račune, i sl.) i napravite sebi granitno snažan kredibilitet. Uzmite kreditnu karticu i isplatite je u potpunosti svakog meseca.

Štedite novac za depozit i rezervu za hitne troškove (npr. krov koji prokišnjava, pokvaren bojler).

Procenite svoje finansije i odredite koliko možete sebi da priuštite. Službenik za kredite vam može pomoći oko ovoga.

Nađite agenta za nekretnine kome verujete.

Održavanje: redovni troškovi održavanja kuće u istom (ili boljem) stanju nego što je bila kada ste je kupili.

Nedostaci kupovine

Održavanje. Ako se cevi zalede, to je vaš problem. Da, imovina je sjajna stvar, ali vi imate i troškove kada ste vlasnik a ne podstanar.

Nedostatak fleksibilnosti. Ne možete jednostavno da se preselite kada ste vlasnik kuće. Ne može jednostavno da vam dođe da prihvatite posao na drugom kraju države ili da se odselite u Tajpej. Kada ste podstanar, selidba znači da treba da obavestite gazdu da nećete obnoviti ugovor o zakupu – prilično jednostavno. Ako ste vlasnik stana, sleduje vam mnogo papirologije i pregovaranja kada odlučite da ga prodate, a zatim i troškovi agenata za nekretnine i sl.

Tržište za nekretnine je van vaše kontrole. Povećanje vrednosti vaše kuće ima mnogo veze s tim da li ste kupili pravu stvar, u pravo vreme, po pravoj ceni. Uvek postoji šansa da će vrednost vaše imovine opasti u periodu kada živite u njoj i vi ćete zapravo biti na gubitku, što je bez veze. Kupovina kuće se smatra dobrom investicijom – i dobre investicije uvek donose zaradu *nakon određenog vremena.* Ako nećete živeti u kući bar dve godine – još bolje četiri ili pet godina – možda to u tom slučaju i nije tako dobra investicija.

Morate negde da nađete sredstva za depozit. I za ratu za kredit. I za troškove održavanja. I za porez za imovinu. To može da bude više nego kirija.

Poglavlje 4

Bonton: O viljuškama i ostalom

Kako primiti kompliment, kako se elegantno sručiti na kauč, izabrati poklon za venčanje i ostali neophodni detalji lepog vaspitanja

Svi smo mi jedna gomila nekulturnih pagana – nema smisla da se lažemo. U nas su naši roditelji ugradili osnovu lepog ponašanja, a ostatak „bontona“ je neka vrsta amalgama koji smo pokupile od učiteljica, preterano kritičnih momaka i iz tabloida. Neke stare knjige koje postavljaju standarde i dalje se čitaju u određenim krugovima (i to s pravom – u ovim starim kupusarama sačuvani su delići mudrosti koja ima svoju vrednost). Ali, za nas ostale koji nismo išli u „školu za dobre devojke" i nismo bogate debitantkinje, naša verzija bontona svodi se na mešavinu poluzaboravljenih pravila i brbljanje bez ikakvog pojma o tome da li žene treba da daju bakšiš i kako sastaviti čestito saučešće.

Najgore moguće uvrede koje se dešavaju mladim ženama danas nisu čak ni tako očigledne. Znatno je manje verovatno da ćemo pljuvati po podu nego da ćemo zaboraviti domaćici koja nas je pozvala da donesemo poklon, ili ćemo jednostavno obaviti telefonski razgovor mobilnim za stolom. Možda imate iste manire kao i svi drugi koje poznajete. Ali, suočimo se s tim – moglo bi to i bolje. Neću vas gnjaviti što nosite bele pantalone i posle početka novembra (grdiću vas što ih uopšte nosite – šta ste vi, teniski instruktor iz Engleske?). Ali, sasvim sigurno ću apelovati na vas da učinite sve što je u vašoj moći da podmažete točkiće zarđalog društva. Ovo se postiže prilično lako kada smo svi mi samo malo šarmantniji i obzirniji.

Lako je odbaciti ovu temu kao zastarelu, ali prosta istina glasi: bonton postoji, u osnovi, zato da bi se ljudi oko vas osećali prijatno. Vi pokazujete ljudima da ih cenite dovoljno tako što se ponašate kako treba. I dok kritičari lamentiraju nad opštim padom kulture zbog našeg brzog i opuštenog modernog života koji znači da hodate ulicom i nosite kafu u ruci a vezu s dečkom raskidate običnom SMS porukom, pravi razlog zbog kojeg treba obratiti pažnju na ponašanje nije zapravo taj da spasemo planetu već da spasemo sami sebe neprijatnih situacija.

Svi primećuju loše manire, ali većina ljudi nikada o tome ne zucne ni reč. To znači da će vaši susedi za večerom primetiti da niste razvili salvetu u krilu i da će vaš šef, sasvim sigurno, primetiti ako ga ne upoznate sa klijentom.

Ovi naizgled sitni promašaji mogu igrati značajnu ulogu kada, na primer, treba da iskamčite unapređenje, jer vas može prestići neko uglađeniji. Oni mogu biti odlučujući faktor u odluci da li ću vam ugovoriti sastanak sa prijateljem koji je baš savršen za vas – samo kad biste zatvorili usta dok žvaćete.

Hajde da popunimo praznine u bontonu i to smesta, tako da možete da otplešete lagano kroz bilo koju društvenu situaciju u stilu: da nikoga ne uvredite, da ih sve impresionirate. Dobro došla, *draga moja uskoro superuglađena kao brušeni dijamant* devojčice, u Melisinu školu šarma.

Šta se sme a šta ne sme nipošto tokom konverzacije

Osoba koja ume uglađeno da razgovara dobrodošla je za svačiji sto. Osim toga što je njena priča artikulisana, ona je diskretna, obzirna, prigodna. U njenom društvu se prijatelji i kolege osećaju prijatno, ona čuva svoje nedorečenosti, snobizam i žalopojke za neko drugo vreme i mesto, kao što je, na primer, grupna terapija.

Međutim, čak i vrlo artikulisanim devojkama dešava se da se izgube u plimi razgovora. Evo ga zato, ubrzani tečaj o tome kako razgovarati sa ljudima a ne biti gnjavator niti prostak.

Ne, nemojte jedini zauzeti centralno mesto u razgovoru. Vi jeste interesantni, ali ćaskanje je razmena, a ne parada „Mikrofon je vaš". Dobro pazite da ne prekidate ostale kad su usred priče. Devojka koja stalno uzurpira poziciju ili se čini da se dosađuje dok drugi govore tako da ona može ponovo da zauzme scenu, najgori je mogući sagovornik.

Da, postavljajte pitanja, slušajte, pretpostavite da i drugi vole da govore o sebi, da se izvuku iz svoje školjke – i da kad jednom odatle izađu, biće mnogo, mnogo interesantnije provesti vreme sa njima.

Ne, nemojte biti prostački glasni. Svi smo se mi u nekoj prilici osetili uvređeno zbog glasnog smeha nalik hijeninom za susednim stolom ili zbog nekoga ko vičući sipa detalje svoje veze za jednu noć preko mobilnog tako da ih čujemo svi. Molim vas, pokušajte da ne budete takvi.

Da, govorite tiho u zatvorenoj prostoriji. Devojka dobro postavljenog glasa je oličenje diskrecije. A diskrecija je zaštitni znak svake civilizovane konverzacije.

Ne, nemojte pričati svima o broju kalorija koje konzumirate, nemojte kukumavčiti o satima vežbanja koji vas čekaju zbog ovog zalogaja, i nemojte o teretani pričati kao o komori za mučenje za vreme prazničnog obeda. To ubija zadovoljstva kulinarstva za sve ostale.

Da, uživajte u divnom jelu, u bogatom kremastom kolaču, u frapučinu, u kesici čipsa ili u čemu god već da jedete. „Mmm!" i „Ovo je rajski" dobre su pohvale za domaćicu. Ako ćete već jesti, uživajte u tome.

Ne, nemojte bežati u prazno prepričavanje viceva, već budite pametan sagovornik. Vicevi su često na račun drugih i vrlo retko su zabavni baš onoliko koliko misli onaj koji ih priča.

Osoba koja vlada sofisticiranom konverzacijom nikada neće ispričati vic u kome se pominju rasne, etničke, manjinske ili progonjene grupacije – ovo uključuje viceve o plavušama i „tvojoj mami". Masne viceve pričajte na sopstveni rizik i i sopstvenu diskrecionu procenu koja bi trebalo da znači da ih nećete pričati nikada „osim ako ste pijani kao majka", što znači praktično nikada.

Da, uđite u vrcavu razmenu i sa prijateljima i sa nepoznatima, zabavljajući ih svojim talentom da ispričate dobru priču. Postoji vrlo važna razlika između vrcavosti i duha koji pokazuje pametnu osobu, i „duhovitosti" koja to (obično) ne pokazuje.

Ne, nemojte izgovarati teško akcentovane strane reči ili fraze. Na primer, setite se da je Pariz engleska reč i ne pokušavajte da kotrljate to „r" kao Parizlije, pogotovo što Francuzi nikada ne izgovaraju poslednje slovo. Šunku zovite šunka a ne „prošuto", draga moja Karmela Soprano. Divim se vašem izvrsnom znanju stranih jezika, ali molim vas pokušajte da se obuzdate. To zvuči krajnje pretenciozno kada pokušavate da dosolite svoj govor „raskošnim" italijanskim ili francuskim.

Da, koristite svoje poznavanje stranih jezika, koliko god rudimentarno, kada putujete u inostranstvo. Niko živi u Francuskoj neće se ni osvrnuti na vaše glasno „Izvinite"! Međutim, mnogo će ljubaznije gledati na vas ako se potrudite malo na njihovom jeziku.

Ne, nemojte nikada ni pretpostaviti da bi bilo u redu zapaliti u zatvorenoj prostoriji. Izvinite se i izađite napolje. Ovo je veoma važno pogotovu u domu drugih ljudi i na bilo kom mestu gde ljudi obeduju.

Da, budite obzirni, ako baš morate da pušite. Duvajte dim diskretno, daleko od drugih i nemojte ostavljati pikavce na zemlji iza sebe – bacite ih u kantu za otpatke.

Ne, nemojte biti osoba koja hronično kasni; to beskrajno nervira ljude i vrlo je nepristojno. Ne baš fina implikacija toga je da je vaše vreme važnije od onoga koje imaju drugi ljudi na raspolaganju. Naravno, u situacijama u kojima nije moguće izbeći kašnjenje, pokušajte na sve moguće načine da se javite onome ko vas čeka.

Da, dobro procenite koliko će vam biti potrebno da se spremite i stignete na mesto sastanka. Budite realni. Dajte sebi dovoljno vremena tako da možete da budete tačni.

Pravilo spanać među zubima

Lepo ponašanje, zbog kojeg smo često u agoniji šta da se radi, jeste kao neka stara tetka čija pravila i mudrosti važe podjednako i dan-danas kao i pre. Njena pomoć nam je najviše važna u onim najtežim, delikatnim situacijama kada nekome treba ukazati da se ponaša blesavo. Ko od nas nije prošao tu društvenu noćnu moru?

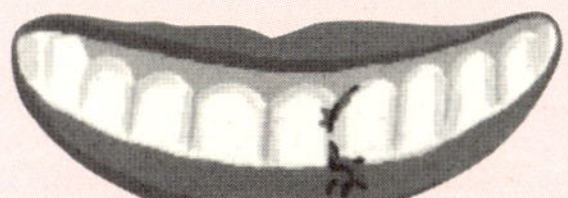

Vratite se kući, zadovoljni što ste bili baš vrcavi i raspoloženi na večerinki, a onda, u ogledalu u kupatilu, ugledate spanać među zubima. Ne treba vam mnogo da izračunate kada je spanać bio na jelovniku i koliko dugo ste nakon toga prikazivali, trijumfalno, svoj neodoljivi osmeh.

Za ime božje, ne dopustite da iko bude u takvoj groznoj situaciji i sekundu duže nego što mora i da bude žrtva neprijatnosti, kada se ta stvar može lako rešiti. Taktična stvar koju treba uraditi jeste da kažete žrtvi (tiho, diskretno) da ima crno među zubima, da joj je šlic otkopčan, da ima kečap na bradi.

Međutim, stvari koje se ne mogu lako ispraviti, NE pominju se. Preterano kratka frizura ili loš izbor odela tu su i tu će i ostati, bar ove večeri. Ništa nećete postići ako nekome ukažete na „negativnu stranu" koju on ne može da ispravi.

Kako primiti kompliment

Mada osobu koja se očigledno pravi važna nikada neću pozvati za svoj sto, još manje ću uživati u društvu devojke koja stalno umanjuje moje iskrene komplimente zamornim tiradama i neiskrenom preteranom skromnošću.

Možda ovo što ću reći nije baš popularno, ali razmislite o tome da je odbijanje komplimenta zapravo stvar sebičnosti. Vi potcenjujete tuđe mišljenje. Toliko ste koncentrisani na „pravi" način na koji treba primiti kompliment, da ne bude samozadovoljan, da zapravo i zaboravljate da su u tu situaciju uključene dve osobe. To je razmena. Kada koristite mehanizme za umanjivanje, kao što je poricanje istinitosti komplimenta ili pokušaj da se umanji njegova jačina, vi ne činite uslugu nikome. Umesto toga, vi treba da:

1. **Verujete da ste vredni** komplimenta.

Miris i miris tela

Koko Šanel jednom je rekla: „Žena bez parfema lako se zaboravlja." Ovo je malo pojednostavljeno – hajde da ga prilagodimo modernim vremenima: „Ženu koju pamte samo po mirisu verovatno pamte iz pogrešnih razloga." Evo nekoliko saveta da mirišete kao cvećka:

- Ženu koja ne stavlja dezodorans najbolje je zaboraviti.
- Proverite kako se parfem koji vam se dopada ponaša na vašoj koži, pomešan sa vašim znojem, kako pristaje vašem temperamentu, i zapamtite: BUDITE UMERENI. Špricnite malo u vazduhu a zatim prođite kroz oblačić i to je dovoljno. Želite da vas zapamte, a na da izazovete migrenu kod drugih.

- Ne stavljajte parfem ako putujete daleko javnim prevozom ili ste u nekom drugom stešnjenom prostoru, poput časa joge. Pogotovo ne kada letite avionom. Vrlo je nekulturno staviti druge u situaciju da devet sati prekookeanskog leta moraju da udišu ono šta se vama ćefnulo.
- Staviti parfem da bi se zamaskirao miris dima od cigarete nema učinka. Bolje je osećati se na dim nego imati zadah nečeg neprirodno pomešanog.

2. **Poštujete mišljenje** osobe koja vam je kompliment uputila i da verujete da je iskren.
3. **Prihvatite dobru kritiku** na isti način kao i lošu. To znači: saslušajte, razmislite da li ima i zrnca istine i dobrih namera.
4. **Recite: „Hvala vam!"** Možete da dodate: „Mnogo sam se trudila oko toga" ili „Pokušavam da oslabim, drago mi je što ste primetili" ili „Zahvalna sam vam na komplimentu!" I to treba i da mislite.

HRANA SE NE BACA

Restorani i kafići na fin način

Ima malo stvari koje me čine srećnijom od izlaska na večeru, bilo da jedem ovsenu kašu ili nešto otmeno, pijem samo kafu ili preskupi koktel, sa šarmantnim partnerom ili sasvim sama. Obožavam kada me služi kelner i dosipa mi ledenu vodu u čašu, obožavam da ćaskam sa poslugom i barmenima i stvarno volim onaj način na koji vam ljudi odjednom postanu interesantniji nego što zapravo jesu kada ste u intimnoj atmosferi separea ili pod prigušenim svetlom sveća. Sprovela sam anketu i nisam mogla da nađem ni jednu jedinu devojku koja nije prosto luda za hranom, pićem i druženjem na javnom mestu.

Kako naručiti: Biti dobro uslužen

Vi plaćate za hranu, ali takođe imate odnos sa osobom koja vas služi i pri tom obavlja svoj posao i kojoj dobro dođe, kao i vama na poslu, mali osmeh. Gledajte kelnera u oči kada naručujete. Ponašajte se prijateljski – on celo veče zabavlja ljude, pa imajte razumevanja – videćete da se lepa reč daleko čuje.

Ako nešto nije u redu sa vašim jelom – nije ono što ste naručili, želite još sosa, čaša vam je napuknuta – recite to kelneru. Samo pri tom budite fini. Dobar kelner će vam uvek ugoditi, bar bi tako trebalo da bude.

Budite ljubazni, ali odlučni. Ako naručite nešto srednje pečeno a dođe reš, vratite jelo. Ako ste u nekoj situaciji vi napravili grešku (na primer, naručili ste tuna tartar ne znajući da je to sirovo), recite kelneru iskreno da ste pogrešili i ponudite da platite za jelo, ali naručite nešto drugo. Svaki dobar restoran ne bi trebalo da vam zaračuna to jelo. Ako ga ipak uključe u račun, spomenite to kelneru ili zatražite da razgovarate sa upravnikom. Ako ovaj nema razumevanja za vaše razloge, nemojte produžavati ionako lošu situaciju – jednostavno platite i idite. Drugi put ćete otići na bolje mesto.

SPECIJALNA NARUDŽBINA

Kelneri vam često nude specijalitet kuće ne pominjući cenu. Ako vam je neprijatno da pitate, znajte da će cena takvog jela biti za 3$ ili 4$ viša nego prosečan obrok u restoranu. Neki veoma posebni dodaci, kao što su tartufi, guščji pate ili „kobe" govedina, poslaće vaš račun visoko u orbitu.

Ne treba da se izvinjavate ako nešto pitate. Probajte ovako: „To zvuči sjajno. Koliko košta vaš specijalitet?"

Napojnica

Jedini način da kelneru pokažete da li su obavili sjajan ili očajan posao jeste bakšiš. Trebalo bi uvek da ostavite 15% od neoporezovanog računa, gde god da ste izašli. Danas je često uobičajeno i 20%, pogotovo u finijim restoranima u velikim gradovima. Negde 16–18% je u redu. Za izvanrednu uslugu,

(nastavak na strani 202)

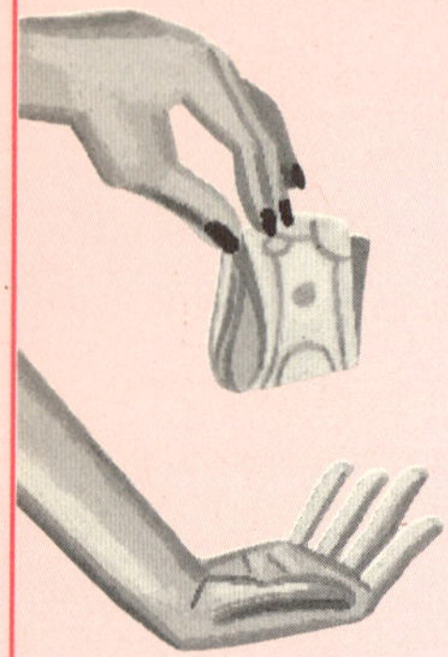

Male tajne velikih majstora

Evo nekih putokaza za određene situacije u restoranima i sličnim mestima. Ali, kao i uvek, slušajte svoj instinkt. Ako ste bili sjajno usluženi ili vam se čini da situacija diktira da date više ili manje, zaboravite pravila. Ovo su samo uputstva za neke prosečne situacije u prosečnom američkom gradu – prilagodite ih vašem kraju, ako je potrebno.

U restoranu	dobra usluga: od 15% do 18% odlična usluga: 20% loša usluga: 10%
U kafiću	1$ po piću; 2$ za prvo piće Ili 15% od ukupnog računa
Garderoba	1$ po stvari povrh onoga koliko košta garderoba (napojnica je za radnika)
WC	1$
Vratar	1$ ako vam zaustave taksi ili pomognu oko tašni
Parkiranje	2$ za dovoženje auta
Taksi	15% od ukupnog iznosa; nešto više ako je jaka gužva ili ako vam taksista pomogne oko prtljaga
Isporuka	Raznošenje hrane 2$–4$ Nešto više ako je loše vreme ili nemate lift Takođe treba dati napojnicu za isporuku pića, namirnica ili stvari

Frizeri	20% je standardno za šišanje, farbanje, pramenove i sl. 2$ za devojku koja pere kosu
Zaposleni u banji	15% minimum u koverti za manikir, pedikir, tretman lica, depilaciju
Nastojnik zgrade	50$–100$ za praznike 25$–40$ za ljude koji održavaju zgradu
Garaža	Nekoliko dolara s vremena na vreme 20$–50$ za praznike

Selidbe	20$–50$ glavnom; 15$–30$ svakom radniku Svakoj osobi pojedinačno dati napojnicu – to pokazuje više poštovanja, a onaj ko je bio vrlo pažljiv treba da bude nagrađen
Hotelske sobarice	2$–5$ dnevno, u zavisnosti koliko fensi je hotel ostaviti u koverti u sobi na kraju boravka
Nosači	nekoliko dolara za nošenje prtljaga
Room service	u boljim hotelima napojnica se možda odmah dodaje na račun u suprotnom, 15–18%, kao u restoranu

KADA NE OSTAVLJATI NAPOJNICU

- Doktori, učitelji, advokati, knjigovođe
- Kelneri i osoblje na privatnim zabavama
- Stjuardese
- Poštari, možda samo za praznike
- Sobarice u nečijoj kući
- Vratari u bioskopu
- Vodoinstalateri, električari ili drugi majstori, osim ako ne dođu van radnog vremena. (Pazite se: ionako će vam zaračunati astronomsku sumu ako dolaze u nezgodno vreme, zato se pričuvajte!)
- Svako ko ima istaknut natpis „Bez napojnica"

Da li ostavljati napojnicu vlasniku?

U salonima, vlasnici često naplaćuju više nego ostalo osoblje za svoje usluge; u tom slučaju, od vas se ne očekuje napojnica. Ako vlasnik ne zaračunava više nego ostali, onda svakako treba da date napojnicu. Kada niste sigurni, nema nikakvih problema da pitate – bolje je uraditi pravu stvar nego išetati uvredivši nekoga i ne znajući.

ostavite i više. Za lošu uslugu, ostavite 10%. Možda vam se to čini smešno, ali je uobičajeno.

U kafiću ostavite bar 1$ po piću. Pogotovo ako ćete tu ostati neko vreme, bakšiš od 2$ za prvo piće ostavlja sjajan utisak i obezbediće da vaši kokteli cele večeri budu vanserijski.

P.S. Nemojte da zaboravite da ostavite napojnicu kelneru kada ne plaćate piće. Piće jeste besplatno, ali kelner i dalje radi za pare. Napojnica od 2$ za prvo piće biće više nego dobrodošla, gde mnogi zaborave da ostave i cent. Izuzetak su svadbe ili zabave u nečijoj kući. Ne treba da ostavljate napojnicu na skupu koji se održava u privatnoj rezidenciji.

Trinaest osnovnih principa manira za stolom

Kada ljudima pomenete bonton, prva stvar na koju pomisle – a onda je odbace kao zastarelu – jesu maniri za stolom. Kao i vi, ja brinem više o tome da uživam u svojoj večeri nego da jedem „pravilno". Međutim, snob u meni (ma hajde, priznajte, imate i vi jednog u sebi) nalazi da je tužno što su lepi maniri svedeni, za mnoge, samo na žvakanje zatvorenih usta.

1. Raširite salvet na krilu čim sednete za sto. Kada ustanete da idete u kupatilo ili odlazite, ostavite salvet na stolici. Ni u kom slučaju vaša salveta ne bi trebalo da završi kao zgužvana loptica na stolu.

2. Kada domaćica počne da jede, neka to bude i znak za vas da počnete – ne uzimajte viljušku dok ona ne krene. Ako ste vi domaćica, treba da sačekate da svi budu posluženi ili da svi sednu ako je u pitanju švedski sto.

3. Kada uzimate hleb, otkinite komadić veličine zalogaja, namažite ga puterom i pojedite. Nemojte mazati celo parče odjednom i jesti kao sendvič. Iako je to sasvim prihvatljivo u Evropi, u ovoj zemlji se smatra neučtivim da koristite parče hleba da biste dogurali hranu do viljuške ili da biste pokupili sos.

4. Tu poslednju kašiku supe možete pojesti tako što ćete nagnuti tanjir OD sebe (znam! Problem sa zakonima fizike!) i pokupiti kašikom. Nipošto nemojte zabaciti glavu i piti kao iz činije.

5. Isključite telefon. Bez opravdanja. Osim ako ste doktor na dežurstvu ili diler droge –

ostavite telefon u džepu, na vibraciji. Razgovarati mobilnim za stolom u restoranu isto je kao i prdnuti u prepunom liftu.

6. Vaša tacna za hleb je sa vaše leve strane, a čaša sa desne. Ako ne možete ovo da zapamtite, sastavite palac i kažiprst – vaša leva ruka čini „h" što znači hleb a desna formira „p" za piće. Proverite dobro da ne biste potegli iz susedove čaše.

7. Ako ne možete da progutate nezgodan zalogaj, diskretno ga uklonite ivicom viljuške iz usta i ostavite na kraj tanjira. Koristite prste da delikatno uklonite iz usta stvari kao na primer sitne riblje kosti.

8. U redu je da izduvate nos za stolom, ali koristite papirne maramice ili platnene (šta, nemate vezenu čipkanu maramicu u tašnici?) – nemojte koristiti salvetu sa stola, pogotovo ne salvetu od tkanine. Ako imate problem sa sinusima, prošetajte do WC-a.

9. Nemojte istog trenutka otvoriti jelovnik čim ste seli u restoranu. To je nekulturno prema vašem društvu za večerom i ostavlja utisak nedruštvenosti. Sačekajte dok domaćin otvori svoj meni, a onda pratite.

10. Tokom poslovne večere, neka vam reper bude osoba na najvišem položaju za stolom i nemojte naručivati alkohol niti predjelo, ako ta osoba to ne čini. Neka poslovni ručak bude društvenog karaktera; čekajte da stigne dezert da biste započeli razgovor o poslu.

11. Laktovi na stolu? Snobovi kažu ne dok jedete; držite ih u položaju sa strane. U redu je da ih držite uz telo između zalogaja.

12. Kada završite jelo, postavite svoj pribor u položaj kazaljki na satu u 5:20h, spojeno dijagonalno. Ovo kelneru daje na znanje da ste gotovi.

13. Nikada ne stavljajte šminku za stolom. Toalet služi za to.

OVO JE VAŠA ZABAVA

Kako organizovati sjajnu žurku

Najveća zabluda u vezi sa zabavama jeste ona da ćete automatski stvoriti sjajnu atmosferu kada sakupite jednu nenapadnu grupu kul ljudi, ubacite malo cuge i glasne muzike. Proširenija varijanta ovoga takođe je zabluda

PRAVILA ZA PREDJELA

Služite opštepoznato

Uredu, to je koktel parti, ali ako sam vam talac od 7 do 11 uveče, morate me nečim nahraniti da bih zadržala visok nivo moje sjajne konverzacije.

Možete ići toliko visoko koliko vaš budžet dopušta, ali uvek neka se nađe nešto pri ruci što može da se gricne. U suprotnom, svi će se naliti kô letva pa će piškiti u cveće ili će se onesvestiti pre svanuća. Šta je najbolje što možete da ponudite? Univerzalno, dušo, univerzalno.

Preskočite krofnice i čipsiće, i poslužite meze koje je svima prihvatljivo. Sir, krekeri ili tost, suhomesnato ili povrće. Suši rolnice uvek su popularne i brzo nestanu kao i masline (punjene interesantnim stvarima kao što su paradajzići ili bademi, ako baš hoćete da budete fensi) i grožđe. Nasečena kobasica je u društvu uvek dobrodošla – iako da niko ne priznaje da jede meso, to prvo plane.

Tajna je u tome da sve iseckate na sitne zalogaje tako da se lako uzima i ne pada po tepihu. Ako imate vremena, uzmite kuvar sa police ili nazovite mamu radi recepta za tople artičoke poslužene koje je ona uvek služila kad ste bili klinci.

P.S. Ako dobijete poklon kao domaćica, bocu vina ili kolač, osim ako nije jasno da je namenjeno za kasnije ili ne ide sa onim što ste pripremili, poslužite i to. Vaši gosti će uživati, darodavac će se osećati poštovano, a vi nećete izgledati kao da čuvate ono najbolje samo za sebe.

– dodate meze, iznajmljeni prostor, disk džokeja – i imate garantovano gala veče.

Slušajte me dobro: najvažniji element dobre žurke je dobra domaćica koja ima talenat da poveže ljude. Možete vi sakupiti sve vaše sjajne prijatelje na jednom mestu – od kojih su svi apsolutno fenomenalno interesantni i zaljubili bi se jedni u druge samo da imaju priliku da se sretnu – ali bez pobude, bez inicijalne kapisle, bez zajedničkog prijatelja koji će ih predstaviti jedno drugom, oni će ostati samo uz onoga sa kim su došli ili će stajati pored poznatih ljudi. Možda će im biti i sasvim okej, ali ona magija sticanja novih prijatelja, ćaskanja sa novim ljudima, osećaj doživljene *avanture* – sve ovo ode nepovratno kao mast u propast.

Dobra domaćica, ona čiji su maniri besprekorni tako da vaši gosti i ne vide kako vi vučete sve konce cele večeri, to je neophodno za organizovanje dobre zabave.

Dobra domaćica se dobro provede na svojoj zabavi

Prvo i najvažnije, dobra domaćica se zabavlja na sopstvenoj žurci. Ako je vama ugodno i zabavljate se, bez obzira na to da li imate 2 ili 200 gostiju, ostali će osetiti pozitivne vibracije. Dobra domaćica takođe mora da:

- Upozna sve koji se ne poznaju: „Dejv je fotograf, a Čeril radi u foto-agenciji." Baš kako treba! Jedna od najboljih stvari vezanih za zabave je šansa za svakog da upozna nekog novog.

- Ne dopušta da bilo ko stoji na margini smešeći se nelagodno, dok ona obraća pažnju na druge. Vidiš onog sirotanka kojeg su ostavili prijatelji da stoji sam? Superdomaćica će ga uvući u razgovor i upoznaće ga sa svojim prijateljima koji će ga uključiti u svoju zabavu.

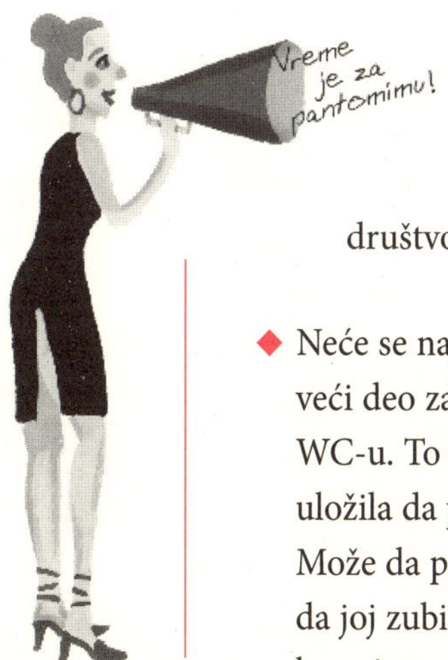

- Brine da svako ima piće. Naravno, ona pri ruci ima i bezalkoholna pića za goste koji ne piju. Ona će, takođe, pozvati taksi za gosta koji je malo preterao.

- Upražnjava teoriju ponude po pitanju planiranja zabave: ako morate grešiti, pogrešite tako što ćete spremiti više – leda, hrane, čaša i pića. Ništa ne spušta atmosferu tako brzo kao nestanak pića, pa društvo šmugne na picu.

- Ne pokušava da kanališe svoje goste u neke upitne oblike „zabave". Ako se svi spontano slože da je vreme za neku društvenu igru, onda je to u redu. Ali domaćica koja odjednom vikne: „Na redu je pantomima" sigurno će vrlo brzo imati prazan stan, ako društvo nije za to.

- Neće se napiti kao letva i provesti veći deo zabave povraćajući u WC-u. To obara sav napor koji je uložila da postane dobra domaćica. Može da popije par pića, pazi na to da joj zubi ne budu umrljani karminom i zabavlja se – umereno.

SAMO IH POVEŽITE

Upoznavanje

Zar ne mrzite one situacije kad ste s prijateljicom i ona sretne nekog poznatog i krene da priča sa njim, a vas ni ne predstavi. To čoveka stvarno razbesni! To bi trebalo zabraniti zakonom! Nikada nemojte, kao kreten, ostaviti prijatelja da stoji po strani dok pričate s nekim a da ga s njim ne upoznate. Takođe se postarajte da znate tačno kako da se postavite ako se nađete u takvoj situaciji. Upoznavanje nije samo stvar formalnosti – to je društvena obaveza.

Situacija: predstavili su vas nekome prvi put. Rukovanje? Poljubac? Naklon?

Rešenje: kada upoznate nekog novog, ispružite desnu ruku, pogledajte ga u oči i rukujte se. Rukovanje je znak poštovanja i prijateljstva – ako to ne uradite, ispašćete nekulturni i arogantni. Ako je to blizak prijatelj, ili prijateljev prijatelj u neobaveznom okruženju, ili je susret koleginica sa posla, normalno je pružiti obraz za poljubac. Poljubac više puta je evropski običaj a drže ga se samo pozeri, matrone koje su upravo stigle iz Evrope ili pravi Evropejci. Ali kada ste u Rimu (ili bilo gde drugde u Evropi), ljubljenje

u obraz više puta sasvim je prihvatljivo – čak se i očekuje.

Situacija: upoznajete dvoje ljudi. Šta treba da znate?

Rešenje: koristite ime i prezime; od toga se ljudi osećaju značajno i jedinstveno u odnosu na gomilu onih koji se zovu Rob. Spomenite nešto prepoznatljivo o svakoj osobi tako da se uspostavi momentalna veza: „Elis sam upoznala na skijanju“ ili „Lesli živi u istoj zgradi kao i nećaka Foknerove“.

Situacija: vidite nekoga koga prepoznajete ali ne možete da se setite imena, ili da li ste se uopšte upoznali. Ne znate kako – ili čak da li treba – uspostaviti vezu.

Rešenje: stari bonton nudi princip „biti pod istim krovom“: ako ste proveli neko vreme pod istim krovom kao i druga osoba, to je isto kao da ste se upoznali – imate dovoljno zajedničkog da možete da kažete: „Mislim da smo išli zajedno na španski, na drugoj godini fakulteta." Naravno, možete da budete prostak i da se pravite da nikada niste videli ovu osobu u životu, ali niko vam neće verovati.

Situacija: sreli ste nekoga, ćaskate neko vreme a vi ne možete da se setite imena.

Rešenje: recite jednostavno: „Izvinjavam se, zaboravila sam vaše ime." To se svakom može desiti i nije nepristojno, jednostavno je ljudski. (Koliko god da ste vi fascinantni i seksi, i on je verovatno zaboravio vaše ime). Evidentno je da mi razmenjujemo imena suviše rano pri upoznavanju – nemamo neke interesantne detalje za koje bismo mogli da vežemo to ime, niti razlog da zapamtimo osobu. Dok ne počnemo da marimo s kim to zapravo razgovaramo, prošlo je već nekih 45 minuta, a ime je iščezlo iz pamćenja.

Situacija: ćaskate sa nekim koga bi trebalo da znate ali čijeg imena uopšte ne možete da se setite, a dolazi još jedna prijateljica. Kako onda da ih upoznate, a ne osramotite se?

Rešenje: iskoristite ime koje znate. Na primer, predstavite prijateljicu koja je stigla: „Ovo je Adelejd Anderson!" i pustite da njih dve odrade upoznavanje. Ako ne znate ime nijedne osobe, pokušajte da napravite mudru facu i kažete: „Sigurna sam da se vas dve znate!", a onda tiho nestanite da uzmete sebi piće.

Situacija: neformalno ste se upoznali sa roditeljima vaše prijateljice: „Ovo su moji roditelji". Svi smo mi sada odrasli – kako da im se obraćate?

Rešenje: ako vam nisu drugačije predstavljeni, zovite ih gospodine i gospođo dok vam ne kažu da im se obraćate imenom. Ako niste sigurni kako se ljudi prezivaju – razvodi, novi brakovi – jednostavno upitajte svoju prijateljicu kako da im se obraćate.

Situacija: na nekom ste događaju gde nikoga ne poznajete. Domaćice nema nigde na vidiku. Kako se upoznati sa nekim, bilo kim?

Rešenje: i tako, vraćamo se tamo gde smo i počeli – gde je naša fina domaćica kad vam treba? Budite što možete hrabriji i jednostavno počnite da razgovarate sa nekim s kim uspostavite kontakt očima. Pružite ruku i predstavite se, prokomentarišite zabavu, hranu, piće, vremenske prilike – zaboravite pokušaje da budete genijalni i jednostavno se opustite.

Nemojte rasturati zabavu: Kako biti dobar gost

Prvo i prvo, kulturan gost će uvek odgovoriti na poziv i javiti da li dolazi. Jedini valjan razlog za odbijanje poziva je bolest, smrt u porodici ili opravdana pretrpanost rasporeda. Ako želite malo da rastegnete istinu, to prepuštam vama. Mislim da niko ne bi trebalo da ide na neki događaj ako zbog toga drhti od muke, ima loše varenje ili slom živaca. To je žurka a ne obaveza. Trebalo bi da se zabavljate a ne da dobijete dijareju.

Činjenje zabave uspešnom uključuje i nešto više nego se samo pojaviti. Dobar gost uvek mora da se drži nekoliko ključnih društvenih pravila:

- **Nikada ne dolazite praznih ruku.** Vino, žestoko piće, cveće, hrana – čak i bombonjera. Zapamtite; svako voli dobro rashlađenu bocu crnog vina. Osim beba kojima niču zubi. One vole belo vino.

- **Potrudite se oko ostalih.** Čak i da ste – *pogotovo ako ste* – najveća faca na žurci, razgovarajte sa drugim ljudima. Zabava ne može da uspe ako ljudi ostanu u svojim zatvorenim grupicama, a potreban je samo jedan hrabar lik da probije led i natera ljude da malo cirkulišu.

- **Znajte kada je vreme da krenete kući.** Nemojte biti poslednji koji će otići, osim ako niste obećali domaćici da ćete pomoći oko spremanja. Ako se gosti proređuju, flaše se prazne, ili ste upravo čuli nekoga da viče: „Ko je za tablić?", brišite koliko vas noge nose.

O pozivnicama

Pozivnice su malo nezgodne. Ako morate da koristite Internet za pozivnice za zabavu, budite diskretni ili koristite grupni mejl koristeći funkciju zaštite. Pozivnice pokazuju celom svetu ko dolazi i one koji odgovaraju bespotrebno stavljaju u situaciju da ih komentarišu oni koji ne mogu da dođu. Pozivnice preko Interneta takođe stavljaju pozvane u nepotreban položaj da moraju da smišljaju neke vickaste interne šale koje će uključiti u svoj odgovor. Prave papirne pozivnice poslate poštom mnogo su diskretnije, ličnije i imaju onu finu staromodnu patinu, ako imate vremena za to.

◆ **Nemojte ponižavajuće gledati na žurku.** Nemojte se ponašati kao da biste želeli da ste negde drugde, da stojite skrštenih ruku u ćošku i šapćete nepoznatim ljudima da je sve drugo zabavnije od ovoga ovde. Ako to nije zabava koja vama prija, kulturno otidite.

◆ **Uvek se zahvalite domaćici kada odlazite.** Možda će vam trebati malo vremena da je nađete, ali nekulturno je otići bez pozdrava.

SVAKOG GOSTA TRI DANA DOSTA

Blagoslov i kletva

Biti dobar gost u nečijoj kući nije lako. Ja se, na primer, uvek provedem kao bosa po trnju u tuđoj kući jer se osećam kao uljez. Svaki je slučaj za sebe – na primer, krajnje je nekulturno potrošiti svu toplu vodu tuširajući se celih 20 minuta. Ovakvo ponašanje je prihvatljivo ako ste kod svoje mlađe sestre pa joj se tako svetite za sve prethodne godine. Postoji, ipak, nekoliko pravila koja nam omogućavaju da se ne osećamo totalno parazitski, i zbog kojih će nas naši domaćini možda pozvati još koji put.

Vreme za uzvraćanje

Ako vas pozovu, treba li i vi da pozovete njih?

Da, treba da uzvratite pažnju ako ste bili pozvani u nečiju kuću, na ručak ili večeru.

Ne, ne morate da ih pozovete na svoje venčanje, krštenje, otvaranje muzeja ili dobrotvorne događaje za koje plaćate ulaznicu.

1. **Nemojte bukvalno shvatiti poziv da budete kao kod svoje kuće,** misli se da se osećate kao kod tuđe kuće. Zato, namestite svoj krevet. Ako je to kauč na rasklapanje, složite ga i sklanjajte posteljinu svako jutro. Držite svoju kozmetiku u tašnici. Budite što je manje moguće vidljivi.

2. **Neka vaš boravak bude ograničen.** Znate onu staru: svakog gosta tri dana dosta.

3. **Donesite poklon!** Lakše ćete dobiti dobrodošlicu uz bocu dobrog vina, dobru knjigu ili buket belih rada.

4. **Operite suđe za sobom** i sklanjajte sve smesta za sobom, pogotovo ako ste gosti

kod ljudi koji pate od kontrole (kao na primer ja). Ali nemojte pokušavati da budete supergost tako što ćete ribati kadu ili srediti ormane – ljudi imaju svoj način na koji obavljaju stvari i vaše „samo hoću da pomognem" može da bude shvaćeno kao nametanje ili kritika.

5. **Pomozite oko kućnih poslova** i bilo kakvih obaveza koje iskrsnu.

6. **Ako vam domaćica kaže da sednete** i pustite nju da raskloni sto, kulturno se pobunite, ali ako ona insistira, pustite je da odradi svoj posao. Ona možda više voli da vi sedite i pijuckate svoje pićence nego da, tako šarmantni kakvi ste, jednostavno nestanete u kuhinji.

7. **i najbolji prijatelji moraju imati vreme za sebe.** Kada idete u posetu kod bake ili starih prijatelja, uzimate i njima vreme kada žele da budu sami sa sobom, da čitaju nešto i sl. Uvek ponesite knjigu ili neku drugu zabavu tako da se vaš domaćin ne oseća obaveznim da vas stalno zabavlja. Takođe, možete svom domaćinu staviti do znanja da je i vama potrebno vreme za samoću.

8. **Nemojte ostavljati dlake u kupatilu.** Posebno ne u kadi. To je odvratno. Izbrišite lavabo nakon upotrebe. Okačite podnu prostirku na kadu kada završite s kupanjem, a okačite i svoj peškir.

9. **Ne bi trebalo da osećate da morate da se izvinjavate što se namećete** – na kraju krajeva, pozvani ste. Budite svoji, i kada vas upitaju šta želite da radite ili šta biste želeli za večeru, recite slobodno šta mislite. Biti neodređen ili previše nesiguran zamorno je i stavlja na pleća vašeg domaćina teret pogađanja.

10. **Uvek pošaljite pismo zahvalnosti.** Čak i da je u pitanju davni prijatelj pa vam se čini smešno da to učinite, to je oznaka stila, i rukom napisana poruka poslata poštom (ne imejl) i dalje je najbolji način da pokažete zahvalnost.

VENČANJA

Ono što vam nisu rekli

Mladama je sve dozvoljeno, i više nego što treba. Ali za nas, ostale goste, postoje pravila bontona koja važe samo za svadbe. Samo

Kada se radi o malo dužem boravku od samo jednog vikenda

Kao kućni gost na duge staze – a to podrazumeva sve što je duže od vikenda, treba da se bešumno uključite u dnevnu rutinu domaćinstva. Ako ne doprinosite kiriji, trebalo bi da se pridržavate svih pravila za kratkoročne goste i:

- Smesta nadoknadite sve što potrošite, bilo da je to mleko, papir u štampaču, šampon ili šampanjac. Nema veze da li ste istu stvar inače vi kupili.
- Ponudite se da kupite namirnice, spremite večeru, pokupite cveće, očistite kuhinju (a onda ispunite što ste preuzeli!).
- Nemojte razgovarati telefonom u nezgodno vreme i ne primajte posetioce a da se prvo ne dogovorite sa domaćicom.
- Uvek počistite za sobom – ako vaša domaćica mora od vas da traži da to učinite, biće stvarno, i s punim pravom, iznervirana.
- Iskoristite svoj talenat ili veštinu kao poklon za kuću. Možete malo da sredite baštu, skuvate omiljeno jelo, pročitate njenu najnoviju dramu ili pomognete oko poslovne biografije.
- Ostavite poruku ili nazovite ako ćete preko noći ostati negde drugde tako da vaša domaćica zna da će imati kuću samo za sebe.
- Ne zaboravite da ste vi gost, na osnovu dobre volje svoje domaćice, a niste samo na prenoćištu. Pobrinite se da joj uputite iskrene komplimente, izrazite zahvalnost, izvedite domaćicu na večeru u finom restoranu i ponudite se da uzvratite uslugu pozivajući je da dođe kod vas. Postarajte se da se nikada ne pokaje što vas je pozvala.

Kako se obući za venčanje: deset saveta da izbegnete grešku

Nemojte obući belo. Čak i da će mlada biti u crvenom, nikada nemojte obući belo.

Nemojte se obući kao da ste došli da nešto prodate – lonce, osiguranje ili samu sebe.

Budite pokriveni u mestima za molitvu – haljine bez bretela zahtevaju nešto preko dok ne počne žurka.

Ako je dnevna svadba, šeširi su obavezni u Britaniji, ali postarajte se da imate stvarno dobru modiskinju ako želite da ih nosite.

Razmišljajte veselo i pozitivno – u pitanju je slavlje.

Obucite nešto u čemu možete da plešete. Nije zabavno izgledati sjajno ako ne možete ni da mrdnete.

Uvek je bolje obući se preozbiljno nego neozbiljno.

Ukoliko nije deo kostima, izbegavajte pantalone. Nikada, nikada nemojte obući farmerice.

Neka vaš nakit i šminka budu odmereni i s ukusom.

Najlonke nisu neophodne ukoliko je venčanje danju, osim ako je veoma formalno. Za večernje svadbe, možete biti bose ili imati providne čarape koje se slažu sa vašom haljinom.

dišite duboko, sve je pod kontrolom. Počnimo sa kompletom koji ćete obući.

Jedino što se može reći u korist haljina za deveruše jeste to da vi ne morate da pronalazite sami šta ćete obući. Istina je da ovaj događaj nije zbog vas, ali nekako ono što ljudi oblače na venčanjima ostaje tema razgovora beskrajno dugo, pogotovo ako se napravi strašan gaf. Zato je najbolje imati na umu da jeste važno šta ćete obući, ali koliko god da se trudite da budete prosto adekvatni, super je ako pri tom još i sijate.

Formalno oblačenje

Naznaka da je kravata obavezna potiče od pre 1960. godine, kada su muškarci išli na vrlo formalne skupove za koje su morali da nose belu mašnu i produženi sako. „Crna kravata“ znači smoking za muškarce a fensi odeću za vas. Šta je fensi zavisi od toga gde se održava venčanje, u koje doba dana i u kojem društvu, ali većina se slaže da taj termin podrazumeva „večernju haljinu“ što može biti i koktel haljinica ili dugačka haljina.

Da li deluje pomalo naredbodavački na pozivnici naznačiti kakvo je obavezno oblačenje? Pa jeste malo, ali to je tradicija i neće se uskoro menjati, zato bolje ućutite i budite lepi.

U CRNOM

Možete biti obučeni u crno na venčanju. To sigurno znam jer mi je kazala mama a, odmah iza Marte Stjuart, ona stvarno zna više nego iko o tim stvarima. Takođe, i ja sam bila na dovoljno venčanja i videla toliko žena u crnom da znam da ne samo što je to prihvatljivo, već je i sasvim uobičajeno. Čak i da događaj ne zahteva obavezne smokinge, ja ipak propagiram crnu boju, ako je haljina dovoljno elegantna i ne izgleda kao komplet za sahranu.

Venčanja u zimu prosto vas zovu da obučete tamnocrveni ili teget pliš; letnja venčanja traže haljine princes kroja u pastelnim bojama i kosu podignutu u maštovitu ali ukusnu punđu. Nemojte načiniti smrtnu grešku da se ne obučete adekvatno za večernje venčanje. Poznato je da mlade, mladine mame i mladoženje shvataju ovo kao ličnu uvredu. Dnevna venčanja, osim ako nije drugačije naznačeno, obično su opuštenija od večernjih, pa će elegantna kombinacija suknja/bluza ili fina haljina biti sasvim u redu. Ekskluzivan komplet sa pantalonama takođe može da prođe. Samo bez faltica na pantalonama. I bez sukanja ispod kojih viri guza kad sednete. I biće dobro.

Povesti pratnju

Ako ste dobrodošli sa pratiocem na venčanju, to će vam biti i rečeno. Pozivnica će glasiti na vas i na vašeg pratioca ili na vas i vašeg nepoznatog gosta, na primer ovako:

Gđica Melisa Kerš i
g. Edrijen Brodi

ili

Gđica Melisa Kerš
i gost

Ako je pozivnica za venčanje adresirana isključivo na vas, onda znači da niste pozvani da dovedete gosta i to nije stvar za diskusiju. Viđala sam kako se familije cepaju napola zbog ovog problema. Neko je pretpostavio da, pošto je rođaka Petunija dovela svog kolegu sa posla Ala na veridbu, trebalo bi da može da ga dovede i na venčanje. Odgovor je „ne", ali pitanje čak ne bi trebalo ni da bude postavljeno. To pitanje stavlja domaćine u neprijatnu situaciju da mora da kaže direktno „ne".

ŠTA JE – DA JE, SAMO DA NOSI PANTALONE?

Morate li baš da povedete pratioca samo što tako stoji na vašoj pozivnici? Ako se zabavljate sa nekim i smatrate da je zaslužio privilegiju, a istovremeno mislite da će moći da izdrži dolazak na venčanje sa vama, onda ga, van svake sumnje, i dovedite. Upozoravam vas, međutim, da ovo nekada ume da znači nešto stvarno posebno u jednoj vezi; bilo da se to vama sviđa ili ne, odlazak na svadbu može da dovede pitanje braka na dnevni red, često prerano. Ljudi na venčanjima umeju da se zanesu i krenu da ispituju svakoga u prostoriji kada će se spojiti; to baš ume da bude neugodno ako spavate sa svojim dečkom manje od tri nedelje. Nemojte žuriti.

Nikada nemojte dopustiti sebi da se osećate pod pritiskom da iskopate bilo koga iz svog kruga poznanika i dovedete bilo šta što nosi pantalone, a može da prođe, na venčanje. Ako se ženi vaš bivši, ili je to neka nezgodna društvena situacija (na primer, likovi koje niste podnosili u srednjoj školi), pozovite stvarno dobrog prijatelja. Gej prijatelj je uvek dobar izbor, ali ne pokušavajte da ga prikažete kao svog dečka. To možda može da prođe u filmovima, ali nikad u stvarnom životu. Koga god da dovedete, upoznajte ga sa domaćinima. Na kraju krajeva, oni plaćaju za njegovu večeru.

Otići solo: nema dečka, nema problema

Prigrlite ovu mogućnost da plešete, družite se, pijete besplatno i budite srećni što ne morate da vučete svoju familiju. Da li ima bolje prilike od venčanja da upoznate nekoga ko je slobodan? Gosti su već izabrani i nije verovatno da je iko od njih bivši robijaš; ni oni, baš kao ni vi, nemaju danas pametnijeg posla nego da se zabavljaju sa nepoznatim ljudima. Nema boljeg razloga od dva usamljena broda koji plutaju u noći da se upoznaju i spoje od jednog dobrog stiskavca na nečijoj svadbi.

Očekujte da će vas mladenci verovatno staviti da sedite pored nekoga ko je takođe solo, što je poznato pod imenom „lažni randevu“. Tog mladića vredi upoznati, čak i da niste zainteresovani da se ludirate s njim – on će vas makar spasti od toga da celu noć ne đuskate sami na podijumu. Uostalom, budite otvorenih pogleda – nikada ne znate kada lažni randevu može da se pretvori u pravu stvar.

Nazdraviti, čak i kada nije prigodno

Bravo za vas što ste ustali ispred gomile ljudi da biste obavili tu staromodnu a ipak slatku tradiciju zdravice. Baš kao što svi mi volimo tu raskoš svadbi (čak i mi koji se pravimo da to mrzimo), mi volimo i pompeznost nazdravljanja. Zdravica nam dozvoljava nešto privatno u javnosti, da budemo u centru pažnje i da, zato što nam je to dozvoljeno, priznamo neke stvari koje su možda, pomalo, i intimne. Šta može biti zabavnije od toga?

Evo nekoliko saveta za nazdravljanje:

- Od toga koliko je venčanje formalno, zavisi ko drži zdravicu. Najkrući protokol zahteva da nazdravite samo ako se to od vas traži, i to pre svadbe. Obično se od kuma očekuje da održi zdravicu tokom večere, a postaje i prilično uobičajeno da nazdravi i mladina kuma. Na opuštenijim venčanjima, sačekajte da porodica završi svoj deo, a onda pokuckajte kašikom o čašu i krenite – što više to bolje. Ako ne možete dobro da procenite situaciju, pitajte roditelje (ili kogod plaća za to venčanje) da li možete da kažete par reči. Ako na vaš zahtev odgovore bilo kako drugačije osim jednim entuzijastičnim „Naravno!“, e onda zabeležite svoje osećanja na papir i pošaljite ih mladencima posle svadbe.

- Možda će od vas tražiti da održite zdravicu – mnogi mladenci odaju počast svojim voljenima na taj način što od njih traže da na ovaj način učestvuju u venčanju. Ako ste nervozna osoba, otkucajte nešto unapred, nekoliko crtica podsetnika treba da bude dovoljno – vi ovde želite sreću i sve najlepše a niste govornik na simpozijumu. Čestitke, jedna anegdota ili dve, i to je to. Neka govor bude srdačan i na temu.

- Zdravica nije mašina za meso. U mašini za meso vi svojom duhovitošću kidate nekoga na komade. Zato, neka reči budu prigodne i blage, a ne grube. Bez velikih iznenađenja, molim, nemojte da se ljudi zgledaju, i isprobajte svoj humor na nekom drugom unapred, za svaki slučaj.

Jednom sam videla kumu koja je, zaneta svojom sopstvenom duhovitošću, doviknula mladinim roditeljima prilikom zdravice: „Gospodine i gospođo Barns, čini se da je ovo zgodan trenutak da vam saopštim da je Sara provela pola svog boravka u srednjoj školi bežeći sa časa i opijajući se iza sale za fizičko." Nikada nije dobro vreme da saopštite ovako nešto, pogotovo ne na svadbi svoje prijateljice.

Tajna dobrog poklona

Brak nudi bezbrojne razloge za mladence da slave svoju srećnu zajednicu, ali nema veće agonije za prijatelje nego što su običaji, pravila i bonton kod davanja poklona. Koliko bi trebalo da potrošite? S obzirom na to da je tu i veridba i devojačko veče, kao i samo venčanje, koliko poklona se od vas očekuje a da još možete da platite kiriju ovoga meseca? I, uopšte, šta treba poklanjati?

Kada god niste sigurni, poklonite nešto iz spiska koji su napravili mladenci. Porodica mladenaca može vam reći u kojim radnjama su ostavili spisak poželjnih stvari. Znam, nema ničeg ličnog u tome – Sali En svakako neće pomisliti: „Oh, ovo je baš ta viljuška, viljuška koja je identična sa jedanaest drugih koje nam je Džen poklonila za venčanje!", svaki put kada nabode pečenje.

Ali venčanje nije zbog vas.

Na taj prastari način, venčanje se pravi zbog mladenaca i, barem u teoriji, zbog njihovog zajedničkog novog početka. Oni su sastavili spisak zato da gosti ne moraju da brinu šta će im kupiti, i da bi oni mogli da dobiju ono što žele. Ako vas baš nije posebno zamoliti da napravite bistu srećnih mladenaca od seckanih papira, jednostavno uzmite nešto sa spiska. Uradite to na vreme tako da možete da izaberete između stvari koje vam se sviđaju umesto da preturate po ostacima.

Naravno, uvek postoji izuzetak. Neki ljudi ne naprave spiskove za radnje, a u tom slučaju, većina mladenaca neće se ljutiti ako

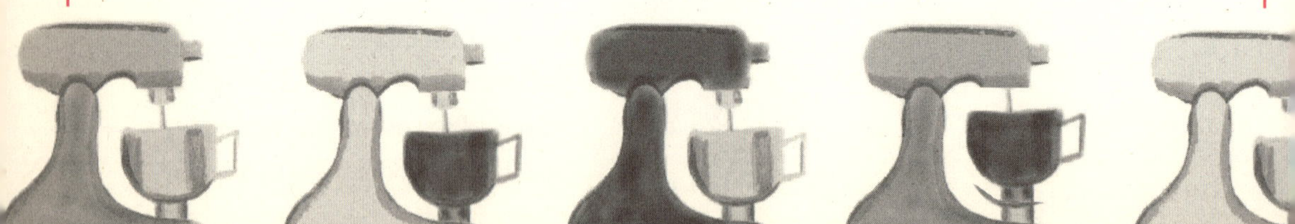

dobiju novac (iznos treba da bude proporcionalan vašoj ljubavi za srećni par). Imam prijateljicu koja voli da kao poklon da keš u koverti, u stilu filma *Kum*, ali izbor je na vama. Postarajte se da ovo bude u skladu sa porodičnim pravilima – ono što se smatra prihvatljivo kod Korleoneovih možda ne prolazi kod drugih. (Molim vas da ne zaboravite: vaš keš je uvek dobro došao na mom venčanju; dobro ga sakrijte do tada). Donacije dobrotvornim ustanovama u ime mladenaca ili gotovinski kupon u radnji gde su mladenci ostavili spisak ali su se stvari već prodale, uvek je dobra zamisao.

Koliko poklona treba da donese dobar gost

Čistunci insistiraju na tome da treba da donesete poklon na svaki pa i najmanji događaj na bilo koji način povezan sa venčanjem, od veridbe do obične čajanke. Ovaj običaj se pomalo zaboravlja, pogotovo kod mlađih uzvanica, iz jednog jedinog razloga – previše je skup. Sasvim je u redu dati samo jedan poklon – ako tako odlučite, neka to bude svadbeni poklon. Nikada nemojte doneti poklon na samo venčanje; neka ga isporuče. Mladencima neće biti zgodno da iz restorana kući vuku pribor za kamin od kovanog gvožđa.

DATI POKLON ILI NE

Ako ste primili dopis da će se venčanje održati ali ne i pozivnicu za venčanje...
Onda, ako želite možete poslati poklon, ali to se od vas ne očekuje. Predlažem da pošaljete čestitku.

Ako idete na venčanje...
Onda treba, 9,5 od 10 puta, da date poklon. Jedini izuzetak je ako se venčanje održava u nekoj dalekoj zemlji. Svaka devojka koja se pojavi jednog vetrovitog novembarskog dana na centralnom trgu u Sijeni, oslobađa se obaveze. Ako je ona slučajno ponela svoj fotoaparat i, kad se vrati kući, pošalje mladencima nekoliko fotografija, to će biti baš promišljen poklon.

Ako stvarno ne možete da priuštite poklon za tradicionalnu prijateljicu koja očekuje da doslovce poštujete svako slovce svadbenih pravila...
Onda joj napišite lepo pismo da ste u stisci s novcem u ovom momentu i da na venčanju može videti ili vas ili samostojeći mikser. Dobra prijateljica će razumeti.

Ako ste pozvani na venčanje i ne idete...
Onda će puritanci reći da treba da pošaljete poklon što je pre moguće. Ja bih ovo malo modifikovala i rekla da, ako je u pitanju

dobar prijatelj na čije biste venčanje inače otišli da nemate ranije zakazanu obavezu ili da nije tako daleko i sl., onda sasvim sigurno treba da pošaljete poklon. Ako je pozivnica za venčanje od nekoga s kim niste tako bliski i viđate se jednom godišnje, čestitka i poruka da se zahvaljujete ali da ne možete doći, sasvim je dovoljna.

Ako ste pozvani na venčanje zbog poslovnih veza...
Onda treba da date poklon, čak i da ne odete.

Pravilo: Imate godinu dana da pošaljete poklon

Verovatno ste čuli za ono pravilo da imate tačno godinu dana od dana venčanja da pošaljete poklon, ili ćete videti. Želim ovom prilikom da vam kažem da je to prljavi deo folklora i potpuno neistinito. To takođe podstiče one ljigavce koji bi da se izvuku i ne kupe poklon. Da, može se reći da će mladenci ionako dobiti milion poklona odjednom, pa zašto da ne pošaljemo naš malo kasnije, ko će primetiti? Jadan izgovor. Internet vam omogućava da na vreme obezbedite poklon i da ga isporuče mladencima a da vi i ne mrdnete iz kreveta. Ako baš morate da pošaljete poklon nakon venčanja, učinite to što pre. Nemojte čekati godinu dana da ova mitska neistina istekne.

Razmislite s kakvom vrstom ljudi imate posla. Ako je mlada izabrala tekst svoga zaveta još kada je bila devojčica od dvanaest godina, i ako, ni mrtva, ne bi obukla nešto što nije original „vera vong" venčanica, onda će se ona verovatno radovati lepom poklonu, moderno upakovanom. S druge strane, tu je i moja prijateljica Džoana koja je svima poslala dopis u kojem zabranjuje slanje poklona, odbija da ih primi, i reći će svima ko pita: „Ako ne mogu da obučem na sebe ili pojedem poklon, nemojte ga ni slati." Za nju je jedan praktičan poklon sa registrovanog spiska, i to je to.

Komunikacija u svetu koji je sve više varvarski

Vizitka

Ima nešto baš zadovoljavajuće u vezi sa vizitkartom – ona pruža jedan solidan identitet vlasniku, i pokazuje da je stvarno uspeo u životu. Vizitke zapravo kažu: *Ja sam zaposlen, Ja imam i telefonsku liniju i imejl. Ja sam odštampao šta sam hteo na deset hiljada kartonskih kartica koje ću sada podeliti odabra-*

nima, tako da će imati privilegiju da mogu da stupe u kontakt sa jednom posebnom individuom, a to sam ja!

Mislim da je važno zapamtiti da jeste postojalo vreme kada žene nisu imale vizitkarte, samo lične kartice na kojima bi, izgravirano, stajalo *Gospođa Ričarda Livingstona,* ili kako god da je njeno prezime. Ona bi ostavila svoju karticu ako ode u posetu a ta osoba nije kod kuće ili kada šalje poklon. Kako civilizovano! Kako prastaro! To je još jedan razlog više zašto vi treba da imate karticu na kojoj su vaši podaci. Ne morate biti u poslu da biste imali svoju vizitku – potpuno podržavam štampanje kartica na kojima stoji jednostavno vaše ime i broj, i adresa ako tako želite, da je pružite pojedincima za koje smatrate da su je zavredili, potencijalnim poslovnim saradnicima ili momcima. *Holi Golajtli,* iz romana Trumana Kapotea, ima na svojoj kartici napisano samo svoje ime a ispod toga stoji *Putnica.* Ah, luksuzni život visoke klase.

Dobro je imati karticu na svakom društvenom ili poslovnom događaju. Ne morate poturati pod nos svoje ime i broj svakome koga sretnete a s kim želite da uspostavite kontakt. „Dozvolite da vam dam svoju vizitku" opuštenija je verzija onoga „Nazovi me" nekome koga ste upoznali i voleli biste da vam se javi. Nema vrpoljenja oko toga da li će zatražiti vaš broj ili ne.

Pružanje kartice može biti stvar visokog stila. Ili pomalo kičasta. Ja obožavam jednu priličnu tužnu priču moje prijateljice Elene koja se, na jednoj zabavi, upustila u ozbiljno flertovanje sa nekim muškarcem na zabavi. Dok je postajala sve pripitija od šampanjca, ponudila je svoju vizitku čoveku ni manje ni više nego sedam puta. Svaki put, on je, kao savršeni džentlmen, uzeo karticu. Volela bih da verujem da je bio dovoljno džentlmen da joj ukine piće za to veče, ali na džentlmenski način.

SAVET: nemojte deliti svoje vizitke unaokolo kao da su bombonice – zbog toga možete izgledati neiskusno i nervozno. Dajte ih ljudima koji će ih stvarno iskoristiti.

Zadovoljstvo koje pruža pismo s monogramom

Pa dobro, priznajem da je to luksuz, ja bih radije imala za hranu jednu celu nedelju nego da to potrošim na graviranje mog imena na skupom, tvrdom papiru i kovertama u kompletu. Ali jesam bila dovoljno ljubomorna na prijatelje koji imaju takav komplet i kutijicu za njega, da sam uštedela da kupim sopstveni set. Kao blizak prijatelj vizitkarti ali mnogo intimniji, pribor za pisanje sa monogramom ostavlja utisak pisaćeg stola za kojim osoba stvara umetnost finog pisanja a to je tako, tako otmeno.

Živela pisma i krasnopis!

Kada ste poslednji put napisali pismo rukom? Mislim, stvarno seli za sto i sastavili pismo, ne koristeći tastaturu? Prva ću priznati da i sama retko kad napišem pismo od deset strana na papiru sa odštampanim Snupijem, koji je bio simbol moje mladosti. Ali postoji jedna forma pisanja za koju moram insistirati da je savršeno savladate – a to je pisanje zahvalnica. Jedini slučaj kada je prihvatljivo poruku zahvalnosti poslati imejlom jeste onda kada je vreme od kritične važnosti, a to je kod intervjua za posao.

Kada primite poklon, odete u nečiju kuću na večeru ili za vikend, ili vam neko učini uslugu – na primer napiše vam referencu za stan, vi treba da napišete poruku zahvalnosti. Na pravom papiru, pravom olovkom. I pošaljete ga poštom, s markicom i svim ostalim. Instant komunikacija imejlom uverila je mnoge da su papir i olovka prevaziđeni, ali oni nisu u pravu. imejl je potrošna stvar, nema lični karakter, i nekako je antiseptično moderan. Poruke pisane rukom zahtevaju vreme i trud, i one u pravom smislu šalju poruku – one vam kažu da je primalac neko vrlo vredan, cenjen i poštovan. Možda vam se taj gest čini demode, ali to je veština koja je svojim večnim stilom važna i u elektronsko doba.

Pet elemenata pravilnog telefoniranja

1. Provera pozivnog broja. Bez obzira na to da li mi to želeli ili ne, broj onoga koji poziva postao je životna činjenica, kao akne u odraslih. Najbolja provera identifikacije je ona nevidljiva, tako da ni ne znaju da ih izbegavate.

2. Usredsređenost. Dok razgovarate telefonom s nekim, budite prisutni. Nemojte gledati TV, surfovati netom ili razgovarati s nekim drugim u sobi, ili staviti ruku preko slušalice pa šaputati nešto kolegi na poslu. Ako vam ovo nije zgodno vreme za razgovor, jednostavno recite onom ko vas je pozvao da morate da prekinete.

3. Poziv na čekanju. Ukoliko ne očekujete neki hitan ili vrlo važan poziv (možda vam je bolestan neko u familiji, ili ste na mukama u vezi sa dobijanjem novog posla), nekulturno je odgovoriti na poziv koji je na čekanju. Mnogo je kulturnije ignorisati poziv na čekanju i biti potpuno uključen u trenutni razgovor.

4. Učestalost. Nazovite jednom. Ostavite poruku. Nemojte zvati milion puta ili ostaviti milion poruka. Pretpostavite da će vam se ljudi javiti. Možete da dodate i jedan imejl, da malo pokrenete stvari a da ne preterate.

5. Prekinuti razgovor. Postoje fini način da se kaže do viđenja. Kada kažete „Pustiću te sada da ideš," to nije jedan od tih načina. To znači: „Ja pokušavam da kažem kao da ti želiš da prekineš, a zapravo ja to želim." Dajte iskren razlog: „Moram sada da spremim večeru" ili „Sada ću pogledati taj DVD". Ako jednostavno hoćete da završite poziv, pokušajte da razgovor privodite kraju i završite sa „Drago mi je što smo se čuli". To ukazuje na situaciju a ne dolazi s neba pa u rebra, i svi znaju da je to znak za „Hajde da se skinemo s telefona".

Izbegavanje seljačenja preko telefona

Neki od najgorih kršenja bontona danas se čine pogrešnom upotrebom mobilnog telefona. Idioti s mobilnim telefonima su svuda oko nas. Evo kako ćete se postarati da ne postanete jedan od njih:

Suzbiti ludake

Da, brbljati telefonom na javnom mestu je nekulturno. Ali isto tako je nekulturno ako pokušavate „nevidljivo" da koristite telefonom, na primer krišom kucate poruku dok ste u društvu s nekim drugim. Možda mislite za sebe da ste suptilni dok kuckate ruke spuštene ispod stola, ali niste. Vreme u društvu ljudi ne bi trebalo provesti izvodeći nekoliko zadataka odjednom. Sastaviti čitav imejl u trku može biti rezervisano samo za devojke koje su na napornom poslovnom putu i neće imati pristup svom računaru u naredna 24 časa. Većina onoga što imamo da kažemo može da sačeka još pola sata da se vratimo kući sa večere.

Kad već razgovaramo o kucanju poruka, ja shvatam potpuno da je poruka zgodno sredstvo da nešto javite a ne morate da se angažujete u dugačkoj konverzaciji, ali želim da istaknem da nijedan važan posao – kao što je izliv ljubavi ili pregovori za hipoteku – nikada ne bi trebalo obavljati porukama.

◆ Samo zato što imate mobilni telefon, ne znači da je ceo svet vaša telefonska govornica. Nekulturno je razgovarati mobilnim telefonom u restoranu, u javnom prevozu ili u radnjama. Izađite.

◆ Zašto ljudi koji razgovaraju mobilnim moraju da vrište kao da razgovaraju kroz plastične čaše spojene kanapom? Budite tihi – ti telefoni imaju vrlo osetljive mikrofone i osoba s druge strane neće vas čuti ništa bolje ako urlate. Pogotovo ako hodate sami i nosite na glavi neke od onih slušalica, zbog čega izgledate kao poludeli manijak koji već razgovara sam sa sobom.

◆ Kada već govorimo o telefonima koji imaju slušalice, molim vas nemojte u uhu držati onu smešnu „blutut" bubicu kada ne razgovarate telefonom. Nemoguće je razgovarati licem u lice sa nekim ko vam izgleda kao da će uskoro započeti razgovor sa posadom svemirskog broda.

◆ Ovo sam već spomenula, ali to je tako ozbiljna stvar da ću reći ponovo: isključite tu stvarčicu (ili je bar stavite na vibraciju) kad ste u društvu drugih ljudi. Odvratno je obavljati druge razgovore vezane za društvene aktivnosti, kada ste sa drugima. Zovite me samoživom, ali kada ste sa mnom, ja hoću da budete sa mnom.

◆ Ozbiljno: zašto morate staviti telefon na sto ispred nas dok večeramo? Stavite telefon u tašnu, isključite ga i kasnije proverite poruke. Ko god da je, može da čeka.

◆ Muzika koju ste odabrali da zvoni na vašem telefonu govori mnogo o vama. Ako imate neku anonimnu melodiju koja zvuči skoro kao uspavanka, prolazite kod mene. Ako vaš telefončić dreči „Ja mrzim svoga taticu", uključujući jaku ritam

Prebukiranost

Vi ste društvena ličnost prvog reda, ali pazite da se ne prebukirate. Jedan ili dva događaja za jedno veče, između kojih ima dovoljno vremena, biće više nego dovoljno da održite svoju reputaciju. Izuzetno je depresivno sesti na piće sa osobom s kojom nameravate da provedete veče, a da vam ona objavi da mora da briše sa nekim drugim u bioskop. Ako imate planove sa jednom osobom, poštujte tu osobu dovoljno da joj posvetite celo veče ili barem recite odmah čim planirate susret da ćete morati da odete ranije. Za vas je zabavno da imate prepunu satnicu, ali druge osobe će se osećati potcenjeno ako ih ostavite u procepu.

sekciju i gudače, možda ću se nasmešiti prvi put, ali vi time odajete previše informacija.

- Ako krećete s posla kući, ponesite svoj telefon. Nema ništa što čoveka tako nervira kao mobilni koji dreči a niko se ne javlja na njega.

Ako vam telefon zazvoni u bioskopu, operi, biblioteci... ovo smo već apsolvirali, zar ne?

Saučešće: uvek neprijatno, uvek neophodno

Najveća greška koju možemo da učinimo kada prijatelj ili poznanik pati jeste da ne učinimo i ne kažemo ništa. Naravno, nervozni smo zbog toga što bismo mogli izreći ili uraditi „pogrešnu stvar“, a nervozni smo i zbog sopstvene bespomoćnosti da promenimo datu situaciju. Zato se mi uzdržavamo, misleći da je smrt lična stvar, da je patnja lična i ne uključuje nas, zato smo možda malo pretenciozni ako ponudimo sažaljenje. Da li je naš pokušaj da se „nađemo“ nekome kada treba puka nametljivost? Prirodno je što imamo nedoumice u vezi sa ovim, ali stvarno, morate nešto reći.

Nažalost, dok ne izgubite nekog ko vam je blizak, vrlo je teško znati šta možete učiniti da se neko drugi oseti bolje. Svaka situacija je drugačija, ali većina ljudi u žalosti neće ni zapamtiti šta ste im rekli – ali zapamtiće da jeste *nešto* rekli, da ste poslali telegram saučešća ili ste im prišli i lično izjavili saučešće. Pretpostavite da su vaše dobre namere shvaćene pravilno, nemojte pokušavati da popravljate stvari ili da uradite „pravu stvar“.

Biblije bontona za finije poliranje

Obavezna trojka biblija bontona je:

Sve o bontonu od Ejmi Vanderbilt, Nensi Takerman i Nensi Dunan
Bonton Emili Post, Pegi Post
Novi maniri za nova vremena, Letiša Boldridž

U tim knjigama naći ćete ama baš svaki detalj bontona – ne nosite belo u novembru, kako da se obratite kraljevskoj porodici, kako da popijete čaj. Sve tri knjige su detaljne, prilično konzervativne, pomalo iritantne i nemaju humora. Sve su dopunjene da odgovaraju savremenom čitaocu tako da uključuju bonton korišćenja mobilnog telefona.

Vodič 'Miss Manners' do neverovatno korektnog ponašanja, novo dopunjeno izdanje, Džudit Martin
Ona je genijalna, zabavna, oduvek je bila radikalna na svoj šarmantni način. Nimalo kruta kao ostale tri dame, Miss Manners će vam uvek namignuti kada prepiše lek. Zbog te knjige sam počela da razmišljam zašto ovakvi vodiči ne bi mogli da budu lako štivo za čitanje. Ako samo jednom u životu kupite knjigu o bontonu, neka to bude ovaj genijalan evergrin.

Bonton u društvu, na poslu, u politici i kod kuće, Emili Post
Kao formalna čajanka sa nečijom bakom (svakako ne mojom, možda vašom ako vam je baka bila ugledna gospođa). Prvi put objavljena 1922. godine, podjednako je zabavna i kao čas iz istorije (ima celo jedno poglavlje posvećeno kućnoj zabavi u kampovanju), i zbog svog neobičnog pristupa večnim problemima.

KULTURNO IZRAZITI SAUČEŠĆE

- Priđite osobi čim bude prigodno i moguće, na smiren, ljubazan način: „Toliko mi je žao zbog vašeg oca. Molim vas, recite ako mogu nešto da učinim da vam pomognem."
- Ako ste poznavali preminulog, napišite pismo u kojem navodite sećanja na njega. Oni koji su u žalosti često vole da čuju priče drugih ljudi – to mogu da dodaju svojim uspomenama na osobu koju su izgubili.

◆ Pokušajte da se setite neke lične stvari koju možete da uradite za osobu u žalosti, od koje bi se osećala bolje *bilo* kojeg dana. U zavisnosti od toga koliko dobro poznajete osobu, ponudite se da pokosite travnjak, sredite kuću ili spremite večeru – bilo šta od tih običnih stvari. A zatim *ispunite šta ste obećali* – većina ljudi neće trčati za vama da biste im ispunili obećanje.

◆ Nemojte započinjati religiozni razgovor ako to nije u vašem stilu ili u stilu osobe koja je u žalosti. Nemojte biti lažno prosvećeni.

◆ Davanje dobrotvornog priloga ustanovi koja je nešto značila preminulom pažljiv je gest, pogotovo ako niste dobro poznavali osobu.

◆ Ako možete, idite na sahranu. Osoba u žalosti verovatno vas neće podsetiti a možda vam neće reći ni tačan datum, ali vaš dolazak će veoma ceniti.

◆ Pozovite ožalošćenog nekoliko puta narednih nedelja ili meseci. Posle strke oko sahrane i zvaničnog perioda za žalost, patnja ostaje i vaše saosećanje će tada biti potrebno više nego ikad.

Tanka linija između dostojanstvenog i diktatorskog

Uvidećete da je, uz malo vežbe, prilično jednostavno držati se lepih manira. Ne samo što će vam to pomoći da ostavite dobar utisak u ovom svetu uvek spremnom na osudu, već će vaša vešta primena lepih manira učiniti da se drugi ljudi osećaju ugodno u vašem društvu. Stizati tačno na vreme, priređivati dobre zabave, davati prigodne poklone, to su sve načini da pokažete svoje poštovanje i to koliko cenite druge. Nažalost, bonton se često koristi kao sredstvo diskriminacije od onih koji bi trebalo da znaju za bolje od toga. Neki ljudi koji imaju takozvane „lepe manire" postanu policija za bonton i koriste svoje superiorno znanje da bi isticali gafove drugih, da bi ih kritikovali što nisu poslali zahvalnicu ili da bi se podsmevali njihovoj neadekvatnoj odeći ili ponašanju.

Mač koji ste upravo sebi pripasali ima dve oštrice, moja dobro vaspitana ratnička drugarice. Samo napred sa kulturnim ponašanjem; nema sumnje u to da ćete, sve više, postajati svesni onih koji greše. Ali zapamtite: isticanje toga gde su drugi pogrešili najgora je moguća povreda bontona. Učinite sve što je u vašoj moći da činite dobro na ovom svetu i, nadajmo se da ćete nešto od tog lepog ponašanja preneti i na one među nama koji su grubi i neotesani.

P. S. Na samom početku sam rekla da osnove bontona čiji nešto mnogo više od toga koja viljuška služi za šta na formalnoj večeri – i još tvrdim to isto. Ali, okej, uvek počinjete od krajnje leve viljuške. Generalno, uvek počinjete spolja i idete ka unutra kako stižu jela. Ma dobro, evo dajem vam celu šemu postavljenog stola.

Poglavlje 5

S kim se družite

Upoznajte nove prijatelje, zadržite stare tako da i dalje poštujete sebe kad se ujutro pogledate u ogledalo

Zašto je tako teško naći vreme za ljude koje volimo? Dosadna istina je da smo svi zauzeti, radimo i po nekoliko poslova, šetamo kućne ljubimce, idemo kod terapeuta, treniramo za maraton, idemo u kupovinu namirnica, pišemo scenario. Na fakultetu, sa prijateljima ste se viđali nekako prirodno, i to se dešavalo spontano kao vremenske prilike. Živeli ste i studirali sa kolegama, sretali ih na predavanjima i na večeri. Mogli ste da pokucate na nečija vrata u bilo koje doba dana ili noći i evo! Društveni život! Sada kada ne živite u velikom smeđem studentskom domu uz još stotinu devojaka vaših godina, morate zapravo da se potrudite da biste se viđali. Avaj, TV serija *Prijatelji* svima nama prodala je san da i mi možemo da budemo samodovoljan klan od šest supersmešnih, zgodnih, finansijski obezbeđenih, srećno ušuškanih najboljih prijatelja. U stvarnom životu, mi gubimo kontakt s ljudima. Ne živimo više na samo nekoliko koraka jedni od drugih i sasvim sigurno se ne nalazimo svakog četvrtka za jednu turu finog zadirkivanja praćenog gromoglasnim smehom. Koliko god da se stvari sada čine komplikovanim, to samo postaje još gore. Ovo mislim na dobar način: vaš život će postati još uzbudljiviji i pun (oh, šta sve nećete doživeti! Svi ljudi koje ćete upoznati ili ćete se za njih udati!). Što užurbaniji postaje vaš život, to više postaje suštinski važno da slobodno vreme provodite sa prijateljima koji vam znače. A kriterijum ko vam je važan menjaće se naglo kako vreme prolazi. Sa nekim ljudima ćete postati bliži a od nekih ćete se otuđiti više nego što možete i da zamislite – verujte mi. Biće to jedna avantura ali, uz malo pažljivog odabira, imaćete grupu pravih prijatelja koji vas podržavaju i prave vam društvo kroz sva skretanja i promene – zar to nije utešno?

Biti tu kad treba

Kada razmišljam o tome šta čini dobrog prijatelja, uvek se setim one reklame za instant kafu u kojoj dve žene, sklupčane na kauču, sanjare o onom prezgodnom kelneru kojeg su upoznale kad su poslednji put pile tako dobar moka kapučino – u Parizu, naravno. Ta me reklama beskrajno nervira ali ona pogađa u žicu: ostavimo li obične klišee po strani, postoji određeni nivo intimnosti koji mi povezujemo sa prijateljstvom, i ima neke klasike u tom osećaju druženja sa prijateljima pijuckajući nešto toplo. Osim toga, jedna dobra prijateljica:

- Voli vas, praktično, bezuslovno – i voleće vas čak i kada imate loš dan, ili se posvađate ili vi kasnite. Ona će se možda iznervirati ali temelj prijateljstva je uvek tu.

- Želi vam sve najbolje. Ona želi da vi uspete i ne taji to.

- Iskrena je o tome šta vam dobro stoji, ali tako da se vi ne osećate neatraktivno. Kada je pitate da li vam je dupe preveliko u tim farmericama, ona kaže: „Više mi se sviđaju one druge koje si probala."

- Ne misli da su vaši problemi trivijalni. Ako je to vama važno, važno je i njoj. Do detalja će izanalizirati vaš odnos sa roditeljima, ali i pomoći da sagledate stvari iz drugog ugla i reći vam kada je vreme da prebolite prosuto mleko.

- Donosi vam pileću supu kada ste bolesni, zove vas da vidi kako ste kada ste tužni, brine se da bezbedno stignete kući kada ste popili neku.

- Staje na vašu stranu u vašoj svađi sa bratom, gazdom ili prijateljicom koju ona ne poznaje, osim ako tako nešto nije u značajnom sukobu sa njenim integritetom, a u tom slučaju vi joj pomozite da sagleda vašu stranu priče.

Najbolja prijateljica

Ona za koju mnoge žene smatraju da je obavezan pratilac, taj najdragoceniji dragi kamen u kruni naših prijatelja može biti upravo to što mu ime kaže: najlojalnija, najodanija, ona kojoj sve kažete, ona koja ostaje uz vas i kad ste upravo izbacili ceo svoj garderober kroz prozor. Ono što ja najviše cenim kod moje najbolje prijateljice jeste to što, i kad samo kuliramo i pravimo večeru, imamo međusobnu vezu, izazivamo jedna drugu i provodimo se dobro na svoj način.Za druge, najbolja prijateljica je običan mit, napušten još u danima kad smo imali fizičko u sali. Kao što je važno da jedemo raznovrsnu hranu, osim ako nećete da dobijete beriberi, postoji i opasnost da natovarimo previše na pleća samo jedne osobe. Toplo vam preporučujem mnogo najboljih prijatelja – hej, savetujem vas da dobro razmislite hoćete li dozvoliti nekom da uđe u vaš krug ako nema potencijal da postane najbolji prijatelj.

„Kada sam potpuno očajna zbog nekog momka, potreban mi je neko ko ume da žali sa mnom, ko će potvrditi moja osećanja i podsetiti šta je sve ipak dobro u mom životu. Mada, nisam u stanju uvek da sve to razumem odmah. Moja najbolja prijateljica je toliko dobra u tome – ona je ta koja mi uvek pokaže širu sliku, podseti me na prethodne raskide i kako smo ih prebrodile zajedno.“

— Ali, 29 godina

- Može da razgovara i o stvarima ozbiljnijim od ćaskanja. Vaš razgovor nije ograničen na mlevenje o momcima i odeći; ona zadovoljava i vaše intelektualne i vaše emocionalne potrebe.

- Lojalna je. Ona vas ne olajava i ne potkopava vas na bilo koji način.

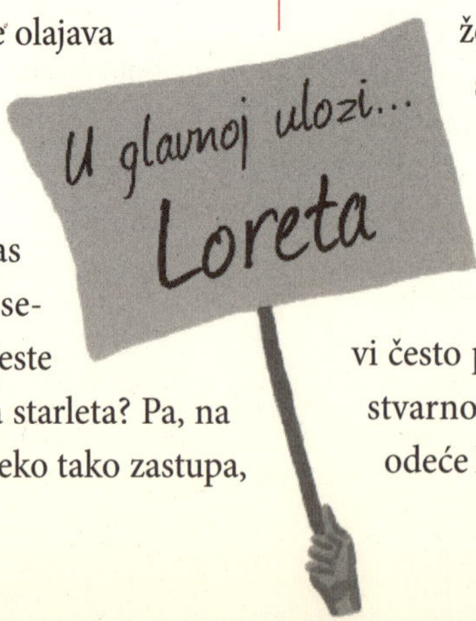

Ukratko, dobar prijatelj vas predstavlja kao nešto posebno. Šta mislim pod tim? Jeste li vi filmski hit? Popularna starleta? Pa, na neki način, da. Kada vas neko tako zastupa, to znači da vam poklanja pažnju na način koji govori: „Ti si posebna. Ja te podržavam, dopadaš mi se i moje namere su dobre. Želim da ti dobiješ onaj posao, središ tog tipa, završiš maraton.“Dobar prijatelj vas predstavlja u najboljem svetlu i vi činite to isto za nju, ne samo za nedelju ili mesec dana, već zauvek. Čak i kad niste u blizini, dobra prijateljica uvek igra za vaš tim; vaš broj je uvek u njenom mobilnom. Ona i dalje, bilo da je pitaju ili ne, kažu svetu da ste vi sjajni.

TEST PRIJATELJSTVA

Kakva ste vi prijateljica

Pa, koliko vi odgovarate ovoj slici? Mnogo je lakše nabrojati sve kvalitete koje mi želimo od prijateljica nego upitati samu sebe. „Kakva sam ja prijateljica?“Mislim da ste vi verovatno vrlo dobra prijateljica. Vi se sećate tuđih rođendana, nazovete prijateljicu tek da kažete ćao, vi često pomislite: „O, bože, Eli bi se ovo stvarno dopalo!“ kada vidite komad odeće koji je baš u njenom stilu i kupite

ga za nju. Verovatno ne razmišljate previše o tome „kako je biti dobra prijateljica", jer je to jednostavno vaša druga priroda, to je utkano u vaše biće. Ali, kada stvari dođu na probu, svi mi imamo trenutke kada se pitamo: „Šta bi jedna prava prijateljica uradila?" Ili, ako se ne pitamo, možda bi trebalo to da uradimo.

„Ponosim se time što sam prijatelj i u 4 sata ujutru. Posvećena sam tome da budem osoba koju možete nazvati ako vam je, sačuvaj bože, potreban neko da vas odveze u bolnicu. Ja sam ta na koju možete računati u stvarnoj krizi, neko o kome razmišljate kao o svojoj porodici kada članovi vaše porodice nisu zapravo tu. Moji prijatelji mogu da me nazovu i oni to i čine 24 sata 7 dana u nedelji za bilo šta."

— STEFANI, 34 GODINE

Kako biti dobra prijateljica kada...

...vaša prijateljica ima slomljeno srce. Možda nijedna druga hitna situacija nije tako česta među prijateljicama. Kada vas nazove Širli gušeći se u jecajima jer joj je momak sa kojim se zabavlja već dve godine upravo rekao: „Nije stvar u tebi, ja sam u pitanju", vi podignete sve brane. Vi se pretvarate u superheroja, bez obzira na to koje je doba dana, i odjurite do nje čim je pre moguće; ako ne, razgovarate telefonom sa njom dok ne prevaziđete krizu. Pustite je da iznese osećanja, da bude ljuta, da bude jadna, zbunjena ili besna. Stavite joj do znanja da ste tu kada ste joj potrebni.Uvek je dobra ideja da ne olajavate osobu koja je ostavila vašu prijateljicu – mnogo je produktivnije usredsrediti se na nju i na to zašto je ona i dalje tako sjajna. Uz to, ako se oni ikada pomire, biće vam veoma teško da povučete komentar tipa: „Nikad nisam mogla da podnesem tog pacova." Ponekad, i najmanji gest može da se visoko ceni: nikada neću zaboraviti kad sam raskinula sa mojim momkom i kada sam mesečarila do posla, i plakala u autobusu, moja cimerka mi je napisala sledeću poruku: *Drži se. Ja znam da ćeš ti prebroditi ovo – jača si nego što i misliš!* Bilo je nečeg u poverenju koja je ona time iskazala u mene što mi je dalo snagu da počnem da preboljevam raskid.Budite optimistični, ali najviše od svega, *budite tu.* Reći samo: „Tu sam ako ti zatrebam" nije dovoljno. Nazovite, pošaljite imejl, svratite. Pozovite je da prespava kod vas. Dajte joj vremena da bude tužna, ali je podsetite na ceo život koji je pred njom.

NA KAUČU

Maligna nasuprot benignoj zavisti

Postoje dve vrste zavisti: benigna zavisnost je kada vidite neki posao, ili kuću, ili haljinu, i sl., koje biste zaista želele da imate i odlučite da ćete naporno raditi da to steknete. Ova vrsta zavisti ne povređuje nikog, a vama pomaže da napredujete u životu. Ona druga jeste maligna zavist gde ste vi ljubomorni na nekoga ko ima sjajan posao, kuću ili dečka, i zbog njenog uspeha vi se osećate loše. Možda mislite da nikada nećete imati te stvari, da nema dovoljno toga na svetu za vas ako neko drugi ima ono što vi želite. Maligna zavist povređuje onoga ko je oseća; ona nas sprečava da pokušamo da dobijemo ono što stvarno želimo i postajemo ogorčeni i bespomoćni. Benigna zavist nas motiviše da budemo uspešni, ona nas inspiriše – mi tada mislimo: „Ako je mogla ona, mogu i ja!" — DŽOAN KJUEL, SOCIJALNI RADNIK

„Stejsi i ja se zaista finansijski nadmećemo – ja sam uvek zarađivala više novca i znam da joj to stvarno smeta. Nedavno je Stejsi našla novi posao i dobila duplo veću platu baš kad su mene otpustili s posla. Sada sigurno bolje razumem kako se ona osećala u prošlosti. Verovatno će uvek biti aktuelna jedna od varijacija pri kojoj je neka od nas 'gore' a druga 'dole', ali, na kraju krajeva, mi obe želimo jedna drugoj najbolje – zbog toga naše prijateljstvo opstaje."
— AGATA, 35 GODINA

...kada se osećate kompetitivno u odnosu na prijateljicu.

Mrvica takmičarskog duha među prijateljima normalna je stvar. Vidite, vi ste ambiciozni, želite da postignete uspeh, i ma koliko da volite svoju prijateljicu, ponekad vam se čini da se svima u koje se vi zaljubite, ona više sviđa. Ili, izgleda da vi uvek dobijete unapređenje baš kad ona dobije otkaz. Ponekad se vi i vaša prijateljica nađete nekako čudno nasuprot jedna drugoj, iako duboko u srcu obožavate jedna drugu.Tajna je u sledećem: to nije igra u kojem zbir uvek iznosi nula. Jedna od najlepših stvari u prijateljstvu jeste da budemo srećni zbog svog prijatelja, da slavimo kada ih prime na postdiplomske studije ili dobiju povećanje plate – njihove dobre vesti su i naše dobre vesti jer *u istom ste timu*. Setite se toga kad se javi kompeticija. Vi ste na pravoj stazi svoga života. Vaša prijateljica čini ono što je najbolje za nju. Obe ćete postići sjajan uspeh jer nećete prihvatiti ništa manje od toga. U toku tog puta, imate jedna drugu za podršku i treba da se radujete svojim malim pobedama. Ovo samo izgleda kao jednostavna lekcija iz prijateljstva zbog koje se ono odvija mnogo lakše. Takmičenje oko momaka, oko toga ko je lepši, ko više zarađuje – sve je to samo gubljenje vremena koje biste mogle bolje iskoristiti pijuckajući prošek.

...kad se nešto stvarno fantastično desi vašoj prijateljici (ili se ne desi).

Zašto mi mislimo da je slanje cveća samo za ljude koji spavaju zajedno? Isto tako izlazak i uživanje u dobroj boci vina? Kada ste poslednji put poslali cveće nekoj svojoj prijateljici? Ili spremili večeru i stavili karticu sa imenom na sto?

...kada ste izašle zajedno u provod.

Neke posebne veštine su neophodne kada izlazite sa prijateljima. Upoznajete jedni druge sa ljudima na soareu, spasavate je od pijanog berzanskog trgovca koji je gricka za uho za šankom, ona vas nikada ostavlja samu u nezgodnoj situaciji, proveri da li je sve u redu sa vama pre nego što sama ode sa žurke. Jedna moja dobra prijateljica to naziva timskom igrom: dobre prijateljice su neodoljiv duet za konverzaciju, prave se pomalo važne jedna zbog druge, smeju se šalama svoje prijateljice, zajedno upoznaju ljude. One znaju kada treba pustiti onu drugu da zasija a kada

Sindrom Sibil

Da li se ponekad osećate kao da u sebi imate 17 ličnosti, a svaka od njih je ručno rađena baš za onu osobu sa kojom ste sada? Mnoge žene kažu da se osećaju kao prevaranti ili da se plaše da će ih „otkriti" ako vide neku od onih drugih ličnosti u njima.Istina je sledeća, vašoj prijateljici predstavljate jednu kompletnu osobu, i mada se povremeno možete osećati fragmentirano ili šizoidno, vi to niste. Možda jednostavno dopuštate da sa nekom određenom osobom više zasija jedna strana vaše ličnosti, a druga sa nekim drugim. Zato, nemojte brinuti zbog toga.Kada skupite sve svoje različite deliće zajedno, nije neobično da doživite jednu malu krizu identiteta – Luiz poznaje vašu tihu, filozofsku stranu dok Feliša očekuje da sjajno pričate viceve, a nijedna od njih ne zna za onu drugu stranu vaše ličnosti. Mada ovo može povremeno biti čudno za vas, to je takođe potpuno normalno.

joj pomoći da iskaže misao. Najbolji timski igrači mogu se sresti pogledom preko prepune prostorije i na taj način poslati poruku: „Spasavaj me!" ili „Kako se ti zabavljaš"?

VIŠESTRUKI IZBOR

Promenljiva lista prijatelja

Vi ste kompleksna osoba, imate više strana kao i svaki dragi kamen, zato nije čudno što su vam potrebni različiti prijatelji da zadovolje vaše različite potrebe. Ja sam tako bliska sa moje tri najbolje prijateljice da bi one mogle da vam kažu šta sam juče obukla, šta ću danas večerati i da vam u detalje kažu moje reakcije na današnje vesti. Obožavam da se družim sa njima, ali svakom je potrebno malo raznovrsnosti.Zato je tako osvežavajuće s vremena na vreme skoknuti na večeru sa nekim koga ja zovem „prijatelj sa margine". Možda takva prijateljica zadovoljava neku posebnu potrebu ili deli posebno interesovanje, ali izvan tog uskog fokusa vaše prijateljstvo ostaje površno. Takvi prijatelji uključuju drugara za piće, zaljubljenika u operu, partnera za tenis, prijatelja za bioskop. Obe opsesivno volimo dokumentarne filmove i nalazimo se jednom mesečno da bismo videle najnovije od Barbare Kopl ili da gledamo i analiziramo *Sive vrtove* po stoti put. Prijatelj sa margine je sjajna stvar jer su ulozi manji – vi cenite jedno drugo zbog povremenog druženja, ali konstantan i redovan kontakt nije neophodan da bi vaši povremeni izlasci bili prijatni.S vremenom ćete uvideti da vreme provodite sa ljudima sa kojima više nemate pravi spoj. To su prijatelji sa B liste. Ogromna razlika između A liste i B liste prijatelja nameće pitanje: zašto nam je potrebna B lista? Na kraju, vi shvatate koliko je vredno vaše vreme i kako malo ga imate na raspolaganju da provedete s ljudima sa spiska samo

> „Ja ne bih mogla bez ijednog od mojih prijatelja – svaki od njih osvetljava neki deo moga života. Indira ispunjava moje emocionalne potrebe – ako sam ljuta, nazvaću nju i oni će tačno znati šta treba da kaže. Heder ispunjava moju ludirajuću, divlju, onu 'hajmo na žurku' stranu, ali nju retko zovem ako se desi neka kriza. Sa Dinom, sve je u vezi sa devojačkim stvarčicama kao što su odeća i ulepšavanje. Džen i ja smo obe žene od karijere i to je osnov našeg druženja. Ilejn je moja prošlost – znam je sa fakulteta i ona mi daje osećaj vremenske distance, podseća me na to ko sam bila i šta sam postala."
>
> —SUZAN, 35 GODINA

A lista, B lista, Nipošto lista

A LISTA

- A lista prijatelja
- Seća se da sutra imate važan sastanak i nazove da vam poželi sreću – njima je stalo do vas u svakom običnom danu kao i po pitanju velikih stvari.
- Oni koji vas prvi nazovu (ponekad i pre porodice) kada se nešto strašno ili divno desi.
- Možda se ne slažu sa vama, ali poštuju vaše mišljenje.
- Znaju kako da vam kažu nešto a da se ne osećate kao da su vam zabili nož u leđa.
- Prate šta se dešava u vašem životu iz nedelje u nedelju, zato u toku prvog sata izlaska ne morate da ih informišete.
- Znaju ko su glavni igrači u vašem životu tako da ne morate u detalje da im objašnjavate svaku priču.
- Oni koje među prvima unesete na automatsko pozivanje na svom mobilnom.
- Svratili bi do vas jednostavno da se družite, čak i da ništa posebno nemate isplanirano.
- Predstavljaju vas kao zvezdu (podrazumeva se).

B LISTA

- Ušetaju u vaš život i isto tako izađu, i tako stalno.
- To su ostaci prijateljstava iz onih delova vašeg života koje ste ostavili za sobom, kao srednja škola.
- Nisu baš zabavni ali su sasvim sigurno fini.
- Ljudi sa kojima se i dalje viđate samo zato što nisu učinili ništa toliko loše da ih jednostavno odstranite.
- Šalju vam imejl koji ostane u vašoj pošti nedeljama ili mesecima, čekajući na odgovor za koji vi jednostavno ne možete da skupite dovoljno energije.

zato što ste naučili, još kao mladi cvetak, da treba da imate prijatelja što je više moguće da biste imali neku vrednost. U životu odraslih, popularnost zamenjuju drugi prioriteti, kao ambicija ili povezivanje sa ljudima i ljubav prema sebi. Jedini ljudi koji osećaju potrebu da budu popularni jesu tinejdžeri i političari, a jedino je ovima drugima popularnost stvarno potrebna da bi bili uspešni. Možda ćete se naći u situaciji da izlazite

Preskakanje

Situacija: izađete na piće sa svojom prijateljicom Izabel. Ona dovede grupu svojih kolega sa posla. Vi se momentalno nađete sa Izabelinom prijateljicom Filis – imate isti ukus za muziku i odeću, obe ste sa Srednjeg zapada, obe ste studirale u Sidneju jedan semestar – kao da ste rođene da budete prijateljice. Pre nego što zabeležite njen imejl i isplanirate izlazak, usporite malo i upoznajte se sa bontonom prijateljstva koji se često previđa. Poznato kao „nema preskakanja", ovo pravilo zahteva da žadržite i Izabel u društvu ako hoćete da se družite sa Filis.Jednoga dana ćete vi i Filis biti drugarice i izlaziti same, ali barem u početku pazite da ne izostavite Izabel. I vi i Filis ste Izabeline prijateljice i zato se potrudite da je zadržite. Isplanirajte stvari za vas tri u kontaktu sa Izabel – niko ne voli prijatelja izdajicu.Moja prijateljica Keti koja je vrlo upućena u delikatne stvari društvenih manira, savetuje: „Ljudi su vrlo posesivni kada su u pitanju njihovi prijatelji. Uvek budite vrlo, vrlo obazrivi. Nikada nemojte dozvoliti da se prijatelj oseti isključen ili izostavljen."

na piće sa ljudima sa fakulteta samo zato što imate jednu ili dve dodirne tačke, ali u određenom trenutku vi shvatite da biste radije ostali kod kuće u kadi. Možete se naći u situaciji da stalno objašnjavate „čime se bavite" i „šta se desilo otkad smo razgovarali poslednji put" celoj toj grupaciji na B listi, a to vas stvarno umara. Nema potrebe držati ljude na spisku prijatelja ako su dosadni i zamorni ili ste ih prerasli. Svako prijateljstvo koje se čini kao težak zadatak verovatno nije vredno vašeg vremena.Prijatelji su pomalo nalik šamponu – ponekad prestanu da budu u funkciji, i morate da promenite marku na neko vreme. Ako vas vaša „grupa" u poslednje vreme nervira, možda je vreme da malo „začinite" društvo. Nova devojka na poslu koja vas zasmejava po ceo dan može biti sjajan dodatak vašem klubu ljubitelja vina. Možete započeti razgovor sa redovnim posetiocima vašeg lokalnog kafića ili nazvati nekog starog prijatelja sa predavanja koga niste godinama videli. Vi i vaši prijatelji znate jedni druge tako dobro da već i zaboravite koliko je sjajno ispričati nekom novom onu vašu priču, ili slušati o nečijem životu koji je za vas i dalje misterija. Upoznajte se sa mnogo ljudi – nikada ne znate ko će biti vaša

Kada prekinuti

- Svaki put kad se vidite čini vam se kao da ste na uvodnoj sesiji terapije – podsetnik o celoj životnoj priči, tegoban i u neskraćenoj verziji.
- Vi potpuno zaboravite na tu prijateljicu kada niste sa njom.
- Jedna od vas zove stalno, piše, šalje imejlove ili poklončiće, a to nije uzvraćeno.
- Vi se pretvarate ili biste želeli da niste u gradu kada ona dolazi.
- Udaje se a vi ste o tome čitali iz novina.

sledeća bliska drugarica, ili ko će vam dati neki genijalan savet ili preporučiti knjigu koju inače nikada ne biste pročitali.

Gde su svi oni moji novi prijatelji?

Do određenog doba u životu, naši životi su osmišljeni tako da imaju maksimalan potencijal za sticanje prijatelja. Dok ste u školi, na svakom ćošku ste okruženi potencijalnim drugarima i postoji ceo niz klubova, aktivnosti, druženja, i ekipa u koje možete da se smestite. Kao odrastao čovek, potencijal situacija za sticanje prijatelja počinje da opada i, osim ako pazimo dobro, mi rizikujemo da budemo potpuno otuđeni i pre nego što napunimo 30. Za neke ovo nije problem jer mnogi od nas imaju i suviše poznanika i dobro bi im došlo jedno detaljno odvajanje žita od kukolja. Ali šta da radi devojka koja se preselila u novi grad gde ne poznaje nikoga? Šta je sa devojkom koja bi volela da ima novu drugaricu, a kamoli ona koja bi volela da ima potpuno novo društvo? Evo nekih mogućnosti:

1. Posao. Možda ćete steći jednog ili dva prijatelja na poslu, ako možete da podnesete izlazak sa ljudima sa kojima ste već ropski odradili svoj radni dan. Ali neka trajna prijateljstva nastala su na radnom mestu, zato ga ne otpisujte.

Međutim, stvari mogu da se iskomplikuju kada vi (s oproštenjem) „serete tamo gde jedete“. Vidi poglavlje „Vaš posao nije sestrinstvo“.

2. Klubovi. Biciklistički klubovi, klubovi za štrikanje, političke organizacije – šta je to što vi volite da radite? Ima šanse da postoji grupa ljudi u vašem kraju koji

„Tokom jedne od mojih prvih nedelja u Sent Luisu, izašla sam u karaoke bar i ćaskala sa mnogo ljudi, rekla sam im da sam nova u tom gradu – tako sam i upoznala moju prijateljicu Elizabet. Nedelju dana kasnije ona me pozvala na večeru kod nje i tamo sam upoznala još ljudi. Stvarno sam se trudila da pričam o stvarima koje volim (indijski filmovi, sport) i aktivno sam tražila prijateljice za izlazak na takva mesta.“

— ROUZ, 31 GODINA

se bave istim stvarima. Ako takva grupa ne postoji, zašto je vi ne biste osnovali?

3. Susedi. Nisu svi džangrizavi stari likovi koji od vas traže da utišate muziku. Upoznala sam jednu od svojih najbližih drugarica kada smo stanovale na istom spratu i naše prijateljstvo je trajalo još godinama nakon što smo se ona odselila odatle.

4. Predavanja. Naučite nešto novo. Neke su se prijateljice upoznale u školi švedskog jezika, ili u nekim kreativnim radionicama ili na seminarima za trenere joge.

5. Mreža prijatelj–prijatelj. Budite otvoreni za mogućnost da izlazite sa ljudima koje ne poznajete baš tako dobro – i vaši sadašnji drugari takođe upoznaju nove ljude i svi ti novi ljudi dodaju mogućnost milion novih upoznavanja vašoj ekipi.

6. Dobrovoljni rad. Pomozite oko kućnih ljubimaca u lokalnom skloništu za životinje. Bonus je što znate da su ljudi koje upoznajete ovde verovatno vrlo velikodušni i nesebični.

Pa, kako da se upoznam s nekim?

Čak i najsamopouzdaniji ljudi osećaju se neugodno kada su na nepoznatom društvenom terenu. Kada ste novi u kraju – na žurci, na poslu, u lokalnom odbojkaškom timu – upoznavanje sa ljudima zahteva malo glume. Možda morate da glumite da imate više samopouzdanja nego što je to stvarno tako, ili morate da izmislite neku caku koja u početku zvuči nategnuto, za započinjanje razgovora. („Tvoj kaput je stvarno divan – tražila sam baš takav.“) Zapamtite, svako pomalo glumi na početku. Trik je u tome da izbacite nekoliko rečenica koje otvaraju razgovor sve dok se ne osetite dovoljno opušteno i uključeno da možete da započnete pravi razgovor. Takođe morate da gledate ko od drugih ljudi traži nove prijatelje. Ako neko započne ćaskanje sa vama, uputite joj široki osmeh i pogled pravo u oči, čak da se osećate nervozno. Ja sam vrlo dobra u samopredstavljanju: moja taktika je obično da pitam ljude nešto o njima, nađem tanku liniju nečeg zajedničkog i držim se toga. (Na primer: „Oh, imam prijateljicu koja radi u velikoj investicionoj banci! Njihovo radno vreme stvarno nije normalno – kako je kod tebe?“ Nije baš najinteresantnije, ali pokreće stvari.)Nedavno sam otišla na zabavu koja je bila prepuna mladih žena od 20 i 30 godina koje se međusobno nisu poznavale. Upoznala sam njih desetak jednostavno tako što sam slušala njihov razgovor a onda se priključila („Nisam mogla a da ne čujem da ste razgovarali o onom filmu...“). Ali, takođe se desilo i da sam naišla na zidove od kamena, ljude koji nisu bili voljni da se potrude oko tog uvodnog ćaskanja da bi došli do pravog razgovora. Te žene su me podsećale na one devojke u srednjoj školi koje bih ja opisala kao „uobražene“ – često su stajale sasvim same, gledajući skeptično po prostoriji kao da su pripadnice kraljevske porodice. Međutim, za razliku od vremena provedenog u srednjoj školi, shvatila sam da problem nije u meni; one se verovatno osećaju van svog miljea i svoju neugodnost predstavljale su kao uobraženost. (Ponekad sam tako zrela da ne mogu samu sebe da podnesem.) Ovde ima nekoliko lekcija koje treba naučiti:

Vi nemate nikakvu obavezu da izvlačite stidljive ljude iz njihovih ljuštura, mada je nekim ljudima potrebno malo vremena da bi se zagrejali.

Zaljubiti se u devojku

Da ne bi bilo zabune sa „novostečenim identitetom lezbijke“, zaljubiti se u devojku onaj je osećaj kad vam srce lupa, osećaj uzbuđenja i zadovoljstva koji imate kada upoznate novu prijateljicu i prosto obožavate sve u vezi s njom. Sve se „potpuno uklapa“ što pojačava intenzitet novog prijateljstva. Sve vreme pričate o svojoj novoj prijateljici, imate potrebu da snimate CD-ove omiljene muzike za nju i da budete u svom najboljem, najzabavnijem izdanju kada ste u njenom društvu jer želite da joj se dopadnete koliko i ona vama. Zaljubljivanje u devojku može biti zbunjujuće za heteroseksualne žene jer one, pogrešno, smatraju da je ovo zaljubljivanje seksualne prirode. Sledeće što vas snađe je kriza identiteta. Ne brinite, to je samo prvo rumenilo u licu zbog novog prijateljstva, i mnogo je manje komplikovano od zabavljanja.Za informacije o zabavljanju sa ženama, vidite odeljak „Malo ohrabrenje za žene koje vole žene.“

„Nema nikakvog sranja sa mojim prijateljima momcima. Oni ne žele toliko da se bave stvarima ili razglabaju oko njih kao moje prijateljice. Gledam na svoje muške prijatelje kao na način da zadovoljim 'mušku stranu u sebi' na način na koji to devojke ne mogu. U društvu momaka, ja sam čvršća, malo grublja – mi ne igramo fudbal ili ispijamo pivo zajedno, ali dinamika druženja je nešto sirovija.“

— ALEKSA, 33 GODINE

Ako posle nekoliko pokušaja da započnete konverzaciju, vi i dalje osećate da su stvarno na dubokom zamrzavanju, to verovatno nije osoba sa kojom ćete se sprijateljiti.

Kao što sam vam i ranije rekla, morate se uključiti u igru da biste mogli da osvojite nešto – zato nemojte biti ona hladna riba s kojom je nemoguće razgovarati. Ne morate da izveštačeno skočite od oduševljenja ali – da, morate malo izveštačeno da ćaskate da biste stekli prijatelje. Nemojte prerano da sudite o ljudima – pokušajte prvo da razmišljate „ovo bi mogla da mi bude nova prijateljica“ i kasnije odlučite da li vam se osoba dopada ili ne.

Randevu sa prijateljicom

Kao što je Ejmi Son opisala u svom članku za *Njujork magazin*: „Za razliku od randevua momka i devojke, sastanak sa prijateljicom je striktno platonski i obično uključuje dve heteroseksualne žene koje su odlučile, iz ovog ili onog razloga, da se 'udvaraju' jedna drugoj kao nove prijateljice.“ Započinjanje novog prijateljstva ima dosta sličnosti sa fazom udvaranja u romantičnoj vezi. Pažljivo birate svoju odeću za prvi izlazak, savršen kafić ili poslastičarnicu za tiho ćaskanje, pitate se hoćete li se povezati. Ulozi u prvi sastanak sa prijateljicom mogu vam se činiti čak i višim nego kod romantične veze: žene vrlo pažljivo posmatraju druge žene, na kraju krajeva, kompliment od druge žene znači više nego kompliment od muškarca. Ne samo što joj se dopadaju vaše minđuše, već vam kaže: „Ja bih volela da imam takve“, što je ogroman kompliment. Naša nesigurnost u društvenim odnosima ostaje, međutim, bez obzira na to da li skupljamo hrabrost da pozovemo momka na izlazak ili pravimo planove sa prijateljicom. Nemojte dozvoliti da vas strah od toga da izgledate „ugroženo“ spreči da tražite nove prijatelje. Pomislite kako biste bili polaskani ako neka druga devojka aktivno bira vaše prijateljstvo – ni vi ne biste pomislili: „Što me ova zivka? Kakva očajnica.“ Zapamtite: vi jeste interesantna osoba. Vi ste osoba sa kojom ljudi žele da se sprijatelje. Verujte u ovo. Potraga za novim prijateljima zahteva uloženo vreme, trud, ponekad treba izdržati i malo usamljenosti na tom putu – ne mora da znači da je bilo šta od toga loša stvar. Nastavite tim putem i za kratko vreme imaćete nove drugare. A što je najbolje od svega, izlazak sa prijateljicom ima, u odnosu na romantični sastanak, jednu ogromnu razliku: nikada nećete morati da brinete šta se od vas očekuje na kraju randevua.

Daleko od očiju

Udaljenost može da bude pravi test za snagu prijateljstva. Svima nama se desilo da nam se prijateljica preseli u drugi deo grada i da veza oslabi, da i ne pominjemo drugaricu koja otplovi u Amsterdam i nikad se više ne javi.

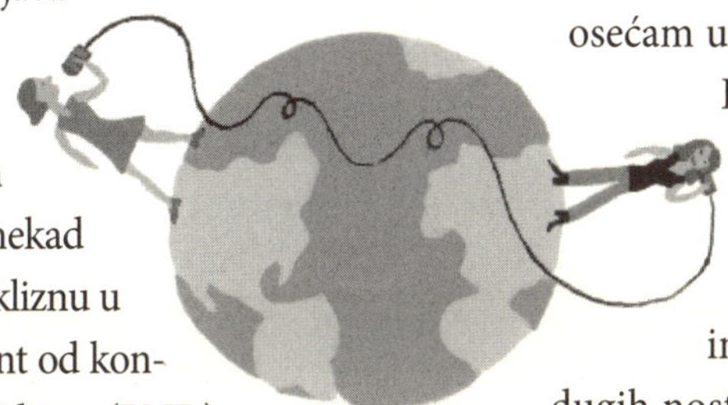

Ovo su neke od žrtava koje prijateljstva trpe, i mada se vi možda trudite iz petnih žila da ga ne izgubite, ponekad prijateljstva jednostavno skliznu u razdvojenost, kao kontinent od kontinenta. Prijateljstva na daljinu (PND) traže posebnu negu. Vaši telefonski razgovori i imejlovi neće sami dovesti do planova za izlazak, zato morate da odvojite vreme kada ćete se zapravo dopisivati i razgovarati, da učinite da nelična komunikacija postane temelj vašeg odnosa. Da, prijateljica može da se odseli, ali to ne znači da morate da izgubite jedna drugu. To zahteva trud, ali koja veza koja zaslužuje tako da se zove ne traži napor?

Na daljinu ili udaljeno?

Mrzim ovo da priznam, ali ja sam ta koja je stvarno loša u održavanju kontakta, ona koja uživa u imejlovima svojih PND prijatelja mada joj treba dva meseca da im odgovori. Ja sam ta koja uvek planira da ispeče kolač za rođendan moje prijateljice Džes, ali dok ja kupim brašno i šećer, prošla su još dva njena rođendana. Ja, kao i mnogo ljudi koje poznajete, verovatno sam prijatelj u koga treba uložiti dodatni napor da bi se zadržalo PND. Kao odbranu za moju nevaljalost, to skoro nikada nije ličnog karaktera. Ali, jesam izgubila neke prijatelje zbog svoje lenjosti i osećam užasnu krivicu zbog toga. Bilo kako bilo, sva prijateljstva su ulica u dva smera; ne šalje svako praznične čestitke ili ima naklonost za pisanje dugih nostalgičnih pisama, ali postoji način da nekome stavite do znanja da mislite na njih, kratkim pozivom ili imejlom. Ne krivim ljude koji su prestali da mi se javljaju posle silnog vremena ćutnje s moje strane. Koliko god mrzim to da priznam, da sam *stvarno* želela da zadržim ta prijateljstva, učinila bih napor. Prevazišla bih krivicu i podigla slušalicu. Ako ste uvek vi ta koja piše i zove i ne dobija adekvatan odgovor, razmislite da li je to vaše prijateljstvo vredno uloženog vremena. Neka PND traže manje održavanja nego druga. Znate one prijatelje sa kojima ne morate ni da se čujete ni vidite dve godine, ali kada se nađete, vaša veza je isto onako jaka? Obožavam takve veze – one skoro da funkcionišu van dimenzije vremena. To zovem Progresivna prijateljstva. Kada ponovo vidite svoju Progresivnu prijateljicu, možete da nastavite tačno tamo gde ste stale, bez ikakvog napora. Progresivno prijateljstvo ne može se izaranžirati, ali možete učiniti sve što je u vašoj moći da ga sačuvate. Učinite da prijateljstvo ostane čvrsto tako što ćete ostati u vezi i planirati redovne susrete u čast takvog jednog sjajnog drugarstva.

PODELITI RAČUN

Prijatelji sa različitim prihodima

Ne živimo u komunističkom društvu. Teren nije jednak za sve. Svi mi imamo različite životne stilove, različit posao, različite prihode i prioritete. Ah, tu je veliki društveni lonac za mešanje! Sada vri na najvišoj temperaturi! Priđite oprezno!

Kada ste vi imućnija strana

Iako ste svi otprilike istih godina, zapamtite da nemaju svi istu platu kao vi. Druženje sa prijateljima koji nemaju koliko i vi znači da morate voditi računa o ograničenjima njihovog budžeta. Vaš prioritet broj jedan kada pravite planove treba da budu osobe, a lokacija, hrana i dekor dolaze drugi, daleko iza.Ništa ne rešava što ćete vi platiti račun svaki put; niko ne želi da se oseća kao da mu je potrebna dobrotvorna akcija. Svejedno koliko insistirate da ne treba da vam plate, vaša ne tako imućna prijateljica ipak će se osećati kao neko ko ne može da plati svoju večeru. Odaberite mesta koja odgovaraju svačijem prihodu, ili organizujte zajedničko spremanje hrane u svojoj kući a posle izađite na piće. Hej, nekoliko boca dobrog vina po razumnoj ceni i nekoliko sveća može pretvoriti svačiju dnevnu sobu u kafić koji sebi možete priuštiti, bilo kojeg dana u nedelji.

Kada ste vi manje imućna strana

Morate da se izjasnite pre nego što odredite plan ili pre nego što stigne račun, ako ne možete da ga priuštite. Još bolje, ako imate osećaj da možda idete negde gde će račun biti jednak vašoj mesečnoj plati, prekinite neprijatnu situaciju na samom početku i predložite nešto pristupačniji izlazak. Znate kako je kada izađete u superskup restoran i morate da naručite samo „koka-kolu" dok svi ostali dele skupo predjelo i sangriju od po 40$. Takođe, verovatno znate kako je kada dođe račun i pretpostavi se da će svi jednako učestvovati. Vi ste možda platili svoj deo i otišli kući siromašni i besni (ako ste već morali da platite za kavijar, mogli ste baš i da ga probate). Ili ste možda iskusili neprijatnu scenu prilikom plaćanja računa kada ste vi bili u ulozi siročeta ili nekog ko je upropastio raspoloženje na zabavi. Ako se desi bilo koja od ovih situacija, važno je da posle toga porazgovarate sa svojim prijateljicama koje nemaju ista finansijska ograničenja. Trebalo bi da shvate poruku i da ubuduće budu pažljivije u odabiru mesta za izlazak tako da odgovara svačijem budžetu. Možete takođe predložiti neke manje skupe načine druženja – u nečijoj kući pre nego što izađete, ili možete ponuditi da budete domaćica za veče pokera. Samo nemojte da se uvredite ako društvo ponekad izađe bez vas.

PUTOVANJA SA PRIJATELJIMA

Kako ostati prijatelj i posle toga

Ne možete nikoga stvarno upoznati ako niste proveli nedelju dana zajedno na putu. Ako ovo nije jedna od onih starih poslovica, trebalo bi da postane. Vi mislite da znate sve o svojoj dragoj staroj prijateljici sa fakulteta, Meredit, devojkom sa kojom ste nekada učili po celu noć, čiji život možete prepričati u detalje unazad sve do trenutka kada joj je ispao prvi zub. Ali vi zapravo ne znate Meredit sve dok je ne vidite kako se rastapa u barici od suza na aerodromu u Barseloni zbog kursa dolara prema evru. Biti pod istim krovom sa bilo kim, u situaciji kada morate donositi zajedničke odluke o osetljivim stvarima u nepoznatoj zemlji na jeziku koji ne znate, i potpuno neispavani, uvek je zahtevno. Nije mi problem da priznam da sam se jednom, vrlo nekulturno, na železničkoj stanici u Veneciji, upustila u žestoku glasnu svađu sa prijateljicom oko neke

(nastavak na strani 247)

STANOVANJE SA PRIJATELJICOM

Ko je ostavio prljav veš na kauču?

Ako nam zajedničko putovanje nudi uvid u zaplete tamnih ćoškova u duši naše prijateljice, onda zajedničko stanovanje potpuno skida tu zavesu sa duše i pruža vam pogled s prednjeg sedišta. Kada tražite cimerku, čini se sasvim logično da odaberete blisku prijateljicu sa kojom već imate čvrstu vezu, koja ima isti ukus za rijaliti TV šou programe i uz koju se osećate opušteno, čak i da ne zatvorite vrata dok piškite. Ne tako brzo, gospođice. I mada bliske drugarice mogu zaista udobno zajedno da stanuju – moje prijateljice Vanesa i Kristin uspele su u stanu veličine kućice za lutke tako što su, kombinujući sve s humorom, svoje neuroze iskaljivale na kućnom ljubimcu hrčku – vrlo je lako skliznuti u prezir koju familijarnost i tanki zidovi često izrode.

Vi i vaša prijateljica En možda možete svemu naučiti jedna drugu i možete jednom nedeljno da krenete od kafića do kafića, ali vi verovatno nemate ni pojma da En u životu nije oprala ni sudić i insistira da svoj životni prostor drži na temperaturi smrzavanja, čak i zimi – sve dok se ne uselite s njom u stan. Postoji nešto važno što se mora reći o tome da u prijateljstvu treba zadržati tračak nepoznanice. Ta misterioznost nestaće kao oblak dima ako ste cimer sa nekim. Razmislite o tome da živite sa poznanicom, prijateljicom moje prijateljice – sa nekim od koga ne zavisi vaš društveni život ili rame za plakanje u kriznim situacijama.

Prednosti i nedostaci cimerke

Imam prijateljicu koja se još na fakultetu zaljubila u taj život gde stalno imate društvo i od tada nije živela nikada sama. Druga prijateljica veruje da svako ko živi sa cimerkom treba da sebi postavi kao prioritet broj jedan da počne da zarađuje dovoljno da može sama da priušti stan. Kako god da se vi osećate po ovom pitanju, ako razmišljate o tome da se uselite sa prijateljicom ili nepoznatom osobom, uzmite u obzir dobre i loše strane cimera.

PREDNOSTI

Najveća prednost je finansijsko olakšanje. Delite kiriju, račune, veliki paket toalet-papira. Stan za dvoje često ima mnogo više prostora kada se uporedi sa garsonjerom za jednog. Cimerka može biti vaše društvo. U svetu koji zna da bude iscrpljujući i bezličan, lepo je imati nekoga ko će vas upitati kakav vam je bio dan ili nekog s kim ćete prosto podeliti novine i kaficu.

MANE

Glavna stvar koje se odričete kada imate cimerku jeste privatnost. Kada živite sami, možete da se šetate goli po kući, da tračarite telefonom, da ostavite svoje tajne stvari unaokolo i nikoga nema da to vidi. Deliti prostor znači prihvatiti drugo ljudsko biće, njegove potrebe i hirove. Druga ljudska bića imaju tu neverovatnu naviku da uskoče u tuš baš kad ste vi planirali. Imaju rođake koji dođu i ostanu celu nedelju dna, popiju svu vašu kafu i ne kupe drugu.

Cimeri iz snova

Fleksibilnost je glavna odlika dobrog zajedničkog života. Čak da niste laka osoba, pokušajte da se opustite. Ako niste baš uredni sami od sebe, donesite čvrstu odluku da budete uredniji. Živite u malom prostoru sa jednom ili više osoba i to morate činiti u duhu razumevanja. Da, i vi plaćate kiriju i imate prava da se osećate kao kod kuće. Ali samo zato što se osećate kao kod kuće, usisavanje u ponoć nije baš dobra ideja. Biti dobar cimer znači da razmislite pre nego što nešto uradite, da stavite potrebe svoje cimerke (ili više njih) u istu ravan sa svojim potrebama – i da očekujete isto za uzvrat. Moja prijateljica Šira živela je u istoj kući sa rotirajućom ekipom veselih cimerki celih šest godina. U čemu je njena tajna? „Kada moja cimerka uradi nešto što me nervira, ja se smesta pozabavim tim“, kaže ona. „Niko ne voli da kaže drugoj osobi da je besan, ali morate biti iskreni.“ Da, treba da pokušate da budete što je moguće više fleksibilni, ali ako vas nervira što vam cimerka nikada ne prenese telefonsku poruku, ili ste iscrpljeni zbog toga što su ona i njen momak upražnjavali romantičan seks uz sveće (ponovo!), morate nešto da kažete. Jednostavna rečenica „Možemo li da porazgovaramo?“ i iskreno iznošenje svojih nedoumica obično izgladi stvari.

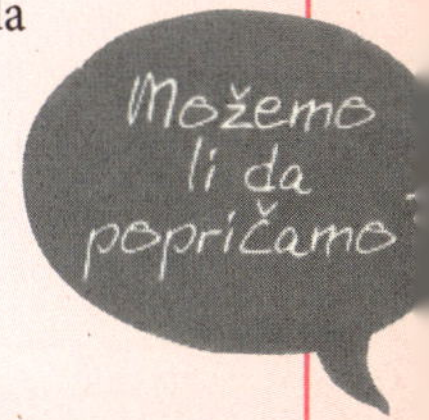

Pitanja koja treba da postavite potencijalnoj cimerki

Bilo da delite stan sa prijateljicom ili nepoznatom osobom, pripremite listu želja, pitanja i nezgodnih detalja koje treba razmotriti pre nego što se uselite u isti stan. (Očigledno, ako je to vaša prijateljica, to će vam uštedeti pitanja u stilu FBI-a radi provere prošlosti koja morate da postavite potencijalnoj cimerki koju ne poznajete.)

1 Da li si pušač? Da li ti smeta ako ja pušim? Hoćemo li dopustiti drugima da puše u našoj kući? Moja sugestija: u stanu nema pušenja za druge, čak i da ste vi pušač. To ostavlja grozan smrad i tanak sloj čađi na svemu u stanu.

2 Kakav je obično tvoj dnevni raspored? Različit raspored može biti dobra stvar jer niste stalno jedna drugoj pod nosom, ali ako se vaša prijateljica budi, tušira i razgovara telefonom baš kada se vi spremate na spavanje, to je potencijalni izvor nervoze.

3 Čime se baviš? Crvena zastavica: nezaposleni, jedva zaposleni, ili bilo šta što zvuči sumnjivo. „Bavim se prodajom ali ne smem da ti kažem šta prodajem" najčešće znači „diler droge".

4 Da li imaš kućne ljubimce? Kakav tip nege oni zahtevaju? Potrebno je da verujete da će mačja dlaka biti usisana, hrčkov kavez očišćen, pas nahranjen i prošetan i da njihova buka neće buditi ni vas ni komšije.

5 Koja je tvoja gornja granica neurednosti? Šta misliš, koliko često treba čistiti stan?

6 Da li ti ne smeta podela kućnih poslova?

7 Kakva su tvoja iskustva sa cimerkama u prošlosti?

8 Koje je tvoje najgore iskustvo koje si imala sa cimerkama?

9 Da li piješ? Da li se drogiraš? Treba i jedna i druga da se osećate opušteno po pitanju životnih navika druge osobe.

10 Da li imaš neka ograničenja u ishrani? U redu je ako je jedna od vas vegetarijanac ili košer a druga nije, ali trebalo bi da obe slobodno možete da zadržite svoje navike u ishrani, bez straha od osuđivanja ili bacanja kletve na svinjske krmenadle.

11 Da li se zabavljaš sa nekim? Koliko često misliš da će tvoja bolja polovina doći da prespava?

12 Uzmite preporuke od prethodnih stanodavaca i ranijih cimera, ako je moguće. Saznajte od prethodnih cimera da li su imali nekih problema – kao što su neplaćeni računi, neosetljivost na kućna pravila i slično.

stvari tako nebitne da više ne mogu ni da se setim. U tom trenutku besa odjurila sam do Beča a moja podjednako iznervirana prijateljica u Krakov, obe smo odjednom ostale sasvim same zbog nekog nesporazuma koji je skoro prerastao u tuču među prijateljicama.Pre nego što uopšte i pomislite na putovanje sa prijateljicom, morate obaviti (i više nego jedan) razgovor o svojim posebnim sklonostima i očekivanjima od tog puta.

Morate se takođe zakleti jedna drugoj da ćete, na najlepši mogući način, kazati drugoj osobi kada počne da vas nervira. Jer, verujte mi, istanjićete jedna drugoj živce do končića i ako nemate načina da se nosite sa takvim trenucima – pući ćete!

Dve devojke na putovanju: Pet koraka do uspeha

Porazgovarajte o novcu pre nego što krenete. Dogovorite se oko svakog pojedinačnog detalja. Kao što smo već ustanovili: ljudi postanu čudni kada je novac u pitanju. Postanu još i čudniji kada troše novac na avionsku kartu koju nisu odabrali ili kada vam vraćaju novac u stranoj valuti.

Ustanovite zajednički „novčanik" za zajedničke troškove. Taj novčanik možete tretirati kao zajedničkog kućnog ljubimca kojeg podjednako hranite i pojite, u isto vreme. Ovaj ljubimac plaća za benzin, ujednačene obroke, hotel, i sl. Kada ljubimac ogladni, obe je nahranite sa 50$ ili rubalja ili jena ili štagod. Svaka od vas neka potroši svoj novac na lične stvari, i beležite na šta ste potrošile novac iz zajedničkog novčanika tako da nijedna ne oseća da daje više nego što dobija. Vodite računa o svom kućnom ljubimcu – novčaniku.

Nemojte se bojati da krenete sopstvenim putem. Odlučite šta želite da uradite u svakom gradu i prihvatite da ste odvojene osobe koje žele da razgledaju stvari u sopstvenom tempu. Možda ćete želeti da provedete ceo dan zajedno, što je sasvim u redu ako to možete da podnesete. Ali, ponekad, Luiz može da ode u Ufici dok se vi sa Frančeskom vozite na „vespi" na piknik u Fijesoli.

Pomozite jedna drugoj da se podnesete. Naravno, Frančesko može da vas počasti pićem i zabavno je sanjariti o tom pikniku, ali dopustite da ga Luiz prvo vidi.

Čak i da niste opuštena osoba, pokušajte bar da budete prijatni. Kada počnete da se čarkate, upitajte samu sebe da li želite da ovo bude brodolom vašeg prijateljstva (obično to ne želite) i pustite da ta stvar prođe. Bićete mnogo srećniji ako se jednostavno složite da idete u taj restoran morske hrane koju Luiz umire da isproba umesto što insistirate na mongolskom roštilju i tvrdite da je to „stvar principa" jer vam je već dosta da ona svake večeri bira restoran.

Ko su uopšte ovi ljudi? Dopustiti prijateljima da se promene

Prijateljstva treba da budu elastična i popustljiva, kao dobre gaće. Ljudi se razvijaju, menjaju, farbaju kosu, menjaju političke partije, pronalaze svoju religiju, i najbolja prijateljstva mogu da upiju sve ovo. Kao haljina koja vam dobro stoji bez obzira na to koliko god se ugojite ili smršate, najjača prijateljstva izdržavaju i male promene i ogromne preobražaje. Ovo može biti malo nezgodno sa nekim koga poznajete ceo svoj život kao staru, dobru prijateljicu, jer će ona za vas potajno, ispod svega toga, uvek biti ona kuštrava devojčica koja pomalo šuška.Očekujte sve moguće: imala sam prijateljicu sa fakulteta koja je ostala devica sve do poslednjeg semestra. Nekoliko meseci kasnije, ona je spavala sa više muškaraca nego njeno celo sestrinstvo sa fakulteta zajedno. Druga prijateljica je izašla iz ormana kad smo napunili 30 – to je tek bio šok. Ponekad su promene suptilnije: vi ste možda oduvek smatrali svoju prijateljicu Džejn iz detinjstva za stidljivu i nesigurnu zato će vas možda potpuno prodrmati kada se ona posle godinu dana provedenih u Evropi vrati kao sigurna u sebe i samopouzdana. Očekujte da se vaši prijatelji promene i dopustite im to. Zapamtite, i vi sami se menjate, i to prilično. Dobra strana svega ovoga je da će ljudi za koje ste nekada mislili da nemate ama baš ništa zajedničko, možda postati oni sa kojima ste najbliži. Zar to nije super? Otkriće srodne duše u vašem okruženju još je bolje nego pronaći zgužvanu novčanicu od dvadeset dolara u džepu farmerica.

Ko ste vi da sudite?

Stalno ćete nailaziti na razlike u mišljenju, ponašanju i moralu, u odnosu na svoje prijatelje. I da, tako je, uprkos tome što volite jedna drugu – upravo zato što volite jedna drugu – sudićete jedna drugoj. Verujte mi, pokušala sam da igram igru „Ne osuđujem te". To zvuči kao dobra podrška, ali ono što takva igra stvarno znači jeste: „Ja te možda i osuđujem, ali te takođe i podržavam i dozvoljavam da donosiš sopstvene odluke i neću te gnjaviti oko tvog ponašanja osim ako baš ne smatram da upropaštavaš sopstveni život. A od tebe očekujem isto." Na jeziku prijatelja, upravo to znači: „Ja te ne osuđujem." Moja prijateljica Seli ispričala mi je o svojoj prijateljici koja je koristila kokain i koja je uvek optuživala Seli da je osuđuje i da je uštogljena zato što ne čini isto. Meni se činilo da se ovde verovatno umešala savest Seline prijateljice. U njenim očima, Seli je predstavljala „dobru devojčicu" a ova to nikada nije bila, prebacivao je roditelj u njoj samoj. Ništa nije vredelo što je Seli stajala pred njom i govorila: „Ja te ne osuđujem"; njena prijateljica je osuđivala samu sebe. Za više o ovome, vidite odeljak „O osuđivanju".

Kada bi trebalo da intervenišete

- Vaša prijateljica je upala u ponašanje kojim može dovesti u opasnost i sebe i druge – ovo uključuje teška opijanja, seks bez zaštite, droge, znake poremećaja u ishrani ili prekršaje zakona.

- Kada zapostavlja važne stvari kao što je higijena i time šalje poruku svetu „kloni se mene, nemoj sa mnom da se zabavljaš, niti da me zaposliš, čak ni da sedneš pored mene u autobusu".

- Kada namerava da uradi nešto nepromišljeno što vi smatrate da je ludo napustiće posao bez bilo kakve podrške, prodaće sav svoj nameštaj i krenuti iz početka jer je uhvatilo raspoloženje za prolećno spremanje i sl.).

- Kada se sa nekim ko je tretira kao govno, zbog čega je nesrećna, ili se zabavlja s nekim za koga svi ili skoro svi misle da je guja u nedrima.

Niko ne voli da ima devojku koja se stalno meša ili svima glumi mamu za drugaricu, zato budite pažljivi. Dajte svojoj prijateljici pažnju i ljubav koju biste očekivali i voleli i sami da dobijete od nje. Pustite ih da žive

Na kauču

Umešati se i to uspešno

Vrlo je teško posmatrati svoju prijateljicu koja se nalazi u destruktivnoj ili opasnoj situaciji. Možda ima nasilnog partnera i vi ste sigurno da će se neka nevolja desiti. Spomenite to vrlo oprezno, na primer: „Mislim da je Erik malo preterao večeras, zar ne?" Možda će vam odgovoriti nešto kao: „Samo se šalio", ili će samo ćutati ili će u odbranu reći: „Kako to misliš?" Ako nije raspoložena za razgovor, ostavite to u ovom momentu i ponovo spomenite neki drugi put. Ponekad ljubav mora da boli. Recite joj da ne možete samo tek tako da stojite i posmatrate kako je povređuju jer vam je stalo do nje, pa ako ne želi da razgovara sa vama, trebalo bi da porazgovara sa terapeutom.Isto važi za razgovor sa prijateljicom u vezi sa opijanjem i drogiranjem. Počnite polako, nežno, a onda pređite na čvršći stav dok ona ne počne da obraća pažnju. Ako ima problem zavisnosti, verovatno će se razbesneti. Niko ne voli da im se kaže da su krenuli nizbrdo opasnim putem, pogotovo ako u sebi delimično to već i znaju. Možda će prestati da razgovara sa vama i udaljiće se. Ali, budite uporni, čak i da izgubite prijateljicu. Izgubiti prijatelja bolje je nego izgubiti ljudsko biće.

Džoan Kjuel, socijalni radnik

svoj život, očekujte da će oni to činiti na način koji može veoma da se razlikuje od načina na koji vi upravljate svojim životom, ali, isto tako, brinite jedna za drugu.

HITNE INTERVENCIJE

Šta u situacijama kada situacija „Ne osuđujem te" postane situacija „Osim kada smatram da upropaštavaš svoj život"? Šta kada je vaša prijateljica samo milimetar udaljena od pločnika, ili je umešana u neku vrstu ponašanja koja vas užasava? Mnoge žene opisuju situacije u kojima su pokušale da pomognu prijateljici, a dočekalo ih je toliko prezira i besa da su preplašeno ustuknule. Vidi gornji savet terapeuta.

Klub divljih mačaka

Sve smo mi strastvene žene, formiranog mišljenja. Mi isisavamo iz života njegovu koštanu srž. Imamo čvrsta uverenja i ukuse zbog kojih bismo se i pobile. Uzimajući u obzir prirodnu snagu našeg karaktera, nije ni čudo što dolazi do sukoba s vremena na vreme, čak i sa najboljim prijateljicama.U toku tih konflikata, želim da vas posavetujem da izbegavate da izjavite baš sve ono najgore što vam padne na pamet i da izbegavate da učinite nešto što bi moglo prekinuti prijateljstvo. Uvek je možete i kasnije nazvati i reći: „Samo još nešto da ti kažem!", ali retko možete da povučete da niste spomenuli da ste jednom spavali sa prijateljičinim verenikom ili ono kao: „Ja te mrzim, niko te ne podnosi i svi znaju da si ti razlog što su se tvoji roditelji razveli." To su neoprostive stvari, stvari koje kada se urade ili kažu odvedu prijateljstvo iz zone „konstruktivnog neslaganja" u zonu „otpada".

Neki saveti o fer svađanju

- Nikada nikome nemojte spustiti slušalicu, čak i kada su zaslužili.
- Nemojte poslati Molotovljev koktel imejlom. Ako je nešto vredno diskusije, ugovorite sastanak ili makar to učinite telefonom.
- Nikada ne razgovarajte o svom sukobu sa prijateljicom sa njenim partnerom. (Osim ako taj partner nije pravi pacov, njegova odanost biće prema vašoj prijateljici, a vi ćete stvari učiniti još gorim nego što već jesu.)
- Nemojte se svađati kad ste pijani. Hrabrost od alkohola ponekad nas tera da izgovorimo najdublje, najgore misli – misli koje nikada ne bi trebalo reći. A onda se probudimo sa strašnim mamurlukom i nepodnošljivom krivicom. Mrzimo sami sebe što smo toliko izgubili kontrolu i na kraju moramo da se izvinimo čak i da nam nije žao zbog inicijalne svađe. Nemojte samu sebe osuditi da budete u krivu zbog svoje preterane reakcije na to što neko nije u pravu.
- Nemojte ništa bacati, niti razbiti. Nemojte pljuvati.
- Držite se teme. Ako ste ljuti zbog nekog određenog incidenta, zbog nečega što je vaša prijateljica rekla – držite se te teme. Nemojte od svake nesuglasice napraviti kosmički potop; ne morate svaki put raspakovati sve vaše nesuglasice.
- Nemojte povlačiti ničije ime po selu. U što gore olajavanje se upustite, veća je šansa da ćete stvari

pogoršati nego popraviti – ili ćete čak uništiti prijateljstvo zauvek.

- Zapamtite šta je tačno vaš cilj u ovoj svađi (ovo je stvarno teško): vi želite da prevaziđete stvar koja je uopšte i isprovocirala nesuglasicu. Vi želite da nastavite da budete prijatelji – želite da raščistite stvari a ne da upalite kuću. Razgovarajte s namerom da stvari popravite, čak i da to znači (oh!) da priznate da niste u pravu.

Kada je spasavanje prijateljstva važnije nego biti u pravu

Kada se pojavi konflikt, svi mi u sebi nosimo želju da prijatelj prizna da nije bio u pravu ili da barem prizna da ima nešto u onom što kažete. Na kraju krajeva, deo radosti koju donosi prijateljstvo jeste u tome da vaš prijatelj gleda na svet istim očima kao i vi. Kada stvari krenu loše sa tim prijateljem, onda znači da on negira vašu stvarnost, i to može da vam se čini kao da se ruši ceo svet. Ponekad proces utvrđivanja ko je šta kome učinio, ili šta se tačno desilo one noći kad je izbila velika svađa, ili ubeđivanje nekoga da vidi vašu poentu priče po svaku cenu, jednostavno nisu vredni truda.Učinićete ispravno ako prepoznate koje svađe vredi voditi a koje su one koje možete sebi priuštiti i da izgubite, ili jednostavno da se u njih i ne upustite. Mnogo je plemenitije biti pravu bez potrebe da prigrabimo trofej za to. Ne, vi niste neki slabić mekušac koji se ne brine za sebe. Jednostavno kažem da nekada možete malo i da oprostite zato da biste sačuvali prijateljstvo, možete odlučiti da se ne durite jer život je ionako previše kratak, a možete i sagledati stvari i videti da se oko većine ne vredi svađati. Prištedećete sebi mnogo bola i energije ako pustite stvari, čak i da na početku niste mislili tako da postupite.

Kako da se izvinite i sačuvate svoje samopouzdanje

Izvinjenje je komplikovanije nego što ljudi misle. Prvo i prvo, reći da vam je žao i iskreno to i misliti su dve različite stvari. Nemojte se izvinjavati ako to iskreno i ne mislite. Svako može da prepozna kada prosto izgovarate „Izvini" da biste spasli svoje dupe ili izašli iz svađe koja može da okonča prijateljstvo. To se vidi u govoru vašeg tela, u očima, u tonu glasa i u brzini kojom ste sagledali svoje greške.Jednom mi se desilo da me je prijateljica nazvala, pod maskom da želi da se izvini. Ostavila je poruku na mojoj telefonskoj sekretarici u kojoj je neprekidno ponavljala: „Toliko mi je žao... tebe.“ To nije kajanje; to je sažaljenje. Izvinjenje znači prihvatanje odgovornosti za svoja dela, a ne samo priznati da je zlo učinjeno.Svi smo mi povredili nečija osećanja, bilo slučajno ili namerno. Svi smo nekada izgovorili pogrešnu stvar, ugrizli se za jezik, razbili nečiju omiljenu porculansku šolju, dali neki bezosećajan komentar o nečijoj preminuloj majci. Mi smo ljudska bića, i prvenstveno smo sebi odgovorni. Ako želite da vam se oprosti za grešku, ili nešto gore, evo šta treba uraditi:

Treba da shvatite gde ste pogrešili.

Utvrdite stepen štete koju ste prouzrokovali.

Oprostite sebi.

Odlučite da li vam je iskreno žao.

Formulišete izvinjenje koje iskreno osećate.

Javite se prijatelju i izvinite.

Kada se prijatelji posvađaju sa prijateljima

Ćao, Švajcarsko! Dobar potez! Oh, kad bi samo bilo tako lako ostati neutralan kada su prijatelji oko vas u ratu. Kada se vaši prijatelji svađaju, svaki od njih želi da pobedi. Kao što znamo iz istorijskih knjiga, obično pobedi

„Pozvala sam moju prijateljicu Džen da izađemo na pastu veče pred našu polumaratonsku trku. Džen mi uopšte nije odgovorila i smatrala sam da je njena ćutnja neuljudna. Te večeri videla sam je u kafiću sa društvom i rekla joj da sam razočarana što uopšte nije odgovorila na moj poziv. Ona je samo isturila donju usnu i durila se kao kuče sve dok ja nisam rekla: 'U redu, ne sekiraj se zbog toga.' Ono što sam stvarno htela da kažem bilo je: 'Zašto ne iskoristiš usta da se izviniš?' Ljudi ne shvataju koliko je važno da to izgovore.“

— DŽESIKA, 27 GODINA

strana koja ima veću vojsku, pa ste zato verovatno iskusili laskavu ali neugodnu poziciju da vas mobilišu obe strane vojnog kampa. Obe strane vas zovu da bi olajavale onu drugu stranu, mole vas da stvari sagledate s njihove tačke gledišta, i očekuju određeni nivo lojalnosti i čak konspiracije od vas da bi pobedile neprija-

telja. Šta da uradite vi, kao majmunčić u sredini?Ni u kom slučaju nemojte dolivati ulje na vatru tako što ćete izigravati veštog CIA operativca za jednu ili obe strane. Zato je potrebna veština. Teško je potajno imati svoje mišljenje o tome ko je u pravu a ipak ga zadržati za sebe, osim ako ne želite da se stavite na jednu stranu. Možete da slušate i ostanete neutralni, a možete i da se izvučete – jednostavno ste suviše umešani u slučaj da biste sedeli u poroti. Ali ako možete da saslušate svoje prijatelje želeći da ih pomirite, možete da poslužite kao uvo za slušanje za obe strane i kao tihi mirotvorac u toj situaciji, i svi će biti na dobitku.

Ne uvlačite sestru u to

Baš kao što ste i vi usavršili veštinu da ostanete neutralni u razmiricama između drugih, ne zaboravite da isto poštovanje pružite i trećim licima van vaše svađe. Kao što je i vama grozno da budete uhvaćeni u sredini svađe među prijateljima, grozno je staviti bilo koga drugog u tu situaciju. Nemojte očekivati od prijateljice da se stavi na jednu stranu – dobar prijatelj to ne traži. Poštujte njenu neutralnost: zapamtite, ako ona tračari sa vama, verovatno je da će se okrenuti i tračariti sa vašim oponentom. Za više o ovome, pogledajte poglavlje „Zašto se zaklinjemo da nikada nećemo tračariti na poslu".

ŠIRITE LJUBAV

Balansirati prijateljstvo i ljubav

Biti prijatelj sa parovima nije lako. Iako dobijate dvostruko za svoj napor, isto tako morate da se nosite sa osećanjem koje vas kljuca da bi par želeo malo vremena „nasamo". Jedna neformalna anketa velikog broja parova dokazala je da je ovakav strah od uplitanja prisutan u glavi mnogih koji su treća osoba. Parovi imaju mnogo vremena za sebe i, ako im je potrebno još, oni imaju fine načine da to i dobiju. Zato, ne brinite o tome.A šta sa drugaricom koja iznenada nađe sebi para i vaši izlasci na večeru jednom nedeljno iznenada se pretvore u neprijatne susrete utroje, dok se njen partner uvek mota oko vas dve, kao najnoviji model tašne za ovu sezonu? Zbogom devojačkom ćaskanju, pogotovo ako je to jedan od onih tipova koji ne mogu da čuju reč *grudi* a da ne upadnu u zbunjen kikot ili počinju usplahireno da traže najbliža vrata. Čak i da je on nešto napredniji, i dalje je čudno dodati za sto nekoga ko je napola stranac.Možda ona njega voli, ali vi još niste sigurni u vezi s tim tipom, i dok ne steknete mišljenje, više biste voleli da provodite vreme sami sa njom. Nemojte očekivati da će vaša prijateljica sama doći do ovog zaključka – ona ima novog dečka i želi da ga uključi u svoj život. Recite joj kako se osećate, ali budite spremni da prihvatite ovaj novi dodatak. Niste u obavezi da ga obožavate, ali ako želite da sačuvate prijateljstvo, možda ćete morati da ga tolerišete i provodite manje vremena samo sa svojom prijateljicom.Kada ste vi u vezi, zanos romantične veze ume da vas zaokupi svom snagom, zato nemojte zaboraviti da ostavite vremena u kalendaru za svoje prijatelje. Postarajte se da oni znaju da su vam važni isto onoliko koliko i pre, čak i da možda imate nešto malo manje vremena za njih. Vaši prijatelji su vam *potrebni*, a možda su vam upravo najpotrebniji kada prolazite kroz velike promene, kao što je ulazak u ozbiljnu vezu. Nema te količine šetanja s rukom u ruci ili večera uz sveću koje mogu da zamene kaficu sa prijateljicom (ili petu votku) sa vašom genijalnom i posvećenom drugaricom. Vi, zaista, možete da imate sve, ali to zahteva svestan napor da smestite sve u svoj raspored.

Drugarica ili Opasnica

U romantičnim stvarima postoje dve vrste devojaka: drugarica ili devojka za momke. Ove prve mi pohvaljujemo, a mrštimo se na druge. Drugaričina drugarica se striktno drži sledećeg pravila: „Ne flertuj sa osobom sa kojom je tvoja prijateljica u vezi, ili je zainteresovana, ili je zaljubljena, ili ga je spazila prva.“ Iz ovog pravila očigledno sledi, a nijednu Drugaricu na to ne treba ni podsećati: „Ne spavaj sa gorenavedenom osobom.“ Ako je ikada primorana da bira između svojih prijatelja i dečka, Drugarica će ostati verna prijateljima. Ona se iskreno ra-

„Konačno sam sredila svoje prioritete: muškarac neće biti zauvek tu, a u retkim slučajevima kada i hoće, meni će i dalje biti potrebne moje prijateljice. Bila sam potpuno grozna po pitanju viđanja sa drugaricama kada sam bila sa svojim prvim dečkom, ali tu grešku nikada neću ponoviti. Držati se svojih prijatelja važnije je nego bilo šta lakomisleno, kao na primer odvesti dečka u stan baš onda kada sam potrebna svojoj prijateljici.“

— DŽENIN, 30 GODINA

Tragovi u pesku

Prijateljstva mogu povremeno da postanu preterano intenzivna. Provodite previše vremena sa nekim i počinjete već da zvocate kao da ste u braku trideset pet godina a trebalo je da se razvedete posle pet. Toliko zovete i šaljete toliko imejlova da je jedna od vas već dobila alergiju. Ljudi misle da se vi zabavljate – kada vide jednu bez druge, šokiraju se... ili se oduševe. Počinjete već da mrzite svoju prijateljicu. Pojava mržnje je siguran znak da provodite previše vremena zajedno. Pokušajte da malo o'ladite. Iskoračite malo iz prijateljstva da dobijete malo svežeg vazduha. Viđajte se možda jednom nedeljno umesto svakodnevno. U čvrstom prijateljstvu smanjenje intenziteta će biti dobra stvar. Udaljiti se malo jedini je način da se setite šta je to što najviše volite jedna kod druge. Niste u krizi – samo se odmarate. Tragovi u pesku prijateljstva mogu trajati nedelju dana ili deceniju. Za razliku od dolaska plime, oni se ne mogu predvideti, ali su sasvim sigurno blagotvorni za ekosistem vašeg prijateljstva.

duje kada se njena prijateljica zabavlja sa nekim ko je sjajan, ona sluša i daje dobre savete po pitanju njenog romantičnog života, a u slučaju da iskrsne raskid ili kriza, dovoljno je samo podići slušalicu i ona je tu da ponudi saosećanje. Devojka za momke, sa druge strane, možda će flertovati sa vašim dečkom. To su one devojke koje spavaju sa bivšim partnerima svojih drugarica (ili, u ekstremnim slučajevima, sa njihovim tekućim momcima), i koje ostave svoju najbolju prijateljicu da sama visi na žurci da bi otišle sa šankerom. Zbog ovakvih devojaka uvek se osećate pomalo izdano – zato što biraju momka a ne prijatelje. Devojke za momke nestanu na nekoliko nedelja kada se zabavljaju sa nekim, a onda se pojave ponovo kada je on nestao, kao da se ništa nije desilo. Možda je neka ovakva devojka vaša poznanica, ali sigurno vam ne može biti najbolja prijateljica zato što, kada se neki muškarac pojavi, ne može joj se verovati. Budite prava Drugarica, tražite iste takve za svoje prijateljice, pazite se ovih drugih u svom okruženju. Prenesi dalje.

PREKID PRIJATELJSTVA

Delikatna misija

Prekidi romantične veze su česta stvar, ali mi naginjemo verovanju da prijateljstva traju

„Potrebni su mi prijatelji koji razumeju da ponekad jedva mogu da ustanem iz kreveta i operem zube. Želim da moji prijatelji znaju da ih ja volim, čak i kada ne uzvratim poziv. Ponekad se sama nosim sa tolikom sopstvenom krizom a to nema nikakve veze sa njima.“

— ŠARLOTA, 36 GODINA

---

zauvek. Ona to često i jesu, ali neke veze sagore same od sebe, ili prestanu da budu prijatne. Neka prijateljstva opstaju na polici i ubuđave se; ili se jednostavno mi promenimo i odemo na drugu stranu. Kako prekinuti prijateljstvo sa nekim? Istraživanja pokazuju da je postepeno hlađenje omiljen *modus operandi* – postepeno povlačenje je izgleda manje bolno od oštrog izvršenja operacije. Isplanirati nešto a onda to otkazati, biti pasivno agresivan i nadati se da će vas prijatelj jednostavno napustiti, ili izbegavanje, sve su to loši metodi. Moja drugarica Džasmin predlaže suptilne a ipak neporecive gestove: poziv koji se završio bez plana za naredni telefonski razgovor, na primer.Na taj način obe spasavate obraz i prelazite od statusa prijatelja na prijateljski odnos. Ne želite da od stare drugarice stvorite neprijatelja, zato blago zavrnite slavinu imejlova – polako ali sigurno – i ona će konačno ukapirati.

Suočiti se sa prekidom

Raskid prijateljstva, bilo da je rezultat laganog hlađenja ili sukoba koji liči na obračun u filmu *Tačno u podne*, zaslužuje pažnju. Kraj prijateljstva je gubitak, i često ga prati tuga i ožalošćenost. Dozvolite sebi da žalite nad svojim gubitkom – izgubiti bliskog prijatelja predstavlja iskustvo jakog intenziteta.Mi se stalno, stalno menjamo. Ova činjenica nas brutalno udari među oči kada se vi ili vaša drugarica (ili obe) promenite toliko da više niste na istim talasnim dužinama, i vaše prijateljstvo više ne funkcioniše. Bila sam posebno slomljena zbog moje bliske prijateljice Lori koja mi je pokazivala sve signale da ne želi da se druži. Prestala je da mi se javlja i odgovara na imejl; a kada bih i uspela da je dobijem na telefon, zvučala je uhvaćeno kao da sam iz poreske službe i hoću da je strpam u zatvor. Mučila sam se, pitala u sebi, pravila inventar svih stvari iz veze za koju sam smatrala da je fantastično prijateljstvo, pokušavajući da vidim šta sam učinila da se Lori povukla. Posle duge agonije i škripanja zubima, shvatila sam da možda nikada neću ni znati.

Morala sam da prihvatim gubitak prijateljstva i da, na kraju krajeva, prestanem da krivim sebe za taj misteriozni kraj. Možete pokušati da popravite prijateljstvo, ali ponekad vreme i raznorazni razlozi nisu na vašoj strani. Teško je priznati da ste vi možda pogrešna pilula za nečiju bolest, da, koliko god da vam je stalo do prijatelja, vaše prijateljstvo im jednostavno ne čini dobro. Ali, kada se to desi, vreme je da idemo dalje.

Prijatelji zauvek? Izabrana porodica

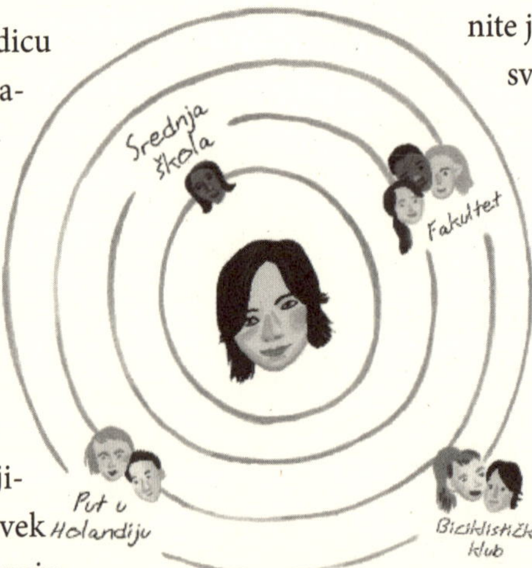

Možda volite svoju porodicu ili vam se možda ne dopadaju uopšte – mada pokušavate da budete tolerantni – ali njih niste birali. Čak i da ste blagosloveni da imate porodicu koja vas podržava, razume, daje savete jasne kao sunce, njihov ugao gledanja je uvek subjektivan. Oni vas znaju kad ste puzali po podu u peleni pa vas zato možda i previše dobro poznaju da bi bili objektivni u vezi s vašim životom. Vaši prijatelji su vaši savremenici; oni žive u istom svetu kao i vi, i nailaze na ista raskršća. (Verovatno se vaš otac neće sada useliti u svoj prvi stan ili započeti prvi posao.) Dodajte to na činjenicu da većina nas ne živi u neposrednoj blizini svojih roditelja, pa su vaši drugari članovi vašeg tima, vaš sistem podrške, vaše ogledalo. Razmišljajte o njima kao o drugoj porodici. Ako je vaš odnos sa pravom rodbinom zategnut, onda to mogu da popune vaši prijatelji i postanu vaša izabrana porodica.Bez obzira na to koliko ste bliski sa svojom krvnom porodicom, jedna od privilegija sopstvene samostalnosti jeste da uspostavite porodicu po svom izboru, da razvijete čvrste veze sa prijateljima, da se oslonite jedni na druge za savete, za svakodnevni kontakt, za kontinuitet. Mislim da čovek nikada ne može imati previše podrške – ne postoji nijedan razlog zašto ne biste imali manje skupove prijateljske porodice, ako želite. Imam grupu prijateljica iz srednje škole koju doživljavam kao jednu porodicu; zatim tu je jedan bračni par koji sam upoznala u Francuskoj koji su moji drugi brat i sestra. Dodajte tome blisku porodicu mojeg spisateljskog društva i grupu pri-

„Moji prijatelji me razumeju, mi smo obzirni i bezuslovni na sve one načine na koje moja porodica to nije. Kada sam imala dvadeset četiri godine, odlučila sam da ću Dan zahvalnosti provoditi sa prijateljima. Ono što je nekada bila grozomorna obaveza puna rođaka koje ne podnosim pretvorilo se u godišnje bahanalije u čast prijateljstva. Isto to radimo i za Novu godinu: uvek se nalazimo u istom restoranu i svako pročita nešto od poezije, posebno odabrane za tu priliku.“

— DŽULI, 30 GODINA

jatelja iz kluba ljubitelja vina, i ja već imam dovoljno rodbine da postidim svakog bigamistu.

Stvaranje rituala

Ako vaši prijatelji žive u blizini, lako je ugovoriti redovan doručak nedeljom ili mesečnu posetu lokalnom vašaru. Ali ume da bude teško ostati blizak uz različite rasporede, a da ne govorimo kada se jedna od vas odseli, uda ili dobije decu. Sačuvajte čvrste veze vašeg prijateljstva tako što ćete ustanoviti rituale. Valeri i njeni prijatelji sa fakulteta održavaju jedan zajednički telefonski razgovor između sebe svake poslednje nedelje u mesecu. Neki od njenih kolega odselili su se u inostranstvo, nekoliko njih već ima veliku porodicu, ali svi se oni i dalje čuju prilikom telefonskog „sastanka“ jednom mesečno. Organizujte „porodične“ skupove vaše odabrane porodice. Moja prijateljica Lin ima alternativnu porodicu svojih drugarica koje sebe nazivaju G7 – njih sedam je diplomiralo na Džordžtaunu 1990. godine. Još od prvog leta posle njihove brucoške godine na fakultetu, one se sastaju svakog jula na jedan produženi vikend u nekoj od vikendica u vlasništvu njihovih porodica, na ostrvu kod obale Konektikata. Tokom svih ovih godina, one su se raspršile po celoj zemlji; neke su se udale i rodile decu, ali gde god da su, G7 odvoji jedan vikend svake godine za skup na ostrvu. Angažuju dadilje za mačku kod kuće, iskoriste godišnji odmor, rezervišu iznajmljeno vozilo – nikakva problematika ne može da zaustavi nijednu od njih da ne dođe na godišnji sastanak. Napravite porodicu od vaših prijatelja i kreirajte rituale koji će učvrstiti vaše veze sa njima tokom vremena. I dalje ćete u životu nastaviti da se rastajete i sastajete

„Vikend G7 ne samo da učvršćuje naše prijateljstvo, već kako postajemo starije, mi svesno počinjemo da budemo zahvalne za tradiciju koju smo uspele da održimo. Koliko često ljudi kažu: 'Trebalo bi ovo da organizujemo svake godine!' i stvarno to i urade, u periodu od skoro dvadeset godina? Data situacija je idilična – na ostrvu smo, potpuno odvojeni od ostatka sveta, što čini ceo doživljaj još intenzivnijim. Jednom godišnje doživim taj vikend tokom kojeg je sve kao da smo ponovo na fakultetu.“

— LIN, 38 GODINA

sa prijateljima. Kada nađete prijatelje na koje možete da se oslonite, one koji čvrsto stoje na vašoj strani, koji vas vole i podržavaju i ne bi ni sanjali da flertuju sa nekim na koga ste vi bacili oko, dajte im do znanja koliko vam znače. Toliko često mi uzimamo svoje dobre prijatelje zdravo za gotovo, i samo onda kada oni posebno jako zasijaju ili nas opeče neko drugi, setimo se koliko su to sjajni ljudi. Zahvalite svojoj najboljoj drugarici što je tako divno ljudsko biće. Pošaljite im čestitke, kupite poklone, predstavljajte ih u najboljem svetlu, neumorno. Ozbiljno ih shvatite kada imaju loše dane, i nađite im se kada im je loše. Budite im onakav prijatelj kakav želite da oni budu vama. Da, i dalje će biti povremenih razmirica i razmimoilaženja u mišljenju, a biće i trenutaka kada ćete poželeti da skalpirate jedna drugu, ali prava prijateljstva preživeće milijardu iskušenja i transformacija kroz koje ćete obe proći. Držite se čvrsto – stvari će postati zaista sjajne, ako već i nisu, a vi ćete usput imati sjajno društvo.

Poglavlje 6

Zabavljanje, seks i romansa

Bol i zadovoljstvo zabavljanja, razgovori o nama, seks bez određnog cilja i druga pitanja za romantične duše

Za prave entuzijaste i željne početnike, svejedno, nema te aktivnosti koja je podjednako uzbudljiva i bolna kao što je zabavljanje. Izlasci su šansa da prikažemo svoje dobre strane, da izađemo u omiljenoj haljini i da flertujemo. Međutim, ovo može biti poduhvat koji vam kida živce, čak i za one najjače među nama. Šta ako, uprkos našim krajnjim naporima da budemo fascinantni, osoba s kojom smo izašli smatra da smo dosadnjaković? Šta ako je on noćna mora, i moramo izdržati beskrajnu večeru s osobom koju ne podnosimo? Šta ako se ispostavi da je on veoma obećavajući kandidat da bude „onaj pravi" (ili „jedan i jedini") i mi se beznadežno zaljubimo?

Zabavljanje je vezano za dobijanje mogućnosti, a to je najsjajnija strana dijamanta nade: može vam biti sjajno. Moglo bi da vodi do nečega, i do nečeg još većeg, ako vi to želite. Svaki izlazak nudi šansu da se prepoznate, da ćete upoznati nekoga za kim ćete poludeti, ko vas razume, ko vam daje onaj osećaj u stomaku: „Oh, bože moj, ovo je možda moja srodna duša." Taj osećaj „mislim da ću povratiti", u najboljem mogućem smislu reči.

Da bi izlasci ostali zabavni, važno je imati **veliku nadu ali mala očekivanja.** Vi kupite loto tiket zato što se *nadate* da ćete dobiti glavnu nagradu od milijardu dolara – ako biste to *očekivali,* bili biste slomljeni prilikom svakog izvlačenja kada ne izađu vaši brojevi. Slično tome, zabavljanje je dobra zabava kada ostavite svoja nadanja po strani i fokusirate se na zabavnu stranu samog poduhvata.

Ništa ne podržava vašu neverovatnu osobenost kao neko ko drži ogledalo ispred vas, u kojem se ogleda ono najbolje u vama. Vi vidite sebe kao osobu koja je vredna svake pažnje – šta bi moglo biti bolje za vaš ego? Izlasci su zabavni zato što ćete možda sresti nekog lisca ledenog kao kamen ili ćete jednostavno imati duhovit razgovor sa finim momkom. U najgorem slučaju, skupićete neke smešne ratne pričice koje ćete moći da ponavljate svojim unučićima.

Da biste na minimum sveli jednoličnost i mogućnost da vam srce bude slomljeno, **izlazite često**. Dok ne budete sigurni da ste našli svoju srodnu dušu, izlazite koliko god možete. To povećava šansu da ćete upoznati nekoga ko vam se dopada i kome se vi dopadate, a tako će i svaki onaj koji nije za vas značiti manje, pa ćete više razmišljati u stilu „Ovo bi moglo da bude dobro!", umesto „Ako me ovaj neće, okačiću kopačke o klin", to je osećaj koji se javlja kada stavite previše pritiska na samo jedan sastanak.

Dok smo kod toga da treba držati svoje opcije širom otvorene, uvek se držite teorije o **rezervnoj varijanti za izlazak.** Uvek motrite na momke koji imaju potencijal da budu vaš sledeći randevu ako se trenutna opcija ne realizuje. To može biti onaj pastuv koji vam se uvek smeši kada kupujete jutarnju kafu, ili neko koga ste upoznali na zabavi i ko vam se čini zanimljiv ali niste stigli da ga zapravo pojurite. Uvek je pametno imati nekoliko momaka na krčkanju u slučaju da se vaše glavne šanse izjalove. To sprečava razočaranje i nastavlja zamah vaših izlazaka.

Voleti prvo sebe – ne, to nije gomila gluposti

Zapravo, nije istina da morate prvo voleti sebe da bi vas mogao voleti neko drugi (ljudi će vas voleti nevezano za to šta vi mislite o sebi). Takođe, nije neophodno da prvo volite sebe pre nego što možete iskreno da zavolite nekog drugog (ko od nas nije u isto vreme osetio žarku ljubav prema drugom a prema sebi neku vrstu samoprezrenja?). Bilo kako bilo, ljubav, ili bar uopšteno pozitivno mišljenje o sebi, prilično je važan preduslov za zdravu vezu sa nekim drugim. Iako se vi nećete baš uvek osećati tako, znam da ste vredni izlazaka i toga da vas neko voli, iako možda može biti teško zaista vas ubediti da verujete u to.

Svi mi sumnjamo, u nekom trenutku, da nismo dovoljno lepi, dovoljno duhoviti, otvoreni ili slatki da bismo bili voljeni. Povremeno se možda i osećamo u onom fazonu „za svakog postoji poneko" – to jest, za svakog osim za nas. To je, naravno, potpuna glupost, i može joj se jedino suprotstaviti tako što ćemo činiti stvari zbog kojih volimo sebe, zbog kojih se osećamo privlačno, i koje nas sprečavaju da non-stop sebe pothranjujemo takvim sranjem.

Upoznajte se sa stručnjakom

Mada imam dosta toga da kažem o zabavljanju i seksu, ne mogu se osvrnuti na svako pitanje ili na svaku potencijalnu vezu u hramu romantike.

Da bismo mogli mudro da popujemo po pitanjima seksa, oslonila sam se na Em & Lo, formalno znane kao Ema Tejlor i Lorelaj Šarki. One su koautori četiri knjige, uključujući SEKS: OD A DO Š VODIČ ZA VEZE; SEKSUALNA IGRAČKA: OD A DO Š VODIČ ZA IGRAČKICE ZA SPAVAĆOJ SOBI. One imaju svoju kolumnu saveta za seks i zabavljanje u sekciji „Veze" u Njujork magazinu, a imaju i svoj veb sajt EmandLo.com.

Ne mogu sa sigurnošću da kažem da govorim i u ime lezbijki; stoga je ovo poglavlje uglavnom za heteroseksualne. Da bih uputila savet ženama koje vole žene, pozvala sam Alanu Devič da nam se pridruži. Alana je komičar i pisac i bavi se svim aspektima lezbijskog zabavljanja i veza, pogotovo kada treba saslušati iskustva drugih ljudi.

Kada se osećate dobro u svojoj koži, vi odajete jednu „Ja jesam privlačna" vibraciju – to je evidentno iz vaših manira, iz vašeg držanja, iz načina na koji govorite o svom ži-

Faktor potrebe

Svako voli da ima nekog, ali niko se neće zaljubiti u devojku čije vibracije odaju očajničku potrebu. Svi mi se s vremena na vreme osećamo potrebito, ali ako pokažemo ovo osećanje, to dramatično smanjuje našu sposobnost da privučemo momke. Očajavanje i osećaj nedostatka su antiferomoni. Ljudi mogu da ih namirišu kao jeftin parfem.

Možda vi umirete za tim da se nađete u nekoj vezi, ili umirete da se udate i imate decu, ali prvo morate da predstavite sebe. Izgledati „zagorelo“ – ovo uključuje gnjavažu, praćenje, podizanje ruku uvis uz deranje „Ja imam toliko ljubavi da pružim!“ i svaki drugi oblik zahtevnog ponašanja, kao pijavica – miriše na očaj i može od inače privlačne devojke načiniti haos. Prikazati svoju dobru stranu, biti što je moguće zabavniji – takve aktivnosti privlače udvarače i veze, za koje se pokazalo da vode ka životu udvoje, kako god ga zamišljali.

votu. Imam prijateljicu koja insistira da uopšte nije važno kako devojka izgleda – ako projektuje samopouzdanje, ona može imati momaka koliko joj srce želi. Sa druge strane, naravno, ako vam je samopoštovanje na niskom nivou, ako potajno smatrate da niste vredni da se neko sa vama zabavlja, to može da postane proročanstvo koje samo sebe ispunjava. Vi projektujete poruku koja kaže „Ne prilazi mi“, a to momcima signalizira da se drže na odstojanju.

NAJBOLJI IZLASCI

Voljni učesnici i nekoliko pripitih

Volela bih da mogu da vam dam recept za savršen sastanak, za najboljeg momka, za idealan izlazak u grad. Ali to su stvari koje morate sami da otkrijete, na pokušajima ili na greškama, tako što ćete izlaziti sa stvarnim, živim ljudima.

Mogu, međutim, da vam ponudim nekoliko osnovnih sastojaka koji obezbeđuju da sastanak dobro krene, da ima sve šanse da procveta u uspešno veče.

Dva najvažnija elementa dobrog randevua su dva slobodna, voljna učesnika. Zvuči jednostavno, ali kao što će vam reći bilo koja devojka pretrpana poslom ili koja još žali za bivšim, to što ste se jednostavno pojavili ne znači i da ste „na raspolaganju“. Potrebno je da oboje želite da budete na tom sastanku i da imate dobru volju da svoju mentalnu energiju posvetite tome da budete prvorazredno društvo ove večeri.

Dobar sastanak zahteva da obe strane bude potpuno uključene. To znači da kod kuće ostave stres zbog debilnog dana na poslu, seriju koju su zaboravili da snime, poverioce za studentski zajam koji dolaze da oduzmu auto. Kada su obe strane stvarno prisutne u sobi, i imaju dovoljno energije i želje da vide šta se može desiti, imamo idealnu situaciju za romantično poletanje. Oni će biti opušteni i otvoreni za novu avanturu, voljni da ljubazno slušaju i ćaskaju, da uživaju u privilegiji pažljive publike.

Sledeći na listi elemenata za dobar sastanak jeste pravi razgovor – priča samo u jednom smeru nije dobar razgovor. *Bona fide* veza je romantični sastojak koji je najteže obezbediti, jer se pretpostavlja da se između dvoje interesantnih ljudi koji pričaju mora izroditi konverzacija. To nije tako: nijedan sastanak nije tako neinspirativan kao onaj na kome se osećate kao u policijskoj sobi za ispitivanje. Svi smo mi to iskusili: izašli ste sa dečkom koji se, na prvi pogled, čini kao dobra prilika ili barem obećavajuća opcija. Glas razuma u vašoj glavi šapuće: „Okej, ovde imamo jednog pravog: viši je od mene, oboje se zgražavamo nad tretmanom bebi tuljana, upravo je rekao nešto šarmantno – ovo bi moglo da valja.“ Ali kako noć odmiče, on prestaje da pita vas o vama. Imate osećaj da je ovaj tip zaboravio da je izašao sa nekim. Randevu se pretvorio u tok-šou program u kojem je on glavni gost i zvezda, a vi prilično nezainteresovan domaćin. Ovo je momak koji, iz ovog ili onog razloga, nije baš za izlaske. On želi povezivanje, on želi da ga cene, želi sva vre-

„Ako se osećam stresno zbog nečega, i nateram sebe da izađem na sastanak kada je poslednja stvar na svetu koja mi se radi, sasvim sigurno je da će izlazak biti propast. Uvek se trudim da nađem dečka, ali trebalo mi je vremena da shvatim da ponekad ja, emocionalno gledano, nisam slobodna, bez obzira na to ko je momak i koliko se čini da je pravi za mene. Ranije sam se pitala zašto nije dovoljno da se samo pojavim i budem jednostavno ja – mislim da morate da prikažete svoju drugu stranu ličnosti, onu za sastanke, da bi stvari imale bilo kakvu šansu da uspeju.“ — ALI, 27 GODINA

dna nastojanja, ali on se ne interesuje stvarno za vas – on glumi pred vama.

Stvaran razgovor uključuje uzimanje i davanje, jedna osoba govori, druga sluša; zatim promena, govornik postaje onaj koji sluša, a vi razvijate vezu. Dobra konverzacija često ima onaj momenat identifikovanja, onaj „klik", gde se uključe oba partnera, postanu jednako zainteresovani da izraze i svoje mišljenje na temu i da saslušaju šta onaj drugi ima da kaže. Energija raste, uzbuđenje može da se oseti pod prstima, javljaju se upadice kao što je „Stani, to me podseća na..." i slični trenuci. Vi prestajete da razmišljate o tome šta ćete sledeće reći i jednostavno se prepuštate – ukratko, komunikacija. To je temelj svake dobre veze, svakog dobrog flerta i dobrih randevua.

Čvrsto verujem u **alkohol kao društveno prihvaćeni podmazivač,** barem u prvim izlascima. Pazite, ne propagiram da se napijete kao dupe, ali ležerno konzumiranje čaše vina ili dobrog koktela opušta većinu nas tako da stvari krenu. Izlasci umeju da budu čudni; mogu nas učiniti nervoznima i mogu prouzrokovati da govorimo u kratkim, neveštim izlivima mada smo normalno prilično artikulisani. Svako se oseća lakše ako ima dobro piće u rukama (to jest, svako osim alkoholičara kojima će više pomoći jaka kafa). Zato planirajte da izlazak

Pazite se ispovedanja

U vašem traganju za pravom vezom, pripazite se da ne izlanete previše informacija o svojoj prošlosti po pitanju izlazaka. Osim ako je to baš od ključne važnosti (na primer, imate herpes a baš se spremate da imate seks, što u tom slučaju morate reći), zašto žuriti s pričom o vašem bivšem ili o tome s koliko ste njih spavali? Biće dovoljno vremena kasnije; ništa ne prekida tu radosnu voćku prvih izlazaka „življenja za taj trenutak" kao prepričavanje priče o vašoj prvoj ljubavi ili stalno pominjanje momka koji vam je slomio srce. Isto važi za propitivanje druge strane o tome da li se još čuje sa bivšom devojkom. Nemojte ohrabrivati stvari u tom smeru.

„Kada sam upoznala svog dečka, bila sam na toj žurci čisto da negde izađem – nisam bila zainteresovana da nekoga nađem. Nisam imala onaj osećaj da gorim u plamenu kada sam ga videla. Tek nakon što smo razgovarali i pošto sam otišla kući, shvatila sam kako je sjajan. Budite otvoreni – nikada se ne zna kada ili s kim će se to desiti."

—Kara, 25 godina

Četiri principa zabavljanja na koje se možete kladiti u mesečnu platu

1 Nećete sresti nijednog potencijalnog dečka u svom stanu. Ne govorim ovde o zabavljanju preko Interneta – o tome ćemo kasnije. Što se tiče stvarne ljudske interakcije, nijedna devojka ne može živeti isključivo od duhovitih SMS poruka. Ako želite da upoznate princa na belom konju, vaše šanse rastu od nule pa do nešto iznad toga čim izađete iz kuće. Ne morate da odete na žurku ili u kafić, ali morate da izađete iz pidžame. Obucite se u nešto u čemu se osećate privlačno, stavite malo šminke (pazite na karmin na zubima), provucite češalj kroz kosu i izađite. Imate mnogo bolje šanse da proćaskate sa onim slatkim dečkom sa prizemlja koji baš slučajno šeta kucu neko kad samo ležite na kauču i sanjate da će vam zakucati na vrata, nenajavljen.

2 Reći „ne“ jednom izlasku znači reći „ne“ izlascima. Ovaj princip je kamen temeljac poznate teorije o zabavljanju koju smo naširoko razmotrili ranije. Na što više sastanaka idete, veće su šanse da ćete upoznati nekoga koja vam se u početku nije činio pogodan, ili će taj imati prijateljevog prijatelja koji vam se sviđa, ili ćete vi, u najmanju ruku, izaći iz kuće. Zato ako vas neko pozove, osim ako se stvarno ježite od njega, izađite. Nemate šta da izgubite ako ste otvoreni. Niko nikad nije umro od agonije zbog čašice vina – a vi jednostavno nikada ne možete znati kakvo ste dobro veče možda propustili ako odbijete.

3 Morate da budete u igri da biste mogli da pobedite. Ovde se radi o malo hokus-pokusa. Nisam sasvim sigurna zašto, ali kada ste izašli na jedan ili dva sastanka, sve više udvarača izlazi na videlo, i moli da mu se nađe mesto na vašem rasporedu za ples na balu. Pretpostavljam da je to zbog toga što čak i jedan jedini sastanak čini da i najneodlučniji od nas postanu samopouzdaniji, da se više nadaju, i imaju više šanse da pruže dobre vibracije.

4 Loš sastanak, dobra priča. Najgori mogući scenario – nepodnošljivi idiot koji ne sluša ni jednu jedinu vašu reč i brblja o svom bedaku na poslu i o svojim bivšim; dečko kojem više kose raste iz ušiju nego sa temena, koji neprestano skenira druge žene – ovo je, barem, dobar materijal za veselu pričicu sa vašim prijateljima kasnije ili za čuvanje za vaše memoare, ili za oba.

uključi i pićence, makar samo zato da veče krene. Posle možete ići na balet.

Najbolje mesto za izlazak je bilo koje zabavno mesto koje inspiriše na zabavu. Nećete se iznenaditi kad vam kažem da je moj prvi izbor mesta za sastanak slabo osvetljen kafić – neko seksi mesto koje ima dobru muziku, gde oboje izgledate pomalo tajanstveno i gde niko ne može da primeti znoj na čelu onog drugog ili akne od nervoze. Moja prijateljica Seli voli fensi restorane gde je zabava zagarantovana i gde je uključena i hrana, što uvek poboljšava šanse za provod. Filmovi su dobra šansa za razgovor, ali sastanak koji se sastoji isključivo od odlaska u bioskop sadrži veoma malo društvene interakcije. Rezervišite mesto za večeru kasnije tako da možete nastaviti debatu o filmu. Jednom kada ste obavili nekoliko izlazaka u javnosti, možda ćete poželeti jedno čisto filmsko veče, ali nikada nemojte prerano da predložite veče ispred TV uz domaće kokice. Neka vaši sastanci budu negde napolju sve dok se ne osećate dovoljno opušteno i spremno da pređete na taj nivo.

Savetujem vam da na prvom sastanku budete vrlo obazrivi i da izbegavate fizički kontakt. Ukoliko se niste u to upustili isključivo zbog seksa, nemojte ga pozvati u svoj stan, bez preteranog petinga, bez odnosa. U ovom momentu niste sigurni šta on oseća prema vama. Ako se strastveno smuvate, uz pretpostavku da će vam se sasvim sigurno opet javiti, vi rizikujete da budete tužni kada vam telefon ne zazvoni. Čuvajte sebe da ne postanete njegova recka tako što ćete mu dati pristojan poljubac za laku noć i upoznati ga malo bolje pre nego što se skinete goli.

Kako prepoznati onih nekoliko dobrih ljudi za izlaske u psihotičnoj gomili

Ljudi sa kojima ste se zabavljali na fakultetu, mada pomalo štreberski tipovi koji vam baš ne služe na čast što ste se držali za ruke, svi su imali nešto zajedničko: bili su, do određenog nivoa, slični vama. Uprkos činjenici da su došli iz različitih srednjih škola, različitih gradova i kategorija primanja, svi su bili na fakultetu (pretpostavljamo) u potrazi za znanjem. Bili su otprilike vaših godina, mogli ste da ih proverite na *fejsbuku*, i imali ste nešto zajedničko na čemu se moglo graditi dalje: živeli ste u istom kraju, jeli ste iste zamašćene knedle iz kantine, učili ste celu noć da biste završili disertaciju. Iako sada možda shvatate da ste bili ludi što ste mislili da imate bilo šta

Zabavljanje je stvar izbora

Romantični saveti zasnovani su na pretpostavci da vi zapravo želite da izlazite, ili da ste zainteresovani za romantičnu vezu ili da, nekako, naginjete ka tome da provedete svoje vreme uhvaćeni u emocionalne i/ili fizičke akrobacije sa drugom osobom. Hajde da priznamo, za razliku od vaših prijateljica, rođaka i svake glavne glumice koja je ikada igrala pored Hjua Granta, Rejfa Fajnsa, Pola Roda ili (ubacite ime muške zvezde u koju ste, što je pomalo neprijatno, zaljubljeni), vi možda i ne želite da se sa nekim zabavljate. Možda ste zaokupljeni svojim poslom, svojim prijateljima, kolekcijom porculanskih lutkica – nije vam potrebna „bolja polovina" ako je ne želite, nemate vremena za nju ili jednostavno niste raspoloženi. Nemojte da vas bilo ko drugi ubeđuje u suprotno.

zajedničko sa belcem sa zulufima, u to vreme, barem, imali ste jednu solidnu količinu zajedničkog iskustva.

U prenaseljenom, nezaklonjenom svetu izvan koledža, nema mnogo sigurnih stvari kod izbora momaka. Ovo treba i slaviti i pristupiti mu oprezno. Stvaran svet je pun ljudi koji nimalo ne liče na vas, sa kojima zapravo verovatno nemate ama baš ništa zajedničko osim činjenice da ispijate piće u istom kafiću. To jeste uzbudljivo – nije svaki momak na svetu odrastao u Nju Džerziju, garderobe ograničene na košulje jedne te iste marke. Ali uz toliko nepoznanica, kako da znate da li je dečko dobar materijal za izlaske?

Budite otvoreni

Ljubav niče na najneverovatnijim mestima. Možda ćete zateći sebe da vas privlači preplanuli surfer, mada ste uvek izlazili sa „umetničkim" tipovima. Pokušajte da nemate neki određeni tip.

Nemojte pretpostavljati da zato što nije išao na fakultet (ili na ono što su vas učili da je „dobar fakultet") nije pametan ili nije ambiciozan – to je retorika pedagoga iz srednje škole. Nemojte pretpostaviti da samo zato što

je član neke trupe da je stvarno duhovit. Nemojte pretpostaviti da je, zato što je zakleti feminista, osećajan u krevetu. Nemojte pretpostavljati da samo zato što je niži od vas to nikada neće funkcionisati.

Bacite taj spisak unapred smišljenih stvari. Možda nikada ranije niste sreli nekog ovakvog, ali ako je taj nepoznati šarmantan ili sladak ili, začudo, vama privlačan, dajte mu šansu. On nije kao drugi – što može da bude vrlo dobra stvar.

Budite oprezni.

Samo zato što vas neko časti pićem i nasmeje vas ne znači da je prikladan da ga dovedete u svoj budoar. Da, postoje razne vrste ljudi među kojima možete da birate s kim ćete izaći, ali, kao i u svakoj dubokoj vodi, naići ćete sigurno i na nekog kita ubicu. Upoznajte se s ljudima, ćaskajte malo, pokažite ih svojim prijateljima, pre nego što odlučite da su vredni vašeg vremena ili vašeg srca. A onda iskoristite svoj razum – ako imate čudan osećaj da se sa tim momkom ne bi trebalo petljati, poslušajte svoj instinkt.

Kako naći dečka

Znači, pravo stanje duha vas je maksimalno pripremilo za uspeh. A sad, gde su, do đavola, svi ti momci? Znate ono kako ljudi čuju za upražnjeno radno mesto ili stan preko ljudi koje poznaju ili na Internetu? E pa, romansa se ne razlikuje od toga.

Prijatelji prijatelja

Vaši prijatelji su vaši najpoverljiviji agenti u areni zabavljanja. Prijatelji prijatelja su prethodno provereni pa možete biti prilično sigurni da cimer vašeg kolege ili drugar iz detinjstva vaše koleginice sa fakulteta nisu loši momci. Vaši prijatelji vas poznaju, znaju vaše sklonosti i ukus, zato slušajte dobro kada vam kažu: „Hej, imam nekog savršenog za tebe!“ Ne, neće vam se uvek dopasti momci koje oni odaberu, ali to barem malo sužava izbor.

Posebno korisne za zadatak da vam nameste nekoga jesu drugarice koje su u dugoj vezi. Možda ste ih već otpisali zato što više uopšte ne žele da izlaze u lov. Ali pošto one same više nisu na tržištu, mogu da vam pošalju neke interesantne ponude. Uz to, ljudi koji su u vezi često žele da njihovi solo prijatelji „nađu nekog“, tako da i oni mogu da upadnu u radosti i zamke srećnog para – verovatno ćete uvideti da su one vaši voljni saradnici.

Vaša porodica

Ideja vaše porodice oko toga s kim bi trebalo da izlazite možda će se razlikovati od vaše, zato odlučno recite „Ne, hvala“ kad vaša majka pokuša da vas spoji sa sinom svog zubara.

Trebalo bi, razume se, da odete na svaki sastanak koji deluje obećavajuće – samo zato što vaši roditelji umiru da vas udaju ne znači da ne može da se desi da vas spoje sa nekim ko je super. Samo ne zaboravite, kao i kod svih aspekata vašeg privatnog života, vaša je poslednja. Za više o roditeljima i momcima vidite poglavlje „Oh, moj bože“.

Vaši prijatelji

Ovde budite veoma oprezni. Ako je oduvek postojala naznaka romantike između vas i vašeg prijatelja, ponekad padnemo u iskušenje da vidimo „kuda bi to moglo da vodi“. Moglo bi da vas odvede na neko sjajno mesto, da, ali isto tako bi moglo i da vas odvede u situaciju „Oh, naga sam pred mojim najboljim prijateljem a ovo ne funkcioniše, hajde da vratimo sat unazad“. Vaše prijateljstvo vredi previše da biste rizikovali da ga trajno upropastite. Ako osećate nešto više od prijateljstva za svoj drugara i osećate da je isto i kod njega, porazgovarajte o tome pre nego što nešto uradite – lakše je odraditi jedan neugodan ispovedni razgovor nego se vratiti u normalu posle nepažljivog raskida. Ako vaše prijateljstvo zaista preraste u romantičnu vezu, započeli ste na jakim temeljima dobre komunikacije.

„Sa Džeromom mi je sastanak namestila prijateljica sa posla. Unapred me je upozorila da je on veliki ljubitelj džez muzike (ja nisam) i politike (opet nije moja stvar). Završili smo tako što smo otišli u džez klub i on je stvarno pokušao da me uvuče u raspravu oko slobode nošenja oružja, ali sam se svejedno sjajno provela. Nisam izašla sa nekim pametnim tipom već dugo vremena i bilo je ugodno jednostavno ćaskati i flertovati. Dao mi je mnogo komplimenata, zbog čega sam se osećala sjajno, bio je prilično duhovit i osetila sam se jednostavno ponetom u tom trenutku – nije bilo važno da li smo se zaljubili ili ne – bilo je vrlo zabavno prosto upoznati nekog novog.“

— Ester, 25 godina

Izlasci na poslu

Romansa na poslu je opasno iskušenje. Na kraju krajeva, teško je naći nekoga ko vam se dopada a da mu ne zalepite etiketu „ruke k sebi“ na mestu gde provodite većinu svog vremena. S druge strane, kada se smuvate sa dečkom sa posla, vi rizikujete da ćete možda raskinuti a i dalje ćete morati da se viđate na sastanku osoblja svako jutro. Jednostavno, budite oprezni. Koliko god da vas izaziva kratak izlet u salu za sastanke na malo maženja, rizik da vaša „tajna kancelarijska ljubav“ postane javno slomljeno srce veoma je dobar razlog da ovoj stvari pristupite oprezno i uz ozbiljno razmišljanje. Jedna od mojih prijateljica upoznala je svog verenika na poslu, ali on je našao drugi posao čim su videli da je stvar među njima ozbiljna.

Kancelarijska romansa je posebno rizična kada vas privlači neko viši ili niži u hijerarhijskom lancu – neravnoteža moći na poslu i u spavaćoj sobi može dovesti do nezgodne situacije na oba kraja. Trebalo bi takođe da proverite kakva je politika vaše kompanije – mnoge organizacije imaju stroga pravila koja pokrivaju ovu oblast, a vi stvarno ne želite da odbacite svoj hleb nasušni radi kratkog flerta.

To veliko elektronsko skladište momaka

Pošto je ovaj svet toliko ogroman kao što jeste, svako odabrano okruženje koje vam nudi potencijalne momke jeste dobrodošlo. Imate više šanse da upoznate nekoga ko je planinar kao i vi ako se učlanite u lokalni planinarski klub. Ili ako tražite finog jevrejskog momka, imate više šanse da ga nađete u horu sinagoge nego bilo gde drugde. Moja prijateljica Tabita srela je svog sadašnjeg dečka na zabavi gde su pekli prase na ražnju na skupu njenih kolega sa fakulteta; druga prijateljica upoznala je svog muža dok je čekala da je prime u hitnoj (hej, tu su imali baš mnogo vremena pred sobom).

Ali, čekati samo tako da se nešto desi nije baš najefikasniji način da upoznate momka sličnog sebi. Najbolji izvor da nađete dečka danas jeste Internet. Kao zagovornik zabavljanja uopšte, ja sam potpuno za onlajn upoznavanje i to i ne krijem. Onaj prizvuk očajanja koju su lični oglasi nekada imali sada je izbledeo, i zamenila ga je mudrost zdravog razuma da čovek značajno poboljšava svoje šanse da nađe nekog ako aktivno traži na što je više foruma moguće. Ko od nas nema prijateljicu – privlačnu, finu, pametnu i beskrajno dobru za zabavljanje – koja je upoznala svog momka kroz onlajn lične oglase.

Myspace, *Friendste* i drugi „društveno umreženi" veb sajtovi daju vam pristup prijateljima vaših prijatelja, i čak i *njihovim* prijateljima, u okruženju virtuelne koktel zabave što čini prethodnu proveru potencijalnih kandidata još efikasnijom. Ti sajtovi se razlikuju od sajtova kao što je *match.com* gde tačno znate da su ljudi tu zaista zainteresovani da nekog upoznaju.

Isti principi koji važe za zabavljanje uopšte važe i za kraljevstvo Interneta, uz nekoliko važnih dodataka. Mada virtuelni univerzum potrage za ljubavlju stvarnom svetu izgleda kao pare u Monopolu u odnosu na stvarni novac, rizik pogrešnog razumevanja, gubljenja vremena i slomljenog srca je rasprostranjen, zato slušajte pažljivo.

Provedite neko vreme izgrađujući svoj profil. Vaš profil je sredstvo da privlačenje potencijalnih udvarača kao što je biografija sredstvo za privlačenje potencijalnih poslodavaca. To bi trebalo da vam pomogne da stavite nogu u odškrinuta vrata i da naglasite svoje najbolje kvalitete, ali nemojte se upuštati u previše detalja – to možete da sačuvate za intervju, ili, u ovom slučaju, za sam sastanak. To je vaša reklama što je, priznajem, pomalo uvrnuto, ali ako želite da vaš sjajan duh zasija, potrebno je da uložite vreme i uradite stvar kako treba. Pokušaji da prikažete suštinu svoga bića kroz odgovore na preformulisana pitanja nisu baš privlačni, ali probajte da se opustite. Setite se da svi mi pomalo imamo zadršku kada treba dati lični oglas, ali morate da ga objavite da biste dobili ponude za sastanke.

Obavezno stavite i fotografiju. Tu već postoje toliko nepoznatih kada upoznajete nekoga onlajn – da li će se javiti hemija između dvoje ljude je skoro nemoguće reći, čak i pored najdetaljnijih profila – tako da ako ne stavljate sliku, samo nepotrebno povećavate misteriju.

„Onlajn sastanci bili su za mene toliko dobro iskustvo zato što su me naučili kako da se nosim sa odbijanjem. Koža vam očvrsne kod onlajn veze – to se podrazumeva. Spremniji ste da vas neko prosuđuje zato što i vi sudite o svima ostalima. To mi je stvarno pomoglo da ne shvatam sve lično."

— SUZANA, 34 GODINE

Zadržite svoju intimu

Nije loša ideja da sakrijete svoje puno ime i imejl adresu dok niste potpuno sigurni da vam se dopada ta osoba. To ga sprečava da odradi jedan FBI test o vama na Guglu pre nego što se sretnete i, u slučaju da stvari ne uspeju, možete lako prekinuti i vratiti se u svoju anonimnost.

Koristite sadašnju sliku koju volite i na kojoj stvarno ličite na sebe. (Mada se vama verovatno sviđa vaš profesionalno urađen i retuširan portret, niko nije na dobitku ako vaš potencijalni kandidat očekuje da izgledate kao sa *Penthausove* duplerice.)

Sa druge strane, nemojte očekivati da će momak pod obavezno izgledati jednako kao na svojoj slici. Najveće zamerke koje sam čula od veterana sastanaka preko Interneta jesu da zamagljena slika obično krije neki fizički nedostatak. Upozorili smo vas.

Odgovarajte na vreme. Rok trajanja veze sa ljudima koje ne poznajete je kraći nego kod nepasterizovanog mleka. Brzo odgovaranje pomaže da se što pre dođe do randevua u stvarnom svetu. Ako dozvolite da vam se poruke nakupe ili vrdate u svojim odgovorima, varnica će se ohladiti i Romeo će otići dalje ka drugom žaru. Brzo i lako, to je put.

Kada ste uspostavili kontakt, nemojte okolišati. Svedite razmenu imejlova na minimum. Kada ste našli nekoga za koga mislite da bi vam mogao biti kompatibilan, napisao vam je sladunjav imejl ili dva, vi ste odgovorili blago flertujući, i osećate da bi ova osoba mogla biti normalna, da nije ubica sekirom ili lik iz horor filmova, onda ugovorite sastanak. imejl može biti sjajan forum za flertovanje, ali lako je zaljubiti se u vaš novopronađeni onlajn divan i zaboraviti da vama zapravo ne treba drugar za dopisivanje. Najbolje je sresti se i videti kakav je to lik uživo a da ne izgubite više nijedan dan na brbljanje onlajn sa nekim nepoznatim, a da na kraju ispadne da i nije za vas.

Svedite vaše telefonske razgovore pre sastanka uživo na minimum. Zašto uopšte koristiti telefon? Da biste ugovorili vreme i mesto susreta (što lako možete uraditi imejlom)? Okej ako želite, ali to znači pružanje više informacija i kontakt koji nije stvarno neophodan. Znam da sve ovo što kažem „Budite brzi, ne razgovarajte telefonom" zvuči vrlo hladno, ali nema razloga da posvetite mnogo vremena i energije vezi koja bi mogla da nestane iste sekunde kada dečka ugledate.

Prvi sastanak, kratak sastanak. Jedno piće je dovoljno vremena da utvrdite da li je onako sjajan kao što se činio onlajn, a to je isto tako dovoljno kratko vreme ako se ispostavi da je potpuni kreten, tako da niste zaglavili na nekoj utakmici koja nema kraja, šezdesetak kilometara izvan grada. Možete otići na večeru, na puštanje zmajeva u parku, na planinarenje – nakon što utvrdite da se sviđate jedno drugom. U stvari, nije loša ideja da organizujete nešto sa svojom prijateljicom tako da morate da prekinete i zbrišete (kulturno, naravno) posle jednog pića, čak i da stvari dobro idu, ili da barem imate u rukavu neko dobro opravdanje. Provesti celo veče zajedno, to ljudi rade kada su sigurni da se dopadaju jedno drugom. Uvek možete da produžite kratak sastanak ako stvari idu baš sjajno; u suprotnom, provedite sa njim dovoljno vremena da utvrdite da li želite ponovo da ga vidite ili ne.

Zapamtite: onlajn zabavljanje je igra brojeva – naći ćete tek jednog dobrog od deset pokušaja, i to ako imate sreće. Budite opušteni, ne zaljubljujte se previše brzo, i ako se ispostavi da je momak za koga ste zasigurno mislili da je vaš novi dečko, ipak pravi kreten, idemo dalje na sledećeg.

Pitajte Em & Lo

Onlajn sastanci

„Možemo satima da vam pričamo o tome kako svi kul klinci to rade, ali najbolji dokaz za podršku Internet zabavljanju nalazi se u sadržaju samih sajtova. To je kao interaktivno posmatranje ljudi – šta tu ima da se ne voli? Znamo da lični oglasi imaju reputaciju da su poslednji izlaz za usamljena srca; onlajn sastanci su potpuno druga stvar.

„Zamislite da možete da uđete u kafić, zamrznite u svojoj glavi tu scenu i zamislite da svaki muškarac iznad svoje glave ima balončić u kojem piše njegovo ime, godine, bračni status, hobi, ljubimci... A onda zamislite da, umesto da skupljate hrabrost da priđete onom ko vam se najviše dopada, jednostavno mu pošaljete ceduljicu. A onda, na bazi te poruke, možete da provedete ceo sastanak sa tom osobom, upoznavajući ga. A ako je taj sastanak loš, možete da se vratite na početak scene (sada dopunjene) i da pokušate kod sledećeg. Pa šta još, do đavola, čekate?"

SUŠTINA

Ulogujte se!

LOŠA PROCENA

Smuvati se u pripitom stanju

Baš volim dobar koktel. Ali ne volim da se napijem kao truba i da moraju da me izvode iz bara.

Kada pijemo, naše misli se vitlaju po mozgu, skliznu nam sa jezika, i imamo manju kontrolu nad onim što kažemo ili činimo. U svetu koji visoko ceni samokontrolu, može biti prilično oslobađajuće dobiti tu dozvolu da postupamo po svojim osećanjima. Svi smo mi nekada zasjali malo sjajnije, i postali još bolji i fenomenalniji nego što jesmo sasuvši nekoliko pića u sebe.

Nisam tu da vas grdim ili da gunđam kad se dobro zabavljate. Ovde sam, međutim, da vam jasno stavim do znanja da je povezivanje sa nekim momkom, kada ste pijani, vrlo opasna igra. Kada smo pijani, veće su šanse da spavamo sa nekim s kojim to inače ne bismo uradili; rizikujemo da uradimo neku glupu stvar kao što je, na primer, zaljubljivanje u svog šefa ili neuzimanje kontraceptivne pilule. Može se desiti da se probudimo uz grozan mamurluk, osećanje kajanja i samogađenja.

„Ja popijem samo dva pića i već se ponašam u stilu 'Hajde da se kresnem sa bilo kim na vidiku.' Provela sam veliki broj vikenda u svojim dvadesetim u pijanim seksualnim doživljajima koji se drugačije nikada ne bi desili. Mada sam u tom trenutku bila sigurna da je to prava stvar, obično sam se sledećeg dana osećala pomalo prazno, zbunjena zbog onoga što sam možda rekla ili uradila. Muvati se sa dečkom kada nisam sva svoja jeste zabavno; seks je nešto drugo. Bilo mi je potrebno mnogo vremena da shvatim da ljigava noć strasti nije vredna kajanja koje usledi narednog dana.“

— Andrea, 30 godina

Pripito muvanje (a pod „pripitim“ mislim na „dobro raspoložene“ ne mortus pijane) može biti zabavno kada se pametno obavi. Možda ćete se osećati malo opuštenije i razuzdanije posle par pića. Ali, ako odete previše daleko, i vi sami sebi spremate teren za sutrašnje kajanje. Kao što Em & Lo savetuju, kada imate seks posle jednog pića, vi iznesete na površinu porno-zvezdu u sebi. Posle

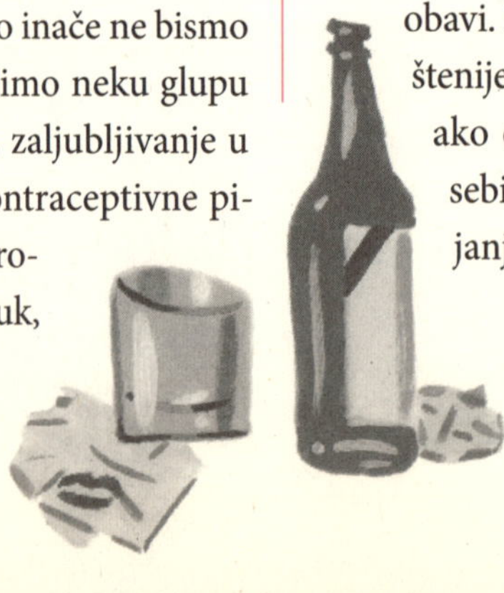

Šta zna devojka koja pijucka koktel

1. Razliku između „opuštanja" i „otkopčavanja grudnjaka".

2. Svoju granicu: može dobro da se zabavlja i da pored toga sutra stigne na vreme na posao.

3. Vrcavost je mnogo privlačnija nego pijano mumlanje.

4. Zabavno je i prigodno koristi prigušen glas.

5. Muvanje je uvek bolje u privatnosti (ili makar u poluprivatnom okruženju zamračenog kafića).

6. Muvanje je uvek bolje sa nekim ko vam se dopada.

7. Niko ne pije tekilu zbog njenog ukusa.

8. Piti na prazan stomak jeste vrlo loša ideja.

9. Long ajland ledeni čaj nije prava narudžbina za koktel.

10. Zna da drži telefon daleko od sebe – iako nas poziv u pijanoj nostalgiji tako mami, gotovo uvek je ponižavajuće iskustvo i sasvim sigurno će nas sutradan dovesti u situaciju da kažemo: „Oh bože, šta sam uradila?"

četiri pića, vaš sud je poremećen i razlozi protiv su jači nego razlozi za.

Hajde da se dogovorimo da ćemo elegantno srkutati svoja pića, uživati u finom izlasku u grad i avanturi koja sledi. Hajde da se složimo da nećemo posrtati od pijanstva i napraviti prave budale od sebe. Videli ste sigurno nekada devojku za šankom koja je popila jednu previše i koja se baca na prvog koji naiđe. Ona je objekat za žaljenje i zabrinutost, a ne neka mačkica sa stilom.

Vredi napomenuti da ako sa nekim možete da se zabavite ili vam se dopada jedino kada ste vi (ili oboje) pijani, to nije dobra veza. Seks je možda fantastičan, ali ako ga ne podnosite ili ako ne možete ljudski da razgovarate čim prođe piće, to nije vaš dečko, to je neki trik. Pazite da ne pobrkate ta dva.

DOSTA VIŠE IGRICA

Možete da nazovete prvi

Ne treba da vas podsećam da živimo u XXI veku (ili treba?). Ako vam se dečko sviđa i želite da ga bolje upoznate, možete jednostavno da podignete slušalicu i da ga nazovete. Nećete zbog toga izgledati navalentno i previše napadno. Možete od mladića da tražite broj telefona, da mu date svoju vizitku, možete jednostavno da pošaljete imejl nekome u koga ste se zagledali. Nema čvrstih pravila; ali ima mnogo loših saveta koji promovišu pasivnost, kvočkasto ponašanje, previše nepotrebnog gubljenja vremena i, uopšte, prevaziđeno ponašanje.

Ućuti i budi lepa: Loši saveti koje ne treba da pratite

Uvek sačekajte da on prvi pozove. Moglo bi se desiti da čekate zauvek. Ako želite da saznate da li se dopadate nekom, saznaćete vrlo brzo ako mu ostavite poruku a on ne odgovori.

Sačekajte toliko i toliko dana pre nego što nazovete. Niko ne želi da deluje očajno, ali čekati da nazovete nekoga u sredu ako ste raspoloženi za razgovor u utorak samo je traćenje vremena. Nećete zabrljati stvari time što ćete nazvati prerano. Ako mu se dopadate, to je to, bez obzira na kalendar.

Dobre devojke to ne rade. Ako želite da imate seks sa nekim, uradite to. Ako želite da izlazite sa mnogo ljudi i da se ne obavezujete, samo napred. Dobre devojke sa svojim telom rade šta žele, dokle god je to bezbedno za njihovo telo i njihova osećanja, i sve dok je obzirno prema osećanjima drugih ljudi. Ako se vucarate unaokolo i ne uživate u tome, ili vam se to čini prirodnim za vas, onda razmislite malo bolje i vidite da li vam taj životni stil stvarno odgovara.

Ako iskreno kažete šta osećate prema njemu, izgubićete ga. Momak kome je stalo do vas neće šiznuti ako vi izrazite svoja osećanja.

Ako je zainteresovan za vas, on će vam to i staviti do znanja. Uspešne knjige o ljubavi kažu vam kako da uočite očigledne znake da mu se ne dopadate (u to spada praktično sve osim njegove izjave ljubavi) i da onda odstupite. Momci su komplikovani, vi ste komplikovani; ponekad ljudi nisu toliko zainteresovani u ovom trenutku, ili su stidljivi ili su zbunjeni po pitanju uloge polova kao što ste i vi. Da, najbolja situacija je ona u kojoj dobijate poruku jasno i glasno da li vas simpatiše ili ne. Ali retko su stvarni tako jasne. Postoji milion raznih varijanti njegove zainteresovanosti – a to isto važi i za vaša osećanja prema njemu.

Zovite me staromodna: je li loše to što želimo da nas jure?

Mi smo u teškoj situaciji: nećemo jednostavno začepiti i izgledati slatkasto ili čekati da momak napravi prvi potez. Mi želimo da nas tretiraju kao jednake u vezi, i mi preziremo prevaziđenu ideju da žene treba da budu pasivni igrači u romantičnim vezama, da s viklerima na glavi i u bade-mantilu čekaju pored telefona, dok momci ne odluče hoće li nas ili ne. Sa druge strane, je li to toliko retrogradno, toliko staromodno, i tražimo li previše ako želimo da trče za nama? Da propagiramo jednakost a da, s vremena na vreme, ipak želimo da nas obore s nogu?

Činjenica je da, mada mi treba da se ponašamo kao jednaki u vezi, mnoge žene još misle da muškarac treba nešto da uradi prvi. Intelektualno, mi razumemo da savremena žena zna šta želi i ide za tim, kao da kupi sebi halogenu lampu. Ali kada žena pozove muškarca da izađu, ili inicira prvi poljubac, ona je tu još na relativno tankom ledu.

Još nije redovna praksa za žene da budu agresori, da lupe šakom o sto u vezi. Ako delujemo previše željno, osećamo se ranjivo, kao da mi imamo nešto više da izgubimo nego momak u istoj ulozi. Mi smo samo *teoretski* jednake u vezi, ali to je samo teorija. U praksi, mnoge od nas se još osećaju bolje u

Ko plaća?

Striktno govoreći, onaj koji poziva, on i plaća. Naravno, postoje bezbrojni izuzeci kod ovoga. Nekada davno muškarac je uvek plaćao za ženu ili je smatran za neuljudnog idiota; a onda je došlo vreme kada su žene odbijale da dozvole muškarcu da plati račun zato što će to među njima uspostaviti nejednaku dinamiku moći, što se moralo, razume se, izbeći po svaku cenu.

Ako hoćete da vaš izlazak ne izgleda baš kao randevu, možete predložiti da platite pola-pola. To donosi mnogo manje pritiska i garantuje da nijedno neće otići kući osećajući da onoj drugoj osobi duguje večeru.

Svi mogu da vide providnu glumu žene koja protestuje, ali ne baš toliko da bi sama uzela da plati račun. Ako ćete insistirati na tome da vaš pratilac ne plati za vas, onda se pokažite i zaista platite svoj deo. Na prvom sastanku nije baš zgodno reći: „Banka ostaje na meni", jer nikada ne možete biti sigurni da će se desiti taj sledeći put. Na kasnijim izlascima, stvari će vam izgledati nešto više jednake, a onda možete da častite na smenu, kao što radite i sa dobrim prijateljima.

PITAJTE EM & LO

Seksualna hemija

„Grozno je zvučati kao vaša mama, ali ako imate hemiju sa nekim, to ćete znati. Ako niste sigurni, onda hemije nema – da, možete da razgovarate satima, osećate mu se neverovatno blisko, duhovit je i možda ga čak i volite, ali hemija nije rezultat sabiranja na spisku stvari koje su vam zajedničke. Toga jednostavno ili ima ili nema i uvek je to seksualna stvar.

„Hemija je životinjski magnetizam, u nedostatku bolje reči. Ako vam se ne sviđa njegov miris, verovatno neće biti hemije među vama (a ovde ne govorimo o njegovom ukus pri odabiru kolonjske vode). Vaša tela se jednostavno spajaju, nalazite se u pozama za maženje bez ikakve neprijatnosti i predigra vam se ne čini kao glavobolja. Ako ima hemije, oboje osećate da su poljupci sjajni. Uzput, hemija ne garantuje orgazme (ni zaljubljivanje to ne garantuje, tek da se zna).

SUŠTINA
Ako hemije ima, znaćete to!

prevaziđenim ulogama za svaki pol. Bilo da nam se to dopada ili ne (meni se to sve prilično ne sviđa), stvari nisu jednake.

Zato, ako se osećate komotnije kada momak vodi, nije pogrešno niti nefeministički sa vaše strane. Odluka da napustite posao, ostanete kod kuće i gledate sapunice ceo dan dok vaš dečko zarađuje novac – e sad, to će možda biti malo teže. Međutim, vi ne pravite moralni kompromis ako želite ili ako vam je potrebna potvrda da je dečko zainteresovan za vas. Mi živimo u stvarnom svetu i taj svet ne napreduje tako brzo kao teorija. Uz to, svi mi znamo i stotine naučnih studija su potvrdile da muškarci manje izražavaju verbalno svoja osećanja pa je zato njihovo ponašanje jedini način da znamo da li nas vole ili ne.

Žene mogu i treba da budu agresivne po pitanju lovljenja muškarca ako se osećaju samopouzdano u tome (pokazati interesovanje za tipa – imejl ili poziv – vrlo je laskavo za njega, u svakom slučaju) ili može da odluči da trče za njom ako joj se to čini ispravno.

Budimo pošteni: kada neko trči za nama, to je

mnogo lakše i udobnije nego kada mi jurimo – nema rizika od odbijanja. Vi ste u toj zavidnoj poziciji da donosite odluke. Zašto bi iko želeo to da ispusti?

Mada nam to ponekad izgleda neverovatno, i momci takođe pokušavaju da izađu na kraj sa nekim stvarima, baš kao i mi. Na svaku devojku nervoznu oko prvog poteza, dolazi po jedan muškarac. Šta funkcioniše u vašem slučaju? Šta vaše drugarice kažu o tome? A vaši muški prijatelji? To je varljiva tema a mi dugujemo same sebi (i našim ženskim precima feministima) da nastavimo diskusiju o tome.

Hajde da pričamo o seksu

Seks sa „pravom osobom" nudi mitske mogućnosti za zadovoljstvo, povezanost, samoizražavanje, otkrića, smeh i klopu. Ako je, ipak, najbolji deo seksa za vas klopa, možda to i nije najbolji partner za vas. Dobri ljubavnici se, na svu sreću, stvaraju a ne rađaju tako da, uz malo vođstva, taj ne baš tako sjajan ljubavnik može značajno da se popravi. Možda ćete biti iznenađeni ako vam kažem da su najbolji ljubavnici retko kada oni koji imaju najbolju oralnu tehniku ili najveći penis (mada su i ove kvalifikacije dobrodošle). Momak koji je najbolji u krevetu pun je entuzijazma i želje da zadovolji. On je onaj koji će da pita: „Šta ti fantastično prija?", a onda će vas tačno tamo poljubiti. Ne treba vam najveštiji tehničar – mnogo ćete bolje proći sa tipom koji želi da vas usreći.

Idealan seksualni partner voli čak i one delove vašeg tela za koje vi mislite da su ružni. On vas želi, što, osim što popravlja vaše samopouzdanje, znači da čovek ima dobar ukus. Naravno da je i on vama veoma privlačan. Momak koji je u svakom pogledu savršen za vas, osim što ne možete da zamislite da se ljubite sa njim, nije vaš idealan ljubavnik. On je vaš prijatelj.

O orgazmu, ponovo

I muškarci i žene umeju da upadnu u naviku da se u seksu samo radi o orgazmu i da niko neće biti stvarno zadovoljen ako nema klimaksa. Da, od ključnog je značaja da vaš partner poklanja isto onoliko pažnje vašem seksualnom zadovoljstvu koliko i vi njegovom, ali lestvica ne mora uvek da bude postavljena tako visoko. Razmislite o seksu koji nije vezan za neki određeni cilj – to je savršeno prijatan način da se provede popodne. Dobro maženje ne mora uvek negde da se „svrši".

(nastavak na strani 284)

Povelja ženskih

U kontekstu fizički intimne veze, sledeća neotuđi

I Sloboda govora. Žena ima pravo da se uvek oseća slobodno da zatraži (ili odbije) seksualni kontakt, odnos, nove seksualne poze, poseban način dodirivanja ili bilo koje drugo ponašanje koje poželi. U svakom slučaju, njene želje treba smatrati jednakim željama njenog partnera i shodno tome ih poštovati.

II Svaka željena forma zadovoljavanja neophodna za ženino seksualno zadovoljenje, ženino pravo da dobije oralni seks neće uzurpirati, ali ne i isključivo, momak koji nema nikakav problem sa „pušenjem" ali nepravedno odlučuje da ne želi da uzvrati istu uslugu.

III Ni u jednom trenutku neće biti uzeto zdravo za gotovo da je „misionarska" poza jedina moguća konfiguracija seksualnog spajanja. Ženino pravo da bude gore, dole, sa strane ili pod svakim mogućim uglom koji se može fizički postići, treba i biće ispunjeno.

IV Žena nikada neće biti prisiljena da izdrži dosadan, pornićima inspirisan buldožerski seks, osim ako ona sama zaista ne uživa u njemu (i upita samu sebe: "Da li ja zaista uživam u ovome?" da bi bila sigurna). Ona u svakom trenutku ima pravo da iznenada prekine bilo koji seksualan kontakt zbog kojeg se oseća kao lutka na naduvavanje.

V Treba prihvatiti jednom i zauvek da sve žene nisu načinjene od istog materijala, da one na različite načine odgovaraju na seksualni kontakt, i da je klitoralna stimulacija umetnost, čija je pravilna upotreba jedinstvena kod svake žene. Obe stranke će prihvatiti da žena sama najbolje poznaje svoje telo i svog partnera da bi mogla da usmeri njegove akcije ka vrhuncu svog zadovoljstva. Bilo koji partner koji nije dovoljno strpljiv i voljan da nauči njene tajne smatraće se neprihvatljivim.

VI Čista seksualna prošlost i situacija, napismeno ako treba, neotuđivo je pravo bilo koga ko učestvuje u intimnom fizičkom kontaktu. Kontracepciju ili mere za sprečavanje polnih bolesti partner ne sme ismevati ili uskratiti.

prava u seksu

prava žena biće poštovana u svim bliskim susretima:

VII

Žena može da drži svoju intimnu frizuru na bilo koji način ona želi i neće biti pod pritiskom da je ukloni, stilizuje ili pusti na bilo koji moderan način na koji ona to ne želi.

VIII

Orgazam se neće smatrati merom dobrog fizičkog odnosa. Nikom nije garantovan orgazam *per se*. Ženi se mora garantovati fer i neophodna igra u spavaćoj sobi i žena mora biti slobodna da zatraži da joj se pruži orgazam ako to želi, pogotovo ako je njen partner već bio gotov, čak i kada bi pomenuti partner mnogo radije smesta zaspao.

Neka se takođe zna da ako žena kaže da ne želi orgazam, da je dužnost njenog partnera da se povuče i ne vrši pritisak na nju insistirajući da bude zadovoljena.

IX

Žena uvek ostaje u okviru svojih prava da zatraži tuširanje, pranje zuba, ili bilo koju drugu aktivnost koja će njenog partnera učiniti higijenski prigodnijim za spavaću sobu. (Pokušajte jedno taktično: „Večera je bila sjajna, ali ja bih te radije poljubila bez ukusa belog luka.“)

X

Ženin partner će uvek ceniti njeno telo; nikad je neće namerno ponižavati, učiniti da se osećate neadekvatno, debelo ili neprivlačno; niti će je porediti sa svojim bivšim partnerkama, manekenkama ili porno-zvezdama.

Kršenje bilo kojeg od ovih prava neće se smatrati razlogom za nagli prekid seksualnog sjedinjavanja, već na to treba gledati kao na šansu za poboljšanje. Ako nakon nekoliko pokušaja da se situacija popravi, pokušaja kao što je diskusija, analiza šta ne valja ili ponavljanja „Ne, ovako to treba da radiš, dragi“ ne dođe do konsenzusa, onda žena ozbiljno treba da razmisli da li je nastavak vođenja ljubavi sa partnerom vredan truda.

Tehnički detalji i dobre tehnike

Najbolji izvor saveta o tome kako da budete „dobri u krevetu" jeste upravo vaš partner u krevetu. On bi trebalo da bude podjednako komunikativan kao i vi u tome šta voli a šta ne voli. (Molim zapamtite: pitati je jedna stvar, a zahtevati sasvim druga.) Ako vi volite da zadržite veo misterije u vezi sa svojim ponašanjem, vaše prijateljice ili muški gej prijatelji mogli bi da imaju nekoliko trikova koje mogu da preporuče. Za širu edukaciju, zaboravite ženske časopise i pokušajte:

Vodič za seks kroz dobre vibracije, Keti Vins i En Semans

Vodič za ono!, Pol Joanides

Kompletan vodič za felacio, Vajolet Blu

Seksualni saveti za devojke, Sintija Hajmel.

Seksualni saveti za hetero žene od gej muškarca, Don Anderson i Megi Berman

Istina o klitorisu, Rebeka Čaker

Seks za jednog, Beti Dodson

Kako biti sjajan ljubavnik, Lu Paget

Kako žene ovo postižu, nipošto nije univerzalna stvar. Neke žene imaju orgazme kada im se dotakne klitoris, druge polude kada im se maze grudi; neke mogu da svrše samo misleći na seks (molim ove žene da podele tu tehniku sa nama ostalima – to je vrlo korisna veština). Čak i nakon što ste uspeli da shvatite tačno koja vrsta dodira vas uzbuđuje, možda ćete shvatiti, s novim partnerom ili jednostavno tokom vremena, da postoji još toliko načina uzbuđivanja za koje niste ni znali da postoje. Eksperimentišite (na bezbedan način, naravno) uz različite partnere, igračke, fantazije, pornića – šta god da golica vašu radoznalost. Pokušajte da zaboravite razne predrasude koje imate o tome šta je „normalan" seks i istražujte.

Međutim, ako se uvek dešava isto, da on ima orgazam a vi ne, trebalo bi da to spomenete. Nemojte ni za trenutak da pomislite da je to vaša greška ili da nije važno – ako vam se čini da je to vrlo važno (ili čak i manje važno), onda to i jeste. Seks je kao kooperacija: svako doprinosi i svako odlazi kući zadovoljan. Ne obavezno baš svaki put, ali dovoljno često da ona ljubav koju osećate bude u proporciji sa vašim vođenjem ljubavi

Pitajte Em & Lo

Kako mogu da doživim orgazam?

Zapravo, tu su sadržana dva pitanja: kako mogu da doživim orgazam, i kako mogu da doživim orgazam sa svojim partnerom? Najkraći odgovor jeste: masturbirajte, a onda pokažite svom partneru kako to radite. Masturbacija je najkraći mogući način da otkrijete sopstveni orgazam – a ako već umete da svršite, to je onda najbolji način da otkrijete nove puteve do tog srećnog trenutka. Razlog je sledeći: što više načina imate na raspolaganju da svršite, veća je verovatnoća da ćete to umeti i u društvu. Ako u masturbiranju niste uspešni, pokušajte da dodate nešto ili sve od nabrojanog: vibrator, lubrikator, prigušeno svetlo radi raspoloženja, muziku, erotsku literaturu, kadu sa zgodno postavljenom česmom, veš-mašinu na centrifugi, ključ na vašoj spavaćoj sobi, dati sebi više vremena.

„Nemojte ni pokušavati da simulirate pravi odnos dok masturbirate – većini žena je potrebna neka vrsta stimulacije klitorisa da bi mogle da svrše, i većina poza u odnosu to ne donosi. I zato ste, uzgred, u velikoj većini ako ne možete da svršite tokom odnosa. Kada ste se pozabavili solidnom dozom vođenja ljubavi sa samim sobom (možda će vam trebati oko dvadeset minuta dnevno tokom nekoliko nedelja, minimum – ali obećavamo da će vredeti truda), poslužite se i rukom (svojom ili njegovom) tokom odnosa, ili donesite mali, tihi vibrator u spavaću sobu (neka ga vaš partner iskoristi na vama tako da se ne oseća izostavljeno). Još bolje, masturbirajte zajedno, tako da možete da naučite šta uzbuđuje ono drugo. Ako imate tremu pred nastup, onda stavite njegovu ruku u svoju i pokažite mu svoje telo.

„Mnoge žene kažu da mogu lakše da svrše ako su gore, zato što mogu bolje da kontrolišu ugao stimulacije svoje G tačke, ili mogu da trljaju svoj klitoris o partnerovu karličnu kost. I nemojte da osećate krivicu zbog brzine koja vama odgovara – ima još toliko mnogo žena koje tek treba da nauče da je njihovo zadovoljstvo podjednako važno kao i muškarčevo. Samo zato što je on gotov ne znači da je gotov i seks. Ako ne može da drži kapke otvorene posle seksa, onda treba da usvoji politiku „prvo dame“. Reciprocitet mora da se odnosi i na oralni seks, mada muškarac koji će kleknuti pred ženom kao da samo odrađuje stvari ni ne zaslužuje da bude tu.“

SUŠTINA

Vežbom do savršenstva!

KONTRACEPCIJA I SPB

Osnovne stvari

Postoji dva glavna fizička rizika seksa koja neće nestati u skorije vreme: trudnoća i seksualno prenosive bolesti (SPB). Jednog dana možda ćete želeti decu, ali verovatno ne danas. SPB nećete želeti nikada (to vam garantujem).

Niste to pokupili sa daske na WC šolji

Osim ako ste u ozbiljnoj vezi sa nekim ko je obavio testiranje na svaku moguću polno prenosivu bolest, čak i da koristite neki drugi oblik kontracepcije, nemojte ući u seks bez kondoma. To je pravilo. Tu nema pregovaranja. I fini ljudi mogu da dobiju SPB. Neki fini ljudi imaju SPB a da ni ne znaju da ih imaju. A dešavalo se i da najpošteniji ljudi na svetu slažu oko toga da li imaju SPB ili da ih ne pomenu zato što im je neprijatno ili zato što se boje da će izgubiti šansu za seks sa vama. Nemojte verovati nikome na reč ako imate i najmanji tračak sumnje. Nijedan dobar kres nije vredan potencijalne brige za ceo život. Koristite zaštitu.

„Znate sve one reklame za podizanje svesti o sidi i SPB statističke podatke i silne redove kondoma u apotekama? Njihov cilj smo mi – vi i ja. Ja sam sebi predugo dozvolila da verujemo u adolescentnu pretpostavku: 'Oh, to se nikada neće desiti meni.' Neprijatno mi je i da kažem koliko puta sam se zezala bez kondoma kada je stvarno tako jednostavno imati ih pri ruci i otići kod doktora jednom godišnje na test. Ako se ne pridržavate tih stvari, stvarno morate da se zapitate zašto. Napravite pakt sa prijateljicom oko toga, ako baš morate, ali učinite to.“

— ROUZ, 30 GODINA

UVEK IMAJTE KONDOM PRI RUCI

Bilo bi baš divno kada bi svaki momak sa kojim ste bili u fizičkom kontaktu imao lekarsko uverenje da je potpuno zdrav, i imao svoju sopstvenu zalihu kondoma koju ne mari da načne. To se skoro nikada ne dešava, zato učinite samoj sebi ogromnu uslugu i nosite nekoliko kondoma u tašni.

OBRAZUJTE SE

Ako ste seksualno aktivni, onda morate da poznajete celu tu armiju bolesti koje možete dobiti i različite vrste odbrane i terapije koje su vam na raspolaganju. Čak i da religiozno posvećeno koristite kondom, on vam neće ništa vredeti ako imate oralni seks od nekoga ko ima upalu grla pa dobijete genitalni herpes. (Ne pokušavam da vas preplašim ili zgadim – pokazujem vam da je od ključne važnosti da pametno pristupite seksu. Da biste se zaštitili kada primate oralni seks, koristite dentalnu pregradu.)

TESTIRAJTE SE REDOVNO

Ne znati je mnogo gore nego saznati da imate bolest i nositi se sa tim. Ako se pokaže da imate SPB, budite otvoreni prema svakome s kim imate seks (ili s kim ste imali seks pa možda snositi posledice). Čak i da je to bilo samo na jednu noć, čak i da se plašite da će vas osuđivati ili da im se više nećete dopadati. Čak i da vam je bolno da priznate sebi da ste nešto zakačili, morati biti iskreni sa partnerom pre nego što se skinete goli, pre nego što stupite u seks. Može da se dogodi da ste vi divna i odgovorna osoba a da svejedno dobijete SPB; a niste ni jedno ni drugo ako tu bolest prenesete nekom drugom.

> **Za više informacija**
>
> Centar za kontorlu i prevenciju bolesti
> www.cdc.gov/nchstp/dstd/disease_info.htm
>
> Nacionalna medicinska biblioteka i Nacionalni zdravstveni institut
> www.nlm.nih.gov/medlineplus/sexuallytransmitteddiseases.html

Mejbi-bejbi? Možda i ne bi

Prema podacima iz Planiranog roditeljstva, osamdeset pet posto žena koje ne koriste kontracepciju tokom vaginalnog odnosa ostanu trudne svake godine. To je baš veliki broj trudnoća.

Najvažniji faktor koji treba uzeti u obzir kada birate efikasnu metodu kontracepcije jeste koliko se dobro taj način uklapa u vaš životni stil – vaše telo i vaše ponašanje, vaše zdravlje i navike. Ako se nećete setiti da uzmete pilulu svakog dana bez izuzetka, ili ako ne možete da podnesete nusefekte, onda pilula nije za vas. Ako zbog hormonalne terapije postanete nestabilni ili se gojite, potrebno je da se pozabavite alternativnim sredstvima – možda dijafragmom ili kondomom za žene. Bez obzira na to koliko je statistički gledano efikasna kontracepcija, ona neće biti efikasna uopšte ako je ne koristite.

Mi živimo u zemlji gde je prekid trudnoće abortusom legalan (bar je legalan dok ovo pišem). Ali abortus nije kontracepcija. Abortus je hirurška intervencija i mada svako ima zakonsko pravo na nju, to može

Ops, ode naš Plan A

Ako kondom pukne, ako zaboravite da uzmete pilulu ili promenite flaster, ili ako ste imali seks bez zaštite, možete imati i plan B kontracepcije za hitne slučajeve (poznate i kao „pilula za jutro posle“ uz recept od svog doktora. Što pre odradite plan B, to je on efikasniji; morate uzeti tu pilulu u roku od 72 sata od nezaštićenog seksa. Plan B ne bi trebalo, možda je i suvišno naglašavati, koristiti kao zamenu za konvencionalnije forme kontrole rađanja – on je samo 89% efikasan, u poređenju sa 99,7% kod klasične pilule.

Plan B je kontracepcija – on neće pomoći ukoliko ste već trudni. RU-486, poznat i kao mifepriston ili mifepreks, jeste pilula za abortus. Mora je pripremiti profesionalac u zdravstvenoj službi i mora se uzeti u roku od dva meseca od gestacije (mereno od prvog dana vašeg poslednjeg menzisa). U SAD je legalna kao nehirurški oblik abortusa od 2000. godine.

Nastavlja se debata o raspoloživosti Plana B i RU-486. U leto 2006. godine Administracija za hranu i lekove učinila je Plan B na raspolaganju bez recepta za žene preko 18 godina života, iako je njihov savetodavni komitet glasao 23:4 da to odobri za žene svih starosnih dobi još 2003. godine. Ovo su turbulentna vremena: pratite vesti u vezi s tim kako se razvija raspoloživost kontracepcije i abortusa. Za više informacija:

Plan B
www.go2planb.com

Mifepreks: pilula za rani izbor
www.earlyoptionpill.com

Udruženje za reproduktivno zdravlje
www.21dan.com

Estronaut
www.womenshealth.com

Fondacija feminističke većine
www.feministmajority.com

da znači mnogo kajanja, tuge i fizičkog oporavka zbog prekida trudnoće. Abortus može da bude traumatična događaj za mnogo žena. Upotrebiti kondom nije traumatično.

U idealnom životu kontrola rađanja trebalo bi da bude odgovornost koju dele muškarac i žena. Ne treba ni reći da bilo koji muškarac koji nije voljan da učestvuje u seksualnim odnosima uz kontrolu rađanja nije vredan da uopšte imate odnos sa njim. U svakoj vezi to svakako treba prodiskutovati i podjednako podeliti među partnerima. I mada bih mogla da meljem ceo dan o politici kontrole rađanja, o tome koliko često to nepravedno pada samo na ženu da se štiti dok muškarci ne moraju da brinu o tome da neće dobiti menzis, to je ipak razgovor za neko drugo vreme (sačekaće dok ne odemo na piće posle posla). Kakva god da je situacija – ako imate seks sa svojim voljenim dečkom, polusatni kres ili prijatelja s kojim to radite redovno, bilo da je to sjajan tip ili totalan idiot, savet vam je uvek isti: pronađite metod kontracepcije koji vam odgovara. Zaštitite se.

SEKS BEZ OBAVEZA

Za neke sjajan, za druge i ne baš toliko

Otkad je izmišljen seks (a to je bilo veoma davno, pre nego što ste vi rođeni), postojala su različita gledišta o tome kako bi žena *trebalo* da se ponaša u seksualnom smislu. Onaj stari dobri dvostruki standard da je momak koji ima više partnerki pastuv, ali žena koja uradi to isto – drolja, preispituje se već decenijama. To ne znači da smo mi prestale da se borimo sa stereotipima, da još ponekad ne osećamo kako nas etiketiraju kao madonu ili kurvu, drolju ili sveticu, umesto da na nas gledaju kao na kompleksna, ponekad iracionalna bića koja uglavnom donose dobre odluke i čine ono što misle da je ispravno.

Flertovi, prevare, veze za jednu noć i povremeni ljubavnici

Postoji mnogo privlačnih stvari u tome da imate seks sa nekim koga nikada više nećete sresti. Ako uđete u to bez očekivanja da će vaš večerašnji partner postati vaš dečko ili da će vas uopšte ikada nazvati, slobodni ste da uživate u čisto fizičkom aspektima tog događaja, da odbacite komplikovane emocije koje prate seks sa nekim u koga ste zaljubljeni (ili barem planirate da ponovo progovorite koju reč sa njim).

Najveća greška koju žene čine u vezi sa seksom bez obaveza jeste pretpostavka da to znači nešto više nego samo seks. Dovoljno je reći da ima mnogo momaka koji bi bili srećni da vas ubede da se skinete, ali istog trenutka kada je seks završen, oni prigrle pokrivač i okreću vam leđa. Ako on nije vaš dečko, to što ste spavali sa njim neće od njega napraviti vašeg dečka. To ne znači da će vas on nazvati sledećeg dana ili da će vam doneti ruže ili da

PITAJTE EM & LO

Za i protiv ležernog kresa

„Sjajna stvar ležernog seksa jeste to što vam pruža mogućnost da sami sebe učinite nekim novim u seksu: možete biti potpuno sebično po pitanju sopstvenog zadovoljstva (to je verovatno promena); možete da eksperimentišete uz nove pokrete i poze i zvuke, što vam je možda bilo neprijatno sa vašim utvrđenim partnerom.

„Ali nemojte da se zavaravate ako postoji šansa da to vama znači nešto više od samog seksa. Da li ispod površine plivaju naklonosti prema njemu? Da li mislite da će taj divlji seks od kojeg se bude komšije učiniti da ljubav procveta? Da li pokušavate da razbesnite svog bivšeg dečka ili trenutnu partnerku ovog tipa? Da li mislite da je kresanje sporta radi upravo ono što danas „moderne“ žene čine?

SUŠTINA
Samo dobra zabava!

„Ako ste odgovorili potvrdno na bilo koje od ovih pitanja, spustite kondom i otidite! Priuštite sebi ležeran seks zato što želite dobru, čistu (ili prljavu) zabavu sa nekim – i ništa više od toga.“

će vam klimnuti glavom kada se mimoiđete na ulici.

Žene koje imaju najviše uspeha u spavanju sa muškarcima izvan veze jesu one koje su u stanju da razdvoje emocionalne zamke veze od samog fizičkog čina. Ovo se često smatra za vrlo mačistički ugao gledanja, i može biti teško za većinu žena. Džuli se pita da li nešto možda nije u redu sa njom jer ume da razdvoji seks od emocija, da ima seks i da ne poželi ništa više od toga. Džoana je drugačija: „Oduvek sam želela da budem promiskuitetna, ali ne posedujem veštinu za to. Moji prijatelji mi kažu da nikada nisam ni poljubila nekoga s kim nisam imala seks. Ne mogu brzo da prihvatim intimnost.“ Ni Džuli ni Džoana nisu u zabludi: svaka od njih razume šta funkcioniše u njihovom slučaju i po-

---

„Najbolji čisto seksualni susreti su oni u koje sam ušla razmišljajući: 'Mislim da je ova osoba seksi i želim da uradim ovo iz zabave, a zatim da odem kući.' Samo sam želela fizičku intimnost sa nekim bez onog komplikovanog 'Da li moram da te nazovem?' ili 'Hoćeš li me zvati?' Oni slučajevi kada je to uspevalo bili su zbog toga što nisam želela nikakvu vezu van tog trenutka.“

—ALI, 29 GODINA

našaju se shodno tome. Stara poslovica „Za svakog ponešto" ovde je vrlo primenljiva. Na vama je da razlučite šta je za vas – i sa kim.

Započnite svaku vezu tako što ćete biti iskreni i prema sebi i prema partneru o tome šta je vaš motiv, i šta možete a šta ne možete očekivati jedno od drugog. Jeste li ovde da se kresnete i odete kući? Da li se nadate da će biti nešto više? Zabavljajte se, ali budite oprezni. Budite sigurni da li vaše emocije mogu da izdrže vaše želje, da su vaše želje realne i da ste načisto s partnerom da ste ovde samo zbog seksa i da ne ostajete na doručku. Posao je vašeg partnera, naravno, da zaštiti svoja osećanja ali vi, kao i uvek, treba da imate svoj integritet i da se tako i ponašate.

ZABAVLJANJE UNAPRED

Želim na duge staze

Dugotrajna veza može se definisati kao ona koja traje duže od jedne noći, ona u kojoj su dvoje ljudi uzajamno predani trajanju te veze u doglednoj budućnosti. Neće se sve dugoročne veze (pogotovo kada ste u dvadesetim) pretvoriti u obavezu do kraja života ili brak. Najbolje dugoročne veze imaju nekoliko zajedničkih stvari.

Pričaj mi malo o tome: o važnosti komunikacije

Moja prijateljica Stejsi bila je nekoliko godina u divnoj vezi sa momkom, Tomom. Kada je prvi put pitao da izađu, posle ćaskanja na jednoj zabavi, rekao joj je: „Ti si jedna od najfascinantnijih žena koje sam ikada upoznao. Hoćeš li da izađemo jednom na večeru?" Stejsi je bila, ne treba ni reći, polaskana. Takođe je dobila nagoveštaj kako bi bilo zabavljati se sa Tomom na duge staze. Neko ovako otvoren o svojim osećanjima njoj se dopadao – i to s pravom.

Neki momci rođeni su kao fantastični komunikatori; većina njih to nauči od svojih prvih devojaka i postaju sve bolji vremenom. Vi želite partnera koji je voljan da radi na bilo kakvim preprekama ili nesuglasicama koje bi mogle nastati. On vas izvuče iz ljušture kada ste ljuti zbog nečega, i on radi na tome da artikuliše svoja osećanja.

To znači da otvoreno razgovarate o tome šta želite i šta vam je potrebno jedno od drugog. Proveravate redovno da biste se uverili da ste oboje srećni i da dobijete ono što vam treba iz te veze. Nijedna strana ne očekuje od druge da bude vidovita, već govori ono što mu je na umu o tome šta je to što želi.

Čak i da vas ne boli glava

Nemojte imati seks ako to ne želite. To vam možda zvuči kao osnovna stvar ali ako razmislite o tome na sekundu, to nije tako crno-belo. Mi upražnjavamo seks iz milion raznih nerazloga koji nemaju nikakve veze sa trenutnom erotskom željom: činimo to da zadovoljimo svog ljubavnika, da demonstriramo jednu dozu kontrolu nad muškarcem, da pokušamo da nadoknadimo lošu komunikaciju u drugim stvarima u vezi. Nikada ne bi trebalo da pristanete na seks kada to ne želite.

Ne kažem da svaki seks mora da ima veze sa ljubavlju – ili da većina i ima neke veze sa ljubavlju – ali ako ste u vezi koju želite da odnegujete, shvatite da seks donosi komplikovana pitanja o emocijama i moći i intimnosti. Bolje je reći „Ne mogu to sada da uradim" nego se upustiti u tužan, bolan ili na neki drugi način grozan seks i posle toga se osećati ljutito i iskorišćeno. Poštujte sebe i svoja osećanja time što će seks biti što je pozitivnije moguće iskustvo.

Bez obzira na to šta je tema diskusije, komunikacija je, razume se, dvosmerna ulica, i koliko god oboje da govorite, morate biti šampioni u slušanju. Bilo da vam on govori o svom danu na poslu ili mu vi pokazujete šta vam seksualno godi, slušajte jedno drugo. Nije uvek lako biti dobar slušalac, pogotovo kad treba saslušati kritiku. U idealnom slučaju, vi i vaš partner slažete se da su potrebni čak i teški razgovori da bi se linije komunikacije držale otvorene a vaša veza ostala iskrena. Naravno, 90 procenata vaše komunikacije će, nadam se, biti o nečemu drugom a ne o vezi. Stvari mogu postati strašno dosadne ako provodite sve svoje vreme preživakavajući stvari.

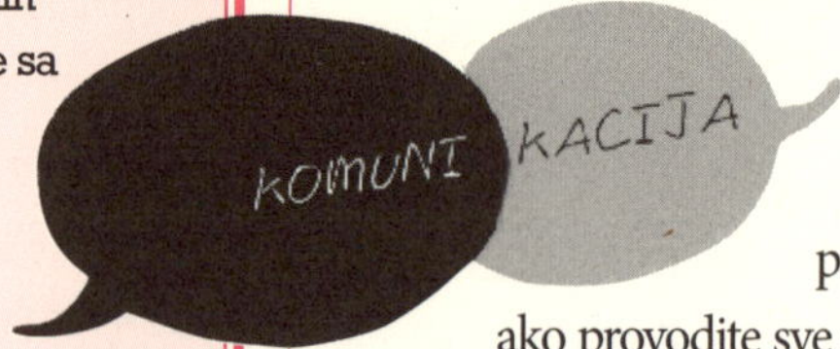

Istina o finim momcima

Ponovo i ponovo, slušam od žene da je finoća potcenjena na listi kvaliteta koji čine savršenog partnera. Ranije sam mislila da su jedina dva zahteva od momka da bude pametan i zabavan. Uskoro sam shvatila da čak i najpametniji, najduhovitiji momci, oni koji vam mogu napisati rapsodiju o modernoj poeziji, koji me zasmejavaju toliko da se upiškim u fotelju, nisu vredni izlaska na drugi sastanak ako nisu ljubazni. Mi zaslužujemo da budemo tretirane kako treba, da budemo poštovane i, da, mi zaslužujemo da momci budu ljubazni prema našim prijateljima.

Fini momak čini da se osećate sigurno. On više naginje fer svađanju. Vi ne morate da sumnjate da mu se dopadate više nego ona devojka u tesnoj majici koja je upravo prošla pored vas; ne morate da ga zvrckate svako jutro da budete sigurni da je i dalje zainteresovan za vas.

Ovim ne želim da kažem da smisao za humor sličan vašem nije važan. Momci koji nisu zabavni često postanu dosadni, a kad stvari postanu teške, potrebno vam je da se smejete što je više moguće.

SAVET: *posmatrajte kako se ponaša prema osoblju koje poslužuje kada izlazite. Ako je grub prema kelneru, on potajno nije dobar momak. Verovatno je i sebičan u krevetu.*

Komunikacija u besu: Kako se produktivno svađati

Prvo pravilo Kluba parova u svađi jeste da nijedno od vas ne bi trebalo da se zatvori u sebe ili uspaniči kada je partner ljut na vas. Činjenica je da ćete posle zdrave svađe oboje biti tu, što jeste možda bolna i frustrirajuća, ali vi pokušavate da stignete do srži nekog pitanja tako da stvari postanu jasnije a vas dvoje imate bolje međusobno razumevanje. Takođe, treba da iz toga izađete a da niste jedno drugom iskopali oči.

U jakoj vezi, nijedan partner ne sme da se plaši da isprlja ruke u raspravi. Istovremeno, *ne preterano* prljavo: ljudi koji se vole ne žele da jednom drugom puste krv, niti pucaju da bi ubili protivnika. Koncentrišite se na to da prenesete svoje mišljenje na direktan način, a ne na to da grdite svog partnera. Nepisani ugovor zdrave svađe među ljubavnicima jeste da vi i dalje volite jedno drugo, čak i kada on govori kroz stisnute zube a vi ste tako besni da bljujete vatru.

Dečko koji ima ozbiljne namere prema vama treba da sasluša vašu stranu priče, oštro se ne složi sa tim a i dalje želi da razreši stvar. Pokušajte da držite na umu da je vama zaista stalo do ove osobe sa kojom se svađate, da je to onaj dečko s kim ste celu noć komentarisali neki najnoviji rijaliti na TV-u, ko vas je

„Moj terapeut mi je jednom rekao koliko je korisno umeti skloniti 'svađu na policu' u kontekstu duge veze. Rekla je da ne moram da idem do krajnosti – ako nešto nije u redu u vezi, to ne znači da je veza pogrešna. Moj dečko i ja smo se nedavno posvađali oko nečega i ja sam se i dalje osećala povređeno sledećeg jutra, iako smo se pomirili. Bilo je jasno da još imamo šta da prodiskutujemo ali sam se posebno potrudila da odvojim ostatke svog besa od mojih jačih osećanja, ljubavi i poštovanja prema njemu.“

— Džin, 32 godine

nežno poljubio u nos dok ste dremali. Dobre strane jedne veze ne odlete odmah kroz prozor čim se ne složite oko nečega.

Pažljivo birajte svoje bitke. Ne mora se svaka sitnica baš istaći ili pretvoriti u pravu svađu. U žaru momenta, nemojte reći nešto što stvarno ne mislite.

VREMENSKI OKVIR VEZE

Kada i kako

Da li postoji vremenski okvir veze kojeg se pridržavaju svi parovi? Verovatno ne – mi možemo da organizujemo prekretnice u vezi koliko god hoćemo, ali obično, kada stvari jednom krenu, veze imaju sopstveni mehanizam za pokretanje. Teško je kvantifikovati precizan momenat u kojem se povlačite sa tržišta i postajete par. U jednom trenutku uživate u prvom poljupcu za laku noć ispred vaših ulaznih vrata, a sledećeg pitate: „Šta ćemo raditi večeras, dragi?" u vašem zajedničkom stanu. Kako smo, jedna pametna devojka kao vi se pita, mi stigli dovde? Da bismo razjasnili stvari, skupila sam ovde nekoliko referentnih tačaka i okvirnih trenutaka koji se mogu desiti u vašem ličnom kalendaru.

Ekskluzivno zabavljanje

Vi možda i znate od prvog sastanka da želite dugu vezu, ali moj savet je da pustite da se to polako desi. Postoji jedan period posle faze udvaranja i prvih izlazaka u kojem se devojka zapravo pita da li ona to ulazi u isključivu, dugu vezu. To je period u kojem se sve naziva uopštenim imenima: vi se „viđate", ili „postajete ozbiljni". Uživajte u tom periodu – kriva upoznavanja je još vrlo oštra i svaki trenutak zajedno prepun je osećanjem da svašta može da se desi.

Kada je pravo vreme za monogamiju? Kada znate da sa njim idete ozbiljno? Je li to kada vas on upozna sa ljudima kao svoju devojku? Kada kažete: „Volim te?" Kada već imate dvoje dece zajedno? Jedno je sigurno: *niste zaista u isključivoj vezi dok niste porazgovarali o tome.* Nemojte nikada pretpostavljati da on i dalje ne spava sa drugim devojkama ili da on mora da zna da se vi viđate i sa drugima. Ako posumnjate da jedno od vas dvoje ima pogre-

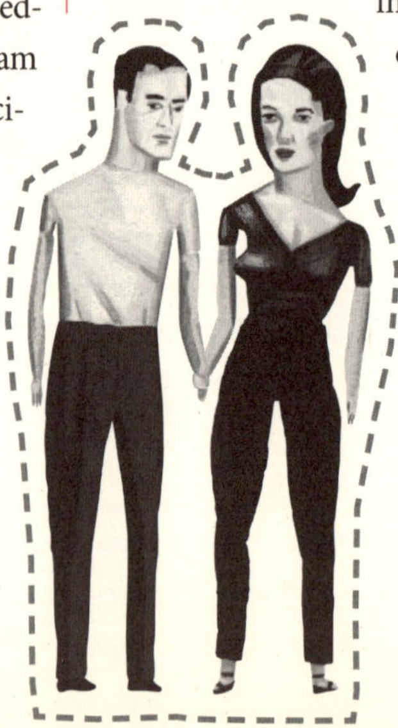

„Kada ljudi kažu da na svakoj vezi treba raditi, pomišljala sam da to znači da treba da radim na tome da pretvorim momka sa kojim se viđam da bude onakav kakvog ga ja želim. Sad znam da 'rad' koji treba obaviti nije na vezi nego na sebi. Sada kada sam sa nekim koga volim, ko je zreo i iskreno me zaslužuje, uhvatim sebe da želim da razbije sve svoje loše psihološke navike – bilo da je to tendencija da izjurim demonstrativno tokom svađe umesto da o tim stvarima govorim, ili da ne kažem 'Izvini' dovoljno često. Shvatila sam da je deo mog posla da zaštitim svog partnera od bola što bolje mogu, a to uključuje i bol koji bih mu ja mogla naneti tako što ću ga nazvati pederom i izaći iz sobe kad se svađamo."

— DŽEN, 29 GODINA

šnu predstavu u vezi sa ozbiljnošću vaše veze, morate se time pozabaviti. Svi smo mi nekada bili zaslepljeni pomešanim signalima: mnoge žene kažu da im momci izvinjavajući se kažu da nisu spremni za ozbiljnu posvećenost, i onda kada ni one same nisu mislile o tome. Pažljivo načnite temu, bez ikakvog predubeđenja da on želi više ili manje nego vi. Ako sve bude dobro, završićete na jasnom stanovištu a vaš dečko će biti zainteresovan za vas koliko i vi za njega.

Približan vremenski termin u vezi: to je uskoro nakon što počnete da razmišljate „Pitam se kuda ide ova veza", ali nikada, nikada nije pre nego što se viđate bar dva meseca. Da biste saznali da li je ovo neko s kim zaista želite da postanete ozbiljni, za to treba vremena. Ukoliko se desi prerano, rizikujete nedozreo „Razgovor o nama" koji može biti smrtna osuda za napupelu vezu.

Upoznavanje sa vašim prijateljima

Ako pretpostavimo da želite da zadržite svoje prijatelje, potencijalni ozbiljni momci treba da budu upoznati sa vašim užim društvom pre nego što postanete ozbiljan par. To je posebno dobra ideja ako ste se neko vreme otuđili sa svojim lepotanom i niste viđali svoje prijatelje onoliko koliko i obično – oni verovatno jako žele da upoznaju tog tipa. Ako vam prijatelji izraze svoju rezervisanost u vezi sa dečkom, saslušajte ih – njima je stalo do vas i žele da budete u srećnoj vezi. Oni će vam verovatno iskreno reći ako misle da izlazite sa kretenom. Ali, moguće je da vi vidite njegovu stranu koju oni ne vide. Ako on nije

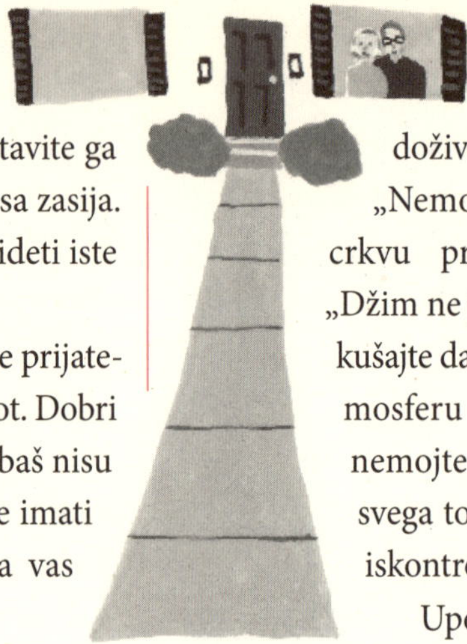

uspešan u velikom društvu, pokušajte u manjem okruženju, kao što je večera sa jednim ili dva gosta – stavite ga u situaciju gde ima sve mogućnosti sa zasija. Nadajmo se da će i vaši prijatelji uvideti iste zvezdane kvalitete koje ste videli vi.

Teško devojci koja ne sluša savete prijatelja, ali, na kraju, to je vaš ljubavni život. Dobri prijatelji vas neće napustiti zato što baš nisu ludi za vašim dečkom. Ali možda će imati manje entuzijazma da se druže sa vas dvoje.

Približan vremenski termin u vezi: to je nakon faze „Pitam se da li će me nazvati" ali pre nego što ostavi četkicu u vašem kupatilu. Za više o ovome, vidite „Širite ljubav".

Upoznavanje sa vašim roditeljima

Ovo je događaj koji možda zahteva malo organizovanja. Ako ikako može drugačije, pokušajte da prvi susret ne bude vikend u kući vaših roditelja. Dodatni stres što je gost u nečijoj kući može učiniti ionako živčanu situaciju za vas i vašeg dečka u potpunu paniku. Ako geografska udaljenost dozvoljava, rezervišite mesto za večeru negde gde će se svi osećati komotno. Upoznajte ranije obe strane sa bilo kakvim iznenađujućim, uvredljivim ili neobičnim karakteristikama koje mogu doživeti tokom sastanka (npr. „Nemoj spominjati katoličku crkvu pred mojom majkom", „Džim ne jede crveno meso"). Pokušajte da stvorite što ležerniju atmosferu za sve zastupljene ali nemojte previše brinuti oko svega toga – ne možete baš sve iskontrolisati.

Upoznavanje sa roditeljima trebalo bi da bude rezervisano za ljude za koje ste već prilično sigurni da će neko vreme biti u vašem životu. Požuriti da ga odvedete kući jer je sledećeg vikenda Dan nezavisnosti, iako se vi viđate tek dve nedelje, može zbuniti i jednu i drugu stranu u toj situaciji. Momak pomisli ili da vam više znači nego što jeste ili da ga prerano ispituju za mesto u porodici. Vaša porodica misli da je među vama ozbiljnije nego što jeste, ili ga tretiraju kao člana porodice, ili im se svima kolektivno slomi srce kada dečka više nema. Ili će ga videti nervoznog, kako se čudno ponaša u ovoj ranoj fazi veze i unapred im se ne sviđa. Sačekajte dok se svi ne opuste da biste preduzeli taj korak.

Možda vaši roditelji neće biti oštri prema vašem voljenom. Ako ih poštujete, slušajte ih i razmislite o tome šta imaju da kažu. Konsenzusom odlučujete o tome koga ne volite ali, na kraju krajeva, na osnovu vaših želja i vašeg zdravog rasuđivanja. Vaša porodica ima pravo na svoje mišljenje, ali vi ste sada velika devojka, i koga volite, toga volite. Ako se vaši roditelji ne slažu, možete ući u neke nezgodne rasprave vremenom.

Približan vremenski termin u vezi: nakon što ste temeljno utvrdili da vam je momak i da mu je dovoljno stalo do vas da taj osećaj proširi na vašu porodicu. Ali mnogo pre nego što objavite „Mi ćemo živeti zajedno!“ vidite odeljak „Dečko upoznaje porodicu“.

Zajednički život

Najpametniji savet koji sam čula o zajedničkom životu jeste da nikada nećete pomisliti: „Volela bih da smo ranije počeli da živimo zajedno“. Možete prespavati u njegovom stanu tri puta nedeljno, kuvati s ljubavlju zajedno i provoditi zajedno po ceo vikend. Ali to nije isto kao kada živite sa nekim.

Kada živite sa svojim momkom, on je i nešto više od vašeg stalnog pratioca – on je vaš cimer, što ume da bude i prilično neromantično kao što verovatno već i znate iz ranijih iskustava sa cimerima. Stvari koje do tada nisu bile vezane uz vašu vezu postaju drama u stvarnom životu: plaćanje računa, deoba fioka u garderoberu, tiho nerviranje što je ostavio gomilu svojih prljavih stvari u kuhinji i što uvek zaboravlja da kupi mleko.

Da, useliti se zajedno znači i da delite idealne trenutke šćućureni zajedno, gledajući serije na TV-u i to ne morate da prekidate da bi onaj drugi otišao kući i nahranio mačku. Ali to takođe znači da prestajete da izlazite. Gubite taj luckast ali ipak prijatan trenutak kada dođe da vas pokupi i izvede na večeru, ili da obučete novu haljinu koju on još nije video. Kada živite zajedno, on je sigurno već video vašu haljinu – i nju i vaše cipele u ormanu.

Pa, kako da znate kada je vreme za to? Upitajte sebe nekoliko pitanja:

- Da li sebe vidim sa ovim dečkom i za godinu dana (ili bar do kraja zakupa stana)?
- Da li sam spremna na to da će finansije igrati važnu ulogu u našoj vezi, da delimo pola-pola kiriju i komunalije?
- Osećam li se ugodno što će neko videti moje čudne samačke navike: ponoćne užinice, moje mrzovoljno raspoloženje, moju sklonost da danima ne operem sudove?

- Hoće li me moj voljeni prihvatiti i u ovakvom izdanju? Hoću li ja njega tako prihvatiti čak i da se pokaže da voli različite stvari od mene?

- Hoće li u našoj zajedničkoj gajbi biti dovoljno mesta za moje stvari?

- Hoću li imati dovoljno mesta da se bavim onim čime se bavim, bilo da je to slikanje, skupljanje starina, razgovor telefonom ili piškenje nasamo?

- Jesam li spremna za kompromis oko stvari koje možda uzimam zdravo za gotovo, kao na primer tuširanje u 7 ujutru, ako i on baš voli da se tušira u to vreme?

- Kakva su moja očekivanja od ove veze? (Nikada nemojte jednostavno pretpostaviti da će to što se uselio sa vama učiniti da on poželi da se oženi vama. Uselite se zato što ga volite, a ne zato da dobijete prsten.)

- Šta da radim ako ovo ne funkcioniše? (To je možda poslednje što vam je na umu i priznajem da nije baš najromantičnija pomisao, ali važno je da razmislite o tome pre nego što povučete potez. Ako nemate izlaznu strategiju, nema ni izlaza.)

Pobrinite se da vas dvoje umete da izdržite zemaljske aspekte domaćeg života – rasprava oko obavljanja kućnih poslova jeste jedan od načina da se ubije seksualni život. I zapamtite da je najgori mogući razlog da požurite u zajednički život ušteda na kiriji. Možda ćete uštedeti par stotina dolara mesečno, ali ako se veza raspadne posle dva meseca, bićete zaglavljeni deleći futon i račun za struju sa momkom od čije vam svake reči naviru suze sve dok jedno od vas ne nađe novi stan.

Približan vremenski termin u vezi: nakon što se sigurni da ste oboje tu iz pravih razloga, ali pre braka, zajedničkog računa ili zajedničke kupovine nekretnine.

Primetićete da nisam uključila rečenicu „Pre nego što kažete *Volim te*" kao stavku na listi vremenskog termina u vezi. Imajući na umu da se ljudi preplaše od te rečenice, vi treba da je kažete kada i ako to osećate. Kako da znate da to „osećate"? Ostaviću vas da na to odgovor nađete sami.

Kako imati ljubavnu romansu

Kada ste našli nekoga s kim želite ozbiljno da se zabavljate, zamenjujete užurbanost izlazaka za stabilnije okruženje prave veze. Sada ste prevazišli one prve zaljubljene treptaje u kojima obožavate način na koji on drži viljušku i smatra kao i vi da je film *Na krilima želje* najbolji koji je ikada snimljen. Vi ste prevazišli te rane, uzbudljive momente kada shvatite da se ovo „stvarno događa", i sada ste u središtu svega toga.

Poznajem milion devojaka koje bi volele da su na vašem mestu, da ustupe slobodu samačkog života i srećno uplove u život u paru sa posvećenim partnerom. A imaju na čemu i da vam zavide: vi imate partnera koji vas zove da vidi kakav je bio vaš dan na poslu, koji ne bi voleo ništa više od toga nego da se s vama grli cele nedelje. Baš vi, od svih ljudi, zapravo dopuštate sebi kliše da celo nedeljno jutro ostanete u krevetu uz ukrštene reči i vrelu kafu.

Kao što vam može reći bilo ko ko jeste bio u dugoj vezi (ili vam to mogu reći vaši roditelji), nije to uvek samo neprekidan seks i sjedinjavanje. Sada možete biti sigurni da se dopadate jedno drugom, što jeste olakšanje, ali oduševljenje zbog lova je završeno. Sada kada ste par, potrebno je malo nege da održite zabavu i uzbuđenje u vašoj vezi, da vas uvek podseti zašto ste uopšte i želeli da postanete par. Postoji nekoliko stvari koje možete sasvim lako da uradite da biste očuvali ružin pupoljak.

Dajte jedno drugom prostora

Dve odvojene ličnosti uđu u vezu, ali lako je upasti u zamku da postanete jedan entitet.

„Pre neki dan Bret je objavio: 'Počinje sezona u fudbalu!' U prvom momentu htela sam da kažem: 'Kakve to ima veze sa mnom?', ali sam se zaustavila – to nema veze sa njima, to ima veze s njim, to je njegovo vreme da se druži sa momcima i pije pivo. On me ponekad pozove da gledam sport sa njegovim drugarima, ali retko kad odem: ne uživam stvarno u tome, ali najviše ne idem zato što mu je potrebno vreme tamo bez mene. Bio je potpuno nezainteresovan za moje zabave gledanja TV serija nedeljom uveče, ali mi je dao prostora da radim to što volim bez njega." — Tereza, 28 godina

„Ja sam se klela da nikada neću biti od onih devojaka koje zaboravljaju svoje drugarice kada nađu momka. Ali bilo je potrebno da me prijateljica pozove u stranu da bih shvatila da sam potpuno zanemarila svoj život i prijatelje otkad sam upoznala Erika. Započela sam redovne sastanke sa prijateljicama nedeljom, za ručak. Vreme provedeno sa prijateljima me potvrđuje, podseća me da je ljudima zabavno da budu sa mnom, da sam privlačna i zabavna i da umem da saslušam. Znam da Erik misli sve to, ali potrebna mi je potvrda i od drugih ljudi.“

— *Samanta, 33 godine*

Pesnik Rajner Marija Rilke upozorio je da čovek mora da se čuva od opasnosti sjedinjavanja kada je napisao da je istinska zajednica „ona u kojoj svaki partner postavlja onog drugog za šefa sopstvene samoće“. Ovo vam može zvučati pomalo melodramatično, ali je to ključna stvar: zbog toga što je

previše fino provoditi vreme zajedno, vi rizikujete da zaboravite da ste ranije mrzeli italijansku hranu, ili da ste ranije voleli da idete sami na planinarenje, da ste imali svoj identitet pre nego što ste postali polovina para. Vi ste se zaljubili jedno u drugom baš zbog toga ko ste svako za sebe. Pobrinite se da odredite vreme za samoću. Nastavite da negujete ono što ste bili pre, nastavite da slikate ili da svirate čelo ili da kuvate – šta god da je to što vas definiše – sve one stvari zbog kojih vas je on i zavoleo.

Razmišljajte o vremenu koje provodite odvojeno kao o proveri sopstvenog ega da biste se uverili da je još netaknut, da ste vi još ona ista živa, višedimenzionalna devojka koja ste i bili pre nego što ste ušli u par. Čuvajte svoju samoću, koristite je i postarajte se da i vaš dečko čini to isto.

Izlazite na sastanke

Kada se osećate ugodno sa drugom osobom, lako je upasti u rutinu. Večeri koje se provedu spremajući obrok i kulirajući jesu divne, ali iskušenje da celu nedelju provedete na kauču ispred televizora može dovesti do dosade. Odaberite veče ili dva u toku nedelje za izlazak (ili neko modernije ime mu dajte). Kakva je svrha ako imate nekoga s kim možete da se zabavljate ako nikad ne izlazite iz kuće?

Moja prijateljica Alison i njen momak s kojim se zabavljala dve godine bili su poznati po tome što bi rezervisali noć ili dva u fensi hotelu u svom rodnom gradu samo zato da zbrišu od rutine svog svakodnevnog života, zato da prespavaju u ogromnom krevetu i uštirkanoj posteljini koje ne moraju da nameštaju, da bi naručili doručak u krevetu. Cilj je da se stvari malo razmrdaju, da se održavaju uzbudljivim.

Pobrinite se da izlazite na javna mesta. Ume da bude vrlo seksi videti svog partnera kako priča s nekim nepoznatim na žurci ili se baš lepo slaže s vašim prijateljima. Tako dobijate priliku da se odmaknete korak unazad i gledate ga onako kako ga vide drugi ljudi, da se divite njegovoj vrcavosti u konverzaciji, ili tome kako mršti nos kada se smeje.

Budite zabavan par za društvena događanja; to znači nemojte visiti jedno na drugom kada ste u grupi i nemojte šaputati i kikotati se svojim intimnim šalama na večeri sa drugim ljudima. Najbolji parovi su oni koji su „sami“ onda kada su zaista sami – kada su u grupi, oni se sreću sa svetom odvojeno, a s vremena na vreme jave se jedno drugom. Takav par neće se konstantno držati za ruke, ljubiti se usred nečije rečenice i generalno visiti isključivo zajedno, zbog čega se drugi ljudi mogu osećati vrlo neprijatno.

„Element iznenađenja jedna je od najboljih stvari u mojoj vezi sa Džošom. On mi šalje razglednice poštom, iako živimo u istom gradu. Nekada ga nazovem i kažem mu da obuče odelo i kravatu, da ga izvodim negde, ali mu ne kažem gde idemo, pa ga odvedem u naš omiljeni restoran. Mislim da je naša veza tako jaka zato što je zasnovana na neočekivanim stvarima.“

— ALISON, 26 GODINA

Donosite poklone, ostavite poruke, budite zanosni privatno

Kada ste se udvarali jedno drugom, bili ste spremni da idete u krajnost, izmišljali ste igre samo za vas, slali vrcave imejlove, oblačili ste suknju za koju znate da je on voli. Nema nikakve veze koliko ste sa nekim – mali gestovi i dalje su ključni. Samo zato što već imate dečka, i dalje treba da bude pomalo magični kako ste bili na početku. Znam za parove koji se kunu u one lepljive papiriće za porukice – mali podsetnici da misle jedno na drugo, napomene o privatnim šalama. Nekako, stvarna fizička prisutnost te porukice, nešto što može da se sačuva, čini taj primer naklo-

„Kada moj momak počne da me dodiruje ili ljubi a ja nisam raspoložena, možda ga kratko poljubim a onda ga zagrlim i skrenem temu uz nešto kao: 'Ne želim da se osećaš odbijeno, ali stvarno se u ovom trenutku ne osećam seksi', a to nije ništa strašno. To ne znači da nešto nije u redu – samo da ja nisam raspoložena. On to razume, mada postane malo mrzovoljan jer ima erekciju i ne zna šta da uradi sa njom. Poznajem neke žene koje bi svog muškarca zadovoljile ručno, ali ja to ne radim. Ako nisam raspoložena za seks, nisam raspoložena ni za koju vrstu seksa.

„Kada uspem da smanjim tenziju, sačekam da se bavimo nečim što nema ama baš nikakve veze sa seksom a onda objavim nešto kao: 'Primetila sam da si se, kada sam nedavno odbila da vodimo ljubav, osećao odbačeno i samo želim da ti kažem da to nema nikakve veze sa tobom.' Zatim mu objasnim da imam mnogo stresa na poslu, da sam se malo ugojila, da jednostavno prolazim kroz loš period – ili šta god da mi je."

— LORIN, 29 GODINA

nosti vrlo uzbudljivim. Napravite voće od marcipana. Idite da posetite rodno mesto čuvenog pesnika. Uberite bele rade. Slikajte se. Budite jedno drugom par za dan Svetog Valentina.

Nikada nemojte potceniti snagu i neodoljivost slatke romanse. Naravno, vašim prijateljima bi se možda smučilo ako bi saznali da zovete jedno drugom imenima životinjica iz crtanog filma, ali oni to ni ne moraju da znaju.

O tome da ne morate uvek imati seks

Da, teoretski se možete baviti seksom deset puta dnevno kada ste u dugoj vezi, ali to ne znači da to i želite. Vi možete voleti nekog i želeti ljubavnu romansu, ali ne morate neprestano imati seks. Nemam pojma šta se smatra „normalnom" količinom seksa za tipičan par, ali jedno je sigurno: svi su sigurni da neko drugi dobija više nego mi. Verovatno greše. Nemojte pretpostaviti da je veza gotova ako vas ne preplavljuje želja da kažete „Smesta me uzmi, pastuve jedan" svaki put kada ga vidite. Veze su komplikovanije od toga – seks ne predstavlja ono što mi jesmo, to je nešto što mi radimo. On igra veliku ulogu u vezi, ali on sam ne čini celu vezu.

Ako ste nesrećni u vezi, onda to što nemate seksa može biti simptom nečeg drugog. To je upravo ono vreme kada je razgovor imperativ: može biti zastrašujuće razgovarati o tome zašto nemate seks – pitanja o tome zašto se vi ili partner ne osećate privlačno mogu lako dati povoda za povređenost i nagnječen ego. Ali nema ništa gore od toga da se okrenete na svoju stranu kreveta i zaspite misleći: „Zašto mi nemamo seks? Da li nešto nije u redu?" Mnogo je bolje načeti tu temu, ljubazno, uz večeru i sveće, daleko od spavaće sobe.

Ne zaboravite da je muški ego krhka stvar i da su i oni podjednako nesigurni kao i žene. Ako niste raspoloženi za seks ali jeste i dalje zainteresovani za njega, nemojte mu samo gurnuti ruku u stranu – razgovarajte sa njim tako da vas neće pogrešno razumeti i misliti da je stvar u njemu. Uverite ga da je za vas on i dalje veoma seksi, ali u ovom trenutku imate previše toga na pameti, ili ste umorni, ili šta god da je slučaj.

Razgovor o nama

O, ne, onaj *Razgovor o nama* kojeg se tako često užasavamo. Ovi sastanci parova, veliki razgovori o samoj vezi – one situacije u kojima sednemo jedno naspram drugog i pokušamo da iskreno iznesemo svoja osećanja, to što želimo, to što nam je potrebno a to dobijamo ili ne dobijamo – ovi razgovori mogu nam se činiti strašni i od njih nam se okreće stomak a ponekad su jednostavno i neverovatno dosadni.

Niko ne želi da čuje od svog partnera da onaj drugi misli da je vreme za „razgovor o nama" kada znaju da postoji veliki jaz u mišljenjima. Ako niste sa svojim momkom imali male, svađajuće razgovore kada se desi neka situacija, zahtev za veliki razgovor može nam se činiti kao disciplinska mera, kao da nas roditelji pozivaju na grdnju zbog nevaljalosti, što može rezultirati zabranom izlazaka. Ako se bavite otvorenim pitanjima onda kada i na-

„Ponekad imamo baš mnogo seksa, a ponekad ne. Nekada je dovoljno samo da zaspimo jedno pored drugog, zagrljeni. Razgovarala sam sa svojim dečkom o tome tokom jednog 'primirja' i složili smo se da količina seksa nije barometar koji pokazuje koliko je veza dobra. On me i dalje privlači a i ja njega – bilo je dobro proveriti i biti siguran tokom onog vremena kada naša strast baš nije bila na visokom nivou."

— DŽOANA, 32 GODINE

stanu i oboje činite sve što je u vašoj moći da ne gušite ono što vam smeta i da ne pustite da svađe prođu nerazrešeno, vi ćete imati otvorenu komunikaciju koja briše potrebu za ovakvim „velikim" razgovorom.

Kada se ukaže potreba za razgovorom, postoji pravo vreme i mesto za to. Nikada, nikada nemojte inicirati razgovor u toku seksa, ili usred noći, ili kad ste pijani.

Mada vam se može činiti izazovno da kažete „Moramo da razgovaramo" kada ste usred strasti, zato što se osećate tako intimno povezani u tom trenutku, to je zapravo zbunjujuće, manipulativno i vrlo verovatno će dovesti do većih problema. Slično tome, nikada se nije desio ni jedan jedini uspešan razgovor kada je neko na poslu, u društvu, ili probuđen iz dubokog sna. Nemojte očekivati da će se dobra komunikacija ostvariti ako obe strane nisu u ugodnom, sigurnom, privatnom okruženju, i budne.

Zapamtite da je to samo razgovor, ne suđenje nacistima u Nirnbergu. Ne znači da morate da izgubite svoj smisao za humor ili da treba da se ponašate kao tužilac. Zapamtite da je pred vama osoba koju volite, sa kojom ste u vezi koju želite da popravite. Ovo je momak koji vas zasmejava dok vam ne krene gazirano piće na nos – ovo nije vaš neprijatelj.

NE VREDI

Raskinuti a ne razbiti se u komadiće

Mada ne postoji zvaničan spisak, često postoje znaci kojima se može utvrditi da je veza ispunila svoj rok trajanja. Jedna stvar koju je istaklo mnogo žena jeste da bi volele da nisu dopustile da se veza – koja je očigledno gotova – i dalje vuče, kao i to da nisu pokušavale da poprave vezu koja nije bila toga vredna. Tu misle na vreme i bol koje su mogle prištedeti i sebi i svom dečku da su bile malo više svesne stvari, malo aktivnije i malo manje uplašene od promene. Ali, teško je imati jasnu sliku situaciju dok se trenutno u njoj nalazite.

Vi možete imati dobar seks u vezi koja ne funkcioniše – lako je pobrkati seksualnu intimnost sa snažnom vezom. Lako je postati

Znaci da je možda kraj

Prisutnost bilo kojeg od ovih znaka ne treba da vas odmah natera da požurite i rasturite celu stvar. Ali, ako vam neka od ovih situacija zvuči poznato, zapitajte se jeste li stvarno vezani za ovog dečka. Ili samo razvlačite vezu kao loš film?

- Veza vam se čini više kao prijateljstvo.
- On vam kaže „Volim te", a vi ne možete sebe da zamislite da uzvratite – ikad.
- Nemate šta da kažete jedno drugom.
- Vi varate njega ili on vara vas.
- Postoji jedan opšti osećaj nepovezanosti koji jednostavno neće da prođe.
- Svađe su mnogo uzbudljivije nego sama veza.
- Imate toliko razgovora o nama da više ni nema nas.
- Više se svađate nego što se stvarno zabavljate.
- Imate seks sa njim samo zato što želite da on želi seks sa vama.
- On ne podržava vaš rad ili vaša interesovanja izvan veze.
- Zatičete sebe kako stalno gledate druge momke i svi vam se čine atraktivniji od vašeg.
- Seks je konstantno loš ili jadan.

ovisan o dramskim efektima veze koja je prepuna vike, ludačkih svađa i mirenja. Može biti zastrašujuće razmišljati o kraju veze zbog bojazni da neće doći niko bolji, ili zato što ne želimo da budemo sami i grozimo se pomisli da počinjemo ispočetka. Sve je to potpuno prirodno. Svi osećaju te iste stvari; svako takođe želi da lošu vezu privede kraju, i da bude srećan i bez partnera. I mi zaista i imamo tu snagu u sebi – možda nam treba malo vremena da to shvatimo, ali snaga je u nama.

Kada dođe vreme da se krene dalje, najbolje što možete da uradite jeste da učinite čist prekid. To zvuči surovo, ali mnogo je bolnije imati nejasan raskid koji ostavlja otvorena vrata, gde može da se desi da opet završite u krevetu, slučajno jedne noći, i pokrenete stare rane. Jednom kada prekinete, neka tako i ostane – dovoljno je teško jednom prekinuti stvari, ali uraditi to ponovo sa istim dečkom i zbog istih stvari može biti nepotrebno bolno i psihološki destruktivno. Time ne kažem da ne možete ostati prijatelji (kada oboje budete voljni i spremni), ali parametri vaše veze treba da budu jasni tako da nijedno od vas ne gaji lažnu nadu da ćete obnoviti romansu.

Ne čini nikakvu razliku ko će inicirati kraj: raskidi bole – ponekad se osećate kao da ste bukvalno razbijeni u komadiće, deo po deo tela. Jedna žena koja je nedavno raskinula sa svojim momkom kaže da je konačno razumela zašto se kaže „slomljeno srce“ – mogla je da oseti tačno kako je boli srce. Ali, prebolećete to. U ovom trenutku istiniti su svi klišei: zaista je potrebno vreme. Ali vi *ćete voleti* ponovo. Raskid jeste (oprostite mi) teška stvar.

Dajte sebi koliko god vam je vremena potrebno da žalite za vezom. Upotrebite svoj sistem podrške od prijatelja – provodili ste mnogo vremena sa tom jednom osobom tako da ćete morati da popunite praznine u rasporedu koji je bio rezervisan za njega. Vaši najbolji prijatelji će vas slušati i razgovarati sa vama, iz minuta u minut, kako vam se osećanja menjaju. Oni će vam, blago, reći

Ostaviti / Biti ostavljena

Moja prijateljica Džuli i ja smo na fakultetu igrale igru koja se zove „Šta je gore?“ Dale bismo jedna drugoj dve alternative od kojih je uvek jedna „biti ostavljen“, i pitale koji izbor je gori.

„Šta je gore: poreska inspekcija ili biti ostavljen?“

„Šta je gore: izgubiti sve zube ili biti ostavljen?“

Tačan odgovor, naravno, uvek je bio „biti ostavljen“. Mi smo snažno verovale u to da ne postoji ništa gore na svetu nego biti ostavljen.

Više ne igramo tu igru, verovatno i zato što više nema kapacitet da nas zabavi. Ali takođe i zato što sada znamo da biti ostavljen nije najgora stvar na svetu i da je isto tako loše ostaviti nekoga. I za jedno i za drugo potrebna je tona snage.

Pre nego što raskinemo sa nekim, sa nekim za koga mislite da će se možda opirati raskidu ili pokušate da vas izmanipuliše da ostanete zajedno, budite spremni. Neka vas vaši prijatelji pripreme za ono što sledi. Nikada nemojte raskinuti sa nekim na javnom mestu, imejlom ili SMS-om ili telefonom (osim ako je to veza na daljinu). Apsolutno nikada nemojte ostaviti nekoga na stranci Myspacea. Budite ljubazni (osim ako je bio baš totalna svinja), budite jasni (ovde nema mesta za pregovore) i nemojte se ženirati da budete uzrujani – ovo jeste nešto što uzrujava!

kada ste smešni, što je neophodno kada krenete s onim: „Nikada neću naći drugog! Nikada ovo neću preboleti!“ (Svi smo mi bili u toj koži, i svi smo se vratili – to je u redu.)

Takođe ste trošili mnogo energije da biste brinuli za nekoga, pa ćete se možda osećati da imate mnogo ljubavi da date, a nigde mesta za nju. Najbolje mesto gde možete da usmerite tu ljubav upravo ste vi sami i vaš proces izlečenja. Ne postoji „ispravan“ način da nekoga prebolite – poznajem žene koje su utehu našle provodeći vreme sa decom, gledajući *Opra* šou, u pisanju pesama, u sladunjavim pop pesmama, u šopingu, i, naravno, u brzim ponovnim izlascima. Nikada ne treba potceniti ni korist od dobrog terapeuta. Bavite se kojom god aktivnošću da mislite da treba ili se povucite u samoću i posvetite se tome – cilj je da se osećate bolje.

Jednom, nakon posebno lošeg raskida, naletela sam na prijatelja moga brata koji je prolazio kroz razvod, i on me posavetovao: „Pokušaj da se setiš onog što je bilo loše.“ To je bila najbolja preporuka koju sam dobila. Bila sam koncentrisana na sve ono lepo, na ono što sam izgubila. Bilo je zaista osvežavajuće, koliko god da se činilo suprotno mojoj intuiciji, da se prisećam loših dana. Taj savet je značajno ubrzao period moje žalosti.

Konačno, kada ste se oslobodili veze koja nije dobra za vas, počećete da se osećate bolje. Vi ste ponovo slobodna devojka. Najbolje je od svega je to što ste sada pametniji: nakon što ste raskinuli vezu, sada još bolje znate tačno šta tražite, bilo od ljubavnika ili od budućeg supruga. Vi znate šta volite a šta ne volite, znate koje su vaše mane, svesni ste toga šta ćete trpeti a šta ne, šta funkcioniše a šta ne. Imate novi pogled na to šta čini dobru vezu i zato će sledeća biti jača, uz manje melodrame. Imate mudrost koja dolazi od iskustva. Sada je iskoristite da nađete nekoga vrednog vas. On jeste tu negde, za vas.

Preboleti

Mogu da vam navedem milion načina za preživljavanje raskida, pa zato za one koje su izgubile ljubav, one slomljenog srca i one „toliko mi nedostaje“ likove, kažem: istuširajte se (ne zaboravite, koliko god da se loše osećamo, nikada ne zaboravljamo kupanje) i krenite u biblioteku ili knjižaru:

Vodič za devojke: kako preživeti raskid, Delfin Hirš

Naziva se prekid zato što je stvar prekinuta, Greg Berend i Amira Ruotola-Berend

Džejson Logan

ZA ŽENE KOJE VOLE ŽENE

ALANA DEVIČ

Mada naše društvo želi da stvari drži pod kontrolom, u stvarnosti, zabavljanje je zabavljanje, nevezano između kojeg pola. To je igra brojeva, svuda oko nas. Svako ko se popne na tu vrtešku koja se zove romansa, mora da prođe uglavnom iste stvari, nevezano za seksualni afinitet. Svako mora da se potrudi da se probije, da veruje svome instinktu i da utvrdi granice i ciljeve. Iako lezbijke ne moraju da prolaze kroz život brinući o tome da su muškarci sa Marsa a žene sa Venere, i mi još ipak moramo da shvatimo šta je to što tražimo i kako da je nađemo.

Zato, na početku, moja uvrnuta posestrimo, vrati se i pročitaj ponovo poglavlje o zabavljanju i romansi, promeni zamenicu *on* zamenicom *ona* i vidi šta ti odgovara. Nema potrebe ponovo izmišljati točak. Heteroseksualne žene su proučavale veze vekovima, zato hajde da učimo iz njihovih grešaka – i njihovih dostignuća.

Gde da upoznam žene?

Svi smo mi gledali romantične komedije u kojima brižna majka pokušava da nekoga namesti glavnoj glumici. Lezbijska varijanta iste te bajke jesu pokušaji nameštanja svake lezbijke koju bilo koji od naših prijatelja ili članova porodice poznaje. Vrlo brzo, međutim, mi shvatimo da samo to što je neko lezbijka nije dovoljno za mesto na Rihterovoj lestvici kompatibilnosti. Slično tome, ako su nasrtaji

Za žene koje vole žene

žene koje eksperimentišu i bili interesantni na koledžu, sada to postaje pomalo već viđeno (osim, naravno, ako niste zainteresovani za kombinaciju vatrometa i zbunjenosti koja će se skoro sasvim sigurno završiti time da vas dve nećete biti zajedno). Najbolje je držati se sugestija prijatelja koji vas poznaju dovoljno dobro da stvarno razumeju šta je to što želite, i da cunjate, cunjate, cunjate. Ona lepa (i stereotipna) stvar u vezi s lezbijkama jeste da se mi često grupišemo. Idite na otvaranje izložbe neke lezbijske umetnice da biste upoznali deset drugih lezbijki umetnica što je prilično zgodno ako ste i sami jedna od njih.

Ne postoji ni jedan jedini recept za uspeh veze žensko–žensko. Potražite gej i lezbijsko udruženje nečega čime se vi ionako bavite – to će verovatno biti lakše ako živite u velikom gradu. Ali držite oči čvrsto na klubovima ljubitelja knjiga, odbojkaškim klubovima, časovima kuvanja, grupama za pisanje, u šetnji kuce – i šta sve ne – da vidite sličnu ženu. Jednostavno izađite i upoznajte neke žene. To je zabavan projekat, gledajući kako žene vladaju. Naravno da možete upoznati druge lezbijke i biseksualne žene na veoma sličan način kao i heteroseksualne sestre – onlajn, pomoću porodice, prijatelja i na najraznoraznijim društvenim događanjima koja možete zamisliti. Dodajte tome i vaš lokalni gej centar. Najvažnije je biti otvoren i na raspolaganju. Shvatite šta je to što tražite i budite voljni da vas iznenade.

Kako znati da li ona samo eksperimentiše

Lepo je biti ponosan što si gej, ali isto tako je vrlo lako zbuniti se kada stvari postanu vrele i zaboraviti i svoju strejt naklonost. Evo nekih saveta koji vam mogu pomoći:

- Njeni nokti su duži od standardne 0,5 mm dužine.
- Dođe na vaš prvi sastanak ne ponevši četkicu za zube.
- Ne poseduje CD Indigo Girls i nikad nije ni čula za Ani di Franko.
- Nosi karike zato što smatra da su lepe – bez ikakvog drugog razloga.
- Ne prekida da priča o svom dečku

Za žene koje vole žene

Držati stvari na ležernom nivou

Postoji pogrešno ubeđenje da ne postoji seks bez obaveza među lezbijkama. Mada je možda stvarno istina da ozbiljna monogamija snažno preovladava u lezbijskoj zajednici, to ne znači da ležeran seks nije jedan od aspekata naših života. Ali kako se to radi? Budite jasni i direktni oko toga šta želite i zapamtite da seks nije stvarno bez osoba osim ako ga obe ne doživite kao takvog. Mada vi sebe pomalo doživljavate kao srcolomku iz TV serija, nije u vašem interesu da iza sebe ostavljate trag slomljenih srca. Prvo, razmislite o svojoj karmi, a drugo, osim ako ne planirate da se selite u drugi grad svake druge godine, vaša reputacija će uvek ići ispred vas u onome što je, po definiciji, manjinska zajednica.

Veza: dugoročno ili ne

Istinu da kažemo, lezbijske i biseksualne veze su isto tako raznolike i raznovrsne kao i njihove heteroseksualne varijante. Jedino što je verovatnije jeste da će lezbijke ličiti jedna na drugu i držati se za ruku, i imati seks, ili nam bar klišei tako kažu. Idući s jedne na drugu stranu između dugih veza i sa momcima i sa devojkama, jedno što mogu sigurno reći jeste da prtljag ne mari za seksualnu preferenciju. Vi u svaku vezu donosite svoja iskustva i očekivanja, svoje zadrške i dinamiku koju ste nasledili iz prethodnih veza.

Rad na tome da veza bude dugotrajna i zdrava je isti, nevezano za to šta vaš partner ima među nogama. Rekavši to, verovatno ima nešto i u tome da žene imaju iskustvo celog života u odnosima sa drugim ženama. Zato recite sve svome partneru, raspravljajte se zajedno, smejte se zajedno, uživajte zajedno u neverovatnom seksu i u tome što vas, istovremeno, čini i istima i različitima.

Verovatno negde otprilike onog dana kada vas dve odlučite da viđate samo jedna

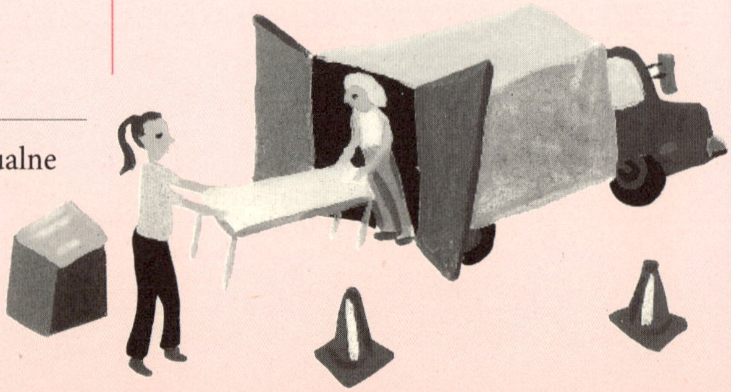

Za žene koje vole žene

Budite bezbedne

Lezbijski seks uglavnom ne vodi do HIV infekcije ali to ne znači da ste imune na razne druge seksualno prenosive bolesti koje se mogu preneti vaginalnim sekretom ili menstrualnom krvlju. Najbolje za vas je da koristite dentalnu prepreku tokom oralnog seksa i da pažljivo vodite računa o korišćenju seksualnih igračaka.

drugu ekskluzivno (ili nakon samo 24 časa i 30 minuta od vašeg upoznavanja), poželećete da nađete terapeuta za parove. To lezbijke rade. Mi sve obrađujemo i obrađujemo dok ne možemo više – a onda potražimo pomoć spolja da nam nađe bolje načine da obradimo stvari.

Mit o smrti krevetskih radnji

Lezbijski mit o smrti kreveta, jednostavno rečeno, jeste mit o tome da lezbijski parovi u dugoročnoj vezi, mnogo više nego neki drugi par, prolaze kroz dramatičan pad seksualne aktivnosti. Taj notorni izraz nastao je sredinom osamdesetih, kada je izašla knjiga *Američki parovi* u kojoj se tvrdi da su lezbijski parovi najmanje aktivni. Ali, ja nisam baš ubeđena u to.

Sviđa mi se pomisao da je vrsta seksa koju imaju lezbijke često prilično različita od seksa koji imaju drugi parovi. On može biti neverovatno nežan, i dubok, i snažan i... za njega je potrebno neverovatno mnogo vremena. A svakako mnogo toga može da se kaže o kvalitetu iznad kvantiteta. Sumnjam da će bilo ko osporiti da učestalost seksa opada što su duže dvoje ljudi zajedno. To nije kraj sveta – to je samo još jedan faktor u vašoj vezi. Dokle god se vas dve obe dogovorite da seks bude prioritet, i nastavite da održavate stvari interesantnim i slatkim u spavaćoj sobi, možemo da pustimo da svi drugi pričaju o krevetskoj smrti dok smo mi previše zauzete seksom da bismo se raspravljale sa njima.

Raskid

Toliko mnogo divnih stvari mora doći svome kraju, a to uključuje seksualne avanture i veze. Podrazumeva se da je proces ozdravljenja isti kod svih ljudskih bića i da nije određen nečijom seksualnom orijentisanošću. Ali raskidi za gej žene su drugačiji, barem po pi-

Za žene koje vole žene

tanju jednog aspekta. Sećate se ranije pomenute tendencije da lezbijke stalno vise u grupama? E pa, to nam dobro posluži u fazi upoznavanja i izlazaka, ali kada se desi raskid, to znači selektiranje zajedničkih prijateljica – ili celog kruga prijatelja.

Međutim, možete se utešiti u saznanju da ona posebna vrsta intimnosti koja se stvara i neguje u ženskim vezama radi u vašu korist ako želite da ostanete prijateljice sa svojom bivšom. (Ako ste ikada proveli mnogo vremena u grupi lezbijskih prijateljica, onda znate da je tu svako izlazio sa svakim. Okej, malo preterujem, ali tek malo.) Samo budite svesni svojih sopstvenih potreba i granica i nastavite da budete neverovatna, prelepa i seksepilna žena, što i jeste.

Srećna vam ljubav, dame!

Poglavlje 7

Izaći na kraj sa svojom porodicom

I istovremeno shvatiti ko ste vi

Mada smo preplavljeni TV reklamama koje prikazuju opuštenu porodičnu idilu, gde se nesuglasice oteraju smehom nad činijom dobre ovsene kaše, ne postoji ni jedna jedina formula za normalne porodične veze. Većina mladih žena koje poznajem imaju porodicu koja spada negde između *Voltonovih* i *Porodice Adams,* mada se oni samo osećaju da su mnogo luđi od Adamsovih.

Odrastajući, mislila sam da svaki konflikt koji imam sa svojom porodicom, i najmanja razmirica – oko toga kako ću nositi kosu (vrlo, vrlo dugu kosu) ili oko toga s kim se družim (gomila štrebera koji se nisu bavili sportom) ili šta ću diplomirati (ništa što obećava siguran posao) – jeste deo jednog šireg rata, rata koji će jednog dalekog dana završiti kompleksnim mirovnim ugovorom. Videla sam Dan Melisine nezavisnosti kao dan kada ćemo prestati da se svađamo, kada ćemo konačno gledati jedni druge kao jednake, kada ću ja biti odrastao čovek. Očekivala sam da će taj dan doći nakon fakulteta, kada sam svoj na svome, kada ću prestati da marim za njihove misli, kada mi više neće biti potrebno njihovo odobravanje. Borila sam se kroz male bitke jer sam verovala u slobodu koju ću jednoga dana osvojiti.

Hladna, neugodna istina: vama nikada zapravo ne prestaje da bude potrebno odobravanje vaših roditelja. Vi nikada, na neki magičan način, ne postajete odrasli. Vi odrastate i učite kako da saslušate njihov savet, saslušate svoj zdrav razum i donosite odluke na osnovu toga što vi mislite da je dobro za vas. To nije lako, ali jeste moguće. Dan Melisine nezavisnosti? Verovatno ste već shvatili da se ta zabava neće desiti uskoro.

Gledati na svoje roditelje kao na stvarne ljude

U kockastoj tkanini sage vašeg života, vaši roditelji su privilegovani da odigraju nekoliko uloga: superheroj, onaj koji okrutno kažnjava, lični kuvar, najoštriji kritičar, iscelitelj groznice, najverniji navijač, vozač, jemac, neverovatno pametan mudrac, moralni orijentir, zakeralo – najverovatnije svaki mogući tip ličnosti na Majers-Brigsovoj skali. Kako starimo, postaje nam jasnije da su oni, zapravo, mnogo kompleksnije i interesantnije ličnosti nego prerasli okviri neke *persone* u koje ste ih vi smestili u mladosti. Oni su ljudi.

Vaši roditelji su oduvek bili ljudi; moguće je da ste i ranije naišli na Klarka Kenta u njima, ali kada ste mali, vi imate toliko potreba koje oni moraju da ispune da jedva i da pomislite na njihove potrebe, ili njihove mane, ili jednostavno kako su oni stvarno normalni kada ne moraju da glume na vašem ekranu. Zaista, tek kada stvarno možete da brinete o sebi, vi dobijete mogućnost da sagledate njih kao individue sa svojim sopstvenim potrebama i nesavršenostima.

Poslušajte Valeri, koja deli sa nama neka svoja razmišljanja o detinjstvu, u onim trenucima kada je njena majka imala loš dan:

Celog mog života majka mi je stalno ponavljala koliko naporno radi. Uvek je bila pod stresom – nikada nije mogla da učini nešto za mene zbog svog dugog radnog vremena. Kada sam napunila 25, ona je dobila negativnu kritiku na poslu. Nakon što se čitavog života u potpunosti posvetila tom poslu, po cenu svega drugog, ona je jednostavno etiketirana kao loš radnik. Bila je uništena i plakala je sve vreme. Shvatila sam da ona možda i nije tako sjajna kako se činilo, da i ona ume nešto da zabrlja. To mi je stvarno otvorilo oči.

Kada sagledamo svoje roditelje kao ranjive, sposobne da zabrljaju, da budu povređeni, ili otpušteni, ili na ivici finansijskog kolapsa, to preokreće celu dinamiku odnosa roditelj–dete. Valerino iskustvo interesantno je jer ona ne samo što je uvidela da i njena majka može biti povređena, vredna sažaljenja (ništa ne čini naše roditelje toliko ljudskim kao kada plaču), već ju je videla i kao mogućeg gubitnika. Ako njena mama može da pogreši na poslu, onda je sasvim sigurno moguće da je napravila i neku grešku kao roditelj, zar ne? To može za nas biti pravo otkriće kada shvatimo da su naši roditelji možda pogrešili – možda nije trebalo da provode toliko vremena na poslu, možda nije trebalo da vas spreče da se okušate u karijeri u pozorištu.

Mada je možda nama teško da to shvatimo, ne mora da znači da je posmatrati vas kako odrastate bilo med i mleko za vaše roditelje. U teoriji, oni su uvek znali da ćete vi jednoga dana postati samostalna osoba, ali verovatno su bili negde vašeg uzrasta sada, manje-više, kada su dobili bebu, devojčicu koja ne ume ni da se prevrne na stomak, niti da obriše nos. Ko može da ih krivi ako ih zgražava ideja da na vas, makar malčice, gledaju kao na jednakog?

Zapamtite, kao što i odrastanje ima krivu učenja, istu krivu ima i navikavanje na to da vaša deca odrastaju.

„Kada sam bila mlađa, mislila sam da moji roditelji i ja stalnom moramo da se svađamo oko stvari oko kojih se ne slažemo, kao što je politika i pravo na abortus. Možda je to bilo vezano za mene i moju potrebu da objavim svoju nezavisnost ili je to jednostavno bilo zato što sam smatrala da moji roditelji nisu u pravu i da mogu da ih prosvetlim. Neprekidno sam osećala potrebu da se raspravljam sa njima.

Sada, kada sam u svojim dvadesetim, kada moji roditelji pokušavaju da me ubede da sledim njihova religiozna ubeđenja, ja jednostavno kažem da poštujem činjenicu što to funkcioniše u njihovom slučaju, ali za mene to nije to. I, takođe, potpuno prihvatam da me oni sigurno stvarno vole kada žele da sa mnom podele nešto tako lično. Onda im takođe kažem da shvatam da me sasvim sigurno toliko vole kad mi dozvoljavaju da budem sopstvena ličnost. To možda zvuči manipulativno, ali identifikacija razloga zbog kojih oni žele da i ja budem deo njihove religije i to što nisam potpuno odbacila njihove poglede, doprinelo je da razvijemo bolju vezu. Nismo stalno u stanju konflikta. I to ne zato što mi izbegavamo konflikt. I dalje vodimo neke žučne rasprave, ali one ne vladaju našim odnosom.“

— Sara, 25 godina

Dok se vi i vaši roditelji sve češće nalazite zajednički jezik, uvidećete da možete da se složite oko toga da se ne slažete oko nekih stvari koje su se možda činile nepremostivim kad ste bili mlađi.

Pogledajte Saru (ispod) koja je tako savršeno savladala lekciju *Ja sam odrastao čovek i mogu sama da zarađujem* deleći nam lekcije o tome kako da se odnosimo prema našim roditeljima.

Problem je, međutim, u tome što naše novostečeno samopouzdanje u sebe je još vrlo ranjivo. Jedna namrštena dlaka u obrvi moga oca i ja se pretvaram od uspešne žene od karijere u plačljivo detence. Uvek sam bila prilično plačljiva kao dete – takođe sam bila starmala i dobijala sam mnogo pohvala kada sam bila dobra u školi. Čudno kako lako skliznem u te uloge čim neko makar i spomene moju porodicu. U ovom trenutku, čini se da su te stvari upisane u moj DNK.

SESTRA NAJBOLJE ZNA

Neka vam braća i sestre budu saveznici

Dugo nakon što ste prestali da pravite utvrđenja od posteljine i da se svađate oko „lego“ kocaka, nastavljaju se komplikovane veze sa braćom i sestrama. Osim vaših roditelja, ne postoji niko na ovom svetu ko vas poznaje toliko dugo kao oni. I oni se sećaju iste lenje bebisiterke, oni znaju vaše čudne navike, oni znaju tačno kako da dopru do vas – na dobar i na loš način.

Vi imate neuporedivu količinu zajedničkog iskustva sa vašim sestrama i braćom. Ne morate da gubite vreme na upoznavanje ovih ljudi ili na prepričavanje cele svoje životne priče. Oni mogu da vam ponude tačku gledanja na vaš život na način na koji to nijedan drugi prijatelj ne može – zašto vi možda stalno izlazite s jednim te istim tipom muškarca („Tata je bio isti takav!") ili kako da se bolje slažete sa roditeljima („Ovo ti je najbolji način, kako se meni pokazalo, da razgovaraš sa mamom").

Vaši braća i sestre možda intuitivno znaju kada vam je potrebna pomoć, ili ćete morati direktno da ih zamolite, kao što su učinile sestre Lorin i Silvija. Lorin to opisuje:

Silvija mi je pre nekoliko godina otkrila da je lezbijka, dok je još živela sa našim roditeljima. Zamolila me da porazgovaram sa njima i da im kažem da bi ona želela da ide kod terapeuta. Takođe me je zamolila da budem njen saveznik i pomognem im da shvate šta je njen seksualni identitet.

„*Moj brat mi je pomogao i branio me kada se majka ljutila na mene zbog moje težine – on je učinio da ona shvati da mora to da prevaziđe i da bude ponosna na sve ono dobro što ja radim, da vidi da je ovde problem u njoj a ne u meni. Nisam tražila od moga brata da se umeša zbog mene – on je to učinio jer je smatrao da je neophodno i ja sam mu i dan-danas zahvalna zbog toga.*"

— SUZANA, 34 GODINE

Međutim, ovo je bio tek početak njihovog savezništva. Lorin je i dalje tampon-zona, posrednih između njihovih roditelja i Silvijine seksualnosti.

Ali, nedavno, Lorin je bila ta kojoj je trebala Silvijina pomoć zbog komunikacije u njihovoj porodici. Loren se zabavlja sa mladićem koji nije Jevrejin, što izluđuje njene. Ona je takođe odlučila da započne karijeru pesnika – loše vesti za nekoga ko je platio njeno školovanje na prvorazrednom koledžu. Silvija je ta koja pomaže njihovim roditeljima da razumeju Lorin izbor.

Budite lični asistent jedno drugom

Moja sestra i ja uvek nazovemo jedna drugu nedelju dana unapred da se podsetimo da treba poslati čestitku ili poklon za rođendan u porodici, a zatim još jednom jedan dan pred veliki događaj da bismo bile sigurne da nijedna od nas dve neće zaboraviti da nazovemo mamu, tatu, ujku, ili kome god da je divan dan. Pomozite svojoj braći i sestrama – neizbežno, neko će nešto zaboraviti (kada sestre postanu mame, tu dolaze i Materice kojih se treba setiti).

Podsećati jedno drugo na te male porodične obaveze pomaže da svi budu dobri jedni prema drugima u porodici, zbog čega ćete svi zajedno biti srećniji.

Bilo bi divno kada biste jednostavno mogli da poručite iz kataloga da vam dostave jedan sjajan odnos sa bratom ili sestrom, kao dobar par svilenih najlonki. Nažalost, postoji dug, ne baš najsrećniji istorijat među svom braćom i sestrama koji nije uvek moguće počistiti pod tepih. Moja prijateljica Samanta ima 33 godine i ona se još ljuti zbog toga što je stariji brat terorisao kad joj je bilo 13 godina.

Pa, ako ste sada odrasli, zašto rivalitet među vama ostaje? Gledajte na to ovako: kada ste bili mlađi, i vi i vaši braća i sestre ste se takmičili za naklonost svojih roditelja, bilo da ste toga bili svesni ili ne. Vaši roditelji su se verovatno trudili što su bolje mogli da učine da se vi osećate kao posebna i obožavana ličnost, ali nisu mogli da spreče da se ponekad osetite izostavljeno.

Možda se činilo da su vaši roditelji više zainteresovani za trofeje iz fudbala koji igra

„*I ako smo oboje odrasli ljudi sada, i dalje imam vrlo antagonističan odnos sa mojim starijim bratom. On je uvek bio taj koji je pametan, koji je zgodan, najbolji u sportu, kralj koji se vraća kući. Zapravo i ja sam bila vrlo uspešna u većini tih stvari, ali on je uvek bio malo bolji i dobio je više priznanja od roditelja, a i više ljubavi. Osećala sam da više vole njega nego mene i još imam taj osećaj. Nikada nismo razgovarali o tome, a i da jesmo, sigurna sam da on ne bi imao pojma o čemu ja to pričam – mislim da on smatra da smo mi zaista bliski. I dalje se osećam kao da smo tinejdžeri.*“

— Samanta, 33 godine

vaš brat nego za vaše baletske priredbe. Ili se desilo da je istog dana kada ste vi izabrani za predsednika razreda i vaša sestra primljena na koledž po svom izboru pa je vaša velika vest bila zasenjena njenom. S vremenom, svi ovi nenamerni propusti mogu da dovedu do dubokog osećaja ljubomore i takmičenja između dece.

Pokušajte da razgovarate sa svojom braćom i sestrama o ovim stvarima ali, da biste zaista prevazišli povređena osećanja, morate da porazgovarate sa roditeljima. Puko uručivanje liste momenata kada se niste osećali voljeno neće rešiti ništa, ali možete započeti time što ćete zatražiti priznanje kada osećate da ste ga zaslužili. Pa lepo – niste dobili pohvalu koju ste želeli u osmom razredu, ali sada možete da se postarate da oni znaju tačno koliko vam znači ovo unapređenje na poslu. Vaši roditelji imaju dovoljno ljubavi za vas, ali možda im je potrebna mala pomoć da to efikasno rasporede između vas i ostale svoje dece. Moj brat je u ovome zaista vešt: ne samo da se on potrudi da naši roditelji znaju kada ima dobre novosti koje vredi proslaviti, on ih podseća i kada je potrebno ukazati priznanje našoj sestri i meni, što su oni možda slučajno propustili.

A šta sa ovim dobro poznatim scenariom? Svađate se sa svojim ocem i čujete da je o toj raspravi razgovarao sa vašom sestrom. Ovo prosto sipa nevolju svuda oko sebe. Vi se naljutite na tatu – ako ima nešto da kaže, zašto ne kaže direktno vama? I naravno, ovo takođe pokreće problem između vas i vaše sestre – ona je ta kojoj se vaš otac poverava a vi ste problematično dete. Porodični terapeuti koriste izraz *triangulacija* da bi opisali

NA KAUČU

Braća i sestre

Za razliku od prijatelja, koje biramo sami i aktivno ih tražimo, vaši braća i sestre neprekidno su pored vas dok odrastate, tako da ih možda uzimate zdravo za gotovo. Najbolji način da od svojih sestara i braće učinite svoje saveznike jeste da ih upoznate kao ljude, odvojeno od „porodice". Ali to zahteva trud, da budete na na njihovom terenu, u njihovom životu odrasle osobe. Isto kao što bi i upoznavanje novog prijatelja zahtevalo dosta truda.

Uprkos odrastanju u istoj porodici, vaši braća i sestre možda imaju radikalno drugačije iskustvo od vas. Nemojte samo pretpostaviti da svi vidite roditelje ili detinjstvo na isti način. Odvojite vreme da porazgovarate o tome. Verovatno ćete otkriti fascinantne stvari jedni o drugima koje drugačije nikada ne biste saznali.

— DR VIKS

kada se dva člana porodice svađaju i, umesto da to rasprave između sebe, jedan od njih uvlači treću osobu. Ovi trouglovi su pravi poligoni za proizvodnju uvreda: oni sprečavaju da se problem razreši, stvaraju nove probleme i dele porodicu u frakcije. Koliko god da to može biti teško – svi mi volimo da budemo hvaljena osoba od poverenja – morate odbiti da budete treći u trouglu. Recite svojim roditeljima da moraju direktno da razgovaraju sa vašom sestrom ako imaju nešto nerazrešeno sa njom. Zamolite svoju braću i sestre da učine isto za vas. Ako ste ljuti na svoga brata, obratite mu se direktno a da ne uvlačite mamu ili nekog drugog. Budite oprezni po pitanju porodičnih trouglova – videćete da to neverovatno mnogo pomaže vašoj vezi sa ostalom decom u porodici. Nema više grupisanja! Nema više priče drugim ljudima iza leđa! Zar vam to ne zvuči novo i sveže?

KOD KUCE ZA PRAZNIKE

Sve je to punč i dobra zabava, zar ne?

Nikada nam naša braća i sestre nisu toliko potrebni kao kada se okupljamo za praznike, oko

ćurke za Dan zahvalnosti. Kako brzo ume topao, penušav san o porodičnom jedinstvu da bude uništen čeličnim tatinim glasom kojim osuđuje vaš posao, ili kada vas brat ili sestra zavitlavaju zbog nove frizure. Tako dobro ste delovali imejlom ili preko telefona, kada ste svi živeli svoj život – zašto sve to nestaje kada se skupite zajedno da nešto „proslavite"?

Takmičenje za pažnju i odobravanje koje ste osećali da postoji kada ste bili mlađi, a koje i sada ponekad iskrsne između vas i vaše braće i sestara, ume da iskrsne u najružnijoj mogućoj formi tokom ovih porodičnih okupljanja. Šta bi moglo biti bolja pozornica za dete u vama da prihvati tu ulogu, osim ovde za lepo postavljenim stolom za božićni doručak? (Deca u nama vole da razbijaju porcelansko posuđe.)

Igranje uloga: kada se pretvorimo u dete u društvu svoje porodice

Odakle dolazi ova naša regresija u detinjasto ponašanje? Vi ste odrastao čovek i živite prilično sjajnim životom, kako vi kažete – plaćate svoju sopstvenu kiriju; imate posao od kojeg možete da priuštite kablovsku televiziju; imate šarmantne odane prijatelje; kul garderobu – ili neku varijaciju svega toga. Vi se sebi dopadate i mislite da ste izrasli u jednu prilično sjajnu devojku. Vama se ne sviđa što se vaša porodica ponaša kao da se ama baš ništa nije promenilo i očekujete da vas tretiraju kao odraslu osobu, što ste i postali. Problem je: za vašu porodicu, vi ste i dalje devojčica u napumpanom svemirskom odelu za sneg, čiji nadimak je bio Keti i koja je uspela da prospe neku plavu boju po celom svom belom pokrivaču za krevet.

Najbolje što možete da uradite kada počnete da se osećate kao dete jeste da se setite da, mada imate tu devojčicu u sebi, vi zapravo *jeste* jedna interesantna mlada žena koja ima i kuću i posao, nekih pet hiljada kilometara odatle. Možda ćete se i dalje osećati ranjivo i možda ćete osećati da ne dobijate poštovanje koje zaslužujete, a verovatno ćete se isto tako osećati i kada vam bude sedamdeset godina. Ali zapamtite ko ste, i šta ste postali. Umesto da se ponašate kao da imate nešto da dokazujete, neka vam činjenice vašeg života podignu samopouzdanje. Neka to pouzdanje bude vaš pojas za spasavanje. Razmišljajte o

„Ja dočekujem praznike u mešavini užasa i iščekivanja. Mislim, to jeste moja porodica, i želite da vidite ljude koji vas poznaju bolje nego iko drugi. Oni su kocke od kojih se sastoji vaš život. Ali oni su takođe majstori kada treba izvući kocku na kojoj stojite. Svakog praznika to je jedna emocionalna klackalica."

— Sioban, 33 godine

tome na ovaj način: ako ste u stanju da zadržite svoju zrelost koju imate izvan ovog okruženja, bićete svakako u stanju da pregurate ovu večeru.

Dok ste odrastali, nekako je imalo smisla za svakog u vašoj porodici da dobije ulogu: pametnica, pobunjenik, lepotica, sportista, loš matematičar, stidljiva do bola, mršavica, šaljivdžija. Vi (i vaša braća i sestre) skliznuli ste u taj identitet i, kao i onaj džemper od kašmira koji je odavno trebalo da poklonite siromašnima, vi te uloge i dalje nosite i kada ste već poodavno odrasli, kada god ste u društvu svoje porodice, bez obzira na to da li vam i dalje dobro stoje.

Vrlo često, kod naših porodica, mi smo samo jednostavne etikete na koje smo bili svedeni kao deca. Kada ih posećujemo, možda se osećamo i

ponašamo kao deca, dosadna i kmezava, nesposobni da se sretnemo sa roditeljima na „terenu jednakih“ ili da prizovemo svoje odraslo ponašanje. Vraćamo se u vreme prošlo. To je normalno, ali ume da bude frustrirajuće. Dobre vesti, ipak: to može da se promeni.

Jednom kada postanete svesni na koji način funkcioniše cela ova stvar oko regresije, možete biti na oprezu kada počne da se dešava da upadate u stare uloge i da svesnim naporom pokušate da se ponašate drugačije. Naravno, ovo je mnogo lakše reći nego učiniti. Suština svega je da potvrda koju tražite od svoje porodice možda nikada neće doći lako – ili možda nikako. I možda nikada nećemo od svoje porodice dobiti afirmaciju koju nismo imali ni kada smo bili mali. Moramo da pregovaramo oko uslova novih veza i novih načina ponašanja u njihovoj blizini, sada kad smo sami dovoljno mudri da uvidimo kako je porodična dinamika komplikovana stvar i kako se mi uklapamo u nju.

Crna ovca daje najlepšu vunu

Muke odrastanja koje prolazite dok pokušavate da shvatite granice i preklapanja terito-

Nova podela uloga: Promeniti svoju porodičnu ulogu

- Identifikujte etiketu koja vas oduvek prati i koja više ne funkcioniše za vas. („Ne želim više da budem dobra devojčica!“)
- Shvatite da je to možda deo vas ali to ne čini celu vašu ličnost sada. Treba da uvidite šta je ostali deo vas. („Okej, možda generalno jesam dobra, ali imam i svoju mračnu stranu, moju lošu stranu, onu koja će eksplodirati na Božićno veče.“)
- Pažljivo pratite da li se javljaju znaci da počinjete da upadate u svoju staru ulogu. Da li osećate da ste besni, zastrašeni ili nervozni? Da li grickate nokte ili morate često u WC? Znaci mogu biti i unutrašnji i spoljašnji.
- Upoznajte svoje ponašanje i šta ga izaziva. Jednom kada naučite da prepoznate znake, napravite promene. Umesto da razmišljate: „Okej, ja sam besna, upašću u svoje staro ponašanje durenja i lupanja vratima i viku“, možete da odete u šetnju, napustite prostoriju, ili odgovorite na neki potpuno novi način.

rije između vas i vaše porodice ublažiće se s vremenom. I baš kada pomislite da ste preboleli ista stara pitanja, ona će se ponovo razbuktati. Vi možda nikada nećete biti isti kao ostatak vaše porodice, možda nikada nećete ispuniti njihova očekivanja (vrlo je verovatno da ćete ispasti onako kako niko nije očekivao) i ovo može da bude gorka pilula koja se mora progutati, i za vas i za vaše roditelje.

Vaša karijera, vaši prijatelji, s kim se zabavljate, kako se oblačite, šta jedete – sve su ovo stvari koje vi određujete ali članovi porodice vole da daju i svoje mišljenje. Ali vi ste jedini koji odlučuje kada je njihov doprinos vredan a kada nije.

Pa šta ako ste vi jedini u svojoj porodici ko se odselio na Srednji zapad, ko vozi američko vozilo, ili vozi motor, ili bira da živi u sopstvenom stanu umesto sa cimerima. Možda ste vi umetnik, ili ste jedini koji je napustio umetnost zbog karijere u biznisu; ili otkrivate svoj lezbijski identitet u porodici desničarskih fundamentalista. Ili ste odlučili da prestanete da jedete meso, mada ste u detinjstvu ubijali svoje meso za roštiljanje u zadnjem dvorištu.

Samo zato što ste potekli iz prepona ovih ljudi ne znači da morate da kaskate u njihovim stopama. I hvala nebesima zbog toga – gde bismo mi bili evolutivno da nije raznovrsnosti u genima? Umesto da provodite vreme pitajući se da li su vas greškom zamenili u porodilištu, hajte da pogledamo neke veštine neophodne za posetu kući.

KAKO BITI CRNA OVCA

Pokušajte da razgovarate sa svojom porodicom o tome po čemu ste različiti. Ovo može da bude teško – odvojte vreme za razgovor i ne ulazite u raspravu sa očekivanjima većim od običnog razgovora. Ne bi trebalo da očekujete da će se bilo ko „prosvetliti", ali trebalo bi makar da vas saslušaju.

Vežbajte ponosne odgovore, bez izvinjena i objašnjavanja, kada vas ispituju o vašim navikama ili izborima. Recite prosto: „Ja ne jedem meso." Ne morate da objašnjavate zašto ili da ulazite u debatu zbog koje će osećate defanzivno.

Pokušajte da razumete odakle je vaša porodica. Ako je vaša porodica iz skromne sredine i ako se borila da sastavi kraj s krajem u mladosti, možda će im biti teško da shvate zašto ste prihvatili slabo plaćen posao u neprofitnoj organizaciji umesto da pohađate pravni fakultet. Ne morate da imate isto mišljenje, ali ako želite da se slažete sa njima,

„Kad god dođem u goste, moja majka stalno želi da sa mnom podeli neki trenutak koji će promeniti moj život. Kada dođe vreme da odem, uvek kaže: "Nismo imale vremena da se ispričamo." Ona dosta očekuje od mene - i vrlo me umara. Ja samo želim da se opustim i da uživam, ali i da ona bude podjednako opuštena."

— Džuli, 30 godina

biće vam mnogo lakše ako shvatite zašto je njima tako teško da uvide neke stvari.

Kvalitetno provedeno vreme sa roditeljima

Baš kao što i vi imate pomalo nerealistična očekivanja kako bi vaša porodica trebalo da vas dočeka kada dođete kući, i njihova predstava o tome kako ćete provesti vreme zajedno može razbiti u paramparčad inače sasvim prijatnu posetu.

Džulija priželjkuje da njena majka jednostavno uživa u nenajavljenim posetama, da se druže i da ne rade ništa, tako da njene posete ne bude pretrpane planovima za izlaske i zabave koji mogu da pođu po zlu i upropaste dolazak. Možete izbeći prevelika očekivanja ako porazgovarate sa mamom i tatom pre dolaska o tome kako će proteći vaša poseta. Oni su ustanovili nove navike otkad ste se vi odselili – zamolite mamu da vas povede na svoje časove aerobika ili predložite da svi zajedno izađete na večeru. Ne možete veštački stvoriti kvalitetno vreme ali možete pokušati da se složite oko stvari koje ćete raditi zajedno i tako umanjite rizik da čujete „Pa nismo proveli nimalo vremena zajedno!" kada trčite da uhvatite avion.

Ponekad je lakše otići kući za praznike kada povedete partnera – ali onoga koji se dopada vašim roditeljima. On može da posluži kao otpornik od porodičnog stresa i kao podsetnik na to zašto i kako vi više niste dete. On može da pomogne vašem ocu da unese drva za kamin, da sluša stare porodične priče koje su već svima ostalima dosadile, i da priča o vama u superlativima. Sjajna situacija ako to možete da izvedete, je l' da? Da, svakako.

DEČKO UPOZNAJE PORODICU

O, moj bože

Dovodite momka u kuću vaših roditelja. Vi, u osnovi, već živite sa njim u „stvarnom" životu – a sada se od vas očekuje da obujete

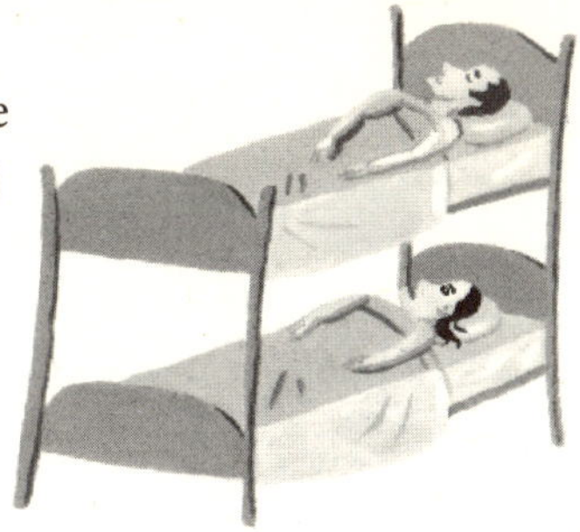

svoje stare papučice i popnete se u krevet s baldahinom u svojoj staroj sobi dok on spava na kauču u radnoj sobi vašeg oca? Zar to neće biti uvrnuto? Ali zar ne bi bilo podjednako uvrnuto da zajedno spavate u gostinskoj sobi – ili čak i samo *da spomenete bilo kakvo zajedničko spavanje u gostinskoj sobi*? Šta da se radi?

Moguće je da će se podrazumevati samo od sebe da ćete džonjati zajedno, ili da će vaša mama raspremiti dupli kauč i namignuti vam, priznajući tako da ste odrasla osoba i da vas dvoje, kao odrastao par, delite prostor za spavanje. U vrlo konzervativnim domovima ovo se verovatno nikada neće dogoditi – vi znate svoju porodicu, i ako nikada niste imali nijedan razgovor o seksu sa njima, ili oni žive u prećutnoj pretpostavci da ste devica, onda nemojte očekivati da će tatica, pun entuzijazma, razvući dupli krevet za vas i vašeg dečka da se šćućurite zajedno.

Ako su vaši roditelji odlučno za odvojene postelje, odvojene sobe (odvojena krila ogromnog imanja?), onda ovaj vikend odvojenog spavanja od vašeg voljenog može biti vaš Rubikon. Dilema: da li lupiti šakom o sto i reći: „Ja sam odrasla osoba – ja ću spavati u istom krevetu sa mojim dečkom, dopadalo se to vama ili ne“? Ili progutati knedlu jer ne želite da prouzrokujete svađu. Da i ne pominjemo činjenicu da diskusija oko rasporeda spavanja kod vaših roditelja automatski izaziva slike vašeg divljeg seksa pod njihovim krovom, što je teritorija dovoljno klizava da biste vi ipak radije spavali sami zauvek nego se upustili u to.

Mojoj prijateljici Eleni toliko je dozlogrdilo što njena mama drži nju i njenog momka odvojene da je zapretila da neće doći kući za Božić. Imala je već 27 godina i zabavljala se sa svojim dečkom već nekoliko godina – njih dvoje su takođe živeli u različitim gradovima i viđali su se jedino za praznike. Njena mama je omekšala i, dve godine kasnije, kupila novi francuski ležaj umesto Ele-

> ,,*Mislim da se razgovor sastojao od toga da je moja mama pitala 'Treba li da razmestim krevet u gostinskoj sobi?' i da sam ja odgovorila 'Ne, on će spavati u mojoj sobi.' Da su rekli ne, nisam sigurna šta bih uradila. To bi bilo prilično neugodno. Ali mislim da ih dovoljno poznajem u ovom trenutku da mogu da predvidim njihov odgovor na većinu stvari.*“
>
> —Kejt, 30 godina

ninog starog kauča. Trebalo je vremena, ali Elena tvrdi da nikada ne bi napravila ni najmanji napredak da nije igrala oštro.

Koliko god da spavanje u istoj sobi ili istom krevetu sa vašim dragim može biti aspekt koji definiše vaš status odrasle osobe, ako stvarno osećate da vaši roditelji to ne odobravaju, i ako možete da izdržite odvojenost tokom kratke posete, nemojte insistirati. To verovatno nije uzbrdica na kojoj želite da izdahnete – sačuvajte snagu za svađe koje su o važnijim stvarima nego što su kućna pravila. Prihvatite da ta kuća više nije vaša kuća i treba da budete obziran gost. Neka to bude jedna oslobađajuća misao – vi tu više ne živite; imate sopstveni dom u kojem živite po svojim pravilima.

Konflikt ljubavnog interesa

Stvari postaju nešto komplikovanije kada vaši roditelji ne odobravaju osobu koju ste doveli kući, ili kada otvaraju pitanja rase kojoj pripada vaš partner, pola ili religije. To je mnogo ozbiljnija stvar nego da li ćete ili nećete spavati u istoj sobi tokom praznika.

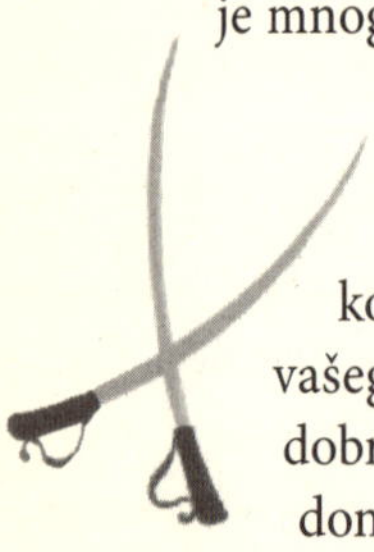

Vi na kraju prosuđujete koliko ćete saveta prihvatiti od vašeg porodice o onome šta je dobro za vas. Biti odrastao znači donositi velike odluke za sebe, a to koga volite, nevezano za mišljenje vaše porodice, vaša je stvar. U jednom trenutku vi zauzmete čvrst stav, objavljujući: „Zahvaljujem se na vašem mišljenju, ali uz dužno poštovanje odbijam da ono nadalje utiče na moju odluku." (Takođe može da upali i rečenica: „Gledaj svoja posla.") To može da bude veoma zastrašujuće, ali kada ste

„*Kada mi je bilo dvadeset godina, moji roditelji su mrzeli mog dečka. Bila sam zaista rastrgnuta između želje da njih zadovoljim i ljubavi prema njemu. Raskinuo je sa mnom jer nije mogao da se nosi sa mojom neodlučnošću. Kada me je ostavio, shvatila sam koliko ga volim. Suočila sam se sa mojim roditeljima i rekla im da je bilo pogrešno što sam ih slušala, da znam šta bi me usrećilo i da sam dopustila da se moja stvarna osećanja zbune zbog njihovog mišljenja. Bila sam odlučna i iskrena oko toga koliko sam bila besna.*

Posle pet godina ponovnog zabavljanja, Grant i ja smo se venčali, i sada je on isto tako deo moje porodice koliko i ja. Ali stvari ne bi tako ispale da nisam shvatila šta želim i da se nisam suočila sa roditeljima. Kada sam jednom postala sigurna u sebe, nisu mogli da me poljuljaju. Kada su to shvatili, konačno su počeli da poštuju moj izbor."

— Sali, 28 godina

jednom sigurni u to što radite i dovoljno jaki da lupite šakom o sto, to može da budete jedan izuzetno pozitivan potez.

Vaša porodica možda ima konkretne razloge zbog kojih ne voli osobu sa kojom se zabavljate, i vi se možda ne slažete sa tim razlozima ali možete (na neki način) da ih razumete: oni misle da vas dečko tretira kao smeće, da je nekulturan prema njima, i ne sviđa im se njegova kriminalna prošlost. Ali ponekad se pitanje prenese sa „Ne sviđa im se ovaj dečko" na „Mi smo fundamentalno različiti ljudi i imamo različite vrednosti". Šta se dešava kada oni ne mogu da odobre to što Čip nije završio koledž, ili činjenicu da je protestant a vi ste Jevreji? Ili se oni ni po koju cenu ne slažu sa tim da se zabavljate sa ženom? Nema lakih odgovora – može biti zaista teško suprotstavljati se svojim roditeljima, ali vi volite onoga koga volite. Oni mogu da ponude svoje mišljenje, ali jedino vi odlučujete ko će biti ta osoba.

USPOSTAVLJANJE GRANICA

Da li vaši roditelji treba da budu vaši najbolji prijatelji

Nećete doživeti jedan razgovor tokom šopinga koji će nekim čudom razrešiti sva pitanja oko granica sa vašim roditeljima. Kako pitanja nailaze, moraćete da odvojite vreme da razgovarate o tome šta treba da se promeni. Koliko god zamršeno ili zastrašujuće to ponekad može da bude, bolje je nego da pustite svoj bes ili nelagodnost da se krčkaju. Mnogo je bolje reći roditeljima da ne želite da razgovarate o politici nego ući u svađu do pomodrelosti svaki put kada započnu večernje vesti.

Recite tačno onako kako jeste. Budite eksplicitni kada načinjete pitanja razmimoilaženja. Ako vaša majka uvek prokomentariše kada dobijete nekoliko kilograma, dajte joj direktan odgovor: „Znaš, ja ne volim da razgovaram o svojoj težini, jer kada to činim, osećam se..." Nemojte ulaziti u optužbe kao što su „Ti uvek kritikuješ moju kilažu" i držite se rečenica koje započinju sa „Ja" i koje ne optužuju nikoga drugog za loše ponašanje. Usredsredite se na sopstvena osećanja.

Dajte im mali prst – samo mali prst. Ako vam se čini da vaši roditelji izgladnelo iščekuju informacije o vašem životu i forsiraju teme o kojima vi ne želite da diskutujete, pokušajte da im ubacite nekoliko izabranih sitnica kao kompromis. Ne morate da kažete svom ocu detalje oko svog učinka na poslu, ali možete da mu spomenete da ste dobili solidne povratne informacije od svog šefa, i da ostanete na tome. Nemojte zalupiti vrata potpuno i ostaviti svoje roditelje zaključane ispred. Ako osećate da želite da ih zauvek isključite, možda porodični terapeut može da probije led.

Za ove stvari je potrebno vremena (i vremena, i vremena). Kao radoznali kučići, vaši roditelji će nastaviti da vire kroz rupicu i kad im se kaže da to ne rade. Biće im potrebno vreme da se naviknu na novouspostavljene granice i vi ćete možda morati da ih stalno podsećate. Upozorenje: to jeste teško, iscrpljujuće i možda ćete povremeno pasti u iskušenje da zbrišete zauvek u neko nepoznato mesto i da nikada više ne razgovarate sa svojim roditeljima. Dajte im istu količinu strpljenja koju biste dali nekom štenetu koje iskreno želi da postupi ispravno prema vama. Vaši roditelji ne žele da piške po vašem tepihu – oni žele da se slažu sa vama. I za njih je to teško. Vašim najljubaznijim mogućim glasom vi jednostavno morate da kažete: „Mama, tata, rekla sam vam da mi nije ugodno da o tome razgovaram sa vama." A sada izdahnite.

Možete li otpustiti svoju majku?

Jednom rečju, da.

Takođe, možete se razvesti od svoje polusestre, možete staviti svoga brata na listu ljudi na koje ne obraćate pažnju, ili možete da odete na produženi odmor od celog tog društva. Kao sredstvo samoočuvanja, možda morate u jednom trenutku podići zidove i ograde oko svoje imovine ili se morate preseliti u daleku zemlju da biste imali malo mesta između sebe i svoje porodice.

Ako vam samo treba predah – na primer, da ne razgovarate sa svojom sestrom na mesec dana, ili da odete na *pravi* odmor onda kada biste normalno otišli kući – smatrajte da je vreme koje provodite odvojeno jedna normalna, neophodna akcija s vaše strane. Koliko god vi volite svoju porodicu, familijarnost može u svakom slučaju dovesti do prezira i ako se ne odmarate od njih kada vam je to potrebno, bićete najogorčenija devojka u svom kraju.

Vrlo je verovatno da ćete kasnije ponovo hteti da primite svoju majku u službu. Ako ste kao i većina žena na ovome svetu, vi u ovom trenutku prolazite kroz veliku tranziciju u odnosu sa svojom majkom. Vi prelazite iz veze „ona je odrasla osoba, ja sam dete" u vezu u kojoj ste obe jednake. Vi ste odrasla žena, baš kao i vaša majka, i može biti teško za obe da pregovarate o ovim novim ulogama i da se sretnete na neutralnom terenu.

Mada se možda ponekad osećate da želite da trajno prekinete odnose sa svojom majkom (ako još jednom prokomentariše vašu frizuru...), vi zapravo možete mnogo da dobijete ako uspete da ostvarite ovu novu vezu sa njom. Vaša mama je navikla da je ona ta koja drži stvari pod kontrolom. Sada ona mora da se prilagodi činjenici da vi kontrolišete koliko ćete puta razgovarati sa njom telefonom, koliko često ćete se viđati, koje teme su zabranjene.

Zapamtite da je i vaša majka nečija kćerka: nekada davno, ona je morala da obnovi vezu sa svojom majkom. Možete čak i da je pitate o tome – ona je prošla ovo što i vi, zato joj pomozite da sagleda stvari iz vašeg ugla. Ona ne mora da bude vaša najbolja prijateljica – zapravo, većina stručnjaka kaže da ni ne treba da bude – ali vama je i dalje potrebno njeno vođstvo i podrška, da vam bude mentor i savetnik. Vaša majka može da vas podržava, da budete bliske, da bude brižna – skoro kao prijateljica. Ali zašto je ne pustite da bude upravo to – vaša majka – i zadržite prijateljstvo za prave prijatelje?

Vratiti se svojoj kući ne znači da ste gubitnik

Ništa vam neće na gori način i radikalnije pomutiti identitet od ponovnog useljenja kod svoje porodice. Rečenica „Vi završavate, a ja počinjem" može toliko da se izokrene, i možda će vam biti vrlo teško da poverujete da vi stvarno jeste odrasla osoba, sposobna da napravi sebi ručak – i čak da plati sopstvenu kiriju. Samo ne u ovom trenutku.

Moja standardna fraza za zabave u vezi sa preseljenjem kod mame i tate – a često su je kao eho ponavljale legije mladih žena koje su zapravo preduzele taj korak i vratile se kući, glasi: *Ako ikako možete to da izbegnete, izbegnite*. Cedite, štedite, molite za kauč, pozajmite, ali ne vraćajte se kući – to će sasvim sigurno opteretiti i najbolje veze. Ali zato što je ovo ponekad ipak neizbežno, hajde da učinimo najbolje u našoj moći u ovoj ne baš idealnoj situaciji.

Najjači mogući razlog za vraćanje kod mame i tate je ušteda para. Nema rasprave oko toga, vratiti se kući jedina je validna opcija za nedavne diplomce koji traže posao ili za, a to je često, tridesetogodišnjakinju bez prebijene pare jer je njena firma otišla pod stečaj i koja ne može da plati ni račun za struju. Kao što se stopa nezaposlenosti menja kao i privreda, i sve više mladih ljudi uviđa da su opterećeni megadugovanjima, ništa manje nego 40% nedavnih diplomaca vratilo se kući.

Jedini način da se zbog povratka kući osećate kao gubitnik jeste da upadnete u dugoročnu, zavisnu vezu sa svojim roditeljima. U svakom drugom slučaju, vi štedite keš, ojačavate porodične veze i, uopšte, starate se o svom biznisu, dostojanstveno. Naravno, može se desiti da su vam matorci pretvorili vašu sobu u kancelariju, promenili brave i rekli vam da se snađete sami – u tom slučaju, selidba nazad i nije opcija za vas.

Kako izbeći porodični Armagedon

Neizbežno je da će biti malo stresa kada se pojavite noseći svoj koferčić ili prljav veš ispred maminih i tatinih ulaznih vrata, spremni da ponovo preuzmete svoj stari krevet. Možda ste vi i otišli na fakultet, imali svoj stan, stekli diplomu iz grčke književnosti, odradili dva semestra u inostranstvu. Ali, istog sekunda kada ste kod kuće i vodite svoju mlađu sestricu na časove klizanja, započinjete dinstanje teletine dok gledate vesti, pre nego što se mama i tata vrate kući, koledža kao da nikada ni bilo nije. Vi ste se vratili u kolevku, u dom svojih predaka. Preduzmite sledeće korake da biste olakšali svima:

Prvo porazgovarajte. Sedite i porazgovarajte sa svojim roditeljima pre nego što se uselite. U redu, vi ste voljeni i željeni, ali suočimo se sa realnošću, vaš povratak kući verovatno nije deo prvobitnog plana kada ste krenuli na koledž. Počnite pitanjem šta misle o tome da im kćerka bude stanar u kući. Ovo su ljudi koji su uživali u ispražnjenom gnezdu već neko vreme, a imali su i jedna usta manje da nahrane. Zato planirajte da uspostavite osnovna pravila koja će vas sprečiti da pokvarite dobrodošlicu koju ste dobili.

Platite kiriju. Odredite neki razuman iznos, možda negde između 100$ i 300$. To treba da bude manje nego što biste platili da živite sami, ali dovoljno da pokaže da ste svesni da pravite troškove komunalija i da jedete njihovu hranu. Zapamtite, svrha vašeg povratka kući je da vas pripremi za samostalan život; počnite da planirate kako ćete uštedeti za kiriju.

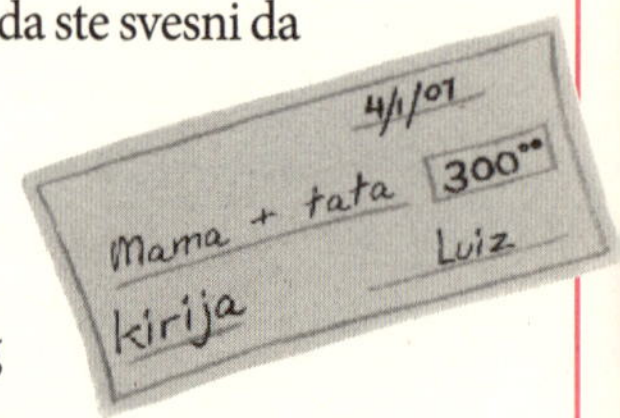

Ako vaši roditelji zaista ne žele da vi plaćate kiriju (bog ih blagoslovio!), predložite da vaš ugovor o zakupu svejedno bude ispoštovan i stavite taj novac na štedni račun. Na taj način imaćete nešto malo ušteđeno sledeći put kada se odvojite.

Uzmite sopstveni telefon (od svojih para) ili koristite mobilni za svoje pozive. Nikom ne treba glavobolja zbog svađe oko telefona ili deranje: „Za tebe je!“

Nemojte očekivati da je vaša soba zapečaćena, kao neki oltar Lore Ešli, sve uz postere rok bendova. Možda su od nje napravili magacin ili sobu za vašu sestricu. Uzmite šta god da je slobodno.

Uspostavlanje osnovnih pravila

Evo nekoliko detalja koje treba obraditi u razgovoru pre useljenja:

- Kada se od vas očekuje da dolazite kući. Ovo ne mora da ima veze sa poverenjem ili sa ograničenjima. Možda, ako dolazite posle ponoći, jednostavno razbudite celu kuću. Ili možda vaša majka, iz stare roditeljske navike, ne može da zaspi dok ne čuje da ste se dovezli. Vaša stara (tinejdžerska) reakcija bi možda bila da se borite protiv takvih restrikcija, za svoju slobodu. Zagledajte se duboko u sebe sve dok ne uvidite njihovu tačku gledišta.

- Za koje ste kućne poslove odgovorni. Normalno, morate da rasklonite za sobom, da namestite svoj krevet i operete svoj veš. (Čak i da imate supermamu koja voli da ugađa, obavite ove poslove sami. Ponašati se kao odrastao je najbolji način da vas i drugi tako tretiraju.) Kako još možete da doprinesete? Hoćete li spremiti večeru nekoliko puta nedeljno? Izriljati prednji travnjak? Šta očekuju od vas?

- Do koliko kasno možete da dovodite posetioce. Ako su vaši roditelji osetljivi po ovom pitanju, pokušajte da nađete kompromis: vaši prijatelji mogu da ostanu dokasno ako muzika nije glasna ili ako se družite u sobici sređenoj u podrumu.

- Kada i da li možete imati posetioce preko cele noći. Ja kažem: to je njihova kuća – njihova pravila; ako vašim roditeljima nije ugodno da upražnjavate seks pod njihovim krovom, onda nemojte. Ako od toga želite da napravite veliko pitanje, podržavam vas, ali budite spremni da izgubite ovu bitku. Za sve one roditelje koji smatraju „I mi smo jednom bili mladi“, postoji jednak broj roditelja koji smatraju „Ti si još tatina devojčica!“ Nemojte previše dramiti – uvek možete to da obavite na zadnjem sedištu auta kao svaka petnaestogodišnjakinja koja drži do sebe.

- Gde i da li sme da se puši. Pušite napolju ako morate da pušite a vaši roditelji su nepušači. Ovo nije vredno svađe.

Dom je tamo gde je mašina za pranje veša

Ukoliko se ponovo uselite kod roditelja, naići ćete i na brojne prednosti.

Lova. Da li sam spomenula da ovako štedite? Setite se ovoga kada se budete svađali sa tatom oko toga koliko vremena provodite u kupatilu...

Kolica. Dušo, bez problema možeš da voziš njihov karavan! Rate za porodični automobil ne otplaćuješ!

Ljubav. Kuvaće ti, ušuškati te pred spavanje, negovati kad se razboliš: uživaćeš u svim onim malim znakovima roditeljske pažnje.

Luksuz. Verovatno ti je dostupan životni standard koji sama ne bi mogla da dostigneš: Dobar nameštaj, velika kada, dobar pritisak vode u kupatilu, mogućnost da slušaš radio i sušiš kosu u isto vreme. Mogla bi da se navikneš na sve ovo, dok tvoji prijatelji spavaju po troje u sobi u stanu koji nema toplu vodu i koji se nalazi u nekom groznom kraju grada.

Vezivanje: Ovo je dobra prilika da provodiš vreme sa svojim roditeljima, što nisi mogla ni da zamisliš pre nego što si otišla na fakultet. Mogla bi da ih povremeno pozoveš u bioskop ili da s vremena na vreme večerate zajedno.

Odredite datum kada planirate da se iselite. A zatim učinite sve u vašoj moći da se to i desi. Nađite posao koji će plaćati za vaše račune i omogućiti vam da uštedite za stan koji se trudite iz petnih žila da nađete. Postarajte se da i vi i vaši roditelji znate da ovo ima kraj. Bilo šta duže od godinu dana i ovakvo rešenje više ne izgleda kao privremena stvar i počinje da smrdi na preranu penziju.

Stavite sve na papir. Ugovor je kodeks po kojem svi treba da se ponašaju i štiti sve vas. On obezbeđuje da se svi osećate dobro u vezi sa odlukama i da ćete ih se držati. Potpišite se na crtu.

O NOVČANIKU I OSTALOM

Prihvatiti novac od svojih roditelja

Čim možete sebe da izdržavate, to treba i da činite. Ako vaši roditelji mogu da vam daju novac kada počinjete, ako su u mogućnosti da vam plate koledž, blago vama! Ovo ne menja činjenicu da ćete se osećati najbolje u svojoj koži kada sami plaćate kiriju. Dok god vas roditelji izdržavaju na neki način, biće vam teško da se osećate samostalno ili da donosite odluke a da ne uzmete u obzir njihovo mišljenje. Teško je odlučiti da se selite u Dubai ili da ćete kupiti sebi psa boksera ako će džeparac od tatice za to da plati. Kada sami plaćate za sebe, vi sami i govorite za sebe i preuzimate odgovornost za svoje odluke. Možda će vam se ovo činiti zastrašujuće, ali daje osećaj moći.

Imam veoma malo prijatelja koji su imali keša u svojim dvadesetim godinama (većini žena koje ja znam u svojim ranim tridesetim dobro bi došao gotovinski poklon od anonimnog darodavca, najbolje direktna uplata na račun), i mnoge od njih razmišljale su da se obrate porodici za pomoć. To je varljiva igra, pozajmiti od vaših roditelja. Naravno svaka porodica i svaka situacija je različita – ali čini se da su ovo **Univerzalne istine o pozajmljivanju od roditelja:**

Ne postoji besplatan ručak – čak i najvelikodušniji zajam ima svoje uslove.

Ako baš morate da pozajmite novac, morate i da ga vratite.

„Gledati moje srednjoškolske uspomene na zidovima devojačke sobice, gledati TV sapunice ceo dan – sve sam vam rekla. Osećala sam se kao grozan gubitnik! Razgovarala sam sa svojim roditeljima da se osećam čudno i zbunjen, da mi nedostaje koledž i da ne želim da budem više srednjoškolka. Mislim da su razumeli, pokušali su da me ne pritiskaju da postanem deo porodične rutine. Ja sam se zaista osećala drugačije. Činilo mi se ne samo da sam diplomirala, već da sam stekla i diplomu da se odvojim od svoje porodice na neki način, i bilo mi je potrebno da i oni to uvide i pokažu.“ — DŽEN, 29 GODINA

Pošto sam videla da je samostalnost mnogih žena uništena ili odložena zbog finansijske zavisnosti od svojih porodica, iskreno apelujem da sami sebe izdržavate, bez ičije pomoći, čim to uzmognete. Ako nemate nikakvu drugu alternativu, postoji nekoliko stvari koje treba da uradite unapred. Sedite sa svojim roditeljima i dobro prečešljajte eksplicitne uslove pozajmice. Šta oni očekuju da ćete vi uraditi sa tim novcem? Čak i da oni insistiraju da je to poklon a ne zajam, setite se Univer-

„Najpametnija stvar koju sam uradila da doživim sebe kao odraslu osobu, bila je da prekinem svaku finansijsku zavisnost od svojih roditelja. Prestala sam da se osećam kao da mi oni komanduju, a oni više nisu osećali da jedino razgovaram sa njima kada tražim novac. To je bila sjajna stvar za naš odnos. Iako se u početku čini teško, vredno je toga. Nijedan par cipela, ili auto, ili neki mali luksuz ne mogu da se uporede sa osećajem finansijske samostalnosti.“ —KARA, 25 GODINA

zalne istine broj dva: morate vratiti. Ako plaćate i neku nisku kamatu, to ćete učiniti da su stvari manje lične a sa druge strane daće vam prednost u odnosu na provizije koje bi banka zaračunavala.

Dobra kćerka

Što bolje razumete svoje roditelje, verovatno ćete imati više poštovanja za njih kao ljude i više ćete želeti da im pokažete da ih cenite, mada imaju svoje mane. Ne morate da im šaljete slatkaste imejlove ili crtane veverice (mada mislim da se one mojoj mami potajno sviđaju) da biste im pokazali da ih volite, ali postoje drugi stvari kojima možete da im pokažete da su uradili prilično dobar posao odgajivši vas.

Pronađite šta je to što vas čini srećnim i bavite se time. To je, na kraju svega, najbolji način da pokažete svojim roditeljima da su njihovi napori „urodili plodom“.

Recite im. Mi potcenjujemo moć razgovora ili čestitke, misleći da oni ne mogu da prenesu ono što osećamo, ili da ne mogu da dostignu sve nakupljeno u decenijama davanja. One nisu zato ni izmišljene. Ponekad ćemo se ukopati u mestu i ceniti nešto za šta znamo da je od naših roditelja – možda je to neki naš kvalitet koji cenimo kod sebe, kao dar za donošenje odluka ili elegantni dugi prsti. Zaustavite se u tom trenutku i napišite kratku poruku svojoj majci ili ocu, dok vas još pokreće to osećanje.

Redovno zovite svoje roditelje ili im pošaljite imejl. Oni, najverovatnije, vole da vas čuju, iako se možda ništa posebno ne dešava kod vas. Da, možete da ih nazovete i kada vas pogodi tragedija i kada vam treba novac, ako tako želite. Ali nazovite ih i samo da im kažete da mislite na njih, isto kao što biste nazvali svoju najbolju prijateljicu. Nazovite da im javite šta ima lepo u vašem životu.

Slušajte svoje roditelje. Vi možda imate svoje različito mišljenje i trebalo bi da se osećate slobodno da ih izrazite, ali zapamtite da oni, zapravo, imaju mnogo više životnog iskustva nego vi.

Provodite vreme sa njima. Pozovite ih na otvaranje umetničke izložbe ili na izložbu kola ili gde mislite da ćete svi uživati. Posećujte svoje roditelje, čak i kada nije praznik.

Pozovite svoje roditelje da dođu i posete vas. Promenite malo dinamiku da vi uvek odlazite u dom svoga detinjstva, u svoju staru sobu. Manje je verovatno da ćete se vratiti detinjastom ponašanju ako ste na svom terenu. Pozovite roditelje da vas posete na poslu, izvedite ih na ručak sa svojim prijateljima. Omogućite da vas vaši roditelji vide kao samostalnu, uspešnu ženu. Posle toga će vas verovatno gledati drugačije.

Neka vreme sa vašim roditeljima bude kvalitetno provedeno. Umesto da se samo zatvorite u svoju sobu i čitate novine, kad ste u poseti, izađite sa njima na čašicu vina. Predložite da odete negde na odmor zajedno, na neku plažu ili u Las Vegas ili šta god da će vas sve uzbuditi. Upoznajte svoje roditelje u okruženju drugačijem nego što je trpezarijski sto.

Mali razgovor, veliki razgovor

Ako ostanete u bliskom kontaktu sa svojim roditeljima, to ih neće samo učiniti srećnima. To takođe održava vašu vezu tekućom i vaši razgovori su manje stresni nego kad se čujete tek s vremena na vreme. Bolje da imate mnogo „malih razgovora" tako da ne morate da pretvorite svaki vaš kontakt u „veliki razgovor". Na taj način vaši roditelji neće očekivati neke ogromne novosti svaki put kada razgovaraju sa vama i neće se osećati da moraju da vas ispitaju do koske svaki put kada nazovete jer ne znaju kada ćete i da li ćete ponovo nazvati.

Pun porodični krug

Ako prihvatite makar samo jedan delić ovog poglavlja, nadam se da će to biti shvatanje koliko je važno izgraditi temelje zdravog odnosa i komunikacije sa svojom porodicom. Oni nisu savršeni, i nije verovatno da će se pretvoriti u tačno onakve ljude kakvi biste vi želeli da budu. Ništa više nego što će od vas postati neko baš

Na kauču

Oni su zeznuli stvar. Sada ja treba da im oprostim?

Opraštaj nije nešto što se može nametnuti na silu. To je proces koji zahteva mnogo vremena.

Počnite time što ćete pitati svoje roditelje za njihova iskustva kada ste vi bili dete. Da li su vaši roditelji ikada izgubili posao? Kakvi su bili njihovi odnosi sa svojim porodicama – takve stvari značajno utiču na to kakvi su roditelji oni postali. Jesu li bili uplašeni kad su postali roditelji? Čime se ponose? Za čim žale? Nemojte se držati samo roditeljskih tema. Pitajte ih o njihovim karijerama, njihovim prijateljstvima, i slično. Tako možete početi da sagledavate svoje roditelje kao stvarne ljude, što može dovesti do jačeg osećaja empatije i povezanosti. Nije svrha isključivo da oprostite svojim roditeljima već da steknete bolje razumevanje konteksta njihovog roditeljstva.
— Dr. Viks

onakav kako su oni zamišljali. Vi nećete iznenada dobiti bezuslovnu ljubav koju niste imali kada vam je bilo pet godina – ali ni to, u svakom slučaju, ne bi bilo dovoljno. Pokušajte da im oprostite, ako možete. Ako ne, neka vaš cilj bude tek pozitivan odnos – učinite ono što se mora da odbacite bilo kakvu ozlojeđenost koju još možda imate u sebi. To će vam uštedeti agoniju (da i ne govorimo o bolu) kasnije i pomoći će vam da krenete dalje sa svojim životom.

Porodice su izuzetno komplikovane. Vi ste deo jedne bizarne, prelepe, retke i neviđeno lomljive staklene menažerije. Baš kada pomislite da ste ih sve razumeli – niko nije ljut na nikoga, svi razgovaraju sa svakim u ovom trenutku – nešto potpuno ludo se desi. Imate neku čudnu imejl prepisku sa svojim bratom i osećate se loše nedelju dana. Ili se ceo sistem izgrađuje ispočetka: vaša sestra dobije bebu i vi postanete tetka. Vaša uloga u ovoj kompleksnoj mreži se definiše ponovo, i postajete svedok procesa odgajanja deteta – onog istog procesa koji je napravio i vas – od prvog koraka.

Sva ljubav i razdraganost i okrutnost i odmori koje niste vi birali i koji su od vas napravili ono što ste sada, sve se to nastavlja. I vi ćete se možda jednoga dana udati, imati svoju decu ili ćete odlučiti da ne učinite ništa od toga, ali vaša uloga će se i dalje razvijati u porodičnom scenariju koji se stalno menja – čak i kada je scenario previše bizaran da bi ga snimili u Holivudu.

Gledajte na to ovako: možda neće biti praćen salvama smeha, možda se sve situacije neće baš razrešiti do kraja svake epizode, ali komedija vaše porodice, koliko god da je to dobro ili loše, nikada se ne skida sa programske šeme.

Poglavlje 8

Duhovnost

Ležanje na krevetu, zurenje u plafon i druge staze do prosvetljenja

„Kada napustite koledž, uviđate da postoje još hiljade ljudi sa istom diplomom kao što je vaša. Kada se zaposlite, postojaće još hiljade ljudi koji rade isto što i vi na svom poslu. Ali vi ste jedina živa osoba koja ima puno starateljstvo nad svojim životom. Celim svojim životom. Ne samo onim delom života za pisaćim stolom, ili u autobusu, ili u autu, ili za računarom. Ne samo onaj život u vašoj glavi, već i život vašeg srca. Ne samo vaš račun u banci, već život vaše duše. Ljudi više uopšte na govore o svojoj duši", piše Ana Kvindlen u svojoj knjizi *Kratak vodič do srećnog života.* „Mnogo, mnogo je lakše napisati poslovnu biografiju nego izgraditi duh. Ali, biografija nije nikakva uteha u zimskoj noći, ili kada ste tužni, ili kada ste usamljeni..."

Imate mnogo uspeha: konačno ste našli posao koji vam omogućava da platite kiriju i da se prehranite, našli ste cimerku koja ne bazdi na beli luk, otplaćujete svoje kredite i finansijske obaveze, i još imate dovoljno vremena da se okupate. Pa, čemu onda i dalje sva ta pitanja? Jesam li prihvatila pravi posao? Hoću li se ikada udati? Da li donosim pravilne odluke? Zašto se ponekad osećam toliko usamljeno? Jesam li ja dobra osoba? U šta ja verujem? Šta znače sva ova pitanja?

U jednom trenutku, a to je često baš onda kada shvatite „Sada sam samostalna" ili kada se desi događaj koji menja ceo život – gubitak, smrt, raskid, promena posla – vi zastanete i počnete da razmišljate o tome šta je zapravo život. Sami ili sa drugima, ponekad zatičete sebe kako postavljate velika pitanja: Zašto sam ja ovde? Postoji li Bog? Ko je on/ona? Kakve veze sve to ima?

Volela bih da znam odgovore. Ali činjenica je da niko ne može zaista da odgovori na ta krupna pitanja. Zato vas molim pazite na one ljigavce koji pokušavaju da vam prodaju brz put do nirvane na kratkom vikend kursu.

Jednu stvar znam za sigurno: sve se sada svodi na vas. Udahnite duboko – to jeste dobra stvar. Ne morate više da stičete bodove da biste diplomirali. Vi odlučujete šta je dobro za vas. Možda se osećate pomalo uplašeno. To je sasvim u redu: potrebna je praksa da biste u potpunosti upravljali svojim životom.

Odgovori neće doći lako, ali ako ste u skladu sa celim tim procesom, ako prosto živite svoj život, razgovarate sa duhovnim guruom ako ste baš za to, družite se sa ljudima, svojom okolinom, prirodom – shvatićete vi to. A kada pomislite da ste sve shvatili, stvari će nastaviti da se komplikuju i razvijaju. Tako je to svakome – teška svađa sa prijateljem, poseta izložbi u muzeju, smrt nekoga koga smo voleli, čitanje neke knjige koja ostavlja dubok utisak na vas, neki posebno lucidan san – ove stvari mogu da promene sve u šta verujete.

Imam prijateljicu koja je sanjala da ide u šetnju i sreće porodicu divljih svinja. Proćaskala je sa njima, pomislila da su vrlo šarmantni i od tada postala strogi vegetarijanac. Njene vrednosti, njena osećanja prema svetu i prirodi, radikalno su se promenila posle ovog sna. Ponekad poželim da imam takav san – čeznem za takvim uverenjem, za moralnom munjom koja će promeniti moje ponašanje i prodrmati moje poglede na stvari. Želim da budem transformisana, želim da budem „bolja", ali dosad nisam sanjala divlje svinje niti još nemam moralnih dilema oko svinjskih rebaraca – koliko god da možda želim suprotno.

Mnogi od nas osećaju tu potrebu da „stupe u kontakt sa svojom duhovnošću" ali nemaju ni najmanjeg pojma gde da je traže. Pitala sam moju prijateljicu Širu, koja je učitelj religije i jedna od najduhovnijih osoba koje znam, kako da jedna devojka pronađe svoj put, da odgovori na ta velika pitanja. Evo šta mi je rekla:

> *Počnite tako što ćete uočiti šta vi smatrate lepim i pođite za tim. Toliko često koristim reč lepota, ali zapravo mislim na ono što osećate duboko u sebi. Mi stalno stvaramo novu liturgiju – nove načine molitve. Ako vas dotakne neka pesma Boba Marlija, to je vaša liturgija. Zagrlite taj osećaj: idite i slušajte rege muziku, zagnjurite u kulturu Jamajke. Pronađite put do sebe, koliko god da ovo zvuči kao kliše. Shvatite šta je to što vam mnogo znači, šta vam podiže osećanja, a onda se bavite time. Tako se osećam po pitanju plesa. Kada igram, istovremeno se osećam i potpuno u svome telu i potpuno izvan svoga tela. Ne znam precizno da definišem šta je to u plesu što me čini da se osećam tako sveto, ali veoma mi godi i ja to radim redovno. Ustanovite šta je to što vas povezuje sa samom sobom i načinite od toga ritual.*
>
> *Postoji jedna poslovica koju volim: „Prvo uradite nešto, posle ćete razumeti." Započnite tako što ćete raditi stvari instinktivno, zato što su vam prirodne ili vam gode – kao na primer ples ili slušanje te pesme Boba Marlija. Zatim ćete shvatiti koliko su važne te stvari i vi počinjete da ih radite namerno, i dobijate želju, a i osećaj svrhe.*

Nema garancije da ćete pronaći Boga ili mir ili istinu preslušavanjem pesme „No Woman, No Cry". Ali ovo što Šira opisuje jeste uvod, način da počnete da sagledavate pitanja da biste konačno otišli dublje i našli odgovore.

DUHOVNOST

Definisati ono što se definisati ne da

Pre nego što pođemo dalje, hajde da pokušamo da definišemo neke izraze. Stvari mogu, što nije iznenađujuće, da postanu prilično neodređene kada počnemo da razgovaramo o Bogu i o životu i o značenju univerzuma. Pa zato, šta je to duhovnost?

Za neke, duhovnost je intimna veza sa višom silom kroz religiju. Za druge, biti duhovan znači pronalaženje lične veze sa univerzumom. Dopustite da ovo učinim još malo univerzalnijim: reč *spiritualnost* potiče od latinske reči *spiritus,* što znači dah. Dah je, da kažemo pojednostavljeno, ono što odvaja živo biće od leša. O duhu razmišljam kao o dahu: to je onaj deo mene koji me povezuje sa svetom živih, sa drugim ljudima, sa prirodom – to je ono što me čini ljudskim bićem.

Duhovnost znači baviti se negovanjem duha (vi ćete možda više voleti da ovo nazivate „dušom"), proslavljanjem te potpuno nemoguće sjajne činjenice da ste uopšte živi. Vaš duh je ono što ostaje kad izuzmete vaš auto, vaš posao, vaše stvari i vašu platu i to da li ćete stići na onaj film u osam večeras. To je ono što ste baš vi, ta originalna, dragocena suština vašeg bića. Što više pazite na svoj duh, negujete ga, mazite i zalivate, srećniji će biti vaš život. To vam obećavam.

Ta religija novog doba: Mlade žene i vera

Duhovnost i religija su, za mnoge od nas, blisko povezani. Ne treba vam neki genije da bi vam rekao da je religija visokozapaljiva tema koja nas često deli. Ozbiljni napadi na pokušaj odvajanja crkve od države se sada dešavaju. Svaki dan nam donosi vesti o ekstremističkom nasilju počinjenom u ime vere. To je sasvim dovoljno da neka mlada žena potpuno odbaci sve religiozne ljude kao biblijske fundamentaliste koji će im oduzeti ne samo pravo na izbor, već i pravo glasa, samo ako im se da i najmanja šansa.

Ali postoje i druge žene koje imaju različitu i srećniju asocijaciju sa religijom. Poznajem prave gradske gospođe koje su vrlo srećne što mogu da odvoje vreme za crkvu, džamiju, sangu ili hram. Jedna žena koju poznajem, aktivista protiv siromaštva, našla je mentora u jednoj staroj irskoj časnoj sestri i zajedno su radile na ostvarenju pravičnih nadnica za doseljeničke radnike u Džordžiji. Imam prijateljicu koja vodi jednu modernu pozorišnu trupu koja uzima prastare tekstove i izvodi ih na pozornici. Pripadnost verskoj zajednici znači upravo to: zajednica ljudi koji će slaviti sa vama, žaliti sa vama i biti vaše društvo na tom putovanju.

Mnoge žene stvaraju sopstvene puteve – negujući svoje duhovno *ja* bez pripadnosti nekoj posebnoj veri ili denominaciji, bez učešća u organizovanoj religiji, i često bez jasnog verovanja u precizno definisanu višu silu.

Ja sam veliki vernik u ležanju na sopstvenom kauču i gledanju u plafon. Tiho razmišljanje je možda najlakši način da se razvrstaju misli, da se koncentrišemo na sebe, da počnemo da slušamo ono što Biblija zove „taj tihi, sićušni glas" u tebi.

Moja prijateljica Heder bavi se jogom i meditira da bi se osećala povezano sa univerzumom. Neki ljudi osete nagoveštaj nečeg transcendentalnog u prisutnosti nekog velikog umetničkog dela. Širu inspiriše priroda i ona joj je podigla neku vrstu oltara u svojoj spavaćoj sobi:

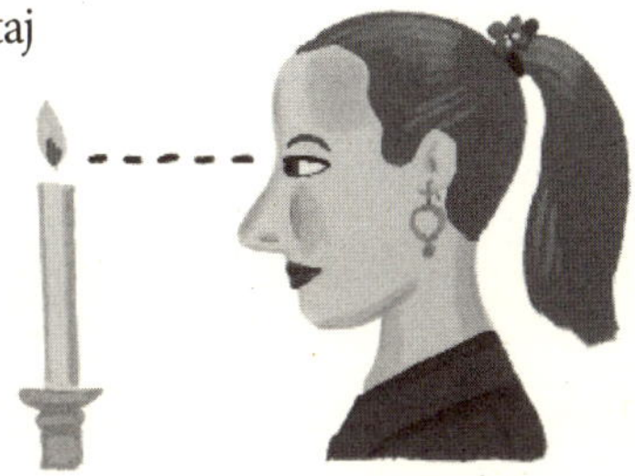

Imam dve fotografije cveća u krupnom planu koje vise jedna pored druge, jedna ljubičasta, jedna žuta. Kada ih gledam, u kontaktu sam sa onim za šta ja smatram da je neporecivi život. Ništa za mene nema više smisla nego svet prirode. Sve drugo je sekundarno – kada promišljam o prirodi, gubim reči kojima bih mogla to da iskažem. Vodi me do ćutnje. Što bliže prilazim tišini, prilazim bliže i mom duhovnom ja.

Srž svega je ovo: nikome nije *potrebna* duhovna vežba da bi bio dobra osoba i da bi živeo moralnim životom, ali mnogima pomaže.

Život nakon škole nedeljom

Bilo da vas, u najboljem odelu, svake nedelje vode u crkvu, ili vaši roditelji smatraju da je religija opijum za narod, vi dobijate svoju prvu duhovnu indoktrinaciju kod kuće. Vaši roditelji su vam usadili vrednosti za koje su smatrali da će vam biti od koristi – a to obično znači *njihove* vrednosti. Te vrednost su možda došle iz crkve, iz knjige dr Spoka, radionica za samopomoć, ili iz zdravog razuma: i ove vrednosti su vam verovatno dobro poslužile dok ste bili dete. Možda su vam one čak i ustanovile sistem verovanja koji vas održava i u odraslom svetu.

Ali, kao samostalna žena, vi sami morate da shvatite šta godi vama. Često imamo jedno iskustvo sa religijom dok smo deca, a

(nastavak na strani 344)

„Postoji stotine načina kako da kleknete i poljubite tlo“

Rozi Šap, međuverski sveštenik, odrastao je u nereligioznom jevrejskom domu ali su ga neodoljivo privlačili raznovrsni sveti tekstovi i rituali. Proroci jevrejske Biblije, pesnik Vilijam Blejk, umetnost i dizajn ličnosti i vernika od svetog Franje do Doroti Dej, sve je to pomoglo da se oformi njeno verovanje. Kada je doživela poriv ka svešteničkom pozivu u kasnim dvadesetim, „nebesa se nisu otvorila niti je hor anđela doleteo do mene“, kaže ona, „što je baš šteta, jer bi mi se to dopalo! Bilo je to više jedno uverenje da moja želja da činim dobro u svetu i moja vera dolaze iz istog izvora.“

Rozi kaže: „Nevezano za to koji je vaš sopstveni sistem verovanja, ono što je važno jeste da ga učinite značajnim: da ga gajite, i da pronađete načine da produbite svoju vezu sa Bogom, ili prirodom ili šta god da je to što vi identifikujete kao izvor svoje vere i svoje duhovne snage.“ Evo nekoliko strategija za koje Rozi smatra da su vredne:

Obavežite se nekom svetom prostoru i vremenu svake nedelje. To može da bude crkva ili džamija. To može da bude petak uveče ili služba na Šabat ili nedeljna liturgija. Ali to takođe može da bude doručak subotom sa prijateljima gde se proučavaju skripta, ili meditacija uz zalazak sunca na plaži svakog četvrtka. Važno je obavezati se, odvojiti vreme i mesto isključivo za svrhu duhovnog rasta i razvoja.

Ne žurite u traženju duhovnog doma. Ako mislite da ćete imati koristi od pripadnosti verskoj zajednici, nemojte da žurite. Većina crkava, kongregacija, džamija ili hramova prihvata posetioce. Ako nikada niste prisustvovali sastanku kvekera, na primer, ili službi za Jom Kipur, i brinete se da biste mogli počinite nešto potpuno neprikladno ili uvredljivo, proverite u knjizi *Kako biti savršeni stranac*, koja se bavi verskim bontonom. Mnoge kongregacije imaju društvena okupljanja nakon službe, što je dobro vreme za razgovor sa članovima i da se nauči nešto više o njihovim verovanjima i služenju.

Razgovarajte sa ljudima koji su otvoreni po pitanju svoje duhovnosti. Vaša vera je vaša sopstvena stvar i svako religiozno uverenje je isto onoliko lično koliko i osoba koja ih se pridržava. Zašto Andžali iz računovodstva drži sliku Ganeša na svom radnom stolu? Pitajte je. Kakvo je to utočište tihe meditacije na koje ide vaš komšija? Ona će verovatno želeti da vam ispriča sve o tome. Ljudi ozbiljno shvataju svoju veru i na vas će verovatno ostaviti utisak iskrenost i unutrašnji pogled uz koji dele svoja uverenja sa drugima.

Provodite vreme okruženi svetim tekstovima, muzikom, slikama i skulpturama. Biblija, Kuran, pesme Lao Cea, Džona Dona i Kabira. Pojanje Marion Vilijams i Nusrata Fatiha Ali Kana. Slike Fra

Anđelika. Kada umetnost ima svetu i posvećenu svrhu, ulozi su visoki i to se reflektuje u njenoj moći.

Služite. Vera ne znači samo gledati u sebe. Ona takođe – možda i najviše – znači pogled spolja. Služba je u središtu većine religija, i mnoge kuće molitve imaju svoje kancelarije koje se bave programom društvene pravde. Budistički monah Šantideva molio se da bude „zaštitnik nezaštićenih". Isaija je apelovao na svoje savremenike da daju hranu gladnima i utehu bolesnima. Isus Hrist se identifikovao sa najsiromašnijim članovima društva i tražio pravdu za njih. U judaizmu, pojam Tikun Olam znači „učiniti svet boljim". Mi živimo u pokvarenom svetu i moramo preuzeti odgovornost za njegovo popravljanje. Budite volonter u skloništu za beskućnike, u bolnici, u dnevnom prihvatilištu – svuda gde možete pomoći – i učinite to redovnim delom svog života. Služenje je duhovno iskustvo koje nam pruža najviše unutrašnjih nagrada.

Molite se. „Postoje stotine načina kako da kleknete i poljubite tlo", rekao je sufistički mistik i pesnik Rumi. Molitva ne mora da se desi u određeno vreme i na određenom mestu. „Ja se molim tokom celog dana, ne samo kada se probudim i pred spavanje", kaže Rejčel, dvadesetčetvorogodišnja administrativna pomoćnica. Grejs je grafički dizajner, ima dvadeset pet godina i moli se svakoga dana. „Volim to što mogu da se molim. To me održava normalnom u ludom danu punom vike", kaže ona dodajući da je potrebno nešto discipline „da biste utišali svoje misli i uznemiravanja." Možete da se molite u podzemnoj železnici ili pod tušem. Možete da se molite sami ili sa drugima. Ali pokušajte da ne bude uvek da od Gospoda tražite nešto!

Budite zahvalni. Vrlo je verovatno da, ukoliko čitate ovu knjigu, imate veći prihod i više slobodnog vremena nego većina ljudi na svetu. Ne pokušavam da vam nabacim krivicu, ali želim da vas ohrabrim da cenite svoju dobru sreću, i da to i pokažete.

Izrazite zahvalnost – Bogu, svojim prijateljima i svakome ko je doprineo da budete tu gde jeste danas. Izrazite zahvalnost svakome koga volite za sve što volite. Za dobro zdravlje. Za ljubičice. Za svog dečka. Svoju porodicu. Jedan savršen, lenji dan. Zahvalite se za ovaj teški, prelepi, pokvareni svet.

„Moj otac je bio ateista, moja majka je pripadala Anglikanskoj crkvi. Oni su vodili mene i moju sestru u različite crkve dok smo bile male i dopustili su nam da biramo. Ja sam izabrala metodističku crkvu zato što je to bilo mesto za druženje sa ljudima koji su mi se dopadali. U nedeljnoj školi sam naučila da ljudi koji ne veruju odlaze u pakao. Kada sam razmišljala o tome i pomislila na svog oca, koji je najljubaznija i najbolja osoba za koju znam – pa, to je bio za mene kraj.“

— Kristina, 27 godina

zatim ga prilagođavamo sebi, kako postajemo stariji. Takođe postoji i vrlo čest fenomen da mlade žene odbacuju svoje duhovno odrastanje – bilo kao čin pobune ili zbog toga što se veoma razlikuje ono što mi smatramo istinom od onoga što su nas učili u detinjstvu.

Iscediti ono u šta ćete verovati iz svih spoljnih sila koje žele da stanu u vaš duhovni okvir jeste kao da pokušavate da ukombinujete cipele i tašnu od veštačke zmijske kože (ili da obučete košulju koja vam loše stoji, šta god da je u pitanju). To je proces koji traje. Ali, možda može biti vredno truda da ponovo pogledate tu religiju svog detinjstva pre nego što je potpuno odbacite – makar samo zato da biste bili sigurni da nećete izbaciti i bebu s vodom iz korita. Mi sada možemo sami da biramo svoju duhovnu stazu, ali barem proverite šta vama znači sufizam ili Tora, ako prizovete uspomene iz detinjstva.

Ako je vaša rana religija obezbeđivala snažan moralni kod, lako se možete osetiti kao oslobođeni od živog blata kada je ostavite za sobom. Izazov je znati zadržati delove tog posebnog sistema verovanja koji vama odgovaraju, i da shvatite da njih možda prati prtljag vezan za organizaciju za koju više niste zainteresovani.

Basija je odgojena u domaćinstvu ortodoksnih Jevreja, koje ona opisuje kao prepuno doktrina, pravila i tabua. U svojim ranim dvadesetim, ona je donela tešku odluku da napusti svoju versku zajednicu. Kasnije je shvatila da ona i nije želela da potpuno ostavi svoju religiju – samo je želela da se s njom upozna na svoj način. Sada se ona okuplja sa prijateljima da bi proslavljali verske praznike, izvodi duhovnu muziku na svoj sopstveni način, i vodi religiozan život koji ima korene u njenom detinjstvu, ali koji je ona sama sebi iskrojila.

„Živeti kao ptica na grani koja može svakog trenutka da se odlomi“

Seren Šostak, psihoterapeut – jungovac, vidi sebe kao dobar primer zen poslovice: „Kada je učenik spreman, pojaviće se učitelj.“ Ona svoj put opisuje ovako:

Pre pet godina izgledalo je da imam sve što želim – sopstveni stan, posao koji volim – ali i dalje se činilo da nešto nedostaje. Časovi plesa bili su najpribližnija stvar nekom mom duhovnom naporu. Moj život se radikalno promenio kada me prijateljica povela u ašram. Iako sam uvek bila spavalica, iznenada sam počela da se budim u četiri ujutro da bih pevušila imena hinduističkog panteona. Nikada se nisam osećala tako ispunjeno kao u tom minijaturnom hramu pevušeći sanksrt – to mi je delovalo tako poznato, kao da to radim već godinama.

Ali gde je moj učitelj? Tražila sam gurua, učitelja koji će mi pokazati put, mentora kakvog opisuje Den Milman u knjizi *Ratnik mirotvorac*, mentora koji je transformisao ceo njegov sistem verovanja. Ali nisam znala da li takva prosvetljena bića postoje izvan knjiga ili osim starijih momaka koje sam uvek stavljala na pijedestal i očekivala da me nauče značenju života.

Skoro sam pala u očaj da nikada neću naći gurua kada sam, na putu u Indiju, upoznala božansku majku Mata Amritanandamajui, ili Amu. Ama je takođe poznata i kao svetac koji grli jer vam daje blagoslov tako što vas uzima u krilo i grli. Ovo nije bio običan majčinski zagrljaj – osetila sam se kao da sam stigla u galaktički centar univerzuma a zatim ispaljena odatle.

Kako bi ona mogla da bude moj guru? Ja sam nekako zamišljala nekoga kao iz *Karate Kida*, gospodina Mijagija koji će mi davati zagonetke i naučiti me da potkresujem bonsai drveće. Umesto toga, zaljubila sam se u ovu ženu čija učenja naglašavaju prolaznost stvari, kako smrt svakog sekunda čeka da rastera iluziju „ja, moje, mene“ i moju luckastu posesivnost.

Nedavno sam se spremala za izlazak – kreme, parfemi, šminka – i previše sam se približila sveći. Bam! Moja kosa se zapalila. Moja najveća opsesija, moja kosa koju sam tri godine puštala do struka, nestala je u dimu.

Ama kaže da treba živeti kao ptica na grani koja može svakog trenutka da odleti. Živeti u svetu ali ne biti od ovoga sveta je moj najveći duhovni izazov otkada sam upoznala nju. Ja još ne mogu da pomirim neke delove njenog učenja sa nekim delom mene koji i dalje mora da spiska trista dolara na par cipela Marka Džejkobsa, ali polako, stižem.

DUHOVNOST I MORAL

Nespretna u ljubavi ili tek prizemno zla

Organizovana religija nudi moralne okvire (npr. Deset zapovesti) i od vernika se očekuje da ih slede kao lični kod. Izvan organizovane religije, veći je izazov sklopiti sopstveni osećaj šta je ispravno a šta pogrešno. Ali, bilo da ste strogi sledbenik jedne određene vere, bilo da povremeno odlazite u crkvu, ili da od same reči *religija* dobijete koprivnjaču, vi i dalje kreirate svoj moralni kodeks.

Evo šta podrazumevam pod ličnim moralnim kodeksom: principi, mali i veliki, po kojima vodite svoj život. To je ono u šta verujete, šta predstavljate, bilo da ste samostalni ili izrastate iz organizovane religije. Neki ljudi nazivaju ovo vrednostima ili moralom, ali kako god da ih zovete, vi ih stalno proizvodite, i vaš kodeks se menja, ponekad i radikalno, s vremenom.

Ne morate biti jedna intenzivno duhovna osoba, ne morate čak ni da imate cilj da budete „dobra osoba" u jednom konvencionalnom smislu da biste imali moralni kodeks. Vi ćete ga razviti samim time što živite život, stičete iskustva, srećete ljude od čijeg ponašanja odskačete – i, naravno, time što preispitujete sopstveno ponašanje.

Nemojte se mučiti oko toga da sastavite etički sistem koji možete staviti na papir i overiti. Što su realističniji vaši ciljevi, verovatnije je da ćete ih stvarno sprovoditi. Meni se dopada lični cilj moje prijateljice Džin: pokušavam da uvek situaciju ostavim boljom nego što sam je zatekla.

Kao naš onlajn profil, većina moralnih kodeksa je aspirativnog tipa; uvek postoji jaz između onoga kakvi bismo želeli da budemo i onoga što stvarno jesmo. Vi možete

> „*Davati, davati, davati univerzumu ono što možete i ono u čemu ste dobri. To će vam se vratiti desetostruko. Ako ste organizovana osoba i znate kako da se spakujete, pomozite prijatelju koji se seli; ako ste dobri oko računara i imate prijateljicu koja ne ume ni da ga upali, pomozite joj. Pomozite svakom ko to zatraži, svakome kome je potreban doktor, bebisiter, reč mudrosti, emocionalna podrška. Svi smo mi povezani: ja sam uvidela da je odnos sa prijateljima i međusobna pomoć ključ do unutrašnjeg mira.*"
>
> — MINDI, 49 GODINA

da verujete da se sa vašom predstavom sebe kao moralne osobe kose stvari kao što su laganje, tračarenje ili neprijavljivanje pronađenog novčanika, a onda ipak to uradite. Kao i bilo ko drugi ko se ikada suočio sa izborom da ostane da spava ili da skoči u cik zore da bi volontirao u narodnoj kuhinji, naše dobre namere često se povuku pred našim prizemnijim impulsima. Mi smo vrlo dobri kada treba sebe opravdati ako nam je u datom trenutku komfornije da zanemarimo svoj moralni kodeks.

Pitala sam mnogo žena da mi kažu svoja lična etička pravila i dobila sam neke odgovore koji zaista teraju na razmišljanje (vidite *Instant karma*). Neki od njih bave se velikim pitanjima dobra i zla; drugi se više odnose na društvenu svesnost (ovu temu ćemo razmatrati kasnije u ovom poglavlju). Zapamtite, ove žene nisu rođene sa netaknutim etičkim sistemom. I one, kao i većina od nas, živi svoj život iz dana u dan, kasnije preispituje svoje ponašanje, i iznalazi moral iz iskustva.

Kuća duhova

U svojoj knjizi Plan B, pisac Ana Lamot opisuje kako je duhovnost povezana sa etikom, kako njeno negovanje zavisi od našeg odnosa sa drugim ljudima:

„Pa, kako da hranimo i negujemo svoj duh, i duhovnost drugih ljudi?

Prvo nađite put i malo svetlo koje će vam osvetliti. Zatim zasučite rukave i počnite da pomažete. Svaka duhovna tradicija kaže da se morate brinuti za siromašne, ili ste osuđeni tako da vam ni Isus Hrist niti Buda ne mogu pomoći...

„Samo duh hrani duhovnost, na isti način kao što samo vaša krvna grupa, 0 negativna, univerzalni davalac, može da vas održi u životu...

„Ne morate da idete daleko. Postoje ljudi u ovoj zemlji koji su siromašni duhom, zabrinuti, depresivni, žure da obave sve što brže mogu. Njihova deca su bolesna ili je njihova štednja za penziju propala. Postoji među nama velika količina usamljenosti, tako jake da je opasna po život. Vi uradite ono što možete: žednima dajte vode, podelite hranu, pokušajte da pomognete beskućnicima da se skuće, podržite unižene..."

Instant Karma

Živite svoj život radi nečega što će trajati duže od vas.

Uvidite da ste deo nečeg većeg. Vaše akcije, koliko god velike ili male, loše ili dobre, utiču na druge i na svet oko vas.

Vaša karijera trebalo bi da od sveta načini bolje mesto.

Zapamtite da uvek postoji više strana jedne priče. Čak i oni koji nas razbesne imaju iskustva koje je stvarno, realno i njima važno. Pokušajte da vidite dobro u drugima. Saslušajte njihovu priču.

Slušajte pre nego što progovorite.

Pokušajte da u praksi sprovodite princip „glasajte svojim dolarima“ i nikad ne kupujte od kompanija sa čijom se poslovnom praksom ne slažete.

Budite autentični i direktni u komunikaciji.

Ponašajte se prema svačemu na isti način kao što biste želeli da se ponašaju prema vama (prema okolini pločniku, drugim vozačima životinjama kasirki u radnji i sl.). Ne, ni ja nisam savršena u ovome, ali se trudim.

Evo nekih inspirativnih odgovora koje sam dobila pitajući žene o njihovom moralnom kodeksu.

Gledajte na sopstveno ponašanje i motivacije i preuzmite odgovornost (čak i kada je to bolno) umesto da krivite druge i spoljne sile.

Živite svoj život kao da greške, brljanja ili loše ponašanje ističu nakon ograničenja od pet godina. Oprostite sebi. Svi mi toliko toga naučimo tokom pet godina. Ne možemo nikako smatrati onu mlađu, neiskusnu verziju sebe odgovornom po standardima koje imamo danas.

Uvek pokažite zahvalnost.

Nikada ne potcenjujte snagu iskrenog izvinjenja. Budite odrasli i izvinite se. Učinite to što je pre moguće i nemojte završiti izvinjenje rečcom „ali".

Nikada ne bacajte otpatke. Uvek reciklirajte. To je početak.

Nemojte krasti. Život ima mnogo sivih zona, ali ovome ne mogu dati prostora u njima.

Uvek pomozite drugima. Ja pokušavam da živim svoj život, kao što je Rilke rekao, „proširujući krugove koji se šire prema svetu."

Značajno je ne lagati

Ne laži. Zaista, zaista, ne lažite. U svom prethodnom životu, pre nego što ste pročitali ovaj odeljak, možda ste ponekad osećali da je neophodno lagati. Slagali ste svoje roditelje jer ste želeli da odete na žurku ili na piće, možda ste slagali ljudima koje ste upoznali na fakultetu tako što ste malo ulepšali svoje poreklo, a „navezli" ste i nekoliko sitnica na svoju biografiju da biste dobili bolji posao. Moguće je da ste varali ljubavnike i niste priznali; da ste rekli i sebi i drugima da ste sasvim dobro a zapravo ste se raspadali u komade.

Sada i ovde, ja vam kažem da, osim ako je to bezazlena laž koja će poštedeti tuđa osećanja, ili bi bilo društveno neprihvatljivo da kažete istinu, ne postoji razlog za laganje. Otići ću čak i dalje: svaki put kada slažete nekom drugom, vi uništavate svoju reputaciju i svoj duh. Kada slažete, vi revidirate istoriju, priču vašeg života, i vi zapravo kažete, i sebi i drugima: „Ja nisam adekvatan." A to je, draga moja, obično sranje.

Jedna moja prijateljica otišla je na fensi žurku gde se činilo da su svi bogati i superprivilegovani. Zatekla je sebe kako izmišlja potpuno lažnu priču o detinjstvu u Novoj Engleskoj i privatnoj školi, i časovima jahanja. „Plašila sam se da ako kažem istinu, ljude neću interesovati, ako znaju kako je moj život neglamurozan", kaže ona. Dajte ljudima šansu da vas upoznaju – pravu vas. Istina je dosadno jedino ako je vi dosadno pričate, što je svakako nešto na čemu treba poraditi (vidite Bonton).

Jedna lična napomena: jednom mi je prijateljica priznala da se zabavljala sa mojim bivšim, meni iza leđa tokom dve godine i da mi je lagala o tome. Mislim da mi je priznala zato što je osećala krivicu i bio joj je potreban oproštaj. (Nije ga dobila.) Nije se činilo da postoji neki razlog da otkrije celu svoju mrežu laži. (Sve one izmišljene momke i usamljene subotnje večeri, sve saosećanje koje sam joj pružila!) Dala mi je opravdanje koje svi mi koristimo da bismo opravdali laži: nije želela da me povredi. Naravno, bila sam povređena, ali ne zbog mog bivšeg dečka. (Gaji guju u nedrima!) Bila sam povređena zato što mi nije ranije rekla. Ko je ona da odlučuje kad sam ja spremna da čujem istinu?

Budite pošteni prema ljudima. Laži nikada zapravo ne štite nikoga – ni onoga ko ih izgovara, ni onoga ko ih prima. Nemojte potcenjivati potencijal dobrog koji istina – bez obzira na to kako se to činilo zastrašujuće – može da učini.

Dobre stare stvarčice

Teško je naći čoveka koji se ne slaže sa zlatnim pravilom (za one koji su preskočili osnovnu školu, to je osnovna etika reciprociteta: „Čini drugima ono što želiš da čine tebi" i u temeljima je skoro svih religija). Neverovatno je koliko je dubine i iznijansiranosti u takvom naizgled jednostavnom uputstvu. Prvo, tu je očigledan izazov da treba shvatiti kako želite da vas tretiraju. Evo, ja bacam svoj šešir u ring i kažem: „Jednostavno hoću da se prema meni ophode lepo i da dobijam mnogo poklona." Oh, čekajte, znači da i ja treba da budem takva prema drugima? Zatim, treba se setiti pravila u našim svakodnevnim aktivnostima. Može biti teško prisetiti ga se kada pokušavamo da se ubacimo u jedino slobodno mesto na parkingu ispred šoping centra, mada, tehnički gledano, zeleni „bjuik" jeste stigao prvi.

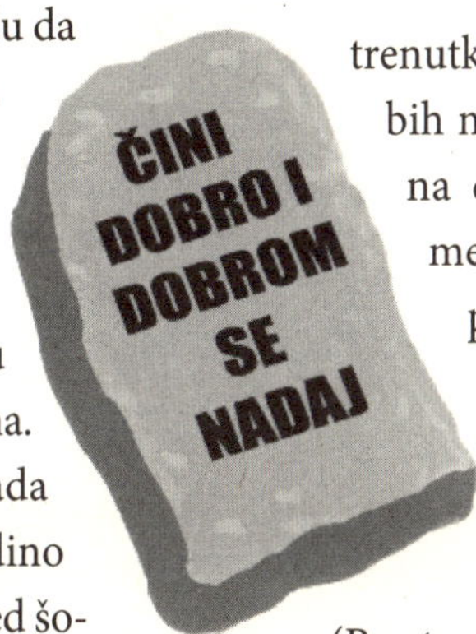

Hoćete li se osećati bolje ako se pridržavate tog pravila? Verovatno, ali mi smo često previše kratkovidi za tako nešto. Ako vam pregazim nogu kolicima u supermarketu i ne izvinim se, učinila sam nešto protiv svojih uverenja. Ja ne želim da vi mene tretirate ovako kao što sam ja upravo vas, ali u ovom trenutku se osećam previše zločesto da bih mislila na to. Koncentrisana sam na dan pun frustracija koji je iza mene i kako je ova radnja idiotski pretrpana, kako moram da kupim one preskupe šnicle i zbrisati, do đavola, odavde. Upravo sam prekršila sopstveni kodeks, ali nije me briga. (Prestanite da mi sudite! I vama se to desilo! Oh, ma hajde, jeste, desilo se.)

> *„U većini razgovora koje čujem o duhovnosti ljudi su fokusirani na sebe: kako da se osećam bolje, kako da se osećam bolje u vezi sa samim sebe, kako da budem smiren, kako da dobijem malo mira. To uglavnom ima veze sa onim kako se mi osećamo. Moral, sa druge strane, čini se da ima veze sa našim odnosom prema drugim ljudima i sa činjenjem dobra tim ljudima."*
>
> — ADELEJD, 24 GODINE

Uuups, opet nisam bila autentična

Šta se dešava kada prekršite sopstveni moralni kodeks. Vi verujete da je laganje pogrešno, ali upravo ste izgovorili jednu presnu laž. Zakleli ste se da nećete razgovarati o lju-

„Imam moralni ideal kojeg se ne držim i koji mi predstavlja izvor krivice. Moj dečko i ja smo imali šansu da kupimo zgradu u kojoj je njegov stan, u kojem žive stanari niskog prihoda i plaćaju nisku kiriju. Moj instinkt mi je govorio da je kupim i dobro preprodam. Njegov je govorio: 'Nikada ne bih mogao da budem gazda i da izbacim sve ove ljude.' Upitala sam: 'Zašto? Možemo legalno da ih izbacimo.' On je odgovorio: 'Ali ja ne želim da budem takav čovek.' A ja sam morala da se suočim sa mogućnošću da, mada to nisam želela, postanem takva vrsta čoveka."

— Li, 31 godina

dima iza njihovih leđa, ali upravo ste obavili jednu dobru partiju olajavanja o svojoj najboljoj drugarici i nekom tipu. Da li ste zbog toga licemer? Da li vaš moral čine samo okvirne linije koje poštujete samo kada vam je zgodno?

Molim da se svi smirimo. Činjenica je da ćete stalno uspevati da se držite svog moralnog kodeksa ali i da ga kršite. Kada posrnete, možete se osećati loše ili možete prihvatiti da, bez obzira na to koliko se trudite da budete dobri, samo ste ljudsko biće. Neki bi rekli da je gaženje svog moralnog kodeksa transgresija – ja bih rekla da je već samo to što imate moral po kojem se trudite da živite samo po sebi impresivno. Dajte sve od sebe. Kada zateknete sebe da posrćete, jednostavno se vratite u sedlo. Znate već, *Crnog lepotana* ili *Flika,* ili već neko moralno kljuse koje čitate.

Prosuđivati i biti prosuđivan

Mi stalno prosuđujemo jedni druge. Tačno znam da ste osuđivali onog tipa u autobusu juče, koji je stalno tiho podrigivao na viršle. Niste razmišljali o zlatnom pravilu, ili o tome da on možda ima problem sa gorušicom – verovatno ste obeležili njegovo ponašanje kao „odvratno".

Vrlo, vrlo je teško ne osuđivati. Ponekad je za to neophodno sagledati svoje mane i shvatiti da i mi, ponekad, podrigujemo u autobusu, da bismo bolje prihvatali druge i manje ih osuđivali. Tek kada je prekršila lični kodeks – ogrebala je blatobran drugih kola na parkingu i nije ostavila poruku – Dženifer je shvatila da je svaka situacija različita i počela je manje da osuđuje ponašanje drugih. Ovo saznanje može lako da se prevede u bilo koju oblast našeg života. Stari kliše da ne treba suditi ženi dok niste prepešačili kilometar u njenim cipelama (mada bi bilo teško ne započeti odmah time što bismo ocenili njene cipele, pogotovo ako su, da kažemo, plat-

Lažna skromnost

Ma hajte. Nemojte biti jedna od takvih ljudi. Znate o kome govorim – neko pita gde se išli na koledž a vi odgovorite: „Ovaj, Harvard?" kao da ste išli u neku luteransku misionarsku školicu u Alabami za koju niko nikada nije čuo. Mi ih nazivamo Harvardovci plus znak pitanja, te lažno skromne likove koji stvarno nemaju pojma zašto im ljudi stalno dodeljuju komplimente kada izgledaju očajno u poređenju sa nekim supermodelima. Ili ona prijateljica koja po cenu života ne može da shvati kako je upecala posao u velikoj reklamnoj agenciji kada je bila prva u vašoj generaciji, pametna je i lepa, i crnči ceo život za to mesto. Ona verovatno vozi „sab"? i baš je nedavno upoznala jednu interesantnu devojku na žurci i postale su nerazdvojne – Natali Portman? Da, i ova prijateljica je isto išla na Harvard? Lažna skromnost nije skrušenost. To je kriminalni akt. Nemojte biti takva osoba. Ako ste dobri, pokažite to. Samo pokažite to graciozno da ne bismo mi ostali morali da se osećamo neprijatno zbog toga.

forme) jeste zapravo dobar aforizam koji možete dodati svojoj kolekciji.

MORAL U AKCIJI

Vaša društvena svest

Nikakvo razmišljanje od zlatnom pravilu ili sastavljanje moralnog kodeksa neće doneti ni trunku dobra ako mi ne sprovedemo svoje ideje u praksi. Ali šta to zapravo znači? Budimo ljubazni prema ljudima? To je baš ozbiljna naredba. Ja imam problema u vezi sa ovom naredbom. Prvo, to nije uvek moguće. Ponekad ja i nisam tako fina i ne osećam se baš kriva zbog toga. Ako sam povređena ili besna ili sam prosto u groznom raspoloženju, ja često nisam ljubazna. Zatim, naivnost te rečenice. Na isti način kao što se naježim svaki put kada vidim nalepnicu na kolima

ZLI LJUDI SU GROZNI, ja nisam zainteresovana da budem u društvu ljudi koji su stalno ljubazni. Duhovitost, ironija, cinizam – to su atributi većine ljudi kojima se divim, koji ih razlikuju od drugih.

Ali (naravno, tu je „ali“ – niste valjda mislili da ću da vas ostavim uz onu moju ledenu osudu ljubaznosti?), koliko god da ja volim ljude koji imaju oštar smisao za humor i da nisu slatkasti kao šećerni sirup, ja volim da me tretiraju. Lepo. Ako ne verujemo u to da treba da tretiramo jedni druge – i svoju okolinu – lepo, onda ćemo imati na kraju društvenu anarhiju i izumrlu planetu. Prosto rečeno, sve moje verovanje u duhovitost i cinizam ne vredi ništa ako tretiramo jedno drugo kao smeće. Recite vi šta hoćete o nemačkom filozofu iz XVIII veka Imanuelu Kantu (a znam da ste njega baš olajavali u poslednje vreme), ima nešto u njegovom kategoričnom imperativu. U osnovi on kaže da ako hoćemo nešto da uradimo i pitamo se da li je moralno ispravno, treba da se zapitamo da li bi bilo ispravno ako bi se bilo ko u univerzumu ponašao na taj način. Zato ako planirate da bacite svoje smeće na pločnik, vičete na dečka u hemijskoj čistionici jer je zaturio vaš džemper, zapitajte se da li bi bilo kul da iko na zemaljskoj kugli učini to isto. I vi ćete shvatiti (ja se barem nadam) da ne, ne bi bilo – živeli bismo u veoma grubom svetu bez ikakvog reda kada bi svi radili šta god hoće, ne razmišljajući o posledicama. Zato, donesite odluku da posvetite više pažnje efektima svojih aktivnosti.

Biti društveno svestan odnosi se na to kako se mi ponašamo iz dana u dan. To je moral u funkciji, ponašati se prema ljudima s poštovanjem bez obzira na to ko su oni, samo zbog toga što su ljudska bića. Voditelj Sara Adams naziva ovakvo ponašanje „biti kul prema dečku koji raznosi pice“ – ovde je dečko metafora za svakoga od nas, osoba koja naporno radi i ima dobre i loše dane, na ne baš glamuroznom poslu, za poštenu dnevnicu. Svi smo mi u nekom trenutku ovaj dečko, podseća Adamsova, pa zato kada nam dođe da se ponašamo prema njemu ne baš ljubazno, moramo da se zaustavimo i pokažemo ljubaznost.

Melani ljudima oko sebe daje humanu crtu tako što ih sagledava „kako se bore za život, jedva sastavljaju kraj s krajem“, od napornog tipa u podzemnoj do predstavnika udruženja potrošača koji je vrlo rezak prema njoj preko telefona. Time što smo saosećajni prema drugim ljudima, i time što smo fer i puni poštovanja u svojim svakodnevnim odnosima, mi pružamo ovom univerzumu oko nas isto kao i da dajemo donaciju, volontiramo ili neke druge opipljive stvari činjenja dobra. Dok većina nas šeta unaokolo i priča prazne priče, vidite šta kaže Suzan, koja o ovom principu razmišlja svaki dan:

Iz dana u dan pitam se: kako mogu pomoći drugima na način na koji su oni pomogli meni? Toliko sam dobila od mentora koji su me uzeli pod svoje okrilje i pomogli mi da shvatim u čemu sam dobra i šta je to što hoću da postanem. Sada želim to da vratim onima koji rade za mene: da odvojim vreme i saslušam ih, da stavim ljudima do znanja da je njihovo mišljenje važno.

Biti moralan za mene znači pomagati drugima, negovati ih bez obzira na to ko su oni i na koji način su povezani sa mnom. To uključuje i dečka koji raznosi kafu svako jutro i ženu koja radi u perionici veša. Ovo su ljudi koji obezbeđuju vrlo kvalitetnu uslugu i ja to zaista cenim. I ja sam jednom radila iza pulta.

Ne znam za vas, ali osim ako se nešto neverovatno ne desi, obično uzimam stvari zdravo za gotovo. Koliko god da me dirne sneg što pada, koliko god da sam zahvalna za

Da li davanje novca nekome pomaže?

Znači, hoćete da sprovedete svoje reči u delo. Kako da nađete dobrotvornu ustanovu kojoj je najviše potrebna vaša pomoć? Koja je u skladu sa vašim moralnim sklonostima i politikom? Neke žene koje daju dobrotvorne priloge plaše se da ne mogu dati dovoljno da bi se osetila bilo kakva razlika. Drugi kažu da je jedini rezultat koji vide od svoga davanja samo baraž novog traženja za još i još. Ovo izaziva zabrinutost da im se novac koji su dali vraća u obliku besmislene pošte. Kada imate sumnje, možete volontirati ličnim radom; očigledno ćete tako više osetiti da pomažete da se ishrane beskućnici ako im poslužite večeru u skloništu. Što ne znači da treba potpuno da osudite svoj instinkt za davanje – čak i mali napor čini razliku u mnogim slučajevima. Proverite ove veb sajtove:

Program za volontere Ujedinjenih nacija
www.unvolunteers.org

Svetska volonterska mreža
www.worldvolunteerweb.org

Volonterski centri i kampovi
www.volontiraj.org.yu

„Izlečiti svet"
Aktivizam je srce duhovnosti

Stefani Ajris Vajs, pisac, opisuje kako je želela neki vid duhovnosti. U srednjoj školi, sve njene drugarice pripadale su istoj religiji – u njenom slučaju, jevrejskoj religiji. Molila je svoje sekularne roditelje Jevreje da je pošalju u religioznu školu, ali kada je tamo stigla, umesto zajedničke duhovnosti, našla je zajedničko bogatstvo i privilegije koje su povezivale ove devojke. Ovo nije zadovoljilo njenu čežnju za duhovnošću. Odbacila je njihov materijalizam i, čineći to, odbacila je i njihovu religiju. Tek mnogo godina kasnije, čitajući Maju Andželu i ostale autorke crnkinje, njihove priče o opresiji, postala je svesna svoje duhovnosti. Evo kako Stefani opisuje svoju transformaciju:

Identifikovala sam se sa odisejama koje su prošle ove žene – nalaženje Gospoda kroz svoja bolna iskustva, njihov sopstveni razvoj kroz traumu. Uviđajući sličnost ovih priča sa iskustvima mojih predaka, počela sam sasvim sama da istražujem judaizam, nevezano za moje negativno tinejdžersko iskustvo. Nešto kasnije naišla sam na radove Abrahama Džošue Hešela, rabina i aktivista ljudskih prava koji je marširao rame uz rame sa Martinom Luterom Kingom juniorom od Selme do Montgomerija 1965. godine. Čuvena je Hešelova izjava sa ovog marša: 'Molila su se moja stopala.' Ovo me potreslo do kosti: izlečiti svet – ni sama nisam mogla da poverujem da se ovo nalazi u jezgru judaizma. Politički aktivizam je sada temelj mog duhovnog života.

Osećam da toliko mnogo duhovnosti može da se ostvari u okviru granica svakodnevnog života. I sama obična ljubaznost prema nepoznatima i shvatanje božanske prirode svake duše koju sretnem – videti boga u ljudima. Osećam da ove majušne interakcije vibriraju kroz univerzum – bilo da smo nekome pridržali vrata ili se nasmešili tužnom neznancu. Ovo je prilično temeljna stvar jevrejskog misticizma odnosno kabale: postoji pet dimenzija odnosno „svetova" u kabali. Kao i u fizici, postoji efekat leptira koji rezultira iz svih naših aktivnosti, i svaka od njih je zabeležena. Što više „svetla" (običnih ljubaznih dela) učinimo, to je bolja naša sopstvena karma, a bolji postaje i svet oko nas.

U mojoj mladosti, pogrešno sam mešala veru sa spoljnim zamkama. Sada imam sopstveno razumevanje od toga šta diše u samom srcu judaizma – to je poziv na akciju.

činjenicu da imam obilje hrane i porodicu koja me voli, ja zaboravim da izrazim te stvari. Ali istog trenutka kada zastanem da razmislim o tome, shvatam koliko sam srećna i najbolji način da tome odam počast jeste da pružim nešto zauzvrat. Kao što savetuje Ana Kvindlen: „...Treba da uvidimo da je život divan i ne sme se uzimati zdravo za gotovo. Budite duboko obzirni prema svemu dobrom u životu da poželite da i sami širite isto to dobro. Novac koji biste potrošili na pivo u kafiću dajte u dobrotvorne svrhe. Radite u narodnoj kuhinji. Budite tutor nekom učeniku. Svi mi želimo da budemo uspešni, ali ako ne činimo dobro, onda biti samo uspešan nikada neće biti dovoljno."

Želim da dodam da možete „širiti dobro" i u majušnim potezima: pošaljite razglednicu svojoj majci. Platite putarinu za auto iza sebe na autoputu. Donesite odluku da pažljivije slušate svoje prijatelje (i to i učinite). Dajte deseticu prosjaku (ne razmišljajući gde će on to potrošiti). Usred užurbanog dana, podsetite sami sebe da obratite pažnju. Koje su to male stvari za koje ste zahvalni? Pritisni dugme za pauzu, zastanite šta god da ste radili, i cenite traku svetlosti koja silazi s prozora. Pokušajte da uradite jednu stvar svakoga dana (ako preskočite neki dan, ne brinite), neku stvar koja će poboljšati svet i za koju ne očekujete baš ništa za uzvrat. Naravno da će drugi ljudi biti obogaćeni vašom velikodušnošću, ali uskoro ćete osetiti da se i vi sami osećate vrlo dobro zbog toga.

Odgovor je u vašem instinktivnom osećanju

Možda nemate napravljen svoj moralni kodeks, ali vi instinktivno razlikujete loše od dobrog. Imate vi prilično dobro uštimovan moralni kompas koji je u vama samima (ne, ne želim da kažem da ste debeli – govorim o vašem šestom čulu, onom unutrašnjem glasu, vašoj prirodnoj sklonosti da učinite ispravnu stvar). Možda ste uvek reagovali na osnovu osećanja u sebi – neke žene opisuju da od detinjstva prate svoj moralno ispravan „glas iznutra". Za nas ostale, potrebno je da donosimo određene odluke, vidimo posledice i pustimo da nam to da informaciju o tome kako se ponašati ubuduće.

Kada ništa od ovoga ne uspeva, verujte svome instinktu. Ako imate osećaj da je nešto što se spremate da učinite pogrešno, vrlo verovatno i jeste. Ponekad se toliko toga odvija u vašem životu, toliko mnogo buke spolja, da je teško pronaći svoj unutrašnji glas. Pa i taj glas može biti umrljan strahom – pogotovo kada je učiniti pravu stvar teško ili vam donosi još i više sukoba. Zato, ako vam vaš osećaj kaže jednu stvar, a vaša urođena priroda insistira da učinite nešto drugo, razmislite još jednom o svemu. Ovo uspeva svaki put.

OBIČNA ANARHIJA

Kada se stvari prosto raspadaju

Svi mi baš volimo kada nam karijera, finansije, veze, postanu nestabilni. Okej, možda baš i ne. Možda je to manje zabavno od depilacije prepona za 6$, ali evo šta nam može doneti utehu: često postoje trenuci sjajnih mogućnosti. Kada se užasavate koliko toga imate da uradite i svega što jeste uradili ili vas još čeka, kada se čini da odgovora nigde nema, da ste sasvim sami i da je sve u šta ste verovali uzdrmano do temelja, to je trenutak da se zagledate dublje u same sebe da biste shvatili šta se dešava. Shvatite da samo toliko i toliko možete da kontrolišete. Samo toliko i toliko možemo znati a izvan toga jednostavno moramo da živimo život pun pitanja. Strašno, je l' da?

„Tokom svog života imaćete iskušenja. Biće trenutaka kada ćete misliti da je sve – vaše veze, odnosi sa drugim ljudima, verovanje u karijeru kao odgovor na sve, svako dostignuće i svaka finansijska šansa – obična iluzija i vi ćete se osećati da vam ne ostaje ništa. Ovo su najbolji momenti da se posvetite traženju. Priznajte svoju iskrenost, svoju slomljenost, svoju izgubljenost: jednostavno recite 'Ne znam.'" — BASJA, 32 GODINE

Ali samo zato što je nešto izvan vaše kontrole ne znači da je to loša stvar po vas.

Lako je reći „Gledajte na krizne situacije kao na izvore mogućnosti!" ali to nije nikakva uteha kada ste negde između blage zbunjenosti i potpunog kolapsa. Počnite običnim razgovorom i odatle idite na dublje stvari:

Razgovarajte sa prijateljima o tome što prolazite, pogotovo sa starijima od vas koji imaju više iskustva sa besanim noćima u kojima ležite i pitate

Moje sopstvene lične Biblije

Eni Lemot je napisala sjajne knjige o veri koje vam ne pridikuju. Zapravo, one su prilično neverničke a u isto vreme vrlo iskrene – prava stvar! Počnite sa knjigom Putujuća milost: neka razmišljanja o veri.

Mark Epštajn je poznati psihijatar kome je njegova budistička vera dala neke fascinantne i utešne uvide u to kako pomoći drugima. Uzmite knjigu Razilaziti se u komadiće a ne raspasti se i knjigu Razmišljanja bez mislioca.

Knjige dalaj-lame, pogotovo Umetnost sreće, takođe nude budizam za zapadnjake. One se fokusiraju na najlakši put za postizanje stanja sreće a ne sugerišu da morate biti religiozni da biste to postigli.

Čovekova potraga za smislom, Viktora Frenkla, autorova je priča o vremenu provedenom u Aušvicu i psihološkim i duhovnim metodima koje je koristio da bi preživeo. Ova knjiga stavlja moderan život u čudno svetlo: ovaj čovek je našao smisao u koncentracionom logoru – nekako, znajući to, naše svakodnevne turbulencije ne izgledaju baš tako nepremostivo.

Knjiga Ane Kvindlen Kratak vodič kako biti srećan transformisaće vaše razmišljanje dok popijete šolju dobru kafe.

se: „O čemu se ovde zapravo radi?“ Obećavam vam da ćete shvatiti da niste jedini koji je, s vremena na vreme, bivao preplašen do srži.

Razgovarajte sa roditeljima – oni su prošli sve to i preživeli su. Oni su sada u drugačijoj fazi svog života i oni imaju svoja sopstvena nova i izazovna pitanja. Možda će moći da vam daju drugačiju tačku gledišta na ono kroz šta prolazite.

Razgovarajte sa verskim starešinama ili ljudima za koje smatrate da „imaju odgovore“ – čak i da niste zainteresovani za religiju. Ne morate da poverujete sve (ili bilo šta) što vam oni kažu, ali uvidećete da postoji mnogo načina kako se nositi sa krizom, da postoje ljudi čiji je posao da pomažu drugima da shvate i nauče i izađu snažniji iz izazova. Bilo kako bilo, molim vas, ne idite kod lidera sekti ili kod bilo koga s kim ćete razgovarati na zadnjem sedištu oklopnog kombija – ovi ljudi imaju pogrešne odgovore, to vas uveravam.

Razgovarajte sa terapeutom. Njihova obuka možda nije bila u vezi sa duhovnom krizom, i oni verovatno neće ukloniti gromade sa vašeg puta prema bogu, ali postoje dokazi da dobra terapija zaista mnogo pomaže. Za više detalja u vezi s terapijom i terapeutom, vidite poglavlje „Izlečenje razgovorom".

A kada budete umorni od razgovora, čitajte. Pogledajte neke veb sajtove kao što je www.beliefnet.com. Ovo je međuverska onlajn zajednica koja nije vezana uz bilo koju religiju, već ima za cilj da podstiče diskusiju, da inspiriše i edukuje.

SVE JE PROCES

Kao fotosinteza ili pravljenje sosa od samog početka

Kada sam počela da pišem ovo poglavlje, plašila sam se da ću biti previše naporna. Bila sam uplašena da se naši životi kreću toliko brzo da bi mogli da uključe u sebe potragu za duhovnošću. Mislila sam da ću naići na gomilu žena koje nisu razmišljale o koristi preispitivanja duše ili su, kao ja, oprezne po pitanju te slatkaste teritorije na koju obično skliznu ovakve diskusije. Mislila sam da ako upotrebim reč *putovanje*, ovo poglavlje će zvučati kao dnevni red u dvanaest tačaka. Religija je usijana tema: neko će se uvek svađati sa vama, uvrediće se ili neće doći na vašu rođendansku zabavu zbog nekog ključnog neslaganja. Ali onda sam shvatila da samo zato što je tema ogromna, teška ili nije svakodnevna, to ne znači da nije vredna promišljanja.

Ne očekujem da će vam kraj ovog poglavlja doneti potpuno jasnu sliku o religiji, duhovnosti ili moralu. Nadam se da ćete se osećati da ne postoje pogrešni odgovori i da ćete biti inspirisani da razmišljate o tome kako vaše sopstvene aktivnosti i verovanja utiču na ostatak sveta. Nadam se da niste zaboravili da ste jedna inteligentna osoba, sposobna da shvati stvari. Budite skromni, budite saosećajni, nastavite da postavljate pitanja – i nemojte da sva vaša mudrost bude pokupljena od kratkih citata na suvenirima ili sa diplomskih govora estradnih ličnosti.

Kao što mi je jedan mudar prijatelj rekao: „Toliko toga vezanog za posvećenost nalazi se u potrazi – čak i posvećenost traganju." Vi ste ovde da biste verovali u šta god da se vama čini razumno i da preispitujete sve ono što vam se ne čini takvo. Izgradite sistem verovanja, pa ga pocepajte; istražite svoj odgoj, izazovite sami sebe da ponovo razmislite o stvarima za koje pozitivno verujete da su istinite. „Pokušajte da mislite da biste možda mogli da budete dobri", kaže Dejvid Sedaris prilikom svakog dočeka Nove godine, a onda oprostite sami sebi ako baš i niste.

Poglavlje 9

Dom za moderna vremena

Sve ono što vaša majka nije imala vremena da vas nauči

Nekada davno žene bi naučile praktične stvari vezane za stvaranje doma i efikasnu organizaciju života – kuvanje, čišćenje, popravke – od svoje majke. Ali većina naših majki, zahvaljujući sekundarnom talasu feminizma, bile su zauzete svojim poslom; ideja o tome da je ženi mesto u kući, hvala bogu, ostala je iza nas. Moja majka me nije naučila kako da napravim pečenje, izvadim fleke od rđe ili popravim čarapu. Ona je radila puno radno vreme i podigla kćerku koja zna kako da opere svoj veš i namesti svoj krevet, ali nije mi prenela druge tajne vođenja domaćinstva. Zato, kao mnoge od nas, ja sam uglavnom priučena samostalna žena. Moja mama mi jeste usadila neke probrane mudrosti domaćinstva koje čuvam u sebi (umem da prišijem dugme). Ali, kada sam pritešnjena, moram da se konsultujem sa prijateljicama, pretražujem Internet ili nazovem mamu kada spremam večeru za društvo i shvatim da ne umem ni da pratim običan recept.

Nemojte me pogrešno shvatiti – naše majke jesu nama dale mnogo uputstava – samo ne onakvih koji bi od nas napravili kvalitetne domaćice. Valeri je njena majka naučila kako da piški u javnom toaletu a da ne dotakne dasku (držite svoje težište nisko, gaćice do kolena, i ciljajte) dok je Heleni majka odala tajnu da limunovim sokom možete skinuti miris belog luka sa ruku. Li je njena majka naučila da se nikada ne uda zbog novca. Ali gde su oni praktični saveti za preživljavanje, uputstvo za svakodnevni život koje se bavi malim ali važnim stvarima? Ne pričamo ovde o nekim ogromnim filozofskim pitanjima, već o informacijama koje čine svakodnevnu bitku, o stvarima koje bismo naučile na časovima domaćinstva, kada bi to još postojalo.

Uskoro ćemo zaroniti u to. Ali pre nego što raščistite svoje mesto, vi morate da pronađete svoje mesto pod suncem (znam, to je baš nervirajuće, je l' da?). Pronaći mesto za život može biti prava muka – dok god nemate svoj kutak, vi ste praktično turista u gradu kojem živite. Kada sam ja tražila svoj prvi stan, osećala sam se kao sa druge strane staklenog zida gledajući na sve one druge ljude preko koji mogu s posla da se vrate u svoju udobnu gajbicu. Ja bih izašla s posla i pravo u Internet kafe, gde bih pretraživala oglase, pozivala stanodavce, moleći se da nađem stan pre ponoći. Vaša je sreća što sam ja, kao rezultat ovog kaljenja u vatri, postala pravi virtuoz u potrazi za stanom. Zato, bez odlaganja, idemo u potragu.

SKLONIŠTE

Kako naći mesto za stanovanje

Isto kao potraga za poslom ili za osobom koja voli Brod ljubavi isto onoliko koliko i vi, pronaći mesto za život uključuje kombinaciju sreće i osnovnih veština jednog lovca. U zavisnosti od toga gde živite, postoje različiti metodi za traženje doma.

Počnite tako što ćete odrediti bližu **lokaciju.** Za neke to je prosto stvar na kojoj će se stranici otvoriti atlas – na primer, idemo u Marakeš! – ali verovatnije je da ćete se opredeliti za grad u kojem se nalazi vaš posao i vaši prijatelji, a u njemu treba da odredite kraj koji je zgodan za vas.

Izbor komšiluka može zavisiti od toga šta **sebi možete da priuštite**. *Met lajf* osiguranje sugeriše da ne odvajate više od 25% svog bruto mesečnog prihoda (pre oporezivanja) za kiriju. Zato ako zarađujete 36.000$ godišnje, vaša kirija ne bi trebalo da iznosi više od 750$ mesečno. Naravno, stanovi koji imaju privilegije kao što je uključena veš mašina i plaćene sve komunalije, imaju višu zakupninu, ali možda ih baš te dodatne stvarčice čine povoljnijim. Neka bezbednost bude vaš prioritet čak i kada morate više da platite: manji stan u sigurnijem kraju bolji je uvek od prostranog skladišta negde kod močvare odakle neprestano vade neke leševe – pogotovo ako živite sami.

A to nas dovodi do sledećeg važnog pitanja: **hoćete li živeti sami ili sa cimerima?** Za pomoć po ovom pitanju, vratite se na odeljak koji se bavi cimerima.

Potraga

Pogledajte kod onih koji obično nude slobodne stanove: onlajn izvori, lokalni informativnih bilbordi – i nemojte zaboraviti da pošaljite imejl svim svojim prijateljima i porodici. U nekim gradovima uobičajeno je krenuti od vrata do vrata i ostaviti svoje ime i broj telefona kod nadležnih u zgradi gde biste želeli da stanujete, tako da vas mogu nazvati kada bude slobodnog mesta. U mestima gde je tržište nekretnina manje kompetitivno, možete jednostavno šetati kroz odabrani kraj i zastati ispred mesta gde stoji istaknuto „Za iznajmljivanje" ili pozovite broj upisan na tabli. U velikim gradovima kao što je Njujork, biće vam veoma teško da nađete stan bez **agenta za nekretnine**. Agenti vas upoznaju sa stanovima za izdavanje koji odgovaraju vašim zahtevima, ali zaračunavaju prilično visoke provizije (jednu ili dve mesečne kirije).

Provera stana

Kada već imate neke obećavajuće ponude, vreme je da proverite gajbe. Nemojte se bojati da proverite koliki je pritisak vode, odvrnite gas, stavite prst u rupe na zidu. Ponesite sa sobom moju listu iz poglavlja „Odvrnite svaku slavinu" i postarajte se da zakupodavcu postavite sva prava pitanja. Ponesite tačne mere svoga nameštaja, metar za merenje, laptop, svoj kreditni izveštaj i čekovnu knjižicu – u slučaju da treba ostaviti depozit na licu mesta.

Sitnice koje život znače

Obezbediti jemca. Biće vam potreban garant ukoliko ne zarađujete dovoljno da biste zadovoljili zahteve zakupodavca. Garant je onaj koji zarađuje dovoljno i slaže se da plati vašu kiriju ukoliko vi ne možete ili nećete. Obično, ova osoba je vaš roditelj – pitajte ih za ovo pre nego što krenete u potragu za stanom. (Nije dobra ideja da od svog prijatelja ili poslodavca tražite da bude jemac.)

Potraga za parom

Ukoliko tražite stan u kojem imate cimera, prodiskutujte vaše prioritete pre nego što krenete u potragu. Koliko je svako od vas spreman i voljan da plati? Je li kvart ključno pitanje? Da li bi jedna od vas prihvatila manju spavaću sobu ako je ponuda zaista odlična? Koje pogodnosti zahtevate a bez kojih možete da živite?

Potpisivanje zakupa. Pažljivo pročitajte ugovor i postarajte se da su svi detalji za koje se gazda složio tu crno na belo, uključujući i sve što treba da se uradi na stanu pre nego što se uselite. Čuvajte listu svega što je pokvareno tako da vam ne bi to naplatili kada odlazite.

OSIGURANJE PODSTANARA

Svakako ga uzmite

Ako vaš stan ošteti vatra ili uragan, ili se desi provala, vaš gazda je odgovoran za popravke. Ali on neće moći da zameni vašu natopljenu odeću ili istopljeni kompjuter. Tu dolazi do izražaja osiguranje zakupoprimca: ono pokriva vaše stvari. Ovaj iznos koji plaćate zasniva se na tome koliko vrede vaše stvari. Neke ponude osiguranja sadrže popuste a mnogi će pokriti i vaš boravak u hotelu za period dok se u vašem stanu ne može živeti.

Za više informacija pogledajte veb sajt

http://personalinsure.about.com.

KAKO ODRŽAVATI KUĆU

Aljkavci i čistunci ovog sveta, ujedinite se

Sve možete očistiti vodom i sapunom. Ali, ako zaista želite da očistite stvari i umanjite svoj napor a dobijete maksimalni učinak i čistoću, ima nekoliko stvari bez kojih nijedno domaćinstvo, bez obzira na to koliko je skromno, ne može.

Jedan univerzalni čistač: „fantastik“, „formula 409“ ili neotrovni sprej. Možete ga koristiti za čišćenje polica, podova, kupatila, zidova, stolova, mikrotalasnih, vinil tašnica, šta god. Ne zovu ga za džabe „univerzalan“.

Izbeljivač. Svaki put kada koristite izbeljivač, otvorite prozore da ne biste slučajno udisali otrovna isparenja u dužem periodu. Ja volim izbeljivač za čišćenje u spreju (razblažen je vodom da smanji otrovnost) – ne bih mogla da živim bez njega i skinem fleke sa belih površina, blato sa ulice, ili mrlje sa bele posteljine na koju sam prosula čokoladu posle odluke da napravim sebi zabavan ručak u krevetu. Bilo kako bilo, nikad, nikad ne mešajte izbeljivač sa amonijakom, sirćetom ili bilo kojim drugim sredstvom za čišćenje kuće. Ove mešavine ispuštaju otrovne gasove – užas!

Čistite ekološki

Mnoga sredstva za čišćenje koje koristite za svoje uprljano gnezdo vrlo su opasni zagađivači za okolinu. Gde god je moguće, koristite ekološke preparate (istina, oni mogu biti nešto skuplji). Koristite sunđere i krpe za ponovno korišćenje a ne papirne ubruse – a kada već želite papir, koristite onaj koji se može reciklirati. Pogledajte sajt Seventh Generation Web (www.seventhgeneration.com) gde ćete naći izvrsne, interesantne informacije o ekološkom čišćenju bilo kojeg dela kuće.

WC četka: pošto je ova oblast prepuna bakterija, pazite da je dobro isperete nakon svake upotrebe i da je sanitarno obezbedite u rastvoru jednakih delova izbeljivača i vode na svakih par nedelja.

Metla i lopatica: za čišćenje manjeg nereda, kao na primer kada slučajno prospete kutiju osušenog „kus-kusa“ po podu. Ja volim metle od najlonskih vlakana koje možete oprati.

Džoger, krpa i kofa: za dobro brisanje poda.

Čišćenje do golog

Dobro je poznato da čovek mora biti go da bi oribao kadu kako treba. Ako ste obučeni, plašićete se da se ne pokvasite što će vas sprečiti da sve dobro ispolivate vodom i dobro obavite posao.

Praher i krpe za prašinu: higijenskiji su od velike metle; vlažne i suve krpe možete koristiti za podove, zidove, plafone, i mesta koja je teško doseći, a zatim, lakše se menjaju za razliku od metle koja zadržava suviše prašine i dlaka na svojim vlaknima. Nemate dovoljno mesta? Vlažne krpe za prašinu eliminišu potrebu za džogerom i kantom u mnogim malim domovima.

Sprej za uklanjanje naslaga i čistač za kadu bez ribanja: možete ovde da koristite svoj univerzalni sprej, ali on verovatno neće ukloniti onaj gumeni trag prljavštine iz vaše kade. Koristite sprej za skidanje naslaga da uklonite ružičaste naslage i crne flekice sa vaših pločica. Zatim nanesite sredstvo za kadu bez ribanja – jednostavnog ga naprskajte po kadi, obrišite i isperite. Ova kombinacija čini da vaša kada istinski blista.

Četka za ribanje posuđa: moja majka je verovatno jedina odgovorna za učestalost ove četke u današnjem društvu. Kada sam ja odrastala, niko je nije imao osim nas. Sada imate razne verzije ovoga svuda i to iz dobrog razloga. Ova četka se sastoji iz drške koju možete odvrnuti na jednom kraju i usuti deterdžent za sudove. Sa druge strane je mali sunđer (uzmite jedan koji ima naboranu površinu za ribanje). Možete oprati sve svoje posuđe do visokog sjaja a da na isušite kožu na rukama i ne polomite nokte (u slučaju da ste tip koji pušta nokte koji bi se mogli polomiti). Kada se sunđer potroši, jednostavno ga skinite i stavite novi.

Deterdžent za pranje sudova: postoje dve vrste – jedan za skidanje masnoće i ručno pranje posuđa, i drugi za mašine za pranje posuđa. Kao što znaju svi koji su jednom po-

POSTOJI LAKŠI NAČIN

Potopite svoje posuđe, lonce i tiganje u sapunjavu vodu (ovo možete da učinite i u plastičnoj vangli pored lavaboa) pre nego što ih operete. Hrana će se skidati mnogo lakše nego ako to probate na silu, bez potapanja. Nikada nemojte koristiti hladnu vodu (osim za jaja – ona se skidaju jedino hladnom vodom) jer ćete samo zalepiti masnoću za sudove.

kušali da stave u mašinu običan prašak, ove dve vrste deterdženata se ne mogu menjati i koristiti jedan umesto drugog (zamislite kuhinju prepunu sapunice, ogromnih balončića, beskrajnog haosa).

Gumene rukavice: ako perete sudove vodom koju možete podneti na svojim rukama, to znači da voda nije dovoljno topla. Jedini razlog za ispiranje sudova u mlakoj vodi je da ćete ih staviti u mašinu. Ako nemate mašinu (to nije fer, znam, i sama tako živim), koristite vrelu vodu da biste ubili sva mikroskopski mala živa bića na vašim prljavim tanjirima. Osim što štite vaše ruke od vreline vode, one će ih zaštititi i od delovanja jakih sredstava za čišćenje.

Usisivač: ako imate tepihe, potreban vam je usisivač. To ne mora da bude onaj ogromni za industrijsku upotrebu koji ima suvo-vlažne kombinacije. Uzmite neki običan i mali. Usisivač je zgodan i za uklanjanje dlaka od kućnih ljubimaca. Pazite da, koji god model da uzmete, možete da ga koristite i na tepihu i na golom podu i nemojte zaboraviti da redovno ispraznite ili menjate kesu (kada je otprilike ¾ puna) jer će usisivač izgubiti svoju usisnu moć.

Plan za čišćenje kuće: uredno, čisto i besprekorno

Zapravo, volim da čistim svoj stan – pustim neku dobru muziku, nabacim staru odeću, podignem kosu i plešem dok ribam po kući. Svesna sam toga da sam verovatno jedan od malobrojnih entuzijasta – većina ljudi koje poznajem nalaze vrlo malo sreće u skidanju kamenca sa tuša. Tajna kako uživati u kućnim poslovima jeste u tome da ih razložite u zadatke tako da se ne morate da se nosite sa svime odjednom. Takođe treba da date sebi sve moguće stvari koje vam odvlače pažnju – muzika je neophodna, ali poznato je da ja

SAVET DŽULINE MAME

„Uvek stavite rukavice kada čistite ili perete sudove. Ako dopustite da vam propadne koža na rukama, ranije ćete izgledati staro.“

Rerna koja se ne čisti sama

Sama činjenica da postoje rerne koje se čiste same neverovatna je – ako i vi imate jednu takvu, ja sam potpuno zaprepašćena. Ako ste nalik meni i uvek ste mislili: „Šta će biti ako rerna jednostavno ostane rerna i neće da se očisti", i ne smatrate da će se ona uraditi sama od sebe ako je ne koristite nedelju dana, onda pokušajte ovaj trik. Stavite jednu šolju amonijaka u plastični sud i prosto ga ostavite u rerni preko noći. Ujutru obrišite svu masnoću ili tragove pečenja. Da, isto kao što je zbunjujuća činjenica da rerna može sama sebe da očisti, isto tako je zbunjujuća moć amonijačnih isparenja.

često perem sudove dok razgovaram telefonom (slušalice vam mogu promeniti život po ovom pitanju). Nekada slažem veš dok razgovaram sa prijateljicom koja je u poseti, ili usisavam za vreme TV reklama.

Ako baš potpuno mrzite čišćenje i vaša kuća se pretvara u svinjac, pokušajte da odredite sebi vremenski limit – navijte sat na petnaest minuta i napadnite jednu sobu ili jedan radni zadatak tokom tog vremena. Kao i vežbanje na kućnom biciklu, kada znate da sledi konkretan završetak vaših napora, to može biti veliki podsticaj za vas. Možda čak odlučite i da nastavite kada se oglasi alarm jer vam uspeva da mnogo toga odradite (okej, možda i ja preterujem – počnite od malog).

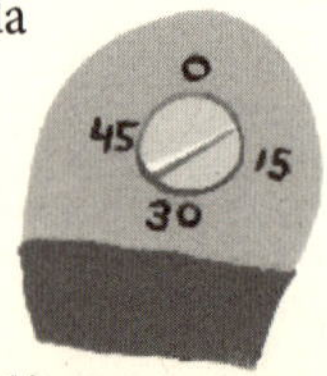

Počnite od malih stvari

Postoje različiti nivoi čistog: uredno je kada je sve pokupljeno i sklonjeno – krevet je namešten i nema odeće na podu. Čisto znači da ste obrisali prašinu, oprali posuđe i usisali pseće dlake sa tepiha. Besprekorno znači da je detaljno dezinfikovali kuću: kada se sija, prozorski simsovi su bez prašine, nema smrada u frižideru, može se jesti sa poda – čoveče, može se jesti sa WC daske.

Pokušajte da odradite uredno jednom ili dvaput nedeljno, čisto jednom nedeljno, i besprekorno jednom mesečno. Ako svaki put pokušavate besprekorno, vi ćete sigurno postati isfrustrirani zbog ogromnosti ovog zadatka i umesto toga ćete odremati.

- **Pospremanje** može da bude brzo i neplanirano.

- Odvojite otprilike dva sata da postignete **čisto**. To ne mora da bude dva sata zaredom, ali jutra vikendom se čine najbolja za neprekinuto vreme.

◆ Dajte sebi veći deo dana da biste postigli **besprekorno.** Isplanirajte dane kada ćete ovo obaviti, pre nego što vam dođu gosti, nakon što napravite žurku ili vam je potrebno vežbanje.

Nedeljno čišćenje: redosled operacija

Rasklonite stvari. Nije moguće čistiti ako gomila stvari leži pod vašim nogama. Pokupite prljavu odeću i stavite je u korpu, vratite knjige na police, okačite jakne, izbacite novine i magazine, i uopšte, rasklonite stvari.

Obrišite prašinu. Za površine od drveta, koristite krpu od mikrofibera i malo „pronto legno pulito " ili sjaja za nameštaj. Iskoristite praher za mesta koja je teško dohvatiti kao što je gornja ivica vrata i plafonski ventilatori. Zapamtite, uvek radite odozgo nadole (to jest, obrišite prašinu prvo na višim policama pa onda na nižim, prvo operite gornji deo prozora pre simsa) tako da možete da uhvatite svu propuštenu nečistoću na nivou ispod, završavajući na podu.

Usisajte tepihe, ili počistite gole podove.

Obrišite gole podove.

Postoji lakši način

Uvek radite jednu po jednu sobu – nema ništa goreg nego pokušati da uradite sve odjednom. Oni koji imaju stan u obliku studija, uradite prvo kupatilo, odvojeno od ostalog prostora.

Ako počnete neki projekat koji zahteva organizaciju, kao što je čišćenje ormana ili slaganje CD-ova po azbučnom redu, ostavite to za kasnije. Vrlo je važno da vas ništa ne skrene sa vaše glavne misije.

Nemojte da pranje veša bude deo procesa čišćenja. To treba smatrati posebnim projektom i ostaviti za kasnije.

Postoji poseban redosled operacija za kupatilo: prvo operite kadu ili tuš. Zatim, WC. Obrišite pločice na zidu i kvake na vratima vlažnom krpom. Zatim police, ogledala, i na kraju lavabo, jer ćete ga koristiti dok radite ostatak prostorije. Završite brisanjem poda.

Hitno sređivanje

Stigne vam poziv da vam iznenada dolaze roditelji. Ili ste se uspavali i imate samo desetak minuta da malo sredite pre nego što stigne dečko koji vas vodi u izlazak. Kuća je u haosu. Šta da se radi?

Uradite ono što bi uradila svaka mudra osoba u ovoj situaciji – sakrijte dokaze. U ovakvim trenucima stvar nije da se kuća

„Nikada ne izlazim iz kuće ako:
Mi krevet nije nameštèn
ako je posuđe u sudoperu
ako je bilo šta bačeno na pod.
Za sve ove stvari mi je potrebno deset minuta ujutru i čak i kada nemam vremena za zadatke kao što je čišćenje i pranje kupatila, uvek se čini da me moj stan dočeka čist kada mu se vratim.“

—Džuli, 27 godina

stvarno očisti već da se stvori iluzija čistoće. Pobacajte sve stvari u garderober (odeću, obuću, tašne) ili u fioke (gomilu pošte, novine, račune). Vaša rerna vam je najbolji prijatelj u kuhinji – prljavi lonci, napola pojedena konzerva tunjevine, ostaci od kineske večere – ubacite sve to u rernu (zapamtite da sve ponovo izvadite pre nego što rernu uključite kasnije). Ispravite pokrivače na krevetu ako vam krevet nije nameštèn kako treba, obrišite vidljive površine i brzo pređite mokrom krpom toalet. Našpricajte malo parfema ili osveživača vazduha i duboko izdahnite. Neće biti savršeno, ali je bolje nego kuća koja podseća na Drezden posle bombardovanja.

Postoji i lakši način

Reciklirajte nepotrebnu poštu čak i pre nego što uđe u vašu kuću. Bacite je u predviđene kontejnere napolju, u garaži, u hodniku, ili gde god da je predviđeno, tako da vam ne uđe u kuću i pretvori se u smeće.

Misterija smrada u kući

Koliko god da držite svoju kuću besprekornom, vi ćete jednog dana iskusiti jedan od najtežih problema za rešavanje u u modernom domaćinstvu: loš miris nepoznatog porekla. Očigledni razlozi bili bi neispražnjen mačji prostor, neizbačeno smeće, nešto što se grozno pokvarilo u frižideru, smrdljive patike. Ali taj čudni zadah koji provejava kroz vaš stan i koji ne potiče ni od kog od uobičajenih sumnjivaca, verovatno će zahtevati od vas jedan dobar lov. Hajde da ispitamo stvari.

Najčešći uzrok smrada je **zarđala kuhinjska kanta za smeće**. Uz sav onaj soc od kafe, jela od piletine, plastične posude donete iz restorana, i bogzna šta sve ne trpate u tu gomilu, nije ni čudo da je to izvor zaraze – a da ne pominjemo da je higijenska noćna mora. Iznesite smeće iz kuhinje svakog dana (mada se smeće odnosi jednom nedeljno, trebalo bi da imate kante u garaži ili u podrumu gde se skuplja do odnošenja). Nemojte čekati da se kesa napuni – koristite manje kese (reciklirane plastične kese iz kupovine) tako da ne bacate za malo smeća one ogromne crne kese.

Kakav je to miris iz vašeg frižidera? Vrlo je verovatno da je to zapravo **pokvarena hrana**. Ostaci koji tu stoje više od dan ili dva, mleko kome je rok trajanja istekao pre mesec dana, i najgroznija moguća stvar – trulo povrće – svaki od ovoga može biti krivac. Ovo je jednostavno: izbacite pokvarenu hranu. Kupite sebi komplet jeftinog plastičnog posuđa koje se vakuumski zatvara i služi za odlaganje hrane – tako će jela biti duže sveža i neće odavati mirise. A sada donesite odluku da barem jednom mesečno čistite svoj frižider. Neće biti tako strašno ako to budete redovno činili.

Vaši **sunđerići** u sudoperu su mamac za bakterije i mirise. Ako niste dosad čuli onu odvratnu statistiku koja kaže da sunđer za sudove ima više bakterija nego WC šolja, e pa onda, dobro jutro. Dobro pravilo: ako se oseti, sunđer je odradio svoj kapacitet. Držite

Superbrzo ribanje frižidera

Počnite tako što ćete isključiti frižider i frizer. Zatim izbacite sve namirnice koje su stare ili im je prošao rok trajanja i već se na njima hvata penicilin. Napunite sudoper ili kadu toplom sapunjavom vodom. Ubacite sve kontejnere iz frižidera da se natope.

Sada stavite gumene rukavice i bacite se na posao. Izvucite sve police i fioke i ubacite ih u sapunjavu vodu. Oribajte unutrašnjost frižidera sunđerom koji je pokvašen toplom vodom i pošprican sodom bikarbonom.

Kada ste sve oribali (nemojte zaboraviti male stvari kao gumeni zaptivač na vratima), isperite unutrašnjost frižidera toplom vodom (možete staviti vodu u flašicu sa sprejerom radi lakše upotrebe). Upotrebite veoma toplu vodu za čišćenje zamrzivača. Zamrznute prosute stvari su veoma čvrste i biće težak zadatak za vaš sunđer ako voda nije dovoljno vrela. Dobro osušite i frižider i zamrzivač.

Vratite na mesto police i fioke nakon što ste ih detaljno oprali. Stavite otvorenu kutiju sode bikarbone u frižider i u friz da bi upila buduće mirise. Obrišite dno boca i tetrapaka pre nego što ih vratite unutra. Gotovo.

ga čistim tako što ćete ga potopiti u deterdžent za sudove i toplu vodu nakon svake upotrebe. Takođe, možete sterilisati sunđer u mikrotalasnoj (stavite ga na jedan minut na visoku temperaturu), proterajte ga kroz mašinu za sudove ili ga potopite na pet minuta u rastvor jedne četvrtine vode na tri supene kašike izbeljivača.

Proverite **filter na klima-uređaju**. Grozno, ali istinito. Ta stvarčica filtrira svu onu prljavštinu iz spoljašnjeg okruženja i apsorbuje bakterije, hranu, prašinu i sve druge zadahe koji cirkulišu kroz vaš stan. Moderni klima-uređaji imaju filtere koji se mogu oribati toplom vodom i sapunom – tokom sezone hlađenja čistite ih dvaput mesečno. Ako imate filter od fiberglasa ili neki drugi tip koji se baca, trebalo bi da ga menjate na svakih tri do šest meseci. (Zaprljan filter takođe čini vašu klimu manje efikasnom, zato postoji dvostruki razlog da je održavate čistom). Usisajte rešetke i ventile otprilike svakih mesec dana – prašina se nakuplja tamo kao potencijalni kandidati na audiciji za Američkog idola. Obrišite vlažnom krpom navoje i unutrašnjost vašeg klima uređaja barem jednom godišnje – nikada nemojte zaboraviti da isključite uređaj iz struje pre nego što uglavite ruku.

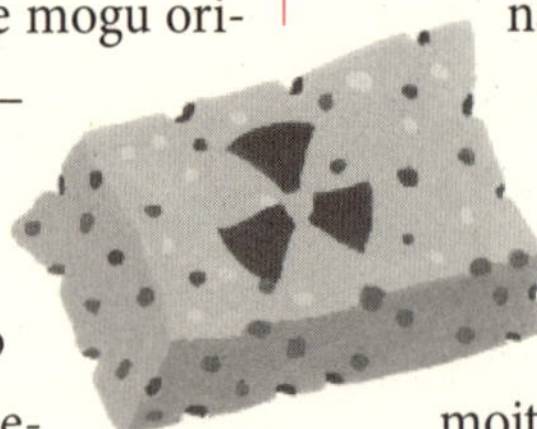

Koliko već spavate na tim čaršavima? Da li imate letnju odeću na dnu korpe za pranje veša iako je već novembar? Ako dovoljno dugo ostavite **prljav veš**, i on će vas sam podsetiti da se nalazi tamo. Jednom sam se zabavljala sa jednim aljkavcem koji je van svake sumnje potvrdio da će neopran šorts iz teretane izroditi neopisiv smrad.

Kada već pričamo o buđi, jeste li proverili peškire u kupatilu? A šta je sa vašom vlažnom krpom za brisanje? Otirač u kupatilu? Aha!

Jednom mi se desilo da mi se danima širi kroz stan gangrenozni smrad. Dvaput sam natopila ceo prostor u „mister klin" pre nego što sam shvatila da miris dolazi od **zagađene vode** iz vaze sa cvećem na toaletnom stočiću. Izbacite cveće kada uvene (nemojte ga okačiti naopačke da se osuši – to izgleda dobro samo na filmovima, a ni tada ne izgleda baš tako dobro). Ako je vaš buket posebno otporan i traje duže od nekoliko dana, pazite da redovno menjate vodu.

Ako ne možete da pronađete nijedan drugi izvor, i već ste proverili ispod šporeta i iza frižidera (dva uobičajena mesta za razlaganje smeća), moguće je da je **nešto uginulo** u zidu. Ovo je veoma frustrirajuće jer praktično ne postoji ništa što možete da uradite osim da čekate. Ako je miš ili pacov (ššš, verovatno to nije

POSTOJI I LAKŠI NAČIN

Da bi vaša kanta za smeće bila sveža, pospite malo sode bikarbone koja je izvrstan upijač mirisa, i ubacite nekoliko mirisnih papirnih ubrusa pre nego što promenite unutrašnju kesu. Zna se da ja nekada ubacim potpuri s mirisom lavande unutra, kada mi je prijatan miris baš bitan. Perite kantu toplom vodom barem jednom mesečno da biste se otarasili nevidljive prljavštine. Našpricajte je svojim univerzalnim sredstvom za čišćenje i izbeljivačem u spreju da biste je stvarno dezinfikovali.

onako ogroman pacov kao iz crtanih filmova) izdahnuo između suvog zida i gipsa, očekujte da će smrad nestati za nekoliko nedelja. Mirisne sveće, otvoren prozor i strpljenje su vaše jedino oružje – nažalost, većina stanodavaca neće ljubazno gledati ako krenete da rasturate infrastrukturu zgrade, bez obzira na to koliko guši smrad uginulog stvora.

Vođenje domaćinstva sa cimerom

Ako živite sa cimerima, podelite kućne poslove tako da se menjate u ribanju kupatila i usisavanju. Dobra komunikacija među cimerima znači jedan dobar razgovor o kućnim poslovima. Mnoge od onih neizbežnih svađa između cimera odigravale su se oko nejednake podele rada. Prvo, morate da se složite oko nivoa čistoće koji svi vi možete da prihvatite, kao npr. „jednom nedeljno usisavamo, brišemo prašinu i ribamo kupatilo“. Zatim, podelite poslove: ako vi volite da brišete prašinu, možda će vaš cimer biti srećan da vam prepusti to svake nedelje dok ona riba kadu. Neki cimeri se udruže i jednom nedeljno zajednički detaljno izribaju stan – to zavisi od vašeg odnosa sa ljudima sa kojima živite.

Najvažnija stvar je da svako tačno zna koja su njegova ili njena zaduženja svake nedelje ili meseca. Napravite dijagram ili papirni krug gde su ucrtani poslovi i okačite ga na vidnom mestu. Jasno izrazite šta su zadaci i kako su raspodeljeni da biste izbegli sitne razmirice. Možda izgleda bez veze da se stave šifre koje označavaju vrstu čišćenja, ali čekajte dok naiđete na neku divlju svinju od cimera koja očekuje da su ostali njena lična posluga. Brzo ćete početi da bojama obeležavate kućne poslove na kalendaru na zidu.

Dogovorite se koje ćete kućne potrepštine deliti (ovo je dobra ideja – svako koristi pastu za zube i toaletni papir, zato uštedite novac podelom troškova) i ko je odgovoran za kupovinu čega. Neke stvari koje možete deliti

uključuju papirne proizvode i sredstva za čišćenje, kuhinjske potrepštine kao što je mleko, puter i začini. To bi automatski trebalo da znači da one stvari koje nisu zajedničke jesu isključivo vlasništvo onoga ko ih je kupio. Možda razmislite o tome da držite kasicu-prasicu za kućne potrepštine u koji svako stavlja recimo 20$ nedeljno za zajedničke potrebe. Ako neko potroši novac za to iz svog džepa, ona može da se refundira odatle i ostavi račun.

Kada stvari postanu vrlo ozbiljne: angažovati ženu za čišćenje

Postoje trenuci u našim životima kada se jednostavno ne isplati da kuću čistimo sami. Ta vremena često zavise od našeg finansijskog stanja, naravno – unajmiti čistačicu je, za mnoge od nas, isti luksuz kao skupi francuski šampanjac za ručak. Ali ponekad vredi uštedeti nešto para da bi vaša kuća bila profesionalno očišćena. Razmislite da dvaput godišnje angažujete ženu za ekstravagantnost savršenog kućnog čišćenja. Recimo da time počastite sebe pre nego što ćete pozvati goste na večeru – ili u nekim ekstremnim situacijama kada je gomila veša postala tolika da je ne možete ni odneti do perionice ili su prozori toliko prljavi da više ne vidite ni komšijin prozor preko puta. Niko ko drži do sebe ne živi u štali, zato žrtvujte nekoliko izlazaka uveče i priuštite sebi novi početak tako što će vašu gajbu očistiti profesionalci.

Budite spremni da platite negde između 15$ do 25$ na sat za usluge kućne pomoćnice, za minimum od otprilike četiri sata, plus dvadeset posto bakšiša.

Lako srediti veš

Kada je vaša kuća u haosu i vi se osećate kao da nikada nećete uspeti da obavite svoje kućne poslove, počnite od veša. Divno je koliko zadovoljstva mogu da nam pruže sitni zadaci kao što je na primer opran veš – to će podići vašu nadu i učiniti vas spremnim da se nosite sa ostatkom haosa – to vam obećavam. Nemojte potcenjivati radost koja se nalazi u čistoj, mirisnoj, lepo naslaganoj garderobi.

Dokučiti natpise za pranje na garderobi

Oni mali simboli na etiketi zaista pružaju mnogo informacija – samo kada biste znali kako da ih čitate. Nikada više nemojte reći da niste bili upozoreni da „ne smete staviti u mašinu za sušenje delikatne stvari" kada vaš omiljeni džemper izađe tako skupljen da ga možete obući na lutku. Kada se pravilno poštuju, ti zbunjujući simboli se mogu prevesti na jasan i razumljiv jezik.

SVE SE SKIDA PRANJEM

Prvo sortirajte. Odvojite obojenu odeću od bele, svetlo od tamnog. Povrh toga, perite svoje peškire i flanelske stvari odvojeno od ostale odeće. Odvojeno perite i isflekane i vrlo zaprljane stvari tako da prljavština ne upropasti ostalo. Sprečite beljenje tako što ćete tamne stvari prati prevrnute, u hladnoj vodi, i tako ih i sušite.

Da biste štedeli energiju, perite u toplom a ispirajte u hladnom. Topla voda, mada ponekad korisna za tvrdokorne fleke, povećava šanse posvetljivanja i skupljanja. Ako imate sopstvenu veš mašinu, uglavnom će vam biti dovoljno da perete na 40-60 °C za toplu, a za ispiranje stavite na hladnu vodu.

Šta znače natpisi na etiketi?

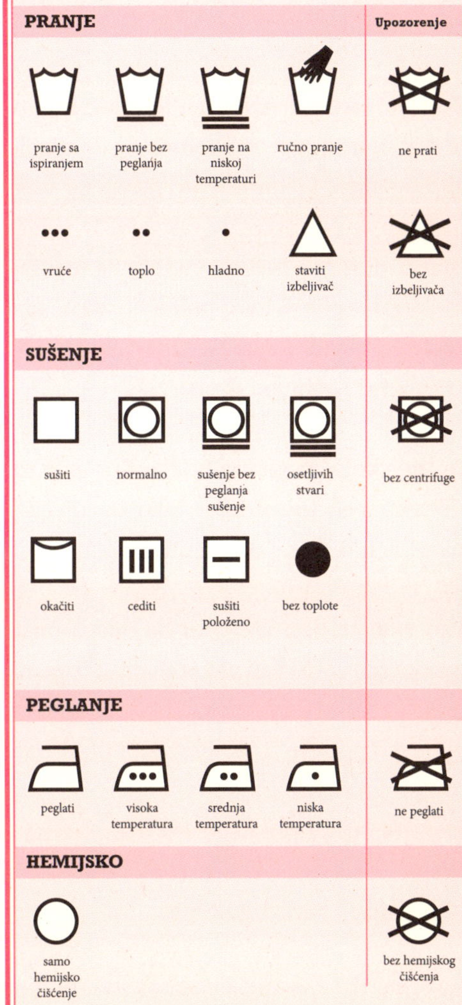

Mešajte male i krupne stvari u mašini i mašini za sušenje da bi sve moglo fino da se okreće unutra.

Delikatne stvari kao što su helanke perite i sušite zatvorene u mrežicu da se ne bi istegli le i razvukle.

Nemojte pretrpati mašinu. Pretrpana mašina ne koristi ničemu – prljavština ne dobija dovoljno pažnje i jednostavno ostaje na vašoj odeći jer se ni prašak ne rastvara. U sušaču ostavite dovoljno mesta za odeću da se slobodno prevrće okolo. Ipak, pokušajte da ne ubacujete u mašinu za sušenje samo jednu ili dve stvari jer je ovo gubitak energije.

Budite ekološki svesna pralja. Koristite minimalnu količinu praška tako da ima što manje hemikalija u otpadnim vodama.

Ako vam se desi incident da odeća pušta boju pa se sav vaš beli veš pretvori u roze, nemojte ga sušiti jer će to učvrstiti boju. Operite stvari ponovo uz deterdžent i izbeljivač.

Istresite odeću pre nego što je prebacite u mašinu za sušenje – tkanina umotana u loptu duže se suši i bude izgužvana.

Ispraznite filter pre svake upotrebe da biste sprečili požar i da bi mašina za sušenje efikasno radila.

Sušite dve ili tri ture zaredom da biste iskoristili toplotu koja je još u mašini.

Izvadite stvari iz mašine kada su suve. Presušivanje uzrokuje izgužvanost i skupljanje. Sintetika (kao na primer poliester) suši se mnogo brže nego prirodna vlakna, kao što je pamuk.

Savijte svoju odeću dok je još topla. Ako ih pustite da odstoje i ohlade se u nesloženoj gomili, stvari će ostati izgužvane do sledećeg pranja.

Zašto ne biste obesili veš da se osuši napolju po lepom vremenu? To ne košta ništa, ekološki je dobro, i – uz uslov da ne živite u prašnjavom gradu – vaša odeća će mirisati kao letnji povetarac.

Uklanjanje mrlja za sekund

Probala sam sve ovo:

✓ Prevrnula kafu na kauč

✓ Na kuhinjski tepih prosula polovinu velikog pakovanja čistog maslinovog ulja

✓ Iskrvarila na svoju posteljinu, a fleka je probila do madraca

Takođe sam uspešno izvukla sve ove fleke.

Za najbolji rezultat, istretirajte fleke što pre je moguće (nemojte da prosuta masnoća ostane preko noći jer je vrlo traumatično gledati je po-

Beži, beži, prokleta fleko! Tretirati ih kod kuće.

Svaki tip tkanine ili tepiha će drugačije reagovati na neki trik za skidanje mrlja (i količina svakog recepta, naravno, zavisi od veličine fleke).

Dezodorans antiperspirant:	pomešajte pola kašike praška za suđe, nekoliko kapi sirćeta i pola kašike vode. Utisnite u fleku papirnim ubrusom. Isperite vodom.
Krv:	pljunite na fleku. Istina je – vaša pljuvačka je najbolja stvar za brzo skidanje fleke od krvi. Sledeća linija odbrane: potopite u hladnu vodu u koju ste dodali šaku soli, ili uzmite jednake delove amonijaka i vode na sunđer. Čudno, ali izbeljivač slabo skida krv.
Mastilo:	lagano trljajte malo laka za kosu na mrlju i isperite hladnom vodom.
Čokolada:	hladnom vodom pažljivo isperite mrlju, ako je moguće sa druge strane.
Kafa:	sunđerom nanesite mešavinu jedne kafene kašičice belog sirćeta i malo hladne vode.
Crno vino:	nanesite malo belog vina ako imate. Zatim obilato poprskajte solju (ona upija!) i odmah isperite, trljajući fleku dok ne siđe.
Žvaka:	trljajte je kockom leda i trebalo bi da otpadne.
Farba za kosu:	stavite malo šampona – to će je skinuti sa vaše kože a verovatno će delovati i na tkaninu.
Šminka:	običan deterdžent bi trebalo da odradi stvar. Prvo istretirajte fleku alkoholom, ili nekim sredstvom za skidanje fleka, kao što je „veniš“. (Ovo bi trebalo da skine svaki tip masnoće.)
Biljno ulje:	koristite tečni deterdžent za pranje suđa koji skida masnoću.
Znoj:	nanesite mešavinu vode i sode bikarbone ili nekoliko kašičica belog sirćeta ili razblaženi amonijak. Ako ovo ne uspe, potopite u posoljenu vodu.
Rđa:	u farbarama kupite sredstvo za skidanje rđe.
Vosak:	ogulite nožem što se može. Stavite papirni ubrus na vosak i peglajte dok se sav vosak ne upije.
Belo vino:	pošpricajte gaziranom vodom ili probajte mešavinu vode sa malo soli i limuna.

Kada soda nije dovoljna

Imajte na umu da na svetu postoje ljudi koji veruju da se, u osnovi, sve može očistiti rastvorom sode bikarbone i vode. Ovo je zaista rastvor koji se često koristi ali nije vredeo za masne humusne fleke na mojoj pamučnoj majici. Šta jeste vredelo? „Oksiklin", takozvani čudesni rastvarač. Postoje ozbiljna sredstva koja se mogu kupiti i koja su možda efikasnija od mojih priručnih pomagala – ali svejedno nemojte dozvoliti da se fleka osuši dok vi idete u radnju po njih.

novo ujutro). Kada god je to moguće, radite sa suprotne strane. Uvek tapkajte, upijajući ostatke i nemojte trljati (to jednostavno utrljava fleku dublje u tkaninu). Ovaj zgodni priručni spisak nudi neka rešenja za vađenje raznih vrsta fleka.

Za više informacija, Državni univerzitet Ajove ima fantastičan vodič za skidanje fleka koji se lako razume i može se naći na sajtu www.extension.iastate.edu/textiles/stain.html

Bore vremena: peglanje

Ako pametno obavljate pranje, (izvadite odeću iz sušilice kada je suva, složite je odmah i okačite), neophodno vreme za peglanje će se dramatično smanjiti. Peglanje je gnjavaža, ali je možete ubrzati sledeći ove savete.

- Potražite peglu koja ima automatsko gašenje radi bezbednosti, da biste smanjili rizik da slučajno ne zapalite celu zgradu. Takođe uzmite peglu koja ima ploču koja se ne lepi.
- Uvek proverite etiketu na odeći pre nego što započnete peglanje. Ja sam doživela jedan nezgodan incident sa haljinom od krepa, a da sam proverila etiketu, ona bi mi kazala da je ne prinosim ni blizu pegli, samo da sam bacila pogled.
- Za vrlo delikatne tkanine, ili kada ste u žurbi, okačite odeću u kupatilu dok se tuširate i para će ispraviti nabore.
- Prvo ispeglajte stvari kojima treba niska temperatura (svilu i vunu) a zatim pređite na višu temperaturu (pamuk i lan) da biste uštedeli vreme i energiju.

- Nikad nemojte peglati ništa prljavo – toplota učvršćuje fleke.
- Blago vlažna odeća se bolje pegla. Ako je vaša odeća presuva, pošpricajte je vodom.
- Peglajte stvari prevrnute na unutrašnju stranu da biste čuvali boju i izbegli sjaj.
- Štirak može dati vašoj beloj košulji ili stolnjaku vrlo fini finiš. Našpricajte štirak na celu stvar, umotajte je i ostavite jedan minut da se štirak upije. Onda odmah ispeglajte.
- Nakon peglanja, ostavite stvari da se ohlade pre nego što ih obučete – tek ispeglane stvari lako se gužvaju.

- Niko ne mora da pegla farmerice.

Prljava istina o hemijski očišćenom

Vaša majica kratkih rukava je neka fina stvarčica od svile. Na sniženju je sa neke ludačke visoke cene na 35$. „E pa, 35$ za svilenu majičicu, to uopšte nije loše!", mislite vi kako vas je bog dao za rasprodaje. Čekajte. Proverite etiketu. Ta „snižena" majičica koja zahteva hemijsko čišćenje nije baš ni tako povoljna. Ovakvo čišćenje, kao što vam može reći svako ko se opekao ovakvim iskustvom, skupa je igra. Ne samo što ne možete da operete sami (sumnjivo!), nego je hemijsko čišćenje neverovatno skupo.

SAVET EMINE MAME

„Perem sve svoje stvari na kojima piše „Isključivo hemijsko čišćenje" i nikada nisam imala problem."

Ovim ne želim da kažem da ne treba da nosite finu odeću koja mora da se nosi na ovakvo čišćenje. Samo hoću da kažem da će vas majičica od 35$ na kraju koštati nekoliko stotina dolara, pošto je čistite posle svakog oblačenja. To je velika pljačka, pa sada znamo zašto je uopšte i bila na rasprodaji. Zato uvek proverite etiketu. Samo vaši najfiniji džemperi, haljine, odela i pantalone – izdvojite stvari koje ne želite da ubacite u veš mašinu – zaslužuju da idu na hemijsko čišćenje.

Piše „Isključivo hemijsko čišćenje" Da li to stvarno to i znači?

Nikada nisam skinula etiketu sa dušeka zbog straha od reklamacije; zato me plaše novosti

Prljava istina o hemijskom čišćenju

Evo ga: kao što ste uvek i sumnjali, ovo čišćenje niti je suvo niti je posebno čisto, pogotovo ako govorimo s tačke gledišta zdravlja i životne okoline.

Na samim počecima hemijskog čišćenja korišćena je hemikalija kerozin ili benzin, ali u današnje vreme, tu je jedna posebna hemijska stvarčica koja se zove perhloroetilen, poznatija pod nazivom perk. To je poznata kancerogena supstanca koja se vezuje za mnoštvo zdravstvenih problema. Odeća se stavlja u ogromne mašine u kojima je perk, neki poseban deterdžent i možda mrvica vode, a zatim se sve tumba kao u redovnoj veš mašini. Zatim se vaše voljene stvari suše i peglaju dok se perk odvaja od prljave vode da bi ponovo bio korišćen. Stvari postaju opasne kada se radi sa ostacima ovog rastvora koji spada u opasan otpad i mora se reciklirati ili posebno izmestiti.

Za alternative hemijskom čišćenju i vladinim inicijativama da se smanji upotreba štetnih hemikalija, pogledajte:

Agencija za zaštitu životne okoline
www.epa.gov/sectors/sector/drycleaning.html

o tome da se stvari na kojima piše *samo hemijsko čišćenje* mogu oprati ručno (ili ubaciti u mašinu!). Imam prijateljice koje mi se smeju zato što svake nedelje nosim na hemijsko moje omiljene pantalone, jer bi one svakako odbacile upozorenje i oprale ih u mlakoj vodi blagim deterdžentom za ručno pranje. Ja sam ipak skeptična.

Prema rečima mudre (ako malo staromodne) Nini Vildorf u njenoj knjizi *Gradski šik*, bezbedno je ručno prati bilo koju stvar koja je 100% pamuk; takođe, svilu osim ako nije neka veoma svetla boja koja bi mogla da izbledi; 100% vunene džempere ako su od jedne vrste prediva i materijala; i mnoge stvari od kašmira. Ali bilo koja stvar od mešavine – na primer pamuk i poliester – kojoj na etiketi piše „isključivo hemijsko čišćenje" mora se odneti kod njih.

NA POPRAVCI

Šivenje za one koji to mrze

Izgubljeno dugme ili otparani šav ne bi trebalo da dovedu do odbacivanja vašeg omiljenog komada odeće. Ove sitnice su tako uobičajene i tako se lako poprave da biste bili ludi da dopustite da vam upropaste stil.

Svako bi trebalo da ima komplet za šivenje, neke vrste. Ne stidim se da priznam da je moj komplet za šivenje samo malo bolja verzija onakvih kakve besplatno dobijete u hotelu *Holidej in* – i super mi je poslužio. Obožavam to što su u njemu minijaturne makazice, mnogo konaca različitih boja, uvlakač u iglu i mali plastični naprstak koji ne koristim, ali bih mogla. Možete kupiti ovakve kompletiće kao što je moj mali lepotan u bilo kom supermarketu.

Uradi sam

Ušiti dugme

- Uvucite konac u iglu, zavežite kraj i napravite čvor.
- Počinjući od naličja tkanine, napravite dva boda, jedan preko drugog, gde hoćete da bude dugme. Ovo učvršćuje vašu nit i obezbeđuje da dugme ostaje na tom mestu.
- Držite dugme preko tih bodova i provucite iglu i konac sa naličja na lice kroz jednu od rupa na dugmetu. Vratite se kroz rupu nasuprot. Nemojte previše stiskati konac – treba vam mesta za okretanje, tako da možete da zakopčate odeću kada završite.
- Uradite ovo tri puta, a zatim ponovite sa druge dve rupice, ako ih na dugmetu ima četiri. Nema potrebe da ukrštate bod preko dugmeta – samo nekoliko puta provucite kroz oba seta rupica.

- Blago povucite dugme od tkanine i obmotajte ostatak konca nekoliko puta oko zašivenog dela, ispod dugmeta i iznad tkanine.
- Gurnite iglu nazad kroz tkaninu i napravite čvorić sa donje strane, a zatim napravite nekoliko malih bodova da biste pričvrstili dugme.
- Da bi vaše delo ostalo trajno, stavite kap providnog laka za nokte preko konca na vrhu dugmeta.

Pričvrstite rasparani šav: kupite traku koja se lepi peglom, možete je naći u rolnama baš kao običan selotejp, za brzo obavljen posao.

Jednostavno stavite traku između poruba i glavnog dela odeće i prepeglajte. Traka magično slepljuje dva komada tkanine. Jednom kada uvidite kako je sjajna stvar traka za porub, tražićete gde sve možete da je upotrebite. Ja sam je koristila za aplikacije, da napravim od tkanine kese za poklon u kojima se nosi vino, i da potkratim suknju. Traka se ne kvari u pranju i niko ne može da vidi razliku. Kasnije možete da odnesete odeću kod krojača da napravi pravi porub.

Pokrijte izbledelo mesto: upotrebite tek malo markera u boji – ima ih u svim duginim bojama, ali ovo je posebno dobra tehnika za crnu odeću.

Stvari koje treba odneti profesionalnom krojaču

Možete i ovo da pokušate kod kuće, ali cena koju ćete platiti u potencijalnoj agoniji neuspeha je toliko visoka da vredi naći dobrog, ne preskupog krojača.

- Zamena zaglavljenih ili pokidanih rajsferšlusa.
- Potkraćivanje ili popuštanje poruba i rukava.
- Zamena postave na pantalonama i kaputima.
- Zamena lastiša na suknji.
- Promena odeće koja je previše mala ili previše velika.

Hajde da istaknemo da nema ništa pogrešno US (uradi sam) odeći osim ako ste stvar uradili loše. Ako želite da šijete sopstvenu odeću, ili da odradite velike krojačke poduhvate, nemojte žuriti, pratite uputstva i upitajte nekoga za mišljenje pre nego što tu stvar i obučete negde gde bi vaša prevelika kreativnost mogla biti kažnjena (kao što je intervju za posao).

KUVANJE ZA JEDNOG

Ne mora to da bude depresivno

Dolazite kući s posla umorni do kosti, spremni da se odmah ubacite u svoju pidžamu i kolabirate na kauč. Možda ste čak i svratili u teretanu na putu kući, još više uvećavajući umor i glad. Poslednje što vam se radi jeste obimna priprema za pečenje sa ruzmarinom i kari piletinu sa limunom za jednu osobu. Kada nema nikog drugog za koga biste kuvali ili sa kim biste kuvali, radost gurmanskog kuvanja, šta god da kažu televizijski programi, ode kroz prozor. Toliko je

Kuvati za jednog

jednostavnije prosto naručiti iz tajlandskog restorana na ćošku ili pojesti činiju instant riže nego se upustiti u spremanje obroka.

Glavni problemi sa kuvanjem za jednu osobu jeste ogromna količina posla potrebna za mali i nekako usamljen rezultat. Takođe, postoji i pitanje ostatka hrane. Većina hrane se ne pakuje u porcije za jedno posluženje, tako da vam ili ostanu tri komada pilećih grudi da trunu u frižideru (ili ih strpajte u zamrzivač) ili imate toliko mnogo hrane da ste je jednostavno smazali, uz osećanje krivice, ili ste je bacili – i jedno i drugo velika šteta.

Jesti kod kuće

Moja prijateljica Fiona već šest godina radi kao kelnerica. Trenutno radi u jednom od najboljih restorana u gradu, jednom otmenom francuskom bistrou. Uvek sam zamišljala kako savršen mora biti njen kulinarski život, u kome ona dobija sve svoje obroke besplatno i može da odabere koje god fino predjelo poželi. Nedavno sam se iznenadila kada mi je rekla da se malo odmara od restoranske hrane. „Kada jedete napolju, nemate kontrolu nad onim što se dešava sa hranom", objašnjava ona. „Čak je i bareno povrće kuvano na masnoći ili na puteru; pečena jaja imaju dovoljno soli da vas nadimaju tokom cele nedelje." Bila sam iznenađena. Znam da je brza hrana puna groznih aditiva i nekih čudnih životinjskih nusprodukata, ali nikada nisam zamišljala da je praktično sve što naručim u restoranu ili već skuvano iz supermarketa puno nepoznanica. Fiona je počela da kuva za sebe zato što želi da zna tačno šta se nalazi u njenoj hrani; ona propušta besplatan obrok za osoblje na poslu u korist zadovoljstva koje dobije kada svojom rukom izabere svaki od sastojaka za omlet kod kuće, i za tačno izmerenu svaku kap biljnog ulja koje koristi.

Kuvati i jesti hranu koju sami spremite jeste jedan od osnovnih načina da sebe zaista negujete. To ne mora da bude komplikovano. Čak i da skuvate malo testenine i prepečete sveži parmezan sir, ima nešto što donosi veliki osećaj zadovoljstva zato što ste svojim rukama spremili tako ukusnu hranu. Ponašate se dobro prema sebi, a da i ne spominjemo da svome telu obezbeđujete namirnice koje

(nastavak na strani 386)

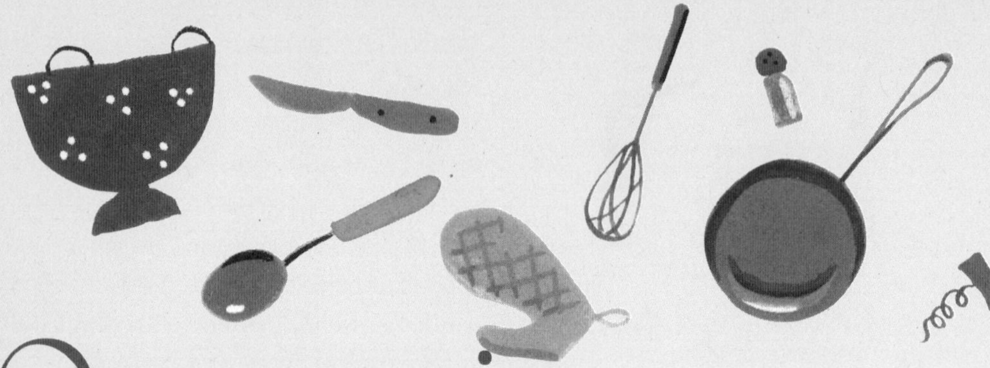

Opremanje kuhinje OSNOVNE POTREPŠTINE

Kada sam se prvi put preselila u sopstveni stan, zamolila sam moju majku da isprazni svoje fioke u kuhinji i na policama i da mi pokloni svoje stvari, aparate, lonce, tiganje ili bilo šta drugo iz kuhinje što joj ne treba. Dobila sam mnogo korisnih stvari (posuđe! šolje! varjače!) a dobila sam i mnogo čudnih stvarčica, neupotrebljivih poklona sa venčanja, odbačene stvari koje nikada nisam ni pipnula (nazubljeni nož od skoro trideset centimetara kojim se može seći zamrznuto meso).

Osim ako ne planirate da osnujete školu kuvanja, ili imate mnogo novca koji volite da razbacujete, ne morate svoju kuhinju da opremite baš kao one kuvarice na televiziji. Nemojte kupovati fensi stvari – ja imam prijateljice koje ne mogu sebi da priušte da izađu u restoran ali imaju kompletan superskupi superkomplet od 14 delova. Mogu da vidim čime vas mame skupe kuhinjske stvari – aparat za kafu od nerđajućeg čelika koji ima sopstveni tajmer i košta 200$ sigurno treba čini vaš dom udobnim – ali ne moj dom, ne ako planiram da za njega isplatim i kiriju. Opremite svoju kuhinju minimumom stvari koje su vam potrebne da pripremite tri glavna obroka, a zatim kupite one posebne posude za složenac, šejkere za koktele, i bokale za led ako se baš ukaže potreba. Ništa ne mora da bude upareno, ali radi jednostavnosti, devojka koja počinje od nule može dobiti šta joj treba jednim kompletnim setom posuđa, čaša i sl. Evo osnovnih stvari:

Osnovne kuhinjske stvari

- ☐ Jedan komplet posuđa (6–8 činijica za salatu, plitkih tanjira, dubokih tanjira, šolje možda nisu uključene)
- ☐ Komplet čaša (osam bi trebalo da bude dovoljno)
- ☐ 4–8 čaša za vino (možete ih kupiti jeftino; ako ga pijete iz plastičnih čaša, vino nije tako dobro, možete onda uzeti i đus)
- ☐ 4–6 šolja (roditelji uvek vole da se otarase starih, sa smešnim natpisima. Ne bi trebalo da imate problema u skupljanju seta od raznih vrsta.
- ☐ Pun komplet pribora za jelo od nerđajućeg čelika (čelik će trajati mnogo duže nego aluminijum; *možete* zatražiti i porodično srebro, ali ono vrlo brzo tamni.)
- ☐ Nekoliko dobrih noževa. Možete se provući sa jednim dobrim širokim kuvarskim nožem (on secka, reže i ostalo) i još jedan nož špicastog vrha za sve ostalo.
- ☐ Jedan nazubljeni nož za hleb i za seckanje povrća.
- ☐ Jedan set drvenih varjača različitih dužina.
- ☐ Jedna ravna lopatica za podizanje, okretanje, dinstanje, ribanje i serviranje.
- ☐ Plastična lopatica za poslednje parče bilo čega (torte, majoneza, sosa).
- ☐ Otvarač za flaše.
- ☐ Kolander
- ☐ Grejder
- ☐ Oštre kuhinjske makaze za seckanje svežih začina i za rasecanje pilećeg pečenja.
- ☐ Jedan set šolja za merenje.
- ☐ Jedan dozer za merenje tečnosti (često se mogu stavljati i u mikrotalasnu).
- ☐ Set od tri činije koje ulaze jedna u drugu za mućenje.
- ☐ Slanik i posudica za biber (ili onaj biber na mlevenje, ako volite).
- ☐ Stvari za posluživanje – zakrivljena i obična velika kašika.
- ☐ Dve linije za pravljenje leda u frizu.
- ☐ Otvarač za konzerve.
- ☐ Žica za mućenje jaja, za torte, i ostale vazdušaste stvari.
- ☐ Vatrostalna posuda za pečenje.
- ☐ Kašika za mešanje salate.
- ☐ Dve daske za sečenje: jedna za sirovo meso, druga za povrće i kuvanu hranu. (Drvene daske upijaju bakterije, zato uzmite dobar, sintetički model).
- ☐ Jedan veći i jedan manji tiganj (od nerđajućeg čelika, tuča ili sa teflonskom površinom; ovo su najbolji materijali za sve lonce).
- ☐ Jedan veći i jedan manji lonac za kuvanje svega i svačega.
- ☐ Veliki lonac za supu.
- ☐ Čajnik sa vrhom koji zviždi.

Možete se vi provući i bez toga, ali ovo će učiniti vaš život u kuhinji mnogo ugodnijim:

- ☐ Mikrotalasna
- ☐ Blender
- ☐ Aparat za kafu

su mu potrebne. Za više o tome kako držate svoje telo u dobroj formi, vidite poglavlje 1.

Nemojte biti kao neka stara kvočka

Kada smo i moja sestra Suzan i ja bile u svojim dvadesetim godinama, takmičile smo se čiji je frižider prazniji. „Imam napola ispijenu litarsku 'dajet kolu' od pre šest nedelja i buđavi paradajz", rekla bi ona kada se čujemo telefonom. Ja bih pokušala ovako da je nadmašim: „Imam dva komadića 'kraft' sira koji su ovde bili još kada sam se uselila, i pola flaše piva." Ovakva vrsta razmene bila je vrlo zabavna ali ona je sada udata, odgovorna majka pa više ne može da igra tu igru.

Zašto je naš frižider onda bio tako ogoljen? Mislim da je to kombinacija lenjosti i toga što nismo htele odjednom da potrošimo novac na nedeljno sledovanje hrane – nekako, ishrana u restoranu, gde potrošite mnogo više novca, ali lagano, izgleda finansijski mnogo podnošljivija nego kada unapred iskeširate 50$ odjednom da biste kupili zalihe. Zato bismo mi dozvolile da dođe i taj očajni trenutak kada nismo imale zapravo šta da spremamo (na vrh viljuške dižonskog senfa, mada je zgodno za užinu, nije dovoljno za obrok) pre nego što bismo, neizbežno, otišle do supermarketa.

Nemojte živeti tako kao nas dve. To je smešno kao šala ali je vrlo tužno u stvarnom životu. Takođe je finansijski vrlo glupo – kada nemate hrane u stanu, *nemate ni izbora* osim da naručite – najčešće skupo, prilično nezdravo jelo iz restorana, zar ne? Neka vaše police budu dobro napunjene osnovnim namirnicama i nikada nećete biti gladni.

Kupovati namirnice kao profesionalac

Mene su odgojili izvrsni kuvari. Moji roditelji vole da kuvaju i da zovu druge u goste. Odrasla sam uz ritualnu pripremu krmenadli *au poivre*, koje je spremao moj otac, i uzbuđenja koje je izazivala porculanska tacna za torte moje majke kada spremi šarlotu od vanile. Ali u mome sećanju iz detinjstva najistaknutije mesto ne zauzima ovakva hrana, već tuna. I to ne sveža tuna spremljena na *wasabi* balsamiko sirćetu. Pričam vam o običnoj, konzerviranoj tuni. U jednom komadu, bela, bez dodataka.

Na policama u kuhinji

- Kafa i/ili čaj
- Pasulj u konzervi
- Konzervirana tunjevina
- Konzervirani paradajz ili sos od paradajza
- Supa u konzervi
- Kocke za supu
- Sirće
- Jogurt
- Maslinovo ulje
- Kečap
- Senf
- Vurster sos

- Soja sos
- Testenina
- Riža
- Brašno
- Integralno brašno
- Sušene žitarice
- Ovsena kaša
- Sprej koji ne prianja
- Majonez
- Šećer
- Začini
- So i biber
- Prah od belog luka
- Mešana marmelada
- Limun
- Jaja
- Puter
- Mleko (držite jedan tetrapak od one vrste koja se ne mora držati u frižideru za hitne slučajeve; mleko u prahu je takođe dobro za takve situacije)
- Smrznuto povrće (grašak, šargarepa, prokelj, spanać, kukuruz – kupite sveže kada možete, ovo će dugo trajati i možete ih ubaciti u bukvalno bilo koji recept.)

Moji roditelji luduju za tunjevinom i isti taj ukus preneli su i na mene, to isto poštovanje prema savršeno napravljenom sendviču (taman koliko treba majoneza – može i dijetalni – nipošto ne celera, možda kriška svežeg paradajza, prepečeni beli hleb ili grejam). I isto tako sveta potraga za najjeftinijom konzervom tunjevine u gradu. Dobra tunjevina je skupa – u mom kraju jedno pakovanje košta i po 2$. Drhtim od pomisli šta bi moj otac uradio da otkrije koliko sam platila konzervu! Ali ljubav prema tunjevini je u mojoj krvi – i za nju bih potrošila i poslednji novčić.

Ne bi trebalo da devojka mora da bankrotira da bi se pravilno hranila, uz uslov da praktikuje pametnu kupovinu namirnica. Obratite pažnju na sniženja i promocije i vrebajte ih kao panter svoj plen, a onda napravite zalihe tunjevine ili šta god da je vaša lična opsesija. Evo nekoliko saveta da vaš račun u radnji bude nizak, ali kvalitet života visok:

JASMININA MAMA KAŽE

„Iseckajte dve glavice luka, stavite ih u kesu pa u zamrzivač i izvadite sebi koliko vam treba kada kuvate. Tako je mnogo lakše pripremiti bilo koje meso za koje treba prvo izdinstati luk."

- Nikada nemojte ići u kupovinu namirnica kada ste gladni. Tada vam sve izgleda dobro – prestanete da razmišljate o štednji novca i kvalitetnoj ishrani i postanete jedna od onih tragičnih figura koja do kase donese napola pojedenu kutiju keksa.
- Kupujte ribu i voće kada su u sezoni u vašem kraju. Ja volim borovnice, ali svako zrno košta otprilike 5$ ako ih kupujem zimi.
- Nemojte pretpostavljati da samo zato što se hrana reklamira, da je i najjeftinija. Poredite cene, lovite sniženja, uživajte u uzbuđenju potrage.
- Kupujte stvari koje nisu brendirane, ukoliko su istog kvaliteta. Svaki tip mleka mora da zadovolji vladine standarde, zato nema nikakvog razloga da plaćate više (osim ako ne kupujete organsku hranu – vidi sledeću stranu).
- Budite spremni da morate više da platite za organsku hranu, povrće ili hranu bez hemikalija.
- Za najsvežije povrće idite na zelenu pijacu i potražite poljoprivredne programe koje podržava vlada u vašem kraju.
- Kupujte krtije meso tako da ne plaćate za masne delove.
- Pripazite na kretanje cena – često se desi da dva sorbea za 5$ koštaju po 3,99$ svaki.
- Neko mi je jednom rekao da „bogati ostaju bogati zato što isecaju kupone", ali ja retko želim bilo koju od tih stvari koje su na sniženju te nedelje. Kuponi mogu da zavaraju – 25 centi manje od nekog premijum

POSTOJI I LAKŠI NAČIN

Ne dozvolite da se voće i povrće pokvare – zamrznite ih! Najbolje za to je grožđe, trešnje, kupine i dinja. Skinite kožu sa bresaka, jabuka i nektarina; isecite voće u krupne komade. Zatim ih zamotajte jednostruko u papir za kuvanje i stavite u zamrzivač. Kada je svaki komad zamrznut, premestite ih u kese za zamrzavanje. Možete držati voće i do godinu dana na ovaj način, odmrznuti ga i koristiti.

VALERINA MAMA KAŽE

„Poslažite papirne ubruse na police frižidera – tako držite haos pod kontrolom, pogotovo ako se voće ili povrće pokvare!"

brenda još može da znači višu cenu nego što biste platili za isti nebrendiran proizvod. Takođe, možete biti u iskušenju da kupite nešto što vam nikada ne bi palo na pamet (jer vam zapravo i ne treba) samo zato što imate kupon.

- Uvek načinite spisak i nemojte odstupati od njega. Međutim, ako je pasta za zube na vašoj listi a marka koju nikada niste probali na sniženju, razmislite da probate nešto novo i uzmite taj sniženi gel za izbeljivanje zuba, ukusa mandarine, superpenušav.

Prednosti i nedostaci stvaranja zaliha

Mada kupovina na veliko u skladištima klubovima mojim roditeljima zvuči razumno, jer oni imaju veliki podrum u kojem mogu da smeste toliko zaliha da podrži neku omanju zemlju, to nije uvek najbolje rešenje za devojku koja ima ograničen i prostor i budžet.

Članarina od 50$ u ovakvim klubovima ne isplati se osim ako ne kupujete velike količine. Ako razmišljate o tome da se učlanite u jedan ovakav klub, posetite ih prvo da vidite da li imaju stvari koje vi kupujete, pre nego što isplatite članarinu. Nećete uštedeti novac ako kupite industrijsko pakovanje kiselih krastavčića ako ih uopšte ni ne *volite*, ni ne jedete.

Napravite zalihe namirnica koje se neće pokvariti i koje zaista upotrebljavate: papirnih proizvoda, tampona, paste za zube, sapuna, kesa za smeće. So, šećer, ulje, začini i ostale stvari za kuvanje koje se redovno koriste, takođe možete kupiti unapred. Pazite da ne uzimate sveže stvari i one koje se kvare, osim ako ne planirate žurku ili mislite da vi i vaši cimeri možete pojesti 40 paprika pre nego što istrunu. Pečene stvari, meso i mlečni proizvodi su dobra investicija samo ako imate mesta da ih zamrznete sve što nećete pojesti u roku od nekoliko dana. (Pogledajte narednu stranu gde je izlistano koliko dugo možete držati zamrznute različite vrste hrane.)

Takođe, možete kupiti mnoge sušene proizvode na veliko u supermarketima i prodavnicama zdrave hrane – žitarice, sušeno voće, pasulj, testeninu, sve se to može kupiti na merenje. Osim što štedite novac, kupovina na veliko smanjuje troškove pakovanja,

Držanje zaliha voća i povrća

Jedna stvar koja čoveka nervira kod voća i povrća jeste da se oni često pokvare pre nego što imate šansu da ih pojedete. Da biste ih maksimalno iskoristili, kupujte voće i povrće koje je u sezoni – zbog toga će imati bolji ukus i biće svežiji – i koristite ovaj spisak da ih zamrznete. Koristite fioku na dnu frižidera gde će voće i povrće duže ostati sveže, ili ih zamrznite.

VOĆE

Voće	Kako ga čuvati	Rok trajanja
Jabuke	obično, u frižideru	mesec dana
Kajsije, nektarine i breskve	dok ne sazru, zatim u plastičnoj kesi u frižideru	3–5 dana
Avokado, banane, kruške	sobna temperatura dok ne sazru zatim u frižideru	dva dana od sazrevanja
Kupine i trešnje	u vakuumskoj posudi u frižideru, ne prati pre upotrebe	5 dana
Grožđe	U svojoj kesi, u frižideru	2 nedelje
Citrusi	na sobnoj temperaturi ili nepokriveno u frižideru 	2 nedelje
Dinje	zrenje na sobnoj temperaturi, zatim u plastičnu posudu i u frižider	1 nedelja

Za više informacija, vidite Uputstva za držanje voća i povrća za potrošače na www.healthgoods.com/education/nutrition_information/food_safety_and_storage/food_storage_guidelines.htm

POVRĆE

Povrće	Kako ga čuvati	Rok trajanja
Asparagus	Umotajte u vlažan ubrus, u plastičnoj kesi u frižideru.	2–3 dana
Paradajz	Na sobnoj temperaturi, nikada u frižideru.	3–5 dana
Boranija i grašak	U frižideru.	3–5 dana
Kukuruz	U kutiji, u frižideru. Slatki se brzo pretvara u skrob i gubi ukus, zato kratko traje.	pojesti što pre
Šargarepe, ren i cvekla	U plastičnoj kesi u frižideru. Skinite vrhove šargarepe, ostavite lišće na renu i cvekli.	2 nedelje 
Prokelj	U plastičnoj kesi, dole u frižideru.	4–7 dana
Plavi patlidžan i krompir	Na hladnom, tamnom mestu, na polici.	1 nedelja
Crni luk	Na hladnom, suvom, provetrenom mestu (nedostatak cirkulacije u frižideru ne godi).	3 meseca
Zelena salata i ostali zeleniš	Operite i obrišite ubrusom, a zatim u plastičnu kesu dole u frižideru.	4–7 dana
Krastavac i paprika	Pojedinačno donja fioka u frižideru.	1 nedelja
Celer	Zamotan u plastiku u frižideru.	1 nedelja
Zelena veza za supu	Skinite donji deo i stavite u teglu sa vodom, pa u frižider.	dok se ne osuši
Bosiljak	Uspravno u tegli s vodom na sobnoj temperaturi.	2 dana
Timijan i ruzmarin	U kesi u frižideru, a zatim na sobnu temperaturu da se osuši. Suvi začin u posudu.	1 nedelja (svež) 6 meseci (suvo)

Zamrznite sve

Pitala sam moju majku o kuvanju za jednu osobu, na budžetu. Evo šta mi je ona savetovala: „Teško je kuvati samo za jednu osobu. Najlakše je kuvati za dvoje a zatim zamrznuti ono što je ostalo. Tako imaš potpuno spreman obrok kad god ti zatreba. Ako skuvaš po dve stvari jednom nedeljno, recimo nedeljom, i zamrzneš, mirna si što se tiče jela i ne moraš da kuvaš svako veče. Takođe, možeš da kupiš meso na sniženju, skuvaš i zamrzneš, i uštediš novac."

Moja majka nikada neće poslužiti složenac ako nije bio zamrznut, makar i na dan-dva – ona kaže da je tako ukusniji (ja kažem da to jelo nikada nije ukusno, ali to nju ne sprečava). Ona takođe ispeče kolače a zatim ih zamrzne, tako da su joj pri ruci ako neko navrati. Obožavam tu ideju da uvek imate spremne kolače – ponekad vam je stvarno potrebno nešto slatko.

Nemojte otapati hranu na sobnoj temperaturi – to je pozivnica za divlje razmnožavanje bakterija. Umesto toga, ostavite smrznuto jelo preko noći u frižideru ili upotrebite program za odmrzavanje u mikrotalasnoj.

Preterati sa zamrzavanjem

Prema savetu Nacionalnog centra za čuvanje hrane kod kuće (šta, niste član ovoga društva!?), evo koliko sledeće stvari smeju biti zamrznute:

Vrsta hrane	**Meseci**
Voće i povrće	8–12
Živinsko meso	6–9
Riba	3–6
Mleveno meso	3–4
Procesirano meso	1–2

Saveti za zamrzavanje

Da biste izbegli preterano zamrzavanje i druge katastrofe, pobrinite se da je sve što zamrzavate čvrsto zapakovano.

Pakovanje u kojem se nalazi hrana iz supermarketa (tj. tacna od stiropora i razvučena kesa na piletini) ipak dozvoljava ulaz vazduha, zato ponovo zapakujte meso ako planirate da ga zamrzavate na duže od mesec dana. Koristite kese za zamrzivač ili aluminijumsku foliju i pakujte đavolski dobro tako da nijedan deo hrane nije u dodiru sa vazduhom.

Podelite hranu na veličine jednog obroka pre zamrzavanja. Kupite komplet plastičnog „taperver" posuđa ili neke druge plastične posude koje imaju vakuumske poklopce i kupite kvalitetne kese za zamrzivač. Obeležite sve, stavite naziv i datum.

što je bolje i za okolinu. Samo se postarajte da imate dovoljno plastičnih posuda, tegli i kesa za pakovanje u kojima će namirnice ostati sveže i van domašaja insekata.

ORGANSKA HRANA

Analiza troškova i prednosti

Pokušavam da jedem organsku i hranu bez hormona, kada god mogu da je nađem i priuštim sebi. Takva hrana je obično ukusnija i, uprkos zbunjujućim vestima na večernjem dnevniku, i dalje verujem da je bolja za mene od konvencionalno uzgajane hrane sa farme. Možete jesti kombinaciju organske i konvencionalne hrane. Zasnivajte svoje odluke na onom što vam je na raspolaganju i na sledećim faktorima.

DRUGIM REČIMA

Organski: hrana proizvedena bez sintetičkih đubriva i pesticida. Stvara se bez genetičkog inženjeringa, bez hormona rasta, bez antibiotika i ovakav uzgoj reguliše Nacionalni odbor za organski standard Ministarstva poljoprivrede.

Prednosti organske hrane

Dobra je za vas. Ne dobijate pogodnosti za zdravlje iz veštačkih đubriva, hemikalija ili

viška hormona u svojoj hrani. Neki kažu, međutim, da su ovi elementi koji tek u tragovima ostaju u hrani suviše mali da bi prouzrokovali nevolju – vi prosudite. Kao dodatak, neke studije organskih proizvoda pokazuju da su bogatiji u osnovnim mikrohranljivim sastojcima.

Dobra je za farmere. Proizvodnja organske hrane smanjuje zavisnost poljoprivrednika od izvora koji se ne mogu obnavljati i dozvoljava im da stavljaju najbolje cene za svoj trud, što povećava njihov prihod.

Dobra je za okolinu. Organsko uzgajanje koristi praksu koja smanjuje vreme tokom kojeg je zemljište izloženo erozivnim silama, umanjuje gubitak hranljivosti i poboljšava produktivnost tla. Ona smanjuje zagađenost podzemnih voda jer koristi samo prirodno đubrivo i pomaže da se smanji efekat staklene bašte tako što zadržava ugljenik u zemlji.

Najbolji način za vegansku ishranu: Poljoprivreda koju podržava zajednica

Želite da nabavite najsvežije organsko voće i povrće bez pesticida – a u nekim slučajevima čak i mlečne proizvode – a da u isto vreme pomognete lokalnom farmeru? Ako postoji program za podržavanje poljoprivrede zajednice u vašem kraju, učinite upravo to.

Evo kako to funkcioniše: jedna grupa ljudi obeća da će podržavati određenu farmu u sezoni. Oni plate unapred za nekoliko meseci proizvoda, efektivno postajući akcionari te farme, učestvujući u pogodnostima i u gubicima zajedno sa farmerom. Ako je vreme dobro i nema nepogoda, članovi dobijaju tone svežih proizvoda svake nedelje. Ako je vreme loše ili je navala insekata, članovi su obezbedili da će farmer preživeti težak period tako što su mu platili unapred – svi su na dobitku.

Godinama sam bila član jedne ovakve grupe (izašla sam samo zato što sam mnogo vremena provodila na putu). Za manje od 200$ za 6 meseci, dobila sam ogromne količine najsvežijeg povrća jednom nedeljno – više nego što bih uopšte mogla da pojedem. Upoznala sam se sa farmerom – svakog četvrtka vozio je kamion tri sata da bi nam isporučio nedeljno blago.

Tokom tog perioda bila sam zdravija nego ikada u svom životu. Probala sam povrće kao što je tomatilo i neki neidentifikovani zeleniš koji inače nikada ne bih kupila. A kada je jednog meseca bila loša berba nekog ljubičastog paradajza, dobila sam delikatesne pečurke koje bi koštale 20$ na pijaci.

www.veganizam.com

Bolja je za životinje. Organski gajena stoka mora biti čuvana u uslovima koje obezbeđuju njihovo prirodno okruženje. (Krave, ovce i koze dobijaju prostor u kojem mogu da pasu, a ne drže se zatvorene u štali.) Ne daju im se hormoni niti antibiotici kada nisu bolesne – bolest se sprečava preventivnim merama.

Nedostaci organske hrane

Skuplja je. Organsko odgajanje traži intenzivno učešće radne snage, zato košta više.

Možete biti izloženi nekim đubrivima kao što je stajsko đubrivo, ili buđ, što dovodi do nešto većeg rizika od trovanja hranom.

Neki kažu da je na globalnom nivou neodrživa. Pošto organski farmeri imaju znatno manju žetvu neko konvencionalni, oni ne mogu da proizvedu dovoljno hrane da se nahrani svet. Naravno, može se reći da mi već ionako imamo dovoljno poteškoća da proizvedenu hranu dostavimo onima kojima je potrebna, zato donesite sami svoj zaključak.

Šest jednostavnih recepata koje može napraviti i neko ko nije kuvar

Polako sam se mirila sa idejom da nisam vrhunski kuvar. Zapravo, ja uopšte i nisam kuvar – zauzeta sam, imam malu kuhinju i, osim ako mi ne dolaze gosti, radije ću pojesti činiju testenine za večeru nego praviti nešto za čega moram da isprljam više od jedne posude. Međutim, volim da kuvam i volim da jedem dobro i zdravo. Samo zato što svako veče nije gurmanska večera ne znači da ja (niti vi) moram da jedem kao usamljena osoba. U stvari, nikada ne bi trebalo da jedemo kao usamljene osobe. (Ako imate pakovanje osušenih rezanaca u visećem elementu u kuhinji naređujem vam da ih bacite smesta – i samo razmišljanje o njima čini da se osećam kao poslednji čovek na planeti.)

Pečeno pile: jedno veoma izdašno pečenje

Napravite nekoliko obroka da biste uštedeli vreme i novac. Lijina mama savetuje da dobro pileće pečenje može trajati nedelju dana. Na narednim stranicama pokazaćemo kako da što bolje iskoristite pile koje ste vi ispekli, ili kupljeno pečeno u supermarketu, na šest raznih načina.

PEČENO PILE S LIMUNOM

Za četiri osobe (ili za jednu osobu za nedelju dana)

SASTOJCI

1 pile (1,5–2 kg)

So i biber

2 limuna

3–4 veze svežih začina, kao što je timijan ili ruzmarin (po volji)

1. Ugrejte ranije rernu na 200 °C

2. Operite pile detaljno u hladnoj vodi, unutra i spolja. Osušite i istapkajte papirnim ubrusom.

3. Pošpricajte obilato solju i biberom pileću kožu i u unutrašnjost. Neki ljudi vole da prvo natrljaju pile puterom, ali minimalisti se kunu da je isto tako ukusno i bez toga.

4. Operite dva limuna u hladnoj vodi i osušite. Omekšajte ih tako što ćete ih rolati gore-dole i pritisnuti palcem. Viljuškom probušite oba limuna na bar dvadesetak mesta.

5. Strpajte limunove (zajedno sa svežim začinima, ako volite) u utrobu pileta. Zatvorite otvor čačkalicom ili metalnim zatvaračem.

6. Stavite pile u tepsiju za pečenje, okrenuto grudima nadole. Stavite ih u već zagrejanu rernu.

7. Posle trideset minuta, okrenite pile, grudi nagore.

8. Pecite još 30–35 minuta a zatim povećajte temperaturu na 250 °C i pecite još dvadeset minuta. Računajte otprilike 20–25 minuta za svakih pola kile pileta. Bocnite pile viljuškom. Kada je gotovo, iz njega ističe čist sok.

9. Pustite pile da se ohladi nekoliko minuta. Zatim ga stavite na dasku za sečenje i presecite belinu koristeći kuhinjske makaze. Otvorite pticu sečenjem sa obe strane kičme. Stavite polovine, s kožom nagore, na dasku i makazama isecite između bataka i beline. Da biste odvojili batake, odvojite ih od karabataka i presecite na sastavu. Piletina bi trebalo lako da spadne sa

Nedelja pečenog pileta

NED	PON	UTO	SRE	ČET	PET & SUB
Pečeno pile sa povrćem	pileći sendviči	pileća salata	pileća salata sa majonezom (pile je možda već malo suvo)	pileća supa	Sada možda više ne želite da u životu više vidite piletinu. Jedite nešto drugo.

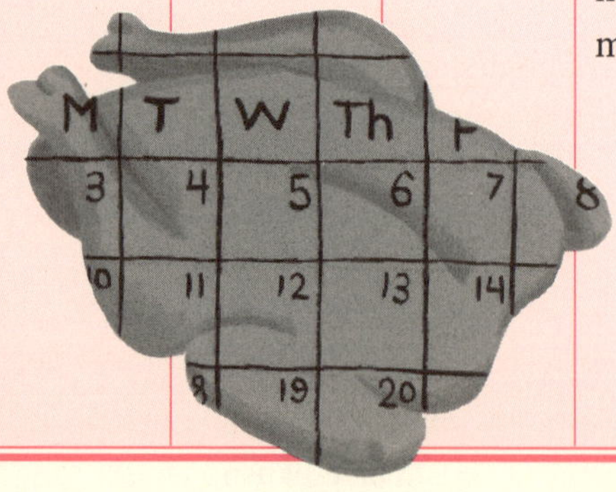

POSTOJI I LAKŠI NAČIN

Najsočniji limunovi i limete na rafovima su oni koji imaju najtanju kožu. Da biste dobili najviše soka iz limuna, stavite ih u mikrotalasnu na visoku temperaturu trideset sekundi, a zatim pustite malo da se ohlade pre nego što ih isečete ili iscedite.

kosti. Možete biti elegantni i odseći je nožem; ili možete zgrabiti pile i smazati ga kao pećinski čovek. Prelijte sok iz pileta kao preliv.

Vesela salata

Napravite od salate obrok tako što ćete ubaciti šta god nađete na policama (u okviru zdravog razuma – cirkuski kikiriki jeste zabavan, ali ovde ne ide). Počnite sa bazom od zelene salate (standardna puterica je dosadna – isprobajte romansku, radikjo, mesklun ili spanać). Paradajz, šargarepa, krastavci, paprike i pečurke su standardni činioci salate. Budite hrabri pa izmislite neko novo jelo. U tu mešavinu ubacite šta god da vam se čini privlačnim od sledećeg:

Sušeno voće: suvo grožđe, ili sušene brusnice dodaju malo slatkoće, kao što čine i kajsije i ananas.

Orasi: makadamija, brazilski oraščići, bademi, lešnici

Sir: grudvice fete, gorgonzola, iseckani grijer

Proteini: komadići piletine, tunjevine, tofu, ostaci ribe, tvrdo kuvano jaje

Zrnevlje: stavljam grašak u sve. Probajte boraniju ili kukuruz ako volite.

Vinegrete na vaš način: Recept nije potreban

Nikada ne kupujem preliv za salatu – napravim svoj od osnovnih sastojaka a zatim ubacim malo začina. Najlakši vinegret na svetu je ¼ šoljice sirćeta (ja volim balsamiko – možete koristiti i ono od ananasa, crveno ili belo vino); 1 kašičica senfa (eksperimentišite sa

HELENINA MAMA KAŽE

„Da biste produžili život zelenišu, operite zelenu salatu i dobro je osušite. U plastičnoj ili staklenoj činiji pokrijte salatu prvo vlažnom krpom, zatim suvim papirnim ubrusom, a potom stavite u frižider."

dižonskim senfom i sl.); so i biber; ¾ šoljice maslinovog ulja. Odnos sirćeta prema ulju je obično 1:3 ali probajte razne količine (očigledno, što manje ulja, to manje kalorija) pa vidite šta je najbolje za vas. Izlupajte mešavinu kao ludi ili je dobro promućkajte u dobro zatvorenoj tegli.

Jednom kada ste pogodili preliv po svom ukusu, tako što ste eksperimentisali sa sastojcima i njihovim odnosom, pokušajte da dodate nešto od sledećeg radi ukusa:

- Bilo koji sveži ili suvi začin kao što je beli luk, ruzmarin, bosiljak, ili silantro
- Med (smanjuje gorčinu sirćeta i senfa)
- Jogurt (smanjuje gorčinu i čini salatu kremastijom)
- Ren (pojačava ukus)
- Soja sos
- Gutljaj soka od narandže (da zasladi)
- Mrvica soka od limuna ili limete (da malo zakiseli, na dobar način – ali nemojte mešati jogurt i citruse jer može da se zgruša)
- Narendani parmezan

U osnovi, izbor je slobodan za sve. Možete napraviti sjajne prelive tako što ćete eksperimentisati sa sastojcima iz vrata od frižidera. Probajte malu količinu pre nego što ga dobro zalijete.

Nešto više od pileće sa rezancima: Vrlo lake supice

Moja prijateljica Vanesa uvek pravi neku supu. Ona će vam u nedelju zakuvati neku sjajnu mešavinu od supe i nastaviti da je jede tokom svih radnih dana. Uvek sam bila ljubomorna na tu njenu nonšalanciju, na njenu sposobnost da napravi nešto što sam ja smatrala da potiče iz konzerve. I vi? Uspela sam da izvučem tajnu iz Vanese. Sada svi mi možemo da se bacimo na tečnu dijetu koju stalno pretimo da ćemo započeti.

Glavna stvar koju treba zapamtiti jeste da ne treba dizati frku oko supe. To je baš prosto. Ako je prejaka, dodajte vode. Ako je bljutava, dodajte soli ili začina. Ako nemate temeljac, dodajte supu u kocki. Napravite zamene i dodajte sastojke kako god želite – neka vam re-

> **POSTOJI I LAKŠI NAČIN**
>
> Iskoristite posude za pravljenje leda da biste zamrznuli temeljac za supu, sos, čak i krem za vašu kafu. Možete posle da stavite zaleđene kockice u kesu, radi prostora.

cepti budu samo osnovno uputstvo, a ne čvrsta pravila. Kuvanje supe treba da bude lako, raznovrsno i zabavno.

Supa od drobljenih oraščića sa puterom i karijem i sa jabukama

Za četiri osobe

Sastojci
3–4 kašičice putera
1 seckana glavica luka
3 kašičice karija u prahu
4 šolje pilećeg temeljca
1 velika, očišćena
1 iseckana jabuka, oljuštena ili ne
Soli po ukusu

1. Istopite puter u loncu za supu na srednjoj temperaturi, a zatim dodajte luk i kari u prahu a zatim dinstajte luk dok omekša. Dodajte pileći temeljac, ostavite da proključa a zatim dodajte bundevu i jabuku i kuvajte, zatvoreno, 30–40 minuta.

2. Ispasirajte u blenderu, posolite po ukusu i poslužite u činijicama.

Varijacije: Vanesa vas podstiče da se poigrate sa sastojcima. Sve količine treba prilagoditi ukusu, kaže ona. Ako ste zabrinuti zbog masnoće ili ste vegetarijanac, koristite temeljac od povrća i manje putera a umesto njega maslinovo ulje. Dodajte šargarepe ili slatki krompir, ako želite više supe. Ispecite semenke od bundeve sa malo maslinovog ulja i „vuster" sosa dok ne budu smeđi, a zatim ga koristite kao dekoraciju ili im dodajte malo jabuke. Takođe, kari možete da zamenite jednom kašičicom đumbira a možete i da ubacite neki ljuti sos ili pikantnu crvenu papričicu.

Supa od krompira

Za šest osoba

Sastojci
4 velike kašike maslinovog ulja
1 glavica seckanog crnog luka
½ iseckane veze zeleni za supu (ili jedna kašika sušenog, ali sveže je mnogo bolje)
4 šolje pilećeg temeljca
4–6 oljuštenih krompira
4 iseckana praziluka (samo beli delovi, dobro oprati pre i nakon seckanja – tu ima mnogo prljavštine)
Soli po ukusu

1. Zagrejte maslinovo ulje u loncu za supu. Dodajte luk i veći deo zeleni i dinstajte dok luk ne omekša. Dodajte pileći temeljac. Pustite da proključa, zatim dodajte krompir i praziluk.

2. Pustite da krčka nepokriveno dok povrće ne omekša, 40–50 minuta.

3. Ispasirajte u blenderu, i poslužite sa malo seckanog peršuna.

Varijacije: koristite puter umesto maslinovog ulja i dodajte malo pavlake na kraju da bi vaša supa bila super jaka. Vegetarijanci mogu da koriste temeljac od povrća i ¼ šolju kuvane riže umesto pavlake.

ISECKAJTE BELI LUK BEZ PO MUKE: Postavite čen belog luka na dasku i prtisnite ga nožem sa širokim sečivom kako biste lakše odstranili ljusku.

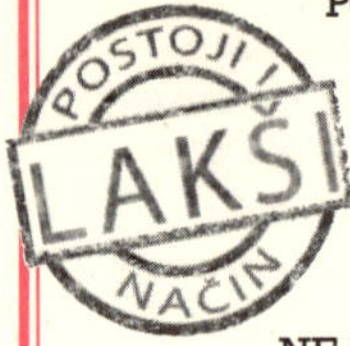

NE PLAČITE: Kako vam ne bi pošle suze, ohladite lukac pre sečenja, zatim ga oljuštite i iseckajte pod mlazom hladne vode. Ukoliko ga dinstate, prethodno ga osušite.

Supa sve u jednom

Za 8 osoba

Sastojci

3–5 velikih kašika maslinovog ulja
1 glavica iseckanog crnog luka
1 kašičica iseckanog timijana
4 do 6 šolja goveđeg temeljca (ili od povrća)
1 veliki paradajz oljušten ili iseckan
Razne vrste vašeg omiljenog povrća – tikvice, crvena paprika, grašak, boranija, šargarepa, celer, spanać, prokelj, karfiol, slatki krompir, šta god volite. Koristite sveže ili smrznuto povrće, ili kombinaciju oba.
1 šolja testa
1 konzerva pasulja (belog, žutog, crvenog) ili sočivo
Malo vina – crnog ili belog – kako volite
Soli po ukusu
Nekoliko šoljica narendanog ili iseckanog parmezana

1. Zagrejte maslinovo ulje u loncu za supu. Dodajte luk i timijan, dinstajte dok luk ne omekša, desetak minuta.

2. Dodajte juneći temeljac, pustite da proključa, a zatim dodajte povrće i dobro promešajte. Dodajte testeninu, pasulj i vino.

Vanesine zadivljujuće supene tajne

Formula je uvek ista:

masnoća + ukus + tečnost + povrće + pavlaka (po želji) + zelen (po želji)

- Masnoća može biti puter ili maslinovo ulje, šta god volite.
- Ukus često daje iseckani crni luk i sveže ili sušene trave i začini.
- Tečnost može biti temeljac ili voda.
- Čvrste stvari povrće ili pasulj ili šta poželite.
- Pavlaka ili mleko su po izboru i mogu biti dobri u nečemu što ima interesantnu strukturu, kao što je čorba od krompira. Ili možete dodati ¼ šolje kuvane riže pre stavljanja u blender – i ona doprinosi da smesa bude kremasta. Isprobajte i drugo povrće koje se može pasirati za čorbu bez mlečnih proizvoda.
- So – neophodna u supi.
- Zelen ili peršun je stvarčica od koje supa izgleda elegantnija nego što jeste. Kao na primer listić bosiljka koji kraljevski pluta po činiji, ili kašika kisele pavlake na sredini.

3. Kuvajte dok povrće ne bude gotovo – negde od 30 minuta do 2 sata, u zavisnosti od povrća. (Bocnite ih da vidite da li je gotovo.) Ako je supa pregusta, dodajte još temeljca ili vode. Posolite po ukusu i poslužite u činijicama sa narendanim parmezanom odgore. Vanesa vas ohrabruje: „Što više sira, to bolje. Iseckajte ga u majušne kockice, veličine gumice za brisanje na olovci, i ubacite ih u supu radi onog slanog ukusa sitnih knedlica od sira."

Vaš adut iz rukava

Nisam ni shvatala koliko svoga ličnog pečata moja majka stavlja u svoj jelovnik dok nisam jedne godine proslavljala Dan zahvalnosti sa grupom svojih prijatelja. Dogovarali smo se ko će šta doneti (Sintija će ispeći ćurku, Katarina pire krompir, Dru sos od višanja), pa sam ja uskočila sa: „Ja ću doneti puding od kukuruza!" Bledo su svi zurili u mene. Već godinama porodični recept, i tradicionalno jelo na američkom jugu gde je moja mama odrasla, a ipak niko od mojih prijatelja – kuvara nije ni čuo za to. Nisam mogla da zamislim veliki porodični skup bez pudinga od kuku-

Najbolji osnovni kuvari

Uzmite jedan ili sve ove knjige zbog njihovih izvrsnih, lakih recepata (takođe su interesantne za čitanje!).

Novi tom radosti kuvanja, Irma Rombauer, Marion Rombauer Bejker i Itan Bejker

Kako kuvati sve, Mark Bitman
Put ka kulinarstvu, Džulija Čajld
Kuvarica, Moli Kacen

Rejčelini obroci od po 30 minuta, Rejčel Rej

Solo u kuhinji, Džejn Dorfer

Solo večerinke, Džojsi Goldstajn

Kuvarica za gurmane, Džuli Roso & Šila Lukins

Osnove klasične italijanske kuhinje, Marčela Hejzen

ruza pa sam smesta nazvala svoju majku da mi da recept. Bio je to ogroman hit – sada su svi moji poznanici dodali ovo jelo svom repertoaru jela za večeru. Budite onaj koji utiče na ukus u svom društvu – sledeći put kada idete na zajedničku večeru, ponesite i ovaj lak, delikatesan dodatak koji svi vole.

PUDING OD KUKURUZA MOJE MAME

Za osam osoba

SASTOJCI
2 paketa zamrznutog kukuruza (samo zrnevlje, bez sosa)
3 jajeta, dobro umućena
1 šolja neprosejanog univerzalnog brašna
1 kašičica soli
1 kašičica belog bibera
1 kašičica šećera
Malo mlevenog muskatnog oraščića
2 supene kašike putera, otopljenog
2 šolje pavlake manje masnoće

1. Zagrejte rernu na 200 °C. Blago namažite puterom vatrostalnu posudu.

2. U velikoj vangli sjedinite kukuruz i jaja; dobro promešajte. U drugoj činiji sjedinite brašno, so, biber, šećer i mirođiju. Umešajte

mešavinu od brašna u kukuruz. Dodajte otopljeni puter i pavlaku; dobro promešajte i uspite u pripremljenu vatrostalnu posudu. Stavite je u veću tepsiju i nalijte tepsiju toplom vodom tako da bude otprilike 3 cm oko vatrostalne posude.

3. Pecite nepokriveno dok puding ne bude čvrst; kada zabodete nož kroz sredinu, on mora biti čist. To je otprilike sat i petnaest minuta. Poslužite toplo.

DA VAM JE ČEKIĆ PRI RUCI

Dama je sam svoj majstor

Na magičan način došla sam do svog prvog čekića – činilo se da se pojavio niotkuda. Možda ga je nastojnik zgrade ostavio u mom stanu kada je popravljao policu, a možda je bog majstora pogledao na mene i smilovao se na moju jadnu personu, jer nisam imala ni jedan jedini komadić alata koji bih mogla zvati svojim. Možda mi je poslao čekić da vidi koliko vešta mogu da budem, samo kada mi se da pravi instrument. I tako, tu je bio taj čekić, ležao je u visećem elementu, čekajući na mene. Smesta sam ga upotrebila i okačila sve one slike i fotografije koje su mi godinama stajale negde u ćošku. Konačno sam pričvrstila za zid okvir za papirne ubruse, zakucala ivice kuhinjskog linoleuma koje su se krivile, i okačila zavesice i roletne.

Uz **čekić i nekoliko eksera**, vi biste svakako mogli sagraditi sopstvenu kuću. Ali počnite od malih stvari: kačenje slika vam donosi veliko zadovoljstvo i pretvara kuću ili stan u dom (ili barem u nešto što mnogo više liči na dom).

Kada ekseri i čekić nisu dovoljni, nemojte se plašiti **električne bušilice** koja je glasna ali nije teška za upotrebu. Možete da postavite garnišne, police, brave. Hej, ako želite, zakucajte svoj nameštaj za pod – *samo zato što vam se može.*

Uz jedne dobre **papagajke**, vi ćete sređivati česme koje kaplju i zavrtati svaki navrtanj u kući za tren oka. Možete kupiti komplet klešta različitih veličina, ali onaj tip koji se prilagođava pružiće vam najviše.

Verovatno ćete kupovati nameštaj koji treba da se sklopi. *Ikea* koja se bavi unutrašnjim dizajnom za mlade i one koji vole sklapanje, ima posebnu naklonost prema nameštaju za koji su potrebni navoji da se sastavi. Kupite sebi jedan komplet.

Mada većina *Ikeinih* sastavnih delova ima svoje prikladne navrtnje, ako izgubite jedan tokom sastavljanja, gotovi ste. A kada dođe vreme za selidbu i vi morate da razmontirate svaku policu, biće vam drago što imate rezervu.

Davno, u mračnim vremenima, trebalo vam je mnogo odvrtki da biste mogli da radite na različitim šrafovima, raznih veličina i oblika, ali sada možete imati samo jedan sa promenjivom glavom. Dve osnovne vrste odvrtki su „obični“ i „krstasti“ i koriste se za dve različite vrste vijaka. Vaša **odvrtka** promenljive glave trebalo bi da vam omogući da zavrnete i jednu i drugu vrstu.

Metar za merenje načinjen od fleksibilnog metala neophodan je za merenje prostora za toaletni stočić pored vašeg kreveta izrađenog po meri; za utvrđivanje koje veličine su vam potrebne roletne ili da utvrdite veličinu u kvadratnim metrima sobe pre nego što kupite tepih pre nego što kupite neki preveliki od kojeg će vaša dnevna soba izgledati kao zubarska ordinacija sa itisonom razvučenim od zida do zida. (Meni se ovo nikada nije desilo. Okej, možda jednom).

Koristite svoj metar često i preventivno. Ali nemojte, kao što je učinila jedna moja poznanica, kupiti sebi dupli francuski ležaj ako niste sigurni da može da prođe kroz vaše stepenište; i da će, štaviše, moći da stane u vašu spavaću sobu.

Igrati nasuvo

Želim da izjavim da nema ništa odvratnije od začepljenog WC-a ali imam, nažalost, iskustva gledanja jedne epizode *Survajvora* tako da znam da postoje i groznije i smrdljivije stvari na svetu. Ali bilo bi fer reći da nema nezgodnije stvari od začepljene klonje – i zato morate biti vešti sa alatom kao što ste sa TV daljincem.

OTPUŠAVANJE WC-a

Kada postane jasno da je začepljen, nemojte samo povlačiti vodu nadajući se, uzalud, da će se odgušiti sam. To će dovesti do prelivanja, što treba izbeći po svaku cenu.

Šta vam je potrebno: kofa i odgušivač

1. Isključite vodu u WC-u: to su oni navoji iza šolje gde se nalaze ventili.

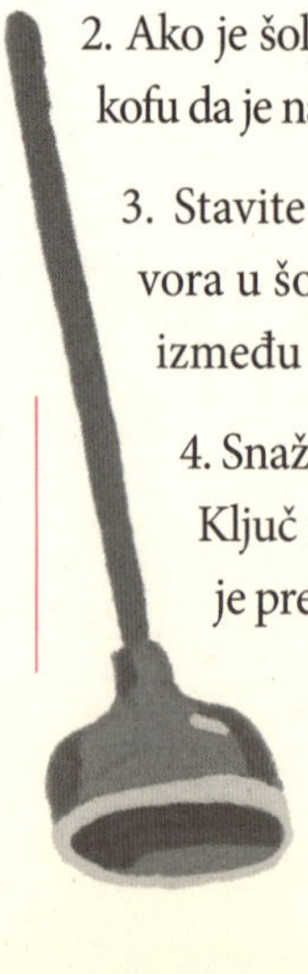

2. Ako je šolja puna manje od pola, upotrebite kofu da je napunite do normalnog nivoa.

3. Stavite odgušivač iznad odvodnog otvora u šolji formirajući vakuumski efekat između odgušivača i porculana.

4. Snažno vucite gore-dole nekoliko puta. Ključ za dobro odgušivanje, kao što me je prethodni nadstojnik obavestio, jeste *povlačenje a ne guranje*. To je protiv vaše intuicije ali je razumno kada ste u poslu.

> **POSTOJI I LAKŠI NAČIN**
>
> Smanjite mogućnost zagušenja tako što nećete bacati hranu u sudoperu (osim ako imate mlin za smeće), i tako što ćete koristiti rešetkicu za dlake u kadi. Kada se desi malo zagušenje, pokušajte da uspete mešavinu ½ šolje sirćeta i ¼ šolje sode bikarbone a zatim nekoliko šolja vrele vode niz otvor. Možda ćete morati da pokrijete odvod nakon sipanja ove mešavine da se ne bi vratilo kao erupcija.

5. Dosada je nivo vode u toaletu verovatno vrlo nizak. Dodajte kofu vode što treba da pomogne odgušivanju.

6. Budite strpljivi pre nego što ponovo povučete vodu. Ponekad je potrebno malo vremena, čak i nakon dobrog odgušivanja, da se začepljenje rastvori.

Ako ništa ne uspe, pozovite nastojnika, vlasnika ili vodoinstalatera. Alat zvani toaletno svrdlo može da uspe tamo gde odgušivač nije uspeo, ali mislim da ga vi nemate pa je vreme da pozovete profesionalce. Oni će vas pitati da li ste u šolju trpali uloške, papirne ubruse, hranu ili zubni konac a vaš odgovor će, naravno, biti: „Naravno da ne“, jer svako zna da se sme ubacivati samo biološki otpad i toalet-papir u šolju i ništa drugo. Zar ne?

ODGUŠIVANJE KADE

Šta vam je potrebno: gumene rukavice, zašiljena klešta, odgušivač (ali ne onaj koji ste koristili u WC šolji jer je prljav).

Ono što zapravo ovde radimo je uklanjanje blokade ručno. Ako imate odvodnik sa rešetkicom, izvadite je tako što ćete je okrenuti obrnuto od kazaljke na satu. Uklonite zgužvanu gomilu dlaka i sapuna. Ako imate odvod sa krupnijom rešetkom, iskoristite zašiljeni deo klešta i stavite ih u rešetku, a zatim okrenite obrnuto od kazaljke na satu da biste skinuli rešetku.

Ako ovo ne uspe, upotrebite odgušivač kao kod WC šolje.

Štednja

Računi za komunalije su jedna dosadna i skupa životna činjenica. U zavisnosti od toga gde živite, možda plaćate za struju, toplu vodu, gas, telefon, Internet, ili bilo koju takvu kombinaciju. Ove stvari se brzo sabiraju i, vrlo često, što veći račun plaćate, više energije bacate. Ne želim da vas ubeđujem da se tuširate kratko kao u vojsci ili da perete svoju odeću domaćim sapunom u reci, ali postoji nekoliko jednostavnih promena koje možete preduzeti u svojoj kući da biste smanjili račune i uzaludno trošenje energije, a da ne počnete da živite kao u divljini.

Ugasite sijalicu: štednja struje

Ako imate grejanje na struju, možete uštedeti gomilu novca tako što ćete podesiti svoj termostat na ne više od 20 stepeni zimi i ne niže od 25,5 leti. Svaki stepen više zimi može povećati vaš trošak energije za 3 procenta. Leti, svaki stepen niže može podići troškove hlađenja za 6 procenata. Nećete ni primetiti razliku za jedan stepen a to vam može uštedeti stotine dolara godišnje. Takođe, isključite grejanje kada krenete na spavanje i kada niste kod kuće.

Zimi je takođe mnogo bolje za vaše zdravlje da vam kuća ne bude pretopla. Preterano grejanje će vas osušiti kao šunku – stavite lonac s vodom na radijatore da biste imali malo vlage. Zimi ne mogu da živim bez svog ovlaživača vazduha – on održava moju kožu, usne i grlo da se ne osuše u mome stanu gde je toplo kao u paklu. Iskreno vam preporučujem da i vi kupite jedan.

Kupite kompaktne fluorescentne sijalice a ne obične – ove prve koriste mnogo, mnogo manje energije i značajno duže traju. U većini soba stavite sijalice sa najmanje moguće vati, neka sve preko 75 vati bude rezervisano za lampe za čitanje i za neka mesta gde vam je potrebno vrlo jarko svetlo. Jedna mala ali prosvetljujuća tajna: zakloni na lampama koji imaju belu unutrašnjost reflektuju više svetla.

Otopite frižider i friz kada se formira led a ostavite frižider na najnižem nivou kada otputujete.

Isključite iz struje sve aparate kada ih ne koristite – većina njih koristi struju čak i kada nisu upaljeni. Ko bi to rekao?

Neka vaši kućni aparati budu čisti – usisajte navoje na poleđini frižidera svakih šest meseci i on će efikasnije raditi. Redovno usisavajte radijatore da biste obezbedili da toplota nesmetano protiče.

Stavite traku za izolaciju na mestima gde postoji promaja na prozorima, vratima i na klima-uređajima zimi.

Pokušajte da na suncu sušite svoju odeću i sudove da biste izbegli mašinu za suđe i mašinu za sušenje veša. Jedna malo poznata činjenica: sušač za odeću može da usisa toplotu iz kuće zimi, zato ne uzimajte od svetog Pavla da biste platili svetom Petru. (Ko bi rekao da razgovor o grejanju može da povuče biblijske reference?)

U kuhinji, mikrotalasna troši mnogo manje energije od klasične rerne zato, osim ako će to pretvoriti vašu večeru u gumu za žvakanje, uradite je na brzinu.

Voda bez mane

Otpadne vode mogu imati vrlo loš uticaj na okolinu (pogotovo ako živite u kraju koji je sklon poplavama). Uključujte mašinu za suđe i mašinu za veš samo kada su pune, zapušite curenja i WC šolju koja kapa – toalet koji curi može da upropasti oko 8.000 galona vode godišnje! Male stvari, kao na primer zatvaranje vode dok perete zube, ili skraćenje tuširanja, štedi vodu a vama ne čini neugodnosti. Instalirajte tuš glave niskog protoka i kvalitetnu bateriju na lavabou za pravu uštedu *vode*.

Za više informacija

Ne propustite da pročitate kojoj energetskoj klasi pripada kućni uređaj koji kupujete. Nekada vredi potrošiti nešto više za aparat više energetske klase koji će vam na duže vreme uštedeti novac. Federalna komisija za trgovinu objašnjava kako treba čitati one žute etikete:

Kako kupiti energetski efikasan kućni uređaj
www.ftc.gov/bcp/conlajn/pubs/homes/applnces.htm
Uštede energije
www.eere.energy.gov/consumer/tips

Samo mobilni, nikad stabilni? Izbor je vaš

Imam stabilnu liniju, ali jedna prijateljica me je nedavno obavestila da niko ko ima manje od osamdeset godina nema fiksni telefon u ovo vreme. Meni je linija potrebna za moj DSL i volim tu utešnu pomisao da ako moj mobilni crkne, i dalje mogu da telefoniram. Ali, da budemo iskreni, postoji toliko ušteda za telefonske usluge da bi čovek bio blesav da ih ne iskoristi. Nazovite razne kompanije mobilne telefonije i vidite ko nudi najbolji paket. Napujdajte ih jedne na druge: „Druga kompanija mi je rekla da mogu da dobijem 60 minuta besplatnog inostranog razgovora mesečno – možete li vi bolje od toga?"

Većina paketa za inostrane pozive ima različite cene za različito doba dana. Uzmite onaj paket koji vam daje najbolju cenu za ono vreme koje vi provodite kod kuće (šta vam vredi 3 centa po minuti u periodu kada ste na poslu?) Ako vaš mobilni operater nudi neograničene ili dodatne minute tokom noći, razmislite da u potpunosti otkažete svoj paket za inostrane pozive na fiksnoj.

Proverite da li vaš telefonski račun sadrži neke dodatne usluge za koje vas zadužuju – poziv na čekanju, govorna pošta i razgovori utroje mogu vas koštati stotine dolara više tokom godine. Ogulite svoj paket do minimuma – na kraju krajeva, šta vam je još potrebno osim slobodne linije?

Usluga telefoniranja putem Interneta (koja se često naziva VoIP – Voice over Internet Protocol) vrlo je jeftina – ponekad i besplatna – alternativa stabilnim linijama. Proverite onlajn koji su najbolji paketi.

Saznajte više o VoIP
CNET vodič za VoIP
http://reviews.cnet.com
Skype: neka ceo svet priča za džabe
www.skype.com

Što se tiče vašeg mobilnog telefona, postoji milijardu novih paketa u ponudi svaki dan, i obećavaju vam sve od besplatnih telefona do neograničene minutaže. Vodite evidenciju koliko i kada koristite svoj mobilni i nađite plan koji vama najviše odgovara. Uvek postoji kompanija koja je spremna da vas zgrabi ako kod drugih previše plaćate minute koje i ne koristite.

Kablovska televizija je luksuz bez kojeg možete živeti ako pokušavate baš da uštedite svaku paru. Ako pak imate kablovsku (život bez HBO izgleda tužan i usamljen), vidite kako možete da ukombinujete ovu uslugu sa servisom superbrzog Interneta, ili sa fiksnom ili mobilnom telefonijom. Mnoge kompanije vam nude velike popuste da bi bile vaš isključivi provajder za sve.

NAJEZDA MALIH ZELENIH

Grozni, puzeći ukućani koji ne plaćaju kiriju

Kada sam bila sasvim mlada devojčica, ukoliko bi se našla bubica u mojoj sobi, vrisnula bih da pozovem tatu koji bi sredio stvar. Moj otac ne živi više sa mnom, tako da mogu ili da boravim izvan svoga stana dok uljez ode po sopstvenom nahođenju, ili mogu sama da se postaram za njega. Razmišljala sam o tome da uzmem još jednu sobu da bi tata mogao da se smesti pored mene u slučaju da uleti neka osa ili ako je potrebno da mi okači neku policu, ali on nije bio raspoložen za to, pa sam došla do zaključka da će za naš međusobni odnos biti bolji ako se sama postaram za svoj prljavi posao.

Kako ubiti pauka ili neku drugu mnogonogu bubu

Tajna je u tome da treba zažmuriti. Jednom kada ste utvrdili da stvarno postoji pauk koji ide gore-dole po vašem zidu, na svojim sopstvenim svilenim nitima, počnite da čkiljite. (Faktor straha je mnogo manji ako ne vidite pauka sasvim jasno.) Uzmite jedno ogromno pakovanje papirnih maramica, priđite blizu i uhvatite uljeza, i čvrsto ga priklještite u šaci. Zatim otrčite do kupatila, brzo.

Zolje i pčele

Njih je mnogo lakše isterati kroz otvoren prozor nego ubiti. Ako ostanete mirni i ne vrištite i ne mlatarate rukama unaokolo kao poludeli, verovatno vas neće ujesti. Ako vas ubodu, rastvor sode bikarbone i vode trebalo bi da reši stvar, osim ako niste slučajno alergični (ako jeste, šibajte pravac u hitnu pomoć).

Buve

Odmah posle koledža uselila sam se u besprekorno čist, novi stan; u roku od nekoliko dana, moja stopala i članci bili su pokriveni groznim ujedima koji su svrbeli. Koleginica je bacila samo jedan pogled na ranice, koje nisu išle iznad mojih gležnjeva, i momentalno konstatovala da je reč o buvama. Zapravo, o ujedima buva. Jedini način da ih se otarasite jeste da „bombardujete“ stan koristeći sprej koji možete kupiti u supermarketu. Ako imate ljubimca koji šeta napolju, morate mu staviti ogrlicu protiv buva, a redovno kupanje trebalo bi da drži uljeze podalje od vaše kuće. Moj stan je, nažalost, bio pun ovih puzećih životinjica. Saznajte više o tome kako se otarasiti buva:

Fakultet veterinarske medicine u Beogradu

www.vet.bg.ac.yu

Bubašvabe

Živim u Njujorku. Bubašbave su gosti koje bi trebalo da prihvatim kao uslov života u ovom gradu. Ja to odbijam. Borna kiselina, smrtonosna za bubašvabe ali neotrovna za ljude drži ove „redovne posetioce" izvan moga stana već skoro celu deceniju. Svakih mesec dana pošpricam tanak sloj iza velikih uređaja i u pukotine u podu. Jedna mudra prijateljica me posavetovala, međutim, da bubašvabe nikada ne idu same zato ako vidite jednu, možete biti sigurno da sledi čitava vojska. Takve velike poduhvate prepustite dezinfekciji i deratizaciji.

Miševi

Više se bojim insekata nego miševa. Kada je naišao moj prvi miš (oh, to su bili dani), čak sam mu dala ime Mišica Vi i pretvarala sam se da imam jednog pomalo uvrnutog i jezivog kućnog ljubimca, takoreći hrčka koji nije u kavezu. I tako nedelju ili dve dana dok me njegova redovna noćna pretrčavanja preko dnevne sobe, što je kod mene izazivalo infarkt, nisu naterala da preduzmem malo drastičnije mere.

Dečko u gvožđari u koju sam otišla posavetovao me je da je jedini način da efikasno ubijem miša taj da uzmem staru dobru mišolovku. Ove zamke ubijaju veoma brzo (i stoga relativno humano), lake su za čišćenje i stvarno funkcionišu. Stavite u zamku kao mamac malo putera od kikirikija i stavite je pored zida gde ste videli miša. Oni su obično aktivni u suton i noću, zato je tada najbolje postaviti zamku.

Da biste sprečili da više miševa dođe u vašu kuću, popunite sve rupe (čak i najmanje pukotine) čeličnom vunom. Imajte na umu da će ovo možda zarobiti vašeg kućnog ljubimca u vašem stanu ali će barem zadržati njegove mlade izvan.

Neke napomene pre nego što postanete domaćin svog TV šou programa

Da biste postali vešt kućni ekonomista, ne morate da zapamtite nijedan od saveta koji su vam ovde ponuđeni. Ostavite ovaj odeljak za situacije kada se zapuši vaš odvod vode ili kada želite da napravite zalihe u kuhinji. Pitajte svoju mamu, svog tatu, prijatelje za savet kada se nađete u procepu – samo zato što oni nisu podelile tajne o domaćinstvu sa vama ne znači da ih nemaju.

I neka se zna jednom i zauvek da čišćenje, kuvanje i svi drugi kućni poslovi nisu „ženski poslovi" kao što su slabije razvijena društva nekada insistirala – to su obaveze koje ne poznaju pol i koje su neophodne za opstanak u modernom svetu.

Poglavlje 10

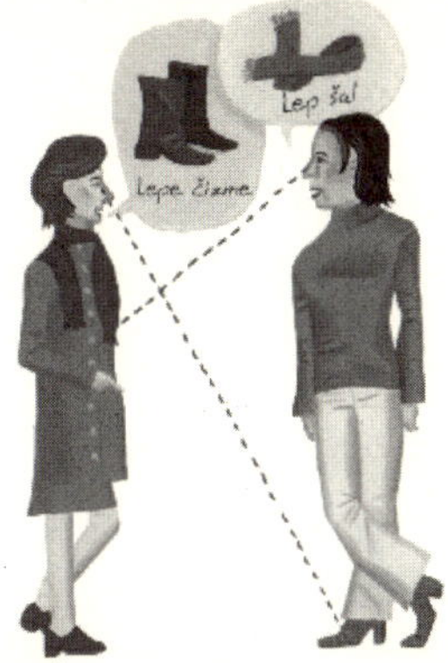

Modni saveti za sva vremena

Zamke hulahopki, japanke i velika debata o depiliranju prepona

Dok ja završim ovu rečenicu, moderna dužina suknje otići će od iznad kolena pa do članaka i nazad. Dok ste vi spavali, svi su prestali da nose svetlucavu senku za oči i vratio se mat izgled. Prelistali ste časopis *Elle*, pogledali ste onlajn ko je šta nosio na dodeli Zlatnog globusa, ali znate isto tako dobro kao i ja da se trendovi menjaju tako brzo da obična žena teško može da se nosi sa njima. Nema ništa loše u tome želeti da budeš doteran u stilu da se lažne rolke, pantalone na učkur i čizme sa platformama – svi ovi detalji su smatrani za obavezne u toku vašeg života – sada smatraju potpuno smešnim.

Glavni problem u vezi s modom i časopisima koji je idolizuju jeste sledeći: ono što je trenutno moderan „stil" nije uvek baš vaš stil. Ono što izgleda sjajno na manekenkama je vrlo verovatno pogrešno za vašu figuru, i tri ponuđena komada od kojih vi treba da napravite deset kombinacija možda su pogodni za Hajdi Klum, ali vi ne biste dozvolili ni mrtvu da vas uhvate u tesnoj haljini od čiste vune. A da i ne govorimo o tome da bi trebalo da budete neka grofica sa nekog ostrva sa blagom da biste mogli sebi da priuštite većinu tih „povoljnih" stvari iz magazina. Moda je – ako ćemo verovati mesečnim sjajnim časopisima – sport koji se samo gleda i najudobnije ga je posmatrati iz sedišta u blizini ringa (isti je slučaj sa zubarskim čekaonicama). Lakše je to nego se polomiti da učestvujete, osim ako niste visoki dva metra, nosite zaštitni oklop i zarađujete devetocifrenu platu.

Zato što svaka žena imaju jedinstveni tip tela, a i moda je tako lični način izražavanja, potpuno je neupotrebljivo nazvati jedan stil obaveznim. Ne postoji nijedan komad odeće koji bi odgovarao svima. Imajući to na umu, pogledajte vodič koji vam se ovde nudi i upotrebite ga na koji god način da odgovara vama. Zapamtite da se lični stil odnosi mnogo više na samopouzdanje, držanje i ponos, nego na ono što nabacite na sebe.

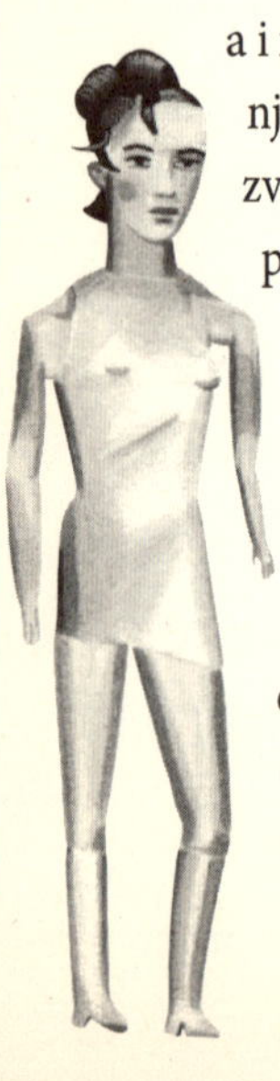

STVARANJE GARDEROBE

Osnovne stvari

Stvari koje dobro izgledaju na vama jesu stvari koje vi volite one koje su prigodne za datu priliku i, uopšte, one koje vam daju lepu i uravnoteženu siluetu. Čvrsto verujem u malu crnu haljinu koju možete podići ili pojednostaviti, kako prilika zahteva, ali vi možda ne volite haljine i mislite da vam dobro odelo sa pantalonama bolje stoji. Svaka devojka koja pokušava da sastavi garderobu i pri tom ima ograničen budžet dobro će postupiti ako prati formulu osnovnih stvari koje pristaju svima, nevezano za vrstu posla, veličinu ili preveliku ljubav prema bižuteriji.

Pošto su osnovne stvari one koje formiraju temelj svakog vašeg kompleta, potražite stvari na koje se možete osloniti, koje su udobne i koje vam dobro stoje. One treba da budu dobro krojene, lake za pranje i da se lako uklapaju u razne kombinacije. Pošto ćete ih često rotirati, ne treba da vam bude problem da potrošite malo više na ove stvari da biste dobili najbolji kvalitet tako da će vam trajati nekoliko sezona.

Trebalo bi da imate nekoliko detalja u svom ormanu koji su tako klasični da su u modi nevezano za to kakvi modni vetrovi duvaju – savršene crne pantalone idu sa ljubičastim bolerom i džemperima sa „čamac“ izrezom, ili koji god naizgled „in“ detalji ulaze i izlaze iz vaše garderobe svake sezone. Osnovne stvari su vaša luka za vreme bure, jedna konstanta u stalno promenljivom modnom svetu. Kupite nekoliko dobrih trajnih stvari, a onda dodajte malo boje i desena, i obucite se po želji.

Neke osnovne stvari koje svi obožavaju

- Dobre crne pantalone
- Crna haljina koja vam dobro stoji

Nešto o tome koji ste tip

Ozbiljna, šik, hipi, konzervativna, tradicionalna. Mada bi vas neke radnje, katalozi ili magazini obukli od glave do pete u odeću En Tejlor ili neke nepodnošljive tunike za svaku priliku, hajte da malo vidimo šta kome godi. Vi ste, moja draga, jedan labud ali isto tako i kameleon. Nemojte slepo pratiti *Elle* magazin kao što to čini toliko mnogo onih izgubljenih duša. Čuvajte svoj identitet, moral i dobro vaspitanje nepovređene, ali nosite šta god vam se, do đavola, nosi. Osim imidža Dženis Džoplin. Taj nije izgledao dobro ni na sirotoj Dženis. Isto tako nemojte pokušavati da izgledate kao neka heroina. Sve je to lepo i divno, ali nije za vas.

Kad smo već tu, nešto o kamuflažnom odevanju: potpuno neprihvatljivo. Ovo uključuje bilo šta što ima kamuflažni desen i vojničke detalje.

Onu drugu vrstu kamuflažnog odevanja – obući se da bi bio nevidljiv – takođe treba izbegavati. Da, ja preporučujem praktičnu crnu haljinu, ali kada god je moguće, volela bih da vas vidim kako veselo i s ukusom povlačite ceo svet za uvce tako što ćete obući nešto desenirano, u boji i u stilu koji odgovara vašoj figuri, pokazuje vaš ukus i ono ko ste vi (sve su to dobre stvari nevezano šta vam doktori kažu).

Trošak po komadu odeće

Ako vas zgražava da potrošite 200$ za neke pantalone od osnovnih stvari, koristite jednačinu „trošak po komadu" da biste uvideli mudrost u tome da treba potrošiti više na komad koji ćete više nositi.

Trošak po komadu = cena komada odeće + broj puta koji ćete ga obući.

Pa zato ako te pantalone koštaju 200$, a vi ćete ih nositi barem dva puta nedeljno u jesen i zimu, to je otprilike 64 puta. To je 200+64=3,13$ po jednom oblačenju. Dobar posao, zar ne?

Sada uporedite tih 3,13$ po oblačenju sa jeftinim pantalonama od 29,99$ koje ste mislili da kupite u toj radnji gde komad možete obući maksimum četiri puta pre nego što se razvuče: 29,99+4=7,50$ po jednom oblačenju.

One pantalone od 200$ vam sada izgledaju kao genijalna investicija, je l' da? Isto tako, ako potrošite 200$ na cipele koje su vam tesne i obujete ih dvaput, to je 100$ po oblačenju, što svakako ne vredi.

- Suknja neutralne boje klasičnog kroja (na primer A ili šta god da vama dobro stoji)
- Savršeno krojene farmerice
- Bela košulja na kopčanje
- Dobar džemper na kopčanje lepe boje

Kako se obući za petnaest minuta i manje

Baš sada je vaš modni budžet, ako ga uopšte imate, ograničeniji nego ikada. Ovo predstavlja izazov jer je vaša „publika" najveća i najraznovrsnija nego što će ikada biti. Pod publikom mislim na ljude i situacije u kojima se nalazite svakoga dana – idete na posao, izlazite sa prijateljima, na sastanke, u teretanu. Kulirate po kući, a zatim odlučite da izletite na kafu, u trenutku. Ovo može da oteža želju da uvek izgledate dobro. Kao i kod svih životnih izazova, malo planiranja pomaže mnogo.

Svi smo mi prošli kroz onaj užas kada se probudimo i imamo manje od pola sata da se istuširamo, obučemo i skockamo za posao, a tada shvatimo da nemamo baš ništa za obući. Sve što stavimo na sebe izgleda strašno, neprikladno ili jednostavno loše. Završimo tako što ćemo iskopati neku staru stvar iz korpe za pranje ili ćemo obući nešto što mrzimo samo zato što sat otkucava i kasnimo.

Osam načina da nosite malu crnu haljinu

Na posao

Za druženje

Intervju za posao

Veče u operi

Sahrana

Večera sa bakom

Dan na plaži

Izlazak na randevu

Možemo učiniti da proces spremanja bude mnogo brži i lakši ako provedemo kvalitetno vreme sa našom odećom *pre* nego što treba da krenemo iz kuće.

Utvrdite svoje ciljeve. Kakvi su događaji na koje idete? Sastavite kombinaciju – za posao, za izlazak u grad, za viđenje sa porodicom – sve do u detalje oko dodataka, cipela i tašne koji se slažu, tako da ne morate sve da isprobavate u poslednjem trenutku.

Vežbajte kupovinu stvari, barem ponekad. Impulsivni šoping je neprijatelj organizovane garderobe. Kada kupite dobar komad jer vam je tako došlo, a ne znate uz čega ćete ga nositi, vi praktično kupujete grejalicu za vešalicu. To je bacanje para ako ne možete da ga uklopite u svoju garderobu.

Pretražite svoj garderober. Mnoge žene ni ne znaju šta se kog đavola krije iza zimskog kaputa ili u ogromnoj crnoj kesi za smeće punoj cipela. Pretražite svoj garderober kao da je prodavnica, isprobajte sve i pogledajte se pred ogledalom. Možda naiđete na nešto stvarno dobro. (Vidite „Pregledanje ormana“).

Utvrdite minimum svojih kozmetičkih potreba. Imam prijateljicu koja insistira da, ako je u tesnacu, sve što žena treba da uradi jeste da se očešlja, uvije trepavice i stavi malo sjaja na usta. Meni se dopada ova ideja – koji je osnovni minimum koji je vama potreban da biste izgledali spremno? Malo hidratantne kreme? Malo tečnog pudera? Rumenilo? Jedno je sigurno: kada se uspavate ili vas pozovu na randevu iznenada, nemate vremena da „naslikate celo lice“ ili da vadite električni uvijač za kosu. Morate da znate kako da se skockate na brzinu.

Cena ako ne znate kako da se obučete: Planiranje i strategija

Nazovimo ovaj period svoga života erom prvih utisaka. Mi stalno prolazimo kroz nešto prvi put – idemo na intervju za posao i na sastanke sa mladićima, iznajmljujemo svoj prvi stan, idemo na zabave, otvaramo račun u banci. Važno je da malo vremena posvetimo tome da shvatimo koja vrsta odeće nam stoji dobro, čini da se osećamo samopouzdano i privlačno. Jedno od najčešćih kajanja koje čujem od žena o njihovoj mladosti jeste da bi volele da im je neko rekao kako da se prigodno oblače, i za svoju figuru i za razna događanja.

Naravno, niko ne bi trebalo da ima opsesiju o tome šta drugi misle o njemu, ali verovatno se svi možemo složiti da želimo da izgledamo najbolje što možemo kod ostavljanja prvog utiska. Utvrdite šta stoji dobro na vašoj figuri. Ako to znači da treba da se konsultujete sa prijateljicom, ili da provedete neko vreme pred ogledalom uz nekoliko modnih magazina, neka tako bude.

„*Kada sam bila na fakultetu, bilo je moderno nositi pantalonice na kojima je odštampano ime škole i šljampave majice. Nosila sam tu uniformu svuda – na predavanja, na žurke, na druženja izvan studentskog doma. Bilo mi je zaista teško da napustim taj izgled nakon diplomiranja. To je bila odeća u kojoj mi se činilo da negde pripadam, kao da nemam nijednu brigu na ovome svetu. Ali izvan koledža, nije bilo adekvatno nositi odeću u kojoj sam izgledala kao da me baš briga za sve.*“

— EJMI, 29 GODINA

Neverovatna širenja (i skupljanja) ženskog tela

Poznata je činjenica da svako izgleda dobro kada nosi odeću koja mu odgovara po veličini. Suviše usko izgleda grozno, suviše šljampavo isto tako. Nosite svoj broj – i očekujte da će se vaša veličina promeniti tokom života. Pokušajte da odvojite svoja osećanja prema telu od onoga kako sebe predstavljate svetu. Dobićete pet kilograma i morati da kupite jedan veći broj, ili ćete smršati pet kila i smanjiti broj. Vaše grudi će postati veće ili manje, menjaće se obim vašeg struka, a čak i broj cipela koji nosite menjaće se tokom vašeg života.

Kada se pomirite sa ovim činjenicama, utešite se mišlju da se ove stvari dešavaju svim ženama. (Pitajte svoju majku u vezi s promenama na telu: žene koje su rađale decu ili prolaze kroz menopauzu vide da se njihovo telo značajno promenilo) Možete učiniti sebi uslugu i odustati od ideje da morate da stanete u farmerice broj 36 koje ste nosili pre pet godina. Najbolje izgledate kada nosite svoj broj, ne onaj broj koji vam je odgovarao kada ste imali 18 godina.

SAVET KONSULTANTA ZA IMIDŽ

Rutine radikalne sugestije

Posao Rut Koks sastoji se u tome da odredi šta izgleda dobro na ljudima i da spreči modne katastrofe. Evo nekoliko njenih revolucionarnih modnih tajni:

- Ako imate novca samo za jedan par cipela, postarajte se da tu bude moderne, „neutralne" cipele; one su zapravo upotrebljivije od crnih.
- Štikla srednje visine (otprilike 5,5 cm) može biti duplo seksepilnija od visoke potpetice.
- Gole noge su potpuno prihvatljive i zimi. Ako vam je neprijatno zbog boje vaše kože, postoje izvrsne hidratantne kreme za blago samopotamnjivanje.
- Nikada nemojte obući sve crno. Dodajte kao detalj interesantnu maramu, cipele ili tašnu. Osećaćete se bolje zbog tog naleta boje.
- Možete nositi vašu „dobru" odeću svaki dan. Nemojte se plašiti da će joj se nešto desiti – mnogo je skuplje držati ih nenošene u ormanu.

NE morate da izgledate kao manekenka, ne morate da nosite sve po poslednjoj modi, ali treba da nosite odeću koja vam dobro stoji i koja šalje upravo onu poruku koju želite da prosledite svetu (da ste samopouzdani, da poštujete ljude sa kojima ste izašli na ručak, da niste prostitutka sa ulice). Očigledno, vruće pantalonice moje prijateljice Ejmi (vidi dole) na intervjuu za posao ne bi poslale poruku da je ona budući kvalitetan menadžer.

Komunikacija je već dovoljno teška stvar i ne treba još i vaša odeća da je zbunjuje. Pustite da ono što ste obukli obavi nešto posla za vas. Obući kostim za razgovor za posao kazuje: „Ja sam pametna, odgovorna i vredan radnik", i to jasno i glasno. Uredan izgled kada idete da pogledate stan kazuje: „Ja sam odgovoran zakupac koji će plaćati kiriju na vreme." Obući lepu haljinu koja pristaje na zabavu gde se nadate da ćete upoznati svog budućeg dečka kazuje: „Ja sam predivna, pitaj me za broj telefona, srce."

Kada izgledate baš onako kao što želite da budete, vaš izgled obavlja posao. Razmišljajte o prikladnom oblačenju kao o trošku koji povećava vaše mogućnosti: ako je kupovanje odeće koju nikada nećete obući bacanje novca, onda oblačenje pogrešne odeće za datu situaciju može isto tako mnogo da vas košta.

HEJ, LEPOTICE!

Utvrdite šta vam najbolje stoji

Lako je reći: „Jednostavno obucite ono što vam dobro stoji i u čemu se dobro osećate“, ali mnogi od nas nemaju pojma odakle da počnu. Mi čak i ne znamo koji smo „telesni tip.“ Imamo neku nejasnu predstavu šta je to što nam se dopada ali nismo sigurni da li to, i zašto, odgovara našoj figuri. Modni magazini skloni su da propišu jedan modni „izgled“ za celu sezonu i oni od nas kojima to ne pristaje ostavljeni su da se okreću na vetru.

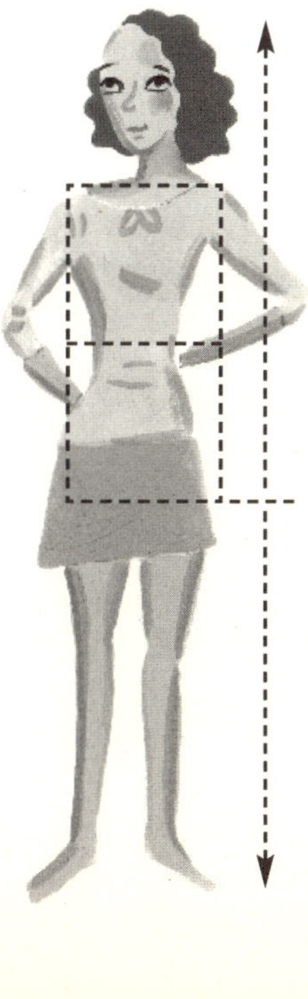

Ili časopisi često nude savete kako da se sakriju „mane“, što je samo po sebi problematično jer se pretpostavlja da postoji jedan ispravan tip tela i svakom drugom su potrebne korekcije.

Nema nijednog dela na vama koji je „preveliki“ ili „preuzak“, ili bilo šta slično. Izgledati dobro u odeći vezano je za balans. Prečesto, mi se obučemo, pogledamo u ogledalo i koncentrišemo na neki deo koji štrči. Umesto toga, probajte ovu vežbu: stanite pred ogledalo i objektivno pogledajte celo svoje telo. Neka vaše prepone budu razdelna linija. Ako ste duži od glave do prepona, onda imate dugačak torzo i verovatno kraće noge u odnosu na celu figuru. Ako ste duži od prepona do zemlje onda (blago vama) imate duge noge. Kakav je odnos između ramena i kukova? Da li je vaš struk naglašen ili ravan? Izgledaćete najuravnoteženije ako su vaša ramena i kukovi otprilike podjednake širine, a vaš gornji i donji deo tela iste dužine.

Zbog toga što bukvalno ničija ramena i kukovi nisu iste širine, koristite odeću da stvorite utisak ravnoteže. Znajte da su vaša „uska ramena“, „duge noge“ ili „široki kukovi“ uvek takvi u odnosu na celo telo, ne u odnosu na neki arbitrarni, spoljni faktor. Vi

„Na fakultetu sam se oblačila da odskačem od gomile. Sada je moj stil klasičniji – često jednostavan crni džemper i pantalone. Želim da me gledaju kao ženu od vrednosti i autoriteta i zato se tako i držim. Ali takođe želim da budem ženstvena, zato moja odeća grli moju figuru na način koji joj sasvim odgovara.“

— Su, 26 godina

Arhitektura: sve je u ravnoteži

Mislite o svome telu kao o kombinaciji horizontalnih i vertikalnih linija. Gde imate široke horizontalne (recimo, široka ramena), možete ih uravnotežite uspravnim dezenom i tkanjem vaše odeće. Dugačak torzo se može izbalansirati detaljima kao što su poprečne linije ili kaiševi. Najbolje skrojena odeća prati liniju vašeg tela. Zapamtite, većina žena ima obline. Muškarci imaju prave linije od pazuha do kukova; žene potpuno obratno.

Situacija	Uravnotežite noseći	Ne, nikako
Kratke noge	Visoke cipele i čizme Haljine sa visokim strukom Suknje tačno iznad kolena Srednje duboke farmerice i pantalone Centralnu, vertikalnu liniju, kao košulje na kopčanje; Upasane bluze	plitke pantalone ravne cipele dužina do gležnja
Ravne grudi	Tkanine koja ima mnogo vizuelnih detalja, kao mašnice Košulje i jakne koje imaju džepove na grudima Rolke ili nabrane izreze Mašne i ogrlice koje padaju preko vaše bluze	viseće, dekoltirane izreze (bolje je otkriti lepa leđa)
 Velike grudi	Niske otvorene izreze Vertikalne linije (otvoreni blejzer) Dijagonalne linije (nizak V izrez) Jednostavne revere sakoa Blejzere čije je gornje dugme tačno ispod grudi	majice bez leđa desene, nabore i ukrase kod grudi velike majice rolke

Situacija	Uravnotežite noseći	Ne, nikako
Ramena šira od kukova	volumen oko kolena i gležnja, (plisirane suknje) Majice bez rukava (dijagonalne linije razbijaju prostor)	špageti kroj gornji deo bez bretela olovka suknje
Ramena uža od kukova	Čamac izrez širok V izrez Sakoi sa kaišem	ranglan rukavi majice bez rukava A kroj haljine
Široke ruke	Široke ruke ¾ dužina rukava Meki, pravi rukavi Uske majice Interesantne manžetne Minđuše (skreću pažnju na lice)	nabrani rukavi preuski rukavi
Velika guza	Jednostavni proporcionalni džepovi Lepršave pantalone	desenirano kod guze veliki džepovi nazad uske pantalone
Veliki stomak	Dijagonalne linije preko svega Horizontalne da razbiju prostor (slojevi raznih boja oko „šlaufa“) Srednje duboke pantalone	bilo šta tesno po sredini plitke farmerice
Široki kukovi	Ravne pantalone Lepršave suknje Gornji deo tačno iznad kuka	duboke pantalone dužina do gležnja

Obući se preterano ili neadekvatno

Vašoj mami je rođendan i ceo klan se nalazi na ručku u fensi hotelu. Ne možete da odlučite da li da obučete novu haljinu ili farmerice i fini džemper. Kada sumnjate, uvek odaberite skockaniju varijantu, po cenu da budete previše sređeni. Možda ćete odskakati ako idete na roštilj gde su svi u farmericama a vi ste obukli balsku haljinu, ali bolje je biti sređeniji od drugih nego šljampaviji od svih.

Zapamtite: niko nikome nije prebacivao što je „upravo stigla sa jedne fensi žurke i nije stigla da se presvuče." Ako ste baš očajni, možete reći da ste „upravo stigli sa maskenbala ali vam to ne preporučujem. Da biste bili sigurni, uvek obucite lepši komplet.

možete biti vrlo sićušni ali imati duge noge za svoju figuru; možete biti i vrlo mršavi a krupnih kostiju.

FIRMIRANE STVARI ZA MALO PARA

Priča upozorenja

Priznajmo: postoji pomalo „modnog snobizma" u svakom od nas. Ako smatrate da ima nešto neuporedivo uzbudljivo u tome što nosite „berberi" mantil, niste u tome sami. Ali pre nego što spiskate nedeljnu platu u Berberi butiku, proverite modne prodavnice kojih ima u svakom kraju. Uštedećete gomilu novaca.

Upozorenje: nije sva odeća koju su dizajnirali ljudi čije se ime vezuje za modne piste, uvek skupa i hip, društveno poželjna ili dobro krojena. Poneki komad te odeće je zapravo obično ružno pače koje ima našivenu etiketu. Zato pažljivo birajte.

Ja uvek posumnjam kada ugledam neoprostivo šljašteće odelo, na primer *Armanijevo*, čija je cena (od cene solidne garsonjere) spala na 400$, posumnjam da ovi veliki modni kreatori pokušavaju da nas zeznu na brzinu. Oni znaju da ćete vi verovatno ipak pre kupiti stan nego *Armanijevu* garderobu ako imate te pare, zato se svi zajedno lepo napiju, odu u neku fabriku koja skuplja ostatke tkanine, skupe na gomilu neke stvarno grozne primerke konfekcijske odeće, našiju im svoje etikete, dobro se ismeju, nazdrave svojoj pameti i pošalju takve modne katastrofe u svoje prodajne objekte.

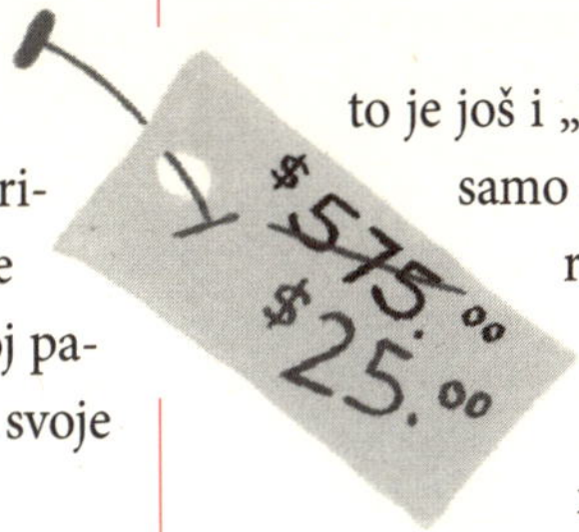

Pre nego što pogledate etiketu, upitajte sebe da li vam se zaista sviđa taj komad, da li je dobro urađen (pogledajte šavove – stvari često završe na rasprodaji zato što su zanatski loše urađene) a zatim bacite pogled na dizajnersku etiketu. Ako vam se stvarno sviđa a uz to je još i „kelvin klajn“, tim bolje. Ali samo činjenica da je majicu kreirao Kelvin Klajn nije dovoljna da je kupite (a još manje da je nosite). Što nas dovodi do napomene „Originalna cena / naša cena“ koju ćete naći na većini etiketa u ovim radnjama. Nisam sigurna odakle im ta originalna cena – možda je to cena u italijanskim lirama ili rupijima a zatim stavite dolarsku oznaku ispred toga da bi vas impresionirali blej-

U garderobi

Svaka žena koju znam doživela je, pre ili posle, osećaj da će se razbiti od plača u probnoj kabini. Čini se da joj ništa ne odgovara, ili odgovara ali ne izgleda lepo. Ili izgleda lepo, ali je za četiri broja veće od vaše veličine. Vidite, isprobavati stvari u prostoru koji je četiri puta manji od vašeg kupatila dok prodavačica kuca na vrata mameći vas da izađete, jeste stresan posao.

Sledeći put kada osetite da ćete kolabirati na podu probne kabine, setite se da niko ne upada savršeno u odeću sa vešalice. Ta odeća je napravljena za manekenke koje imaju drugačije proporcije nego vi, baš kao što je drugačija i vaša prijateljica i ta navalentna prodavačica.

Ne govorim ovo samo zato da biste se osećali bolje, već zato što je to istina. Nije stvar u vama, stvar je u odeći. Farmerice koje vam odgovaraju u kukovima će vam nesumnjivo biti prevelike u struku; ta bluza prave dužine je skoro uvek preuska kod zakopčavanja.

Kupujte ono što je najbliže da vam potpuno odgovara, a zatim se sprijateljite sa dobrom krojačicom. Odeća ima mnogo šavova, što omogućava krojaču da lako suzi te farmerice u struku ili da potkrati tu suknju tako da savršeno odgovara vašoj silueti.

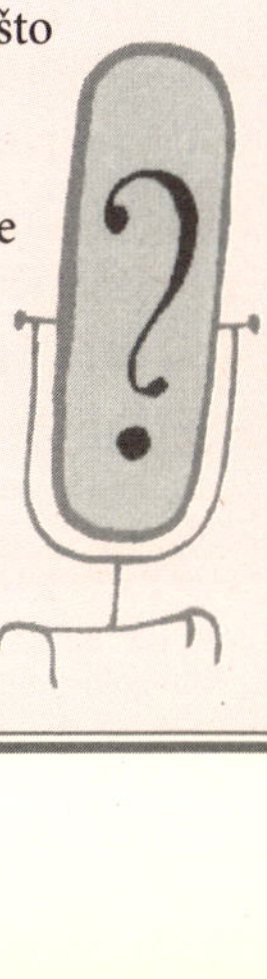

Putujući modni stilisti

To su ljudi koji dođu u vašu kuću i daju vam savete celo popodne kako odrediti koja ste vi „sezona" i koje boje treba da nosite. Hajde da olakšamo stvari: da li više volite zlatan ili srebrni nakit? Ako je to zlato, verovatno ćete izgledati bolje u toplim bojama; ljudi koji više vole srebro izgledaju bolje u hladnim tonovima. „Hladni" ljudi uopšteno imaju velike kontraste između boje kose, kože i očiju (zamislite crnu kosu, plave oči, bledu kožu). „Topli" ljudi imaju manje kontrasta (npr. plava kosa, kestenjaste oči, maslinasta koža).

Uopšteno govoreći, „hladni" sa dosta kontrasta mogu da nose vrlo izražene boje dok će „topli" biti time zagušeni. Ove kategorizacije nisu zapisane u kamenu - ma hajte, činjenica da „žuto" izgleda dobro na ljudima vaše boje kože ne znači da ćete ga vi ikada nositi – ali može vam dati pojašnjenje zašto vam ta majica smaragdnozelene boje koju obožavate jednostavno ne stoji. Koristite sledeće šeme boja kao vodič:

Hladne boje: plava, crna, ljubičasta, bela, marinskoplava, jarkoružičasta.

Tople boje: crvena, narandžasta, smeđa, krem bela, žuta, kajsija, bež.

zerom „mark džejkobs" od 800$ koji može biti vaš za tričavih 200$. Nemojte da vas zavaravaju da je neki smuljani komad odeće nešto vredniji zato što bi ga radnja *mogla* prodati skuplje. Poenta je u ovome, oni vam ne traže onu nepojmljivu originalnu cenu zbog brige za vaš kućni budžet. Nikada nemojte kupiti komad na sniženju ako ga ne biste dotakli ni štapom da nije na rasprodaji.

Polovno ili novo

Na fakultetu, ne stidim se da priznam, funkcionisala sam na premisi da ako je nešto iz prodavnice polovne odeće, onda je nema sumnje neverovatno kul. Ako je komad bio zaista grozan, verovala sam da ga mogu napraviti kul tako što ću ga kombinovati sa crnim džemperom na kopčanje, parom vojničkih čizama i nadrndanim stavom. Možda

sam iskakala iz gomile i malo više nego što sam želela, ali to je bio moj način da iskažem unutrašnje rokersko *ja* sa još nekoliko koleginica koje su furale isti stil. Jednom sam obukla spavaćicu od poliestera sa crnim džemperom i vojničkim čizmama i zamišljala da mi zavide svi oni koji su zurili u mene. Oprostite mi.

Sledeći put kada posetite prodavnice polovne odeće, bilo da je to vojni butik ili

Pet jednostavnih saveta za uštedu novca prilikom šopinga

1. Potrošite više na dnevnu odeću nego na odeću za izlazak. Možete podići povoljnu haljinu nekim finim nakitom ili možete uveče biti seksi u topiću iz robne kuće ali hladno dnevno svetlo nije ljubazno prema sintetičkim komadima odeće.

2. Kupujte van sezone da biste dobili najbolje cene. Zimski kaputi u aprilu, kupaći kostimi rano u jesen. Na kraju sezone naći ćete ogromna sniženja jer niko ne brine o kašmirskom šalu kada je napolju preko trideset stepeni. Osim vas.

3. Sačuvajte račune da biste mogli iskoristiti naknadno prilagođavanje cena – većina radnji ih ima. Ako kupite džemper od 80$ i oni ga snize na 35$ sledeće nedelje, možete lepo ušetati u tu radnju i zatražiti nazad svojih 45$, ukoliko to učinite u predviđenom roku (obično od dve nedelje do mesec dana).

4. Čitajte etikete. Ako ne možete sami da ga operete ili ispeglate, verovatno nije vredno kupovine. (Vidite ranije poglavlje o hemijskom čišćenju.)

5. Pokušajte da manje kupujete u šoping centrima. Ne samo što ćete verovatno biti u neodoljivom iskušenju, već – osim ako je vreme rasprodaje – većinu ovih stvari možete naći jeftinije na vebu. Vidite sajtove kao što je www.shopzilla.com, www.froogle.com. Uporedite cene. S obzirom na to da ne dobijate povlasticu kabine za isprobavanje, pažljivo proverite politiku ovog sajta o mogućnosti vraćanja odeće ako vam ne odgovara (ili vam se ne dopada).

prodaja viškova modne robe, pogledajte se dobro u paru poliester pantalona, da biste bili sigurni da ste to vi. I ponesite ovu zgodnu listu pitanja u probnu kabinu:

Kviz štedljivosti

1. Da li mi ovaj komad odeće odgovara?
2. Je li pocepan, iznošen ili na drugačiji način oštećen?
3. Je li prekriven mrljama pod pazuhom ili negde drugde?
4. Da li stvarno imam mesta u ormanu za ovo ili ga želim samo zato što je jeftino?

(nastavak na strani 428)

ŠTA OBUĆI
ZA SVAKU PRILIKU

Znam, vi umete da se obučete ali ponekad čak i besprekornim modnim sladokuscima može dobro doći pomoć kod neke teške odluke. Ne morate da tražite dalje.

Prilika:	Sigurna stvar:
Prvi dan na poslu	Klasična suknja pristojne boje i fini džemper ili košulja, ukoliko posao nije u nekoj korporaciji što zahteva kostim. Uvek je bolje biti i skockaniji nego što treba – kosa očešljana, razumna količina šminke, fina obuća, ukusa nakit. Jutro pre prvog dana na poslu nije vrema za eksperimentisanje novim izgledom, kao što je uradi sam kod kuće mini-val.
Prvi put izlazite s bivšim posle raskida	Nešto veoma lepo što vaš bivši još nije video. Čak i da ste zajedno dokono leškarili gledajući *Seks i grad*, nikada ne škodi poslati poruku: „Ja se tako provodim i napredujem tako velikim koracima i moja garderoba sada sadrži i ovaj fini komad." Da li ovo znači igranje igrica? Pomalo. Je li to neophodno? U redu, i nije baš, ali za ljubav božju nemojte se pojaviti u: a) spavaćici, b) majici sa faksa, c) u suzama.
Izlazak u grad u potrazi za romansom	U čemu god se osećate najseksepilnije. Ako je to mini suknja, mrežaste čarape ili štikle, učinite to. Svaka devojka ima bar jedan komplet u kome zna da izgleda dobro. To je komplet koji vam dobro stoji, za koji uvek dobijete kompliment, kad se ljudi okreću kada uđete u prostoriju. Ne mora to da bude najrazgolićeniji komplet koji imate već onaj u kojem se osećate prelepo.

Prilika:	Sigurna stvar:
Bingo na plaži	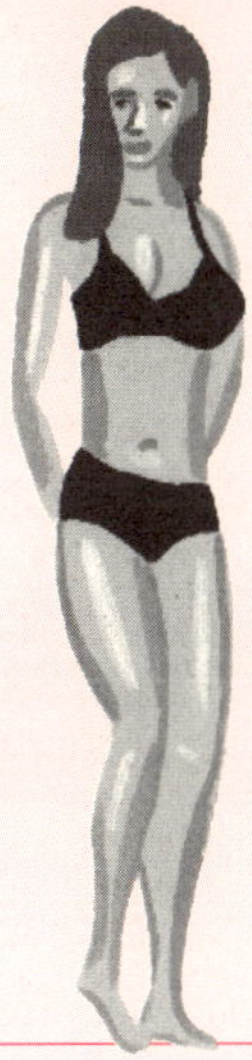 Zašto se moramo toliko bojati da se pojavimo u kupaćem kostimu? Možda vam ne stoji mini bikini, ali sigurno postoji model za vašu figuru. Postoji kupaći sa žicom i sa suknjicom tako da ne morate da budete izdepilirani do poslednje dlake. Postoje dvodelni kostimi koji glume da su jednodelni, i oni su posebno dizajnirani da vas usisaju. Ako se osećate stidljivo, uzmite neki sladak detalj da se pokrijete, na primer sarong ili pareo. Ako imate široka ramena, uzmite kupaći kostim sa širokim bretelama; uska ramena – uske trake. Nasuprot uvreženom mišljenju, dobar jednodelni nije najbolji izbor sa sakrivanje „šlaufa" – isprobajte razne boje, desene ili tkanine. Jednu stvar kupaći mora da obavlja dobro – mora da drži grudi i da vam lepo stoji kao dobar grudnjak.
Snežna oluja	Kaput koji je topao, vuneni i koji je dobro skrojen. To znači da ne bude neki ogroman, preveliki kaput u kome izgledate kao nasukani kit. Preveliki kaput može učiniti da izgledate kao jeti. Nemojte potcenjivati fini i dobro skrojen zimski kaput u svetlim bojama tako da ne morate da budete u crnom kao polovina grada. 
Ležerna večera	Farmerice ako ste u tom fazonu; standardna suknja i gornji deo ako niste. Ako znate da je prilika ležerna, svakako ćete se provesti bolje u svojoj standardnoj kombinaciji pantalona i džempera sa čizmama na štiklu nego u tesnom kompletiću. Obucite nešto udobno.
Prvi put nagi pred dečkom	Čist veš! Ako mislite da bi moglo da dođe do toga da skinete sve sa sebe, budite spremni u lepom bebi dolu sa satenskom ružicom specijalno za tu priliku – ili u kojem god čipkanom rublju izgledate najbolje..

Detalji koji nisu prihvatljivi ni pod kojim uslovima, nikada

- Biseri a la Barbara Buš
- Zečja šapica za sreću
- Papirna kruna iz *Mekdonaldsa* (nije smešno)
- Sajber-kristal okačen na crni kožni remen (niste vi Gospodar prstenova)
- Kajla u rep fazonu (osim ako ste rep zvezda)
- Štreberske naočare sa crnim okvirom kad imate perfektan vid
- Pederuša ili toplomerka (ako već želite da vam ruke budu slobodne, zašto ne probate poštansku torbu, tako nećete izgledati kao turista u sopstvenom gradu)

- Kutija za ručak koja na sebi ima natpis iz vaše omiljene komedije iz osamdesetih godina

5. Da li potajno mislim da ovo mogu da obučem samo uz crne pantalone, crni džemper i vojničke čizme?

Takođe, bez izuzetaka: krzno je grozno, a pogotovo stare činčila bunde. Didi i Kruela iz *101 dalmatinca* mogu da me pozovu na direktnu liniju ukoliko žele raspravu o ovome.

Naći jeftinu a super stvar je u iskusnom oku. Moja prijateljica Džasmin može da potroši deset dolara u polovnoj radnji i da išeta izgledajući kao Džeki Onazis. Ali znam i druge savršeno normalne devojke koje će baciti istih deset dolara i izaći izgledajući užasno. Pre nego što nešto kupite, sagledajte kako će se taj komad odeće slagati sa ostalima u vašoj garderobi. Samo zato što je nešto jeftino ne znači da se slaže sa onim što imate.

Stavite detalje na sebe, a ne gomilu koječega

Meni se dopada ono što je Koko Šanel rekla o ukrasima: pre nego što izađete iz kuće: pogledajte se u ogledalo i skinite jednu stvar sa sebe. Pri tome nije mislila na vaš grudnjak. Odaberite viseće minđuše, ali skinite ogrlicu; uzmite jarku maramu ili neobičan šešir, ali nemojte oboje. Jedna narukvica koju volite obično izgleda bolje nego pet.

Iz dana u noć, za čas

Da biste pretvorili dnevni komplet u večernji u sekundi, jednostavno promenite ukrasne detalje – obično sve što treba da uradite jeste da promenite tašnicu, minđuše i cipele. Po pravilu, naušnice mogu radikalno da promene ton kombinacije: male su vrlo elegantne, viseće su seksi, a karike mogu biti i jedno i drugo.

Kada kupujete detalje, razmišljajte o svojoj figuri. Ako ste sitnih kostiju, ne prilazite blizu krupnom nakitu. Ako imate krupne kosti, izbegavajte tanak satić i uzmite nešto jače. Vaši ukrasni detalji će izgledati najbolje ako su u skladu sa vama.

Pošto je većina detalja vezana za određeni trend, pokušajte da na njih ne potrošite previše – povoljne radnjice su odlične za stvarčice koje su zgodne a ne koštaju mnogo.

POTPUNO SREĐIVANJE ORMANA

Šta izbaciti

Isprobana i potvrđena stvar: „Ako nešto niste obukli dve godine, izbacite ga" dobro je pravilo za početnike. Ako se, međutim, vaš garderober uopšte ne razlikuje od crne rupe u Kalkuti, preskočimo onaj deo programa u kojem ja donosim odluke i vi jednostavno zaronite ispod kreveta s krpom u ruci.

Čišćenje ormana ne mora da traje ceo dan. Držite u ormanu kesu dobrotvorne ustanove kojoj ćete pokloniti i nemojte se plašiti da odbacite stvari. Kako stvari izlaze iz mode ili vam više ne pristaju, ubacite ih u kesu. Odnesite po jednu kesu svake sezone. Ili organizujte žurku razmene na kojoj vi i vaše prijateljice skupite vaše kese i zaronite – ono što ne odgovara jednoj ženi, biće blago za neku drugu. Na ovaj način vaš garderober neprestano evoluira, slobodan od odeće koju ne nosite ili vam se ne sviđa.

Takođe se oslobađate mentalnog opterećenja – ako ste izbacili onaj džemper u kojem ste uvek izgledali grozno, koliko god da ste ga puta probali, nećete ga ni uzimati u obzir kada sklapate kombinaciju. Deo brzog oblačenja vezan je i za to da vam se dopada sve što je u vašem ormanu, bez onog: „Ovo je tako slatko, zašto meni dobro ne stoji?".

Osam glavnih stvari koje treba izbaciti iz ormana

Bilo šta što na sebi ima izvezeno ime modnog kreatora. Pametna mušterija ne smatra za sebe da je nečiji bilbord niti dozvoljava korporacijama da je koriste u svojim šemama „gerila marketinga".

Mlitav fedora šešir, kapice za teme ili bilo kakav drugi sladak pokrivač za glavu. Šeširiće koji su karakteristični za određeni klimatski pojas, kao što su šubare ili šešir za sunce treba zadržati, ali zapamtite – niko nikada nije iskazao svoj najlepši izraz lica pod maskom za skijanje. Veliki šeširi iz prošlog doba su dozvoljeni samo ako ih nosite uz komplet i ironičan stav Doroti Parker.

Bilo šta što je očigledno izašlo iz mode. Da, oni majušni ruksaci mogu se ponovo vratiti u modu. Isto tako mogu i topići na jedno rame. Ali kada se stvari vrate u modu, uvek postoji neka kvaka – ako je bilo trendi prošle sezone ali ove nije, odbacite ga u spomenutu kesu u ormanu. Nikada više to neće biti kul.

Detalji sa koncerta koji ste posetili čiji udeo u vašem sadašnjem životu je pod znakom pitanja. Kada treba da odlučite da li da sačuvate ili ne uspomene sa nekog koncerta, jednostavno upitajte sebe: „Kakvu osobu bih mogla privući ako se pojavim u majici sa rok koncerta od pre dvadeset godina?" Mislim da sam vam sve rekla.

Stvari u kojima se osećate ružno ali ih čuvate zato što su bile skupe, ili ste ih dobili na poklon, ili vas podsećaju na slatke dane vaše mladosti. (Kožne pantalone spadaju u ovu kategoriju).

Stvari na kojima je pokvaren rajsferšlus, izgubljen rukav, pocepane najlonke ili na drugi način ozleđena garderoba. Ako se može popraviti, popravite je. Ako ne može i samo zauzima dragoceni prostor, skupite snage: „Odlazi, odlazi bela lakovana čizmice sa polomljenom štiklom."

Stvari nađene u komisionima za koje bi bilo bolje da su otišle u zemlju izgubljenih stvari. Svaka era ima svoje dobitnike i gubitnike, ali nije vam dozvoljeno da zadržite tu jarku haljinu cvetnog dezena u kojoj ste bili „super" u srednjoj školi ali na mladoj ženi vašeg uzrasta i društvenog statusa izgleda kriminalno.

Odeću koja vam je mala. Znam da je ovo teška stvar. I ja takođe imam blejzere koji bi izgledali divno samo kad bih mogla da izmestim jedno rebro, haljine kojima mogu da zakopčam rajsferšlus uz pomoć ličnog asistenta, i lanene stvari koje su tako istegljene da izgledam kao skitnica. Ne želim da se svađam: ako mi ne pristaje, znači ne izgleda dobro. Ovo podrazumeva i da je nešto malo i veliko. Bez obzira na to koliko mrzite svoje butine, haremske pantalone u padobranskom stilu vam nikada neće dobro stajati. Ne, ne možete da zadržite ni jedan jedini „denim" gornjak koji vas stisne kao kobasicu samo „zbog nostalgije". Kasnije ćete mi biti zahvalni.

Prva pomoć za cipele

Otidite u svoju omiljenu prodavnicu obuće koja ima dobru reputaciju i pitajte ih u kojeg obućara oni imaju poverenja. Na taj način ići ćete kod majstora kome veruju profesionalci a ne nekom šarlatanu koji je pljucnuo na vaše omiljene čizmice da ih zalepi ili ih je povezao običnom spajalicom.

Cipele kao fetiš

Oh, grozni žuljevi, kurje oči i čukljevi koje smo spremne da izdržimo zbog para potpuno nepraktičnih ali toliko lepih cipela da za njih vredi umreti! Da li to znači da bismo bile nežnije prema svojim stopalima u sandalama koje su toliko ravne da skoro idemo bose ili u baletankama koje su nam previše male ali ne možemo da se odvojimo od njih?

Zaista, postoji način da postignemo situaciju u kojoj svako dobija, samo ako držimo na umu nekoliko jednostavnih činjenica. Pažljivo slušajte.

Prodavci u radnjama ne govore istinu. Cipele se neće razvući. Ako vam nisu dobre u radnji, neće vam biti dobre ni kod kuće. Taj tip radi na procenat od prodaje i on bi skinuo i sopstvene cipele da vam ih proda ako pomisli da ćete ih kupiti.

Za ljubav božju, kupite sebi par cipela za hodanje u kojima zaista možete da hodate. Ne nosite lakovane čizmice na duže pešačenje. Ako ne možete da nađete par patika ili nekih lepih cipela koje izgledaju kao patike i koje odgovaraju prilici (a ja to nikada ne uspem), kupite par „meri džejns" cipela ili neke sandale ili šta god da vam se sviđa a u čemu se osećate kao da hodate po oblacima. Nikada ne bi trebalo da trpite patnju u svojim cipelama.

Malko sam slagala: vredi patiti u svojim cipelama jednu noć, ili na nekom specijalnom događaju, s vremena na vreme. Ako cipele sa-

Zaboravite na gumene papuče

Bez obzira na to koliko su stvari ležerne kod vas na poslu, gumene papuče su ipak previše. Govorim o nepromočivoj plastičnoj obući koju često nazivamo i japanke. Te nazuvače su vrlo popularne kod čistača plaže i kod ljudi koji idu da se tuširaju u teretani a ne žele da zarade gljivice na stopalima, ali su potpuno neprihvatljive za posao.

Međutim, ja oprezno zagovaram jednostavnu obuću koja ima debeo đon i gornji deo od plastike ili kože koji se čvrsto drži za vaše stopalo tako da ne šljapkate kao u nanulama kada idete na pauzu. Da dodam, čisto da ne bi bilo zabune, kada se japanke obuju na čarape to ih ne čini prihvatljivim, naprotiv.

vršeno idu sa haljinom, onda možete malo stisnuti prste u njima ako će vas to kompletirati, ako će se svi okretati za vama pa ćete se na jednu noć osećati kao Pepeljuga – dobar par staklenih papučica nije lako naći. Samo prvo zamolite svoja stopala za dopuštenje i obećajte im da ćete se vratiti do ponoći i lepo ih potopiti u mlaku vodu.

Nemojte odmah pretpostaviti da su cipele upropaštene ako su samo malo oštećene. Obućar može učiniti čuda na paru cipela za koji ste mislili da su „kaput" nakon što je pukla štikla ili je otpala kopča.

Naučite da hodate u svojim cipelama pre nego što izađete iz kuće. Ako ne možete da držite ravnotežu u paru stileto čizmica, nemojte ih obuti. Vežbajte hodanje po kući, čak malo i vrckajte (svakome je dopušteno da pomalo vrcka s vremena na vreme) da biste se osećali sigurno na nogama. Zatim pažljivo hodajte kada ste na javnom mestu. Vaše cipele izgledaju sjajno ali ništa ne izgleda dobro ako se zaglavi na pločniku, iscepa vam čarape a vi stignete na žurku raskrvavljenih kolena i ogrebanih dlanova.

ŠTA LEŽI ISPOD

Grudnjaci, gaćice i zastrašujući bodi

Podjednako važno kao i vaša odeća jeste ono što nosite ispod nje. Donji veš koji vam loše stoji može vam dati pogrešan oblik, da izgledate stariji i deblji nego što jeste. Hajde da pažljivije pogledamo u tu fioku donjeg rublja. Oh, nemojte da ste toliko stidljivi – to je za vaše dobro.

Devojka u pogrešnom grudnjaku

Niko toliko ne zaslužuje naše sažaljenje kao devojke koje nose pogrešan grudnjak. Svi smo ih videli; neke od nas su i prošle kroz to iskustvo; i nažalost, još veći broj nas i dalje spada u tu kategoriju. Ali više nećemo.

U zavisnost od toga kog stručnjaka pitate, negde između 60 i 90 posto žena nose pogrešnu veličinu grudnjaka. Sigurna sam da je to zbog osećanja zastrašujućeg osećanja koje doživimo kada treba da se suočimo sa užasom da smo same i toples u minijaturnoj kabini gde nas prodavačica oporog glasa, koja nam se obraća sa „lutko", opipava svojim mesnatim rukama da bi „dobila pravi osećaj".

Svi znate ovakvu prodavačicu. To je oštrokonđasta vlasnica lokalne prodavnice rublja, radnje gde ćete naći gumene nazuvače tamo gde treba da stoje čipkane papučice, tamo gde se o donjem rublju govorimo kao o „gaćama" (u jednini) i sve je ili belo ili bež. Ova prodavačica je već solidno ispipala svaku ženu koje se dočepala, još od pre vašeg rođenja, i vrlo je dobra u tome. I koliko god vam se čini grozno da to priznate, vi koji nosite puš-ap grudnjak čije bretele vam se usecaju toliko da onemogućavaju cirkulaciju, ova prodavačica zna tačno koja je vaša veličina.

Sumnjam da je neka pitanja drže budnom tokom noći, besanom u svojoj flanelskoj spavaćici:

- Odakle dolazi ova bizarna pandemija žena u premalom grudnjaku zbog kojeg imaju „efekat četiri izbočine" jer se gornji deo korpe useca u kožu?
- Ko je ta zbunjena devojčica u grudnjaku koji ne daje dovoljno podrške, tako da joj grudi vise negde oko pupka, potpuno joj zaklanjajući struk?
- Kakva je situacija sa čudnim sporednim efektima grudnjaka kao kada visi višak masnoće na leđima ili se provide bradavice?

Možda je odgovor na ova pitanja *prava* Viktorijina tajna, ali je oni sigurno neće otkriti. Ako želite da pronađete grudnjak koji je dobar za vas – a verujte mi, što pre to uradite, to će vaši dani provedeni na planeti Zemlji biti srećniji i poletniji – morate da odete kod prodavačice sa početka ove priče. Morate da zatvorite oči, priđete pravo do te starije gospođe koja ima krojački metar oko vrata i da izmerite svoje grudi.

Zaista postoji nauka u ovom pristupu i to je nešto više nego samo da isprobate svaki mogući vonderbra komad koji je na polici u robnoj kući. Pustite da vam stara gospođa prodavačica odabere nekoliko grudnjaka da isprobate. Možda vam se neće dopasti. Ali isto kao i vaša krvna grupa, veličinu vašeg grudnjaka mora da odredi stručnjak.

Univerzalne istine u vezi s grudnjakom

- Osim ako ste žena koja ima veoma male grudi, svako izgleda bolje u grudnjaku koji ima žicu ispod. Ne znam zašto je to tako. Jednostavno je tako.

- Uvek probajte grudnjak ispod odeće. Grudnjak koji izgleda seksi kada pozirate polugoli držeći ruke na kukovima u probnoj kabini možda će vam dati loš oblik ili ćete u njemu delovati bez veze kada obučete majicu preko.

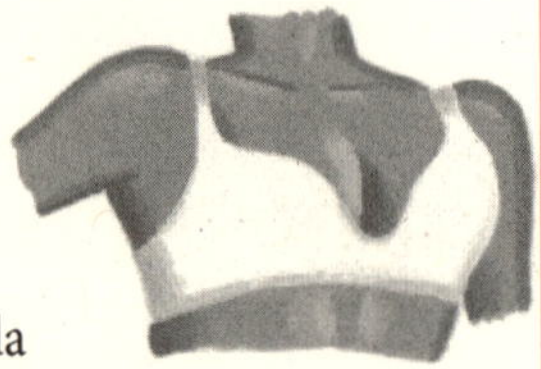

- Osim ako niste potpuno ravni, nosite grudnjak čak iako smatrate da vas zauzdavaju. Možda vas nije briga, ali druge jeste. Nama je neprijatno kada vidimo vaše bradavice kroz gornji deo. Nosite grudnjak. To je kulturno. To će, takođe, spasiti grudi da ne počnu prerano da vise. (Ne, to nije stara bapska priča. To je tajna mladih žena i devojaka).

- Obratite pažnju devojke sa velikim grudima: znate one preslatke čipkane male grudnjake na tufnice koje imaju i gaćice u kompletu i zakopčavaju se jednom kopčom? Manje od najmanjih korpica koje imaju leopard dezen i bretelice tanje od končića? Ne možete da ih nosite. Njih ne prave u vašoj veličini, a i kad bi se to desilo, oni vam ne daju pravo držanje. Probajte jedan i pogledajte se u ogledalo. Vidiš?

- Postavljeni grudnjaci, puš-ap grudnjaci, vonderbra i ostali mamci koji treba da učine da vam grudi izgledaju veće: u redu, ako biste želeli da imate veće grudi, ili vam je potrebno da popunite haljinu. Da za fensi grudnjake, ali jedno veliko NE trpanju čarapa u brushalter, stavljanju silikona ili bilo kakvoj operaciji.

- Oko smanjivanja grudnjaka: vi devojke koje imate velike grudi, suočimo se s tim da je ovo svet stvoren za devojke sa grudima srednje veličine, i uobičajeno mišljenje da svi više vole velike grudi jeste lepo i divno u spavaćoj sobi, ali što se tiče proporcija, ili kada treba stati u letnju haljinicu, ili kupiti kupaći kostim, velike grudi postaju i velika obaveza. Grudnjaci za smanjivanje mogu da pomognu – ali nemojte očekivati čuda. Oni će vam možda zaista držati grudi i ušuškati unutra što se više može, ali morate naći pravi grudnjak koji vam dobro pristaje i grudnjak koji ne liči na držač za pištolj koji se nosi ispod sakoa.

- Ista stvar važi i za grudnjake za vežbanje: ukoliko ne želite da vam grudi ispadnu iz majice za vežbanje ili da vam se otegle do kolena, hajde da nađemo dobar grudnjak koji drži. Pogotovo ako smo džogeri. Što je napornija fizička aktivnost, to je potreban jači, sportski grudnjak.

- Nisu svi grudnjaci jednako krojeni. Vi možda konstantno uzimate i odgovara vam veličina koju je odredila gospođa pomenuta prodavačica. Odjednom, jednoga dana, zaslepi vas neka nova marka čije veličine su vam velike, male ili prosto vise. *Uvek isprobajte pre nego što kupite*. Mnoge radnje ne dozvoljavaju vraćanje donjeg rublja, a nijedna devojka ne želi da ima korset u kojem izgleda kao pivska boca iz devetnaestog veka.

To je neizdrživo

Ako želite da ih pokažete, sredite ih za pokazivanje. Nošenje grudnjaka ispod providnog topića može biti privlačno za večernju kombinaciju. Vidljiva bretelica može biti slatka ispod majičice, ako je ta bretelica fina i ako niste na radnom mestu. Rekavši to, ako vam se vide gaćice, farmerice su vam suviše plitke. Vidljive tange spadaju u modno ne, nikako – zbog vas, ne zbog publike.

Možda sada zvučim kao vaša mama, ali kada se radi o seksi stvarima, elegantna devojka zna da malo pokazane kože je mnogo seksepilnije nego mnogo. To ne znači da je razvučena rolka i džins suknja do članaka seksi. To znači da previše razgolićenosti deluje preterano jeftino i da treba oprezno da se pokazujete. Odaberite nizak izrez, otvorena leđa, noge u minicu, ali ne sve odjednom. Odajte što manje svojim obožavaocima – budite suptilno seksepilni, a ne izvodite striptiz šou.

Napomena za budućnost: menjaće se veličina vaših grudi (i stoga broj grudnjaka). Menjaće se kada oslabite ili se ugojite. Možda će početi da vise, ili da menjaju oblik, ili da se povećaju kada počnete da pijete kontraceptivne tablete. U tom trenutku možda ćete osetiti potrebu da se vratite kod dobre stare tete prodavačice i do njenog krojačkog metra. Nema sramote kada vam ponovo uzmu meru.

KAKO IZMERITI SVOJU VELIČINU GRUDNJAKA

Obucite (nepostavljeni) grudnjak koji vam najbolje stoji. Koristeći krojački metar, izmerite širinu u inčima oko vašeg torza direktno ispod grudi. Pazite da metar ravno stoji na vašim leđima. Dodajte pet inča na ovaj broj i dobićete veličinu. (Ako imate 29 inča, onda vam treba veličina 34). Ako je dobijeni broj neparan (npr. 33), zaokružite ga na najbliži paran.

Da biste utvrdili veličinu korpe, izmerite najpuniji deo vaših grudi. Oduzmite gore pomenutu veličinu. To je vaša veličina korpe. Razlika između veličine vaše korpe i širine u inčima odrediće tip korpe (vidi tabelu). Na primer, ako je vaša veličina korpe 38 a vaša širina 34, 38-34=4 što je D korpa. Veličina vašeg grudnjaka je 34D.

Nasuprot onome što ste možda mislili, vaša veličina korpe i oznaka korpe nisu dve odvojene stvari, već su vezane za vaše mere. Konsenzus među stručnjacima za grudnjake je da većina žena treba da uzme manju veličinu a veću korpu, u odnosu na ono što obično nose. Ovo možda jeste a možda i nije

Veličina grudi	**Veličina korpe**
0–¼"	AA
¼"–1"	A
2"	B
3"	C
4"	D
5"	DD ili E
6"	DDD ili F

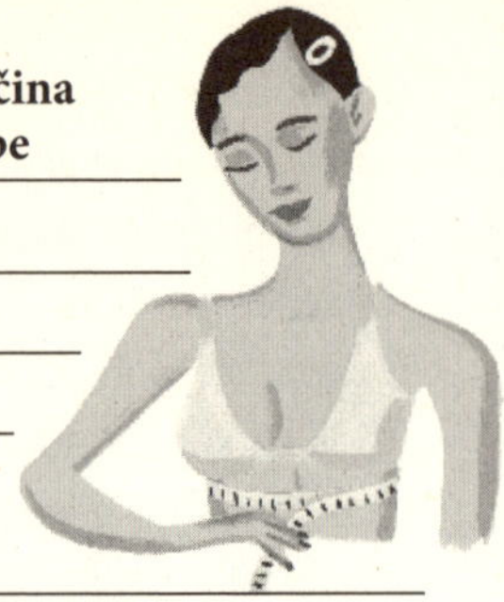

slučaj kod vas. Izmerite se, ili još bolje, neka vas izmeri pouzdana stara prodavačica.

Gaćice su potcenjena stvar: Kratak vodič do kratkih bokserica

Hajde da malo razgovaramo o gaćicama. Kada ste bile mlade, bilo je to uvek 100% pamuk, sa nacrtanim likovima iz crtanog filma ili cvetićima. Sada kada ste velika devojka, imate veliki izbor donjeg veša na raspolaganju. Ako još nosite pamučne, želela bih da vas ubedim da probate i one koje imaju malo sintetike u sebi. Pamučne gaćice imaju tendenciju da se lepe za odeću (takođe i pamučni grudnjaci) na način koji ne stoji dobro. Najlon i njegove zamene ne samo što se „pokreću sa vama" već obično i stisnu vaše bokove i izravnaju neravnine i izbočine. (Šta god da nosite, mora uvek imati pamučni deo između nogu tako da taj deo može da diše.)

Trebalo bi, naravno, da nosite pravu veličinu donjeg veša – ne bi trebalo da vam vise ili spadaju niti bi trebalo da vam se usecaju u bokove i butine. Trebalo bi da gaćice budu udobne i nevidljive ispod odeće. Glasam za one malo šire, što je stil donjeg rublja koji sam donedavno povezivala samo sa gospođama u diskontnim radnjama. Dobar par ovakvih gaćica (one su otprilike jedan inč šire u kukovima nego bikini i guma oko struka doseže otprilike na pola puta između pupka i pubične oblasti) pokriva sve što treba da se pokrije, udobne su i stvaraju glatku, neprekinutu liniju ispod tesnih sukanja i pantalona. One vam možda neće prve zapasti za oko na polici, ali tange nisu za svakodnevno nošenje. Sledeći put kada budete išli u kupovinu veša, probajte ovakve gaćice.

FIOKE ZA FINE (I NE BAŠ TAKO FINE) STVARČICE

Svaki dan: bikini, gaćice ili tange koje su udobne i daju vam glatku siluetu ispod odeće. Rublje za svaki dan treba da vam daje osećaj samopouzdanja i privatnog seksepila – treba da imate nekoliko komada za svaki dan.

Rublje za izlazak: čipkano, sa cirkonima, tračicama i jedva vidljivo, to je ono što nosite kada smatrate da ćete se skidati i prikazivati. Devojka može da obuče svoje specijalno rublje i kada neće skidati gaćice, čisto zbog zadovoljstva, ali treba da zna da bi isto tako mogla i šetati bez gaća, što se tiče toga da će joj ove dati neko posebno držanje ili siluetu.

Pogrešne gaćice

Ljudi vole tange jer su neprimetne ispod odeće. Međutim, pogrešne tange mogu vam stvoriti utisak kao da imate ribarski najlon u dupetu, što nikada nije zabavno. Ako su previše tesne, kipeće vam sa strane i nećete izgledati baš privlačno u odeći. Kada birate majušne gaće, tražite i udobnost pored stila. Nemojte uzimati G-string ako treba da se pokrijete – jer to je praktično samo tračica.

Preporučujem vam one u stilu nešto širih traka sa strane i otprilike pola inča nazad – ovaj stil je poznat kao „rio" na jeziku donjeg rublja. Da, treba da stoje čvrsto u razdelini vaše guze, ali vi ne bi trebalo to da osećate. Isprobajte marku „henki penki" jer predstavlja dobru kombinaciju seksepila i udobnosti.

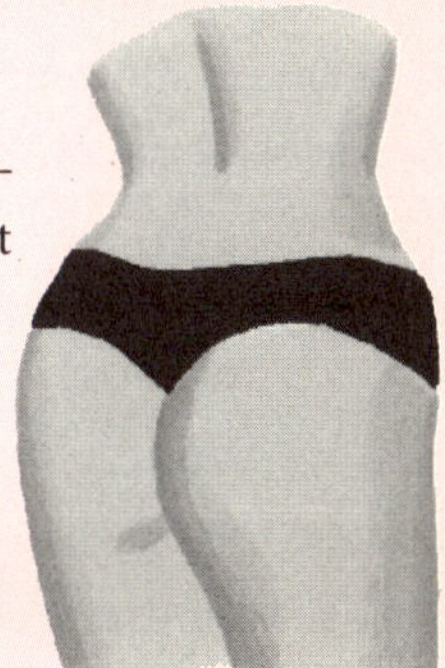

Zamke najlonki

Kao što ste i sumnjali, sjajne najlonke boje osunčanih nogu su samo za kelnerice i takmičarke na umetničkom klizanju i potpuno su neprihvatljive za modernu devojku. Svaka vrsta najlon čarape koja je i za jednu nijansu tamnija od boje vaših nogu jeste, najblaže rečeno, kič. Kada ste u iskušenju da obujete neutralnu boju, zašto ne biste uzeli providne najlonke, iste nijanse kao i vaše noge, koje po sebi imaju neki dezen, kao što su tufnice ili slično? Ili, još bolje, prozirne mrežaste: one su seksi i elegantne a nisu neukusne.

Steznik: znam, zovu ga bodi. Ali hajde da raščistimo: svako rublje koje treba da promeni oblik vašeg tela i da učini da izgledate kao da imate pet kila manje, jeste steznik. Neću vam ovde popovati kako je steznik sredstvo patrijarhalnog društva koje treba izbegavati po svaku cenu, jer znam da ovakvo rublje ima svoju ulogu. Ta uloga je samo za posebne događaje, kada će vas jedan ovakav steznik učiniti da se osećate znatno bolje u vezi sa svojim izgledom. Niko ne može sa udobnošću da nosi steznik tokom celog dana, i niko ne bi ni trebalo to da čini. Hronično nezadovoljstvo sopstvenom figurom treba tretirati pravilnom ishranom i vežbanjem (vidi poglavlje o zdravlju) a ne korsetom od kitovih kosti.

Rublje za menzis: ovo su gaćice koje čuvate samo za one dane. U zavisnosti od toga koliko upija vaš tampon, to su vaše najstarije, istegljene gaćice koje nosite samo jednom mesečno. Treba da budu veoma udobne i da ne stežu, možda neka starija verzija rublja za svaki dan.

SKOCKANA

Higijena i održavanje

Koliko god da je retro pomisao o tome da se žene ulepšavaju da bi uhvatili pogled nekog udvarača, ne može se osporiti ženska zabava u dnevnoj rutini sređivanja. Za mene se zna da, kada baš niko ne gleda, navijem kosu na vrele viklere i da pevam po kući kao Pegi Li:

Kada turim novu frizuru
I uvijem svoje trepuškice
Lebdim kao oblačići po nebu
I volim svoje devojačko lice.

I ja zaista uživam u tome! Volim da se brinem o sebi, volim da se osećam lepo i priznajem da umem i da preplatim za farbanje kose ili za pedikir u nekim prilikama, da bih nahranila svoju sujetu. Međutim, duboko u sebi znam (ili možda ne baš tako duboko) da koliko god je zabavan i uveseljavajući sav taj posao i priprema pred ogledalom, sve to ribanje i poliranje, postoji i nešto što se zove previše.

Više je nego ludo koliko vremena i novca žene troše na lično održavanje. Čini se da nema kraja onolikim ekspertima, estetičarima, kozmetičarima i drugim probranim pomoćnicima koje treba plaćati. I onda, baš kada mislite da ste počupali svaku dlačicu i ispolirali svaku površinu, pojavi se bojenje trepavica ili mikrodermoabrazija ili neki drugi tretman koji garantuje da će vas učiniti lepšim i poželjnijim. Ova ludost mora da prestane. Ali, naravno, ne pre nego što ja odem na svoj parafinski pedikir.

Ko od nas zaista može sebi da priušti da redovno sređuje kosu, nokte, kožu i sve ostalo? Predlažem da napravimo okvirni budžet i vremena i novca da bismo obezbedili da nam takve stvari ne izmaknu kontroli.

Šta možete i trebalo bi da radite sami

- Hidrirajte svoju kožu bar jednom dnevno – dva puta zimi. Možete da koristite fensi namirisane kremice ili veliku dobru staru bocu kreme iz apoteke – običan „eucerin" (moja omiljena) ili „vazelin intenziv ker".
- Uvek stavite zaštitu od sunca (SPF 15), čak i zimi. Ne idite od kuće bez toga.
- Redovno i brižljivo čupajte obrve.
- Koristite dezodorans. Svako od nas ima poneku dragu prijateljicu koja se oseća. Niko od nas ne želi da bude takav.
- Perite zube uveče i ujutru i čistite koncem jednom dnevno. Konac nije neophodan samo za zdravlje vaših zuba i desni, već sprečava i zadah. Uvek čistim zube koncem, otprilike dve nedelje nakon posete zubaru a zatim zaboravljam. Moja zubarka voli da me dobro preplaši šalom: „Ne morate da čistite koncem sve svoje zube. Samo one za koje ne želite da vam ispadnu."

Znam, baš smešno. I vrlo zastrašujuće. Šta ako se taj strašni san o tome da izgubite sve svoje zube zaista i ostvari? Evo, ja ću čistiti koncem ako ćete i vi.

- Odradite sami sebi manikir i pedikir. Možete da nabavite one fensi dodatke kao što su vrhovi noktiju u kozmetičkim radnjama. Sečem nokte na rukama zaobljenim makazicama jednom nedeljno i koristim mala klešta za nokte na nogama da ih držim pod kontrolom.
- Obrijte noge i pazuhe, ako je brijanje vaš izbor.
- Operite i sredite svoju kosu – niko ko ima manje od 80 godina ne bi trebalo da ide na trajnu.

Tretmani koje treba da prepustite drugima

- **Šišanje.** Iako moja prijateljica Kejt uvek samu sebe šiša i uspeva da izgleda sjajno, priznaje da bi otišla kod profesionalca ako bi joj bilo potrebno bilo šta osim običnog skraćivanja. Apelujem na vas da ne uzimate sami makaze u ruke. Bolje da trpite ako vam je kosa malo izrasla pre nego što uspete da zakažete i dobijete kvalitetan paž.

- **Bilo kakva depilacija** – to uključuje i nausnice i prepone.

Luksuz kada ste pri lovi

- **Manikir i pedikir.** Želim da kažem da svaka žena koja ima novca treba da ode na pedikir makar jednom u toku leta. To je relativno jeftin luksuz od kojeg ćete se osećati paženo i maženo. Nećete prepoznati sopstvena stopala, tako će biti meka i nežna. Mislim da nijedna žena ne treba da dopusti da je vide nenamazanih noktiju na nogama u otvorenim sandalama. Takođe, mislim da nokti na nogama treba da budu sečeni ravno (a ne zaokruženo kao na rukama – nokti na nogama su dovoljno ružni i kada ne pokušavamo da od njih napravimo prstiće) i nikada ne bi trebalo da izrastu preko prsta.

Situacija s novcem je previše napeta za manikir? Moja prijateljica Vanesa nazvala me je van sebe od sreće jednog dana kada je otkrila opciju „zamena laka“ u svom lokalnom salonu. Ona tvrdi da on čini skoro istu transformaciju kao i pravi manikir i pedikir, ali za delić cene. Zamena laka je baš to što samo ime kaže – profesionalno uklanjanje i nanošenje novog sloja laka. Traje otprilike deset minuta.

- **Pramenovi.** Možete ofarbati kosu u jednu boju sami kod kuće, ali kada je u pitanju folija, idite kod profesionalca. Postoji vrlo visok rizik da bi se mogli kajati svi oni koji farbaju sopstvene pramenove kod kuće. To nikad nije „ni lako ni lepo“ kao što piše na kutiji.
- **Tretman** u banji kao što je tretman lica, masaža, umotavanje tela.
- **Tetovaža**. Propustila bih mnogo da vam ne pomenem da je, kada su je upitali koja je najsvetija tajna lepota za nju, moja majka odgovorila: „Nikada, nikada nemojte staviti tetovažu.“ Takođe bih bila grešna da vam ne kažem da moja najbolja prijateljica ima tetovaže sirene na obe ruke i da su prelepe. Odluka je vaša. Samo je nemojte stavljati ako ste pijani. I nikada na lice.

Tretmani na koje nikada nemojte ići

- **Bojenje trepavica.** Znam ljude koji ovo rade i čak i oni priznaju da to nije dobra ideja. To ne traje dovoljno dugo da bi opravdalo rizik koji uključuje. Stavite veštačke trepavice, stavite maskaru, ali držite hemikalije podalje od očiju.
- **Veštačko potamnjivanje.** Razumem duboku potrebu za karipskim izgledom, ali reš pečena boja je zaista previše. Ne samo što je vaša prirodna boja (uz malo rumenila ili bronzera, ako želite) mnogo lepša, solarijumi su jednostavno vrlo opasni. Oni emituju UVA zrake, koje stručnjaci vezuju za većinu malignih oboljenja kože. (UVB zraci uzrokuju da koža izgori; UVA zraci prodiru još dublje. Sunce emituje i jedne i druge.) Kupite neki losion za samopotamnjivanje u kozmetičkoj radnji ali, molim vas, nemojte ići u solarijum. Za više informacija posetite sajt www.fda.gov/cdrh/consumer/tanning.html
- **Bilo koja vrsta kozmetičkih implantata.**

PREPONE I JOŠ PONEŠTO

Dlake koje želite da uklonite

Biće vam teško da utvrdite konsenzus oko toga da li treba depilirati prepone. Ni sama ne mogu da se odlučim da li je ovaj primitivan, bolan, jednostavan ali ipak psihološki vrlo komplikovan proces dobra stvar. Godinama sam izbrijavala prepone onim plastičnim brijačima koji će vas sigurno zaseći i to mi je davalo (u najboljem slučaju) dva dana bez dlačica, a narednih nekoliko nedelja iziritiranost tog područja, urasle dlačice, alergiju koja svrbi i nepodnošljivo crvenilo. Konačno, zbog lenjosti i rastućeg uverenja da sve to nije vredno truda, prestala sam da se brijem i išla unaokolo u prirodnom izdanju.

U toku tog vremena depilacija je postala vrela tema. Sve moje prijateljice su krenule na vrlo oštra uklanjanja dlaka – zašto ostati kod „brazilke“ kada možete skinuti sve? To je podsticano ovim argumentima: čistije je, momcima se dopada, toliko se bolje osećate, sasvim sigurno izgleda mnogo bolje u kupaćem kostimu. Ali, u isto vreme, mislim da postoji ovde nešto od čega se čovek naježi: svi imaju dlake tu, boli kao đavo da se te dlake uklone, zahteva skoro fanatično održavanje i što više malja uklanjate sa genitalne oblasti, mi sve više ličimo na male devojčice a ne odrasle dlakave (ponosne) žene.

Srela sam mnoge žene ko je imaju različito mišljenje po ovom pitanju – jedna je izrazila svoje očajanje što je dopustila da je dečko nagovori na totalno skidanje i sada nema povratka. Jedna druga žena kaže da, mada je podšišivanje pubičnih dlaka mudra stvar (pažljivo – sec, sec, kao da orezujete bonsai), ići na oštru depilaciju dalje od unutrašnjih strana butina čista je ludost. Ja sam nakon toga otišla na skidanje voskom, i mrzim taj bol, ali se slažem da je brijanje idiotsko. Takođe, ako želim da se složim sa društvom koje bi zabezeknuto gledalo u ženu kroz čiji kupaći kostim viri džungla, depilacija jeste jedino rešenje.

Konačno, odluka je vaša. Vaš momak možda voli kada ste čisti kao novorođenče, ili možda imate ljubavnika koji ne može da se zasiti vaše neukroćene pubične oblasti. Svako kome je stalo do vas poštovaće vaš izbor. Vi sigurno ne biste insistirali da muškarac obrije svoj ljubavni tepih, a i on svakako ne bi trebalo da insistira na bilo čemu što je vama nezgodno ili što ne želite.

ŽBUNIĆ ILI BRAZILKA

Uvek vredi iskeširati nekoliko dolara više da bi se otišlo u profesionalno, fino mesto na depilaciju. Vama je potreban dobar kozmetičar finih manira koja će vam omogućiti da se opustite tokom ove intimne procedure. Verujte ovoj devojci koja je smatrala da neće biti ništa posebno svratiti u lokalni salon za brzu depilaciju. To je bilo kao loš seks sa strancem – bez ljubavi, bez pogleda, nikoga da me zagrli posle toga. A još povrh svega sam morala i da platim.

Tražite preporuku od prijateljice kojoj verujete za kozmetičarku koja dobro radi depilaciju, koja je fina i nežna, i za salon u kojem vrše dobru pripremu, hidriraju vas i stave umirujuću kremu i talk nakon depilacije.

Nemojte ići tokom menzisa ili neposredno pre. Osetljiviji ste (fizički i mentalno) tokom tog perioda i faktor bola će verovatno biti mnogo jači. Ako baš morate tada da idete, uzmite jedan „ibuprofen" nekoliko sati pre – to će umanjiti bol.

Stavite umirujuću hidratantnu kremu na tu oblast svaki dan da biste sprečili urasle dlačice. Moja prijateljica Kristina, veteran depilacije, kune se u prirodan gel od morskih algi koji joj je preporučio dermatolog, jer uklanja crvenilo i neguje kožu. Napravite blagi piling pod tušem i to će takođe sprečiti urasle dlačice. Da biste istretirali urastanja i grudvice od brijanja, probajte „tendskin" tečnost.

Intiman oprez: ako želite da napravite „brazilku" ili neku drugu fensi depilaciju, dobra kozmetičarka će vam uraditi i predeo oko anusa, izvući urasle dlačice i podšišati što je preostalo.

BUDITE DOBRI PREMA SVOJIM OBRVAMA

Prekinite da preterano očupavate svoje obrve. Svima nama se to desilo – čupkali smo s takvim zadovoljstvom da se posle činilo kao da smo stajali preblizu plamena ili da smo toliko jako pokušavali da postignemo savršeni luk da smo dobili izgled stalne začuđenosti. Otidite kod profesionalca i pustite joj da vam pokaže kako ukrotiti svoje obrve pažljivo – zatim ih možete negovati kod kuće. Gospođa kod koje idem pomalo je zla – jednom je odbila da me depilira rekavši da nije dovoljno dlaka izraslo a takođe je jednom optužujuće uprla prstom u moje obrve i uzviknula: „Šta je to?" – ali ona drži mene i moje obrve

pod kontrolom, pa je zato i trpim. Nikada, baš nikada nemojte sami depilirati obrve – nikada nije dobar trenutak za to i rizikujete i da izgubite oko.

DAMA SA BRADOM I BRKOVIMA

Koliko god mrzimo da to priznamo, svi mi imamo dlačice na licu. Neki od nas, priznajem, imaju više nego drugi, što može biti izvor velike neprijatnosti. Društvo nas uči da žene treba da imaju glatko lice bez dlaka i može biti naporan posao da se to postigne. Najlakši način da sakrijete nausnice je blagi krem za posvetljivanje. (Naravno, ovo je rešenje samo ako imate svetlu kožu.)

Ako imate mnogo maljica ili jednostavno ne želite da se gnjavite sa tim, idite u kozmetički salon i oni će vam rešiti problem. Možete da počupkate dlačice na bradi, ali ako imate baš maljavo lice i dovoljno keša, pokušajte uklanjanje laserom ili elektrolizu, što će trajno ukloniti dlačice. Ovo zahteva nekoliko poseta salonu lepote što ume da bude i skupo. Bez obzira na to šta ćete učiniti, nikada nemojte koristi depilatore na svom licu – oni će vam izgoreti kožu i neće ništa skinuti. Bradica možda izgleda seksepilno na vašem dečku, ali svakako ne na vama.

Kako da se ošišate tako da vam se dopada

Šišanje je ozbiljan posao. Vaša frizura je deo vašeg izgleda – samo što za razliku od pomalo prejake ogrlice koju možete skinuti ako samu sebe previše podsećate na Liz Tejlor, kosu ne možete ukloniti.

Sedam osnovnih stvari koje treba znati o frizuri

1. Ovo je vaša kosa. Niko ne može da vam pročita misli, čak ni frizer koji je vaša srodna duša i koji vas je u prošlosti uvek lepo ošišao. Budite spremni – svaki put kada odete u frizerski salon – da izrazite tačno ono što želite. Ako mislite da postoji šansa da je frizer čuo „velike lokne" kao „spaljenu trajnu", ponovite svoje želje da biste bili sigurni da nema nesporazuma.

2. Ošišajte se klasično i ta frizura će izrastati bez mnogo haosa. Čak ni fenomenalna frizura nije vredna toga da morate stalno da je održavate a za tri nedelje pretvori se u metlu na glavi. Što češće morate da odlazite u salon, više novca trošite. Recite pošteno

svom frizeru ako želite šišanje koje će izgledati dobro i kroz dva meseca. Dobra paž frizura rašće mnogo privlačnije nego neka komplikovana skulptura na glavi.

3. Vredi platiti dobro za kvalitetno šišanje nego otići u neki od onih jeftinih salona gde vam kosu vežu u rep i odseku. Dajte novac za dobar klasičan stil a zatim ga održavajte u manje skupom salonu. Zapamtite da svratite ubrzo nakon šišanja da biste pokazali ne tako skupoj frizerki kakav stil da vam održava.

4. Farbanje kose je skupo. Pramenovi blede, blajhano plavo u stilu Merilin na prirodnoj brineti će sasvim sigurno pokazivati izrastak od prvog jutra. Ali, bogami, koliko može radikalno da nas izmeni farbanje kose! Samo budite spremni da odvojite više vremena i novca u salonu da bi vam ofarbali izrastak, doterali tu finu nijansu mahagonija ili stalno prekrivali sede.

5. Nemojte šamponirati kosu svaki dan. Svakodnevno pranje kose će dramatično skratiti trajanje vaših pramenova, a da i ne pominjemo da će izvući iz vaše kose prirodna ulja i prljavštinu, što čini njen prirodan besplatan gel za oblikovanje. Ja volim čistu kosu ali je volim i kada je malčice prljava – bolje drži frizuru i izgleda sjajnije.

6. Možete da varate svog frizera. Morate da varate a da mu ne kažete. Ako želite radikalnu promenu, možete čak i da raskinete vezu sa svojim frizerom. I za razliku od pravog braka, kasnije možete da se vratite, bez fanfara i legalnih troškova.

Ne, nikako!

Po svaku cenu izbegavajte: metalne viklere, užasne perike, perje u kosi u obliku krila, kosu zamotanu u maramu jarkih boja kao u školskom kampu. Kosmate katastrofe, prepoznajte se. Nije to nešto što se ne može popraviti kod dobrog stiliste, zato nema više izgovora za tu kosu spaljenu prilikom feniranja.

7. Probajte studentske noćne popuste u salonima za skoro besplatno šišanje ili farbanje. Ovo su budući čuveni stilisti i potrebni su im modeli na kojima da vežbaju. Studenti u ovim salonima su pod strogim nadzorom glavnog stiliste tako da možete da se opustite u stolici i znate da šef pazi na one koje protežira. Kao i u bilo kom salonu, jasno kažite šta želite a šta ne. Nemojte ići u salone gde dobijete besplatno šišanje – samo ako pustite stilisti da uradi šta on hoće. Moja prijateljica je išetala sa jednog takvog „uzbudljivog" sastanka sa svetloružičastom krestom koju ni mama ne bi mogla da voli.

Nakon mode: Nekoliko reči za kraj

Možete kupovati odeću, ali ne možete kupiti stil. Niti eleganciju. Niti možete nadoknaditi vreme koje nepotrebno provodite pred ogledalom. Želim da svakako bude jasno da zaista možete kupiti sve što poželite na *eBayu*, i to je istina, i osim nekoliko groznih kapa za tuširanje, kuhinjskih krpa, oštećenih ploča i elektronskih aparata iz Tokija, ja sam se oslobodila te užasne navike.

Stil je ono što ste vi: ono što vi volite, u čemu se dobro osećate, šta odgovara vašoj figuri i, konačno, da li se uopšte dobro osećate u svojoj koži. Moda može da bude varljiva stvar. Stalno podsećam one koje odeća zbunjuje da najvažnija stvar uvek ostaje da obučete ono u čemu se osećate kao milion dolara (dobro investiranih). Takođe moram da vas podsetim na sledeće: da su rep bendovi u eri nakon *Grejtful deda* doneli grozne modne trendove koji naprosto neće da prođu; da ako zveckate dok hodate, imate previše detalja na sebi; i da niko još nije umro od pogrešnog modnog koraka. Sada, draga moja, krenite u život. Jedan veoma moderan život je pred vama.

Dodaci

Dodatak A

Osiguranje auta će vam spasti život

Nakon što ste se iskeširali za auto, možda će vam izgledati nefer da još morate da platite i osiguranje povrh svega. Kao što smo već utvrdili, osiguranje vozila nije opcionalno. Ako slučajno imate saobraćajnu nezgodu i nemate osiguranje, troškovi popravka – i, bože sačuvaj, bolnički troškovi – uništiće vam život. Možete naći ponude na celom vebu za osiguranje. Lako ćete naći bar desetak ponuda i izabrati ono što vam odgovara.

Ali kakva vrsta osiguranja vam je potrebna? I šta ti paketi uključuju? Brzo i bezbolno, postoji pet osnovnih tipova.

Osiguranje od odgovornosti suštinsko je i zahteva se u većini država. Ako imate nezgodu, ono pokriva bilo koju štetu koju nanesete tuđoj imovini ili drugim ljudima. Trebalo bi da uzmete koliko god osiguranja možete da priuštite, imajući u vidu da se medicinski računu mogu i često se i popnu na hiljade dolara.

Medicinsko osiguranje pokriva medicinski tretman za vaš i vaše saputnike ukoliko se nađete u nezgodi. Vaše sopstveno redovno zdravstveno osiguranje bi trebalo da vas pokriva, ali će vam biti potrebno i osiguranje ukoliko nastrada putnik u kolima.

Osiguranje od sudara odnosi se na štetu pričinjenu vašim kolima u nesreći koju vi prouzrokujete, sve do knjigovodstvene vrednosti vašeg vozila.

Kasko osiguranje odnosi se na druge vrste osiguranja kao što je gubitak ili krađa vozila, vandalizam, uragan, šta god. Ako imate kredit za vozilo ili ste ga kupili na lizing, kreditori ili lizing kompanija verovatno će od vas zahtevati kasko osiguranje. Kada je auto otplaćen, to se više od vas ne zahteva i neki ljudi onda prekinu ovo osiguranje. Ako ono ne podiže drastično vašu premiju, ja bih ga zadržala.

Neosiguranim/osiguranim vozačima pokriva sve povrede nastale na vama ili vašim saputnicima u nesreći gde vas je udario i pobegao ili vas je udario neko ko nema osiguranje. Proverite da li vaše redovno zdravstveno osiguranje pokriva ovakvu situaciju; možda se desi da se neke stvari preklapaju. U protivnom, uvek je bolje biti osiguran nego dobiti ogroman račun a da nema nikog drugog ko će ga platiti.

Dodatak B

Komplikovane stvari u vezi s kupovinom kuće

Već smo raspravljali stvari vezane za kupovinu kuće ili stana i protiv nje kada ste u dvadesetim godinama. Neću da vas lažem – to je komplikovan proces, ali potencijalno nosi mnogo nagrada. Ako ozbiljno razmišljate da budete vlasnik sopstvenog životnog prostora, ili razmišljate o tome da postanete ozbiljni, hajde da zaronimo malo dublje. Čućemo nešto od žene koja je zapravo kupila sopstvenu kuću kada su svi znaci govorili da je to nemoguće. I čućete nešto od agenta za nekretnine Čeninga Kelija o tome kako obezbediti finansije.

Zašto možete i zašto ne možete

Toliko mnogo žena misli, „Ne mogu da kupim kuću! To je previše skupo! Ja sam premlada! To je previše teško!" Evo šta im Čening Keli savetuje:

Budite realistični. Ako mislite da ne možete u kući ostati barem dve godine – ili još bolje četiri ili pet – nemojte kupovati. Ako mislite da nećete biti dovoljno revnosni da se brinete o kući, nemojte je kupiti. Ako je vaš posao nesiguran i niste sigurni da ćete imati posao zadugo, nemojte kupovati. Kupovina kuće je investicija a investicije su, po svojoj prirodi, rizične. Morate biti potpunu informisani i pripremljeni.

Ali ako mislite da možete da se obavežete na taj način, onda pogledajte cifre jer ćete možda biti iznenađeni time šta vam one kažu. Kupovina kuće može biti skupa, ali postoje programi koji zahtevaju vrlo malo novca kao depozit i vaša mesečna rata ne mora biti mnogo viša od mesečne kirije. Dodatno, možda uzmete u obzir da kupite nekretninu a zatim izdajete jedan njen

deo, ili uzmete cimera koji će vam pomoći da smanjite troškove.

Kupovina kuće kada ste mladi – uzimajući u obzir da ste odvagali prednosti i nedostatke – može biti sjajan način da počnete da gradite svoj finansijski portfolio za budućnost. To će zahtevati mnogo rada ali zato treba da angažujete kompetentnog profesionalca za nekretnine – da vam pokaže put, objasni proces, i pomogne vam da ne upadnete u nevolju.

Kako, za ime božje, da platite za to?

I pre nego što zakoračite kroz vrata da pogledate koje su kuće na prodaju, treba da proverite da li će vam neko dati novac na zajam da uopšte kupite kuću. Započećete sastankom sa profesionalcem za hipotekarne zajmove, koji će pregledati vaš finansijski status i reći vam koliki zajam je spreman da vam stavi na raspolaganje.

Generalno, banke ne vole da vaša rata bude veća 25–30% vašeg bruto prihoda – iako u nekim krajevima gde su troškovi stanovanja veoma visoki, to se može razvući i na 50% vašeg bruto prihoda. Zapamtite i to da ono što mislite da možete sebi da priuštite i ono što banka misli da vi možete sebi da priuštite, mogu biti dve potpuno različite sume. Oni pokušavaju da zaštite svoje ulaganje, zato hoće da budu sigurni da ćete biti u stanju da im vratite novac.

Pazite da ukalkulišete i porez i osiguranje kao deo svoje mesečne rate, jer će kompanija koja vam pozajmljuje novac tražiti da svakog meseca otplaćujete i delić toga. (Vlasnici kuća, za razliku od podstanara, *moraju* da imaju osiguranje.) Najbolji način da nađete profesionalca koji se bavi hipotekarnim kreditima jeste da tražite preporuku – pitajte agenta za nekretnine, pitajte prijatelje, roditelje ili bilo koga kome verujete.

Postoje načini da kupite kuću i bez pare depozita ili za veoma malo (npr. 1.000–2.500$ na blažim tržištima) u inicijalnim troškovima, ali zbog toga vaša ukupna kamatna stopa postaje nešto veća. Dobićete najbolju kamatnu stopu ako imate 20% kupovne cene koju možete položiti kao depozit. Očigledno, za mnoge mlade ljude, ovo jednostavno nije realno. Pitajte službenika za kredite da vas provede kroz različite programe i opcije. Ako vaši roditelji imaju nešto gotovine na raspolaganju, mogu da vam pomogu za depozit ili da budu jemci za zajam. Međutim, to može biti veliki rizik za njih jer, kao i kod garancije za stan, ako vi ne platite, oni će morati. Setite se Univerzalnih istina o uzimanju novca od roditelja iz poglavlja o finansijama.

Čak i da položite veoma mali depozit, morate imati fond za hitne i neočekivane stvari koje ćete morati da pokrijete – zamena peći, popravka krova koji curi i sl. Ovi problemi ne mogu da čekaju dok vi ne sakupite novac kasnije, zato morate da držite rezervu od otprilike nekih šest meseci tekućih troškova života (uključujući i ratu za kredit).

Takođe, tu je i pitanje vaše kreditne istorije. Ako imate mnogo problematičnih računa, kašnjenja, biće vam teže da dobijete zajam ili nećete dobiti baš sjajne uslove, što na kraju znači da morate da platite više za pozajmljeni novac.

Dobar agent za nekretnine, dobar službenik za kredite i nešto odgovornog knjigovodstvenog posla pomoći će vam da se ovo ostvari. Ako želite da posedujete kuće, vi to možete i hoćete. Kao što kaže Čaning: „Nemojte biti uplašeni, samo odradite svoj deo posla i pronađite profesionalce kojima verujete i koji će vam pomoći pri donošenju odluke. Ponekad, pravi izbor nije kupiti, i to je u redu – jednostavno uštedite taj novac za budućnost.“ Budite strpljivi, uporni, odradite sve pretrage, i to će se desiti – ako ne danas, onda kada budete spremni.

Za više informacija

Evo nekoliko dobrih izvora iz kojih možete saznati više o kupovini kuće. Kako biste dobili informacije o ponudi nekretnina u vašem gradu, idite na Gugl i tamo ukucajte „nekretnine (ime grada u kom živite)“. Takođe ukucajte i izraze pristupačni stanovi i kupovina prvog stana. Kada ovo obavite, uzmite telefon u šake...

www.freddiemac.com

www.fanniemae.com

Kancelarija za urbani razvoj
www.hud.gov/offices/cpd/affordablehousing

Povoljni stambeni krediti
http://usgovinfo.about.com/cs/financingahome/a/fha_loans.htm

Federalna stambena agencija
www.fha.com

Činjenice o FHA zajmovima
http://homebying.about.com/cs/financingahome/a/fha_loans.htm

www.hud.gov/offices/hsg/

Neverovatna istinita priča žene koja je kupila kuću

Silija je imala manji iznos novca za depozit, pa je otišla u svoju banku i pošteno rekla kreditnom službeniku: želi da kupi kuću i htela bi da sazna kakve su joj mogućnosti na raspolaganju. Bila je razočarana što njena banka prosto koristi onlajn kalkulator da utvrdi šta ona može sebi da priušti i kada su joj rekli da nikada neće moći da kupi kuću za svoju malu ušteđevinu. Spomenula je da je načula nešto o nacionalnim i lokalnim programima koji pozajmljuju novac ljudima koji nemaju ogromnu štednju. Službenik u banci nije imao pojma ni o jednom od tih programa. Razočarana ali ne i obeshrabrena, Silija je krenula da sama pronađe odgovore.

Obavila je pretragu na Internetu i informisala se o grupama u svom gradu koje su se bavile specijalno pomaganjem ljudima da obezbede zajam, uprkos ograničenoj plati. Radeći sa lokalnim grupama, Silija je pronašla banku koja sarađuje sa vlastima koje obezbeđuju program kupovine kuća u njenoj državi (ovakve agencije vlasti postoje u nekoliko država – raspitajte se o svojoj lokalnoj agenciji). Agencija je imala program za one koji prvi put kupuju kuću i zarađuju manje od proseka u kraju gde trenutno žive.

Agencija je pomogla Siliji da nađe depozit u iznosu od 2% (nasuprot uobičajenih 20% koji čine kupovinu kuće tako teškom za mnoge!) pri zajmu koji ima nisku kamatnu stopu – jedan ili dva procenta ispod onoga što je većina banaka nudila u to vreme. Takođe su joj pomogli da dobije postepeni zajam koji joj je dao plan postepene otplate tako da je plaćala kamatu od 4% za prve dve godine zajma, 5% za treću godinu, a zatim 6% za ceo period zajma (obično 30 godina). Silijina kreditna istorija nije bila sjajna kada se prijavila za zajam i agencija joj je pomogla da je očisti tako da može da se kvalifikuje.

Ironično, što više novca zarađujete, lakše ćete dobiti kredit uz nisku kamatnu stopu. Ljudi koji nisu u braku imaju samo jedan prihod uz koji mogu da se prijave, zato ako živite u oblasti veoma skupog životnog prostora, može biti veoma teško da kupite kuću. Znajte da postoje programi – neki u vašem gradu, neki u vašem okrugu, neki na državnom nivou, koji vam mogu pomoći. Bili biste iznenađeni da otkrijete da se vi zapravo ne osećate „siromašno“ sve dok se ne uporedite sa prosečnim prihodom u vašoj državi – koji je često viši nego što vi zamišljate – i možete da se kvalifikujete za specijalni zajam. Iskoristite prednosti koje nude ovakvi zajmovi.

Silija vam nudi ovaj savet ako razmišljate o tome da kupite kuću: „Nemojte to uraditi sve dok niste potpuno spremni. Vaše dvadesete godine vezane su za fleksibilnost. Ako radite stvarno naporno na svojoj karijeri, nećete moći sedeti kod kuće i čekati da dođe vodoinstalater. Ako potrošite celu svoju ušteđevinu na kuću, možda nećete imati ni prebijene pare da tu kuću opremite. Ako izlazite svake večeri tokom nedelje, nećete biti kod kuće da uživate u prostoru za čiju ste kupovinu toliko naporno radili. Drago mi je što ste sačekali.“

Dodatak C

Priznati sve svojim roditeljima

„Moji roditelji su iranski muslimani, imigranti, vrlo aktivni u svojim islamskim uverenjima. Kao prvorođeno dete, imali su vrlo visoka očekivanja u mojoj porodici za mene – da se udam, da sledim svoju veru. Priznanje mojim roditeljima da sam lezbijka zapravo je prošlo mnogo bolje nego što sam očekivala. Toliko sam se brinula da ću povrediti moje roditelje. Kada sam im saopštila da sam gej, bio je to dug, težak proces za njih da razumeju. Ali, s obzirom na to da su me tokom celog mog života učili značaju intelektualne debate i izazovnih religioznih razmišljanja, nikada me nisu doveli do toga da se osećam loše."

Parisa, 32 godine

„Pošto su mene odgojili veoma liberalni roditelji – aktivisti za gej prava, zapravo – nikada nisam pomislila da će biti toliko uzrujani zbog mog priznanja. Bila sam veoma ljuta na njih i bile su mi potrebne godine da se izborim sa tim. Nikada nemojte uzeti zdravo za gotovo da će to biti

lako, bez obzira na to koliko su vaši roditelji širokih pogleda."

Šira, 29 godina

„Moje priznanje roditeljima da sam lezbijka bilo je samo još jedna od stvari koju oni mogu da dodaju na listu svega onoga kako sam ih osramotila. Posle mog priznanja, moj otac nije tri godine razgovarao sa mnom. Sve dok ja zapravo nisam raskinula sa mojom prvom devojkom, moj otac i ja nismo mogli da razgovaramo o tome i popravimo naš odnos."

Erin, 27 godina

„Najveća briga moje majke je da će mi život biti teži nego što bi bio da nisam lezbijka. Na kraju krajeva, moje priznanje

otvorilo je novi vid komunikacije između nas koji ne bi bio tu da sam strejt. Sada radim na tome da budem iskrena sa njom i u drugim oblastima, da pokušam da popravim našu vezu na način koji nije vezan za moju seksualnost.“

Keli, 29 godina

Reći svojim roditeljima da ste gej potpuno je lično iskustvo, i kao što potvrđuju izjave hiljade žena, nije lako predvideti kako će vaši roditelji reagovati. Ovo je još jedan od načina da zamenite svoju staru vezu sa roditeljima za novu, kako odrastate i postajete sopstvena individua.

Hajde da kod ovoga budemo jasni: na skali stepena neugodnosti i teškoća vezanih za *Sve što moram da priznam roditeljima*, priznanje seksualne orijentacije može da bude veoma visoko. Ali kao i kod svakog drugog uspostavljanja identiteta, sa svakim trenutkom u kojem objavimo ko smo i šta smo, mada su rizici visoki, nagrada može biti isto tako ogromna.

Neka pitanja koja treba da postavite sebi

- *Da li imate podršku?*
  U slučaju da vas reakcija vaših roditelja potpuno uništi, trebalo bi da postoji neka osoba ili grupa kojoj se možete obratiti u poverenju za emocionalnu podršku i snagu. Ključna stvar je da zadržite samopoštovanje.
- *Šta je vaš motiv da priznate sada?*
  Nadajmo se da je to zato što volite svoje roditelje i nije vam prijatno zbog te udaljenosti koju osećate jer imate tajnu pred njima. Nikada nemojte priznati u besu ili tokom svađe, koristeći svoju seksualnost kao oruđe.
- *Da li ste finansijski zavisni od roditelja?*
  Ako sumnjate da bi mogli da vam ukinu finansiranje ili da vas izbace iz kuće, možda ćete odabrati da sačekate dok se finansijski osamostalite.
- *Kakav je vaš opšti odnos sa roditeljima?*
  Ako ste oduvek imali otvoren odnos pun ljubavi, bolje su šanse da će oni umeti da se nose sa tim na pozitivan način.

Savet kako priznati svojoj porodici od žene koja je rekla i preživela

- Ako imate druge prijatelje koji su gej, porazgovarajte sa njima. Izgradite svoje okruženje i prijatelje tako da imate ljude sa kojima možete razgovarati o tom iskustvu. Podršku možete naći čak i na Internetu: pogledajte Parisu, koja je svojim roditeljima priznala preko telefona, u društvu dve pouzdane prijateljice koje je upoznala u iranskom lezbijskom onlajn okruženju. Ako tako nešto postoji, onda sve postoji!

- Vaš glavni posao je da volite sebe. Tretirajte sebe sa krajnjim poštovanjem. Priznati je velika stvar i trebalo bi da ste ponosni na sebe.
- Donesite odluku da ćete nastaviti dalje, kakav god da je rezultat. Nemojte sami sebi skakati u usta.
- Koristite humor ako vam je tako prijatnije ili će opustiti vaše roditelje – koju god tehniku da ste koristili u prošlosti da umanjite tenziju, valjaće i ovde. Ponašajte se kao i uvek.

- Podsetite svoje roditelje da vas oni ne gube, da dobijaju novi aspekt veze sa vama.
- Možete im pomoći da shvate da je ovo (iako važan) ipak samo jedan aspekt vaše ličnosti. Vi ne napuštate moral koji su vam oni usadili samo

Izvori za više informacija

PFLAG (Roditelji, porodice i prijatelji lezbijki i gejeva)

www.pflag.org

Ponosno priznanje

www.outproud.org/brochure_coming_out.html

Priznati porodici i prijateljima

www.psychpage.com/learning/library/gay/outparents.html

O životu lezbijki

http://lesbianlife.about.com/cs/families/a/outtoparents.htm

zato što ste gej; vi ste i dalje ona devojčica koju su oni vaspitali i to dobro.

Neki od načina na koji vaši roditelji mogu reagovati

- Mogu biti zabrinuti za vas, da se nećete uklopiti, da ćete biti žrtva nasilja ili da se nećete udati i imati decu. Ovo može dovesti do političke ili verske diskusije.
- Kada jednom prihvate vašu odluku, mogu biti nespremni za svoj bes prema ljudima – prijateljima, porodici, nepoznatima – koji se ponašaju diskriminativno prema vama.
- Mogu osećati krivicu ili mogu imati osećaj da vas nisu pravilno vaspitali.
- Mogu imati milion pitanja o tome kako je biti homoseksualac i šta to znači. Roditelji jedne žene sa kojom sam razgovarala pitali su je: „Da li to znači da si ti sada muškarac?“ Budite obrazovani, i uputite svoje roditelje na izvore, članke, grupe i knjige gde mogu saznati više.
- Moguće je da će pitati: „Gde sam pogrešio?“ Naravno, brz odgovor je da nisu uradili ništa pogrešno. Možda će njima biti lakše da gledaju na to što ste gej kao na problem koji su oni prouzrokovali jer bi ga zato mogli i „rešiti“. Predložite im da o svojim osećanjima porazgovaraju sa još nekim. PFLAG je sjajna opcija jer će upoznati mnogo roditelja koji se nose sa istim pitanjima kao i oni.
- Možda će se osećati kao da ovo sve objašnjava.
- Možda će shvatiti kako je to nositi na sebi teret tajne.
- Možda neće razumeti zašto ne možete držati svoju seksualnost samo za sebe i živeti „potajno“ kao lezbijka. Majka jedne žene stalno ističe: „Ali ti ne izgledaš kao lezbijka!“
- Možda će im biti veoma drago zbog vas ili će možda biti veoma tužni zbog vas.

Dodatak D

Ne ostavite nijedan kamen neprevrnut prilikom potrage za kućom

Napravite fotokopiju ovih stranica i nosite ih sa sobom kada proveravate stan, kuću, iglu ili zemunicu.

◄ ISECI OVDE ◄

LOKACIJA, LOKACIJA I SAMO LOKACIJA

- ☐ Koliko ste blizu posla, javnog prevoza, pošte, banke, radnje, kafića? Ako ćete morati mnogo da pešačite ili ako nemate auto, bilo bi vam zgodno da budete blizu mesta na koja često odlazite.
- ☐ Da li postoji parking? Da li ćete imati svoje mesto za parking? Da li se to dodatno plaća?
- ☐ Koliko u visinu želite da idete? U zgradama, niži spratovi su obično manje bezbedni, ali u više spratove je teže useliti se. (Kako ćete ubacivati klavir u lift? Ili ga nositi osam spratova?)
- ☐ Da li postoji prostorija za pranje veša u zgradi? To je ogroman plus, kao i lift.
- ☐ Nije neophodno, ali je zgodno imati mesta za ostavljanje stvari u zgradi. Da li postoji bezbedno mesto gde biste mogli ostaviti bicikl?

BEZBEDNOST NA PRVOM MESTU

- ☐ O kakvom se kraju radi? Proverite kvart i u različito doba dana; nekada užurbani delovi centra uveče izgledaju kao grad duhova. Možda ne bi trebalo da budete u kraju gde se nalaze studentski kafići, mada je u gradovima stalan protok pešaka dobar znak. Nemojte da stanujete negde gde se ljudi boje da prošetaju noću.
- ☐ Pazite da ulaz i deo oko poštanskih sandučića budu dobro osvetljeni.
- ☐ Proverite osvetljenje u hodnicima – trebalo bi da se osećate bezbedno kada god da dolazite i odlazite.
- ☐ Kao što kaže moja mama: „Uvek obezbedite sebi plan za bekstvo." Pronađite izlaz za požar ili izlaze za hitne slučajeve – trebalo bi da budu lako dostupni. Dobre brave su od ključnog značaja. Potražite katanac sa lancem, kao dodatak standardnoj bravi na stanu. U

nekim gradovima morate da donesete svoj katanac, zato nemojte da vas uznemiri ako na vratima postoji rupa kroz koju će proći. Obratite pažnju da li na vratima postoji veliki broj brava – jesu li se prethodni stanari ovde osećali nesigurno?

☐ Kako ćete pustiti goste da uđu u stan? Ako ste u zgradi ili ste iznad prvog sprata, interkom sistem je od ključnog značaja. Proverite da vidite da li je ispravan.

☐ Kakva je sigurnost u predvorju? Vratar je sjajna stvar – može da primi vaše pakete – ali dobra vrata koja se čvrsto zatvaraju dobrim katancem obično su vrlo delotvorna.

U KUHINJI

☐ Hajte da bacimo pogled na kućne uređaje. Koliko su stari? Ako rerna izgleda prastaro ili otpadaju vrata sa zamrzivača, pribeležite to.

☐ **Šporet i rerna:** Jesu li na gas ili na struju? Ja više volim gas jer je lakše kontrolisati visoku temperaturu, ali mnoge nove zgrade imaju šporet na struju.

☐ **Frižider:** da li su friz i frižider odvojeni ili postoje samo jedna vrata za oba? To su obično stariji aparati koje treba često odmrzavati i čistiti.

☐ **Zamrzivač:** da li je dovoljno hladan? Stari modeli su ponekad tako izraubovani da jedva mogu da zamrznu kockice leda.

☐ Šta je sa onim dodatnim stvarima za koje želite ili ih smatrate neophodnim, kao što je mašina za pranje posuđa, odvod za smeće ili mikrotalasna? Proverite ih sve da vidite da li su ispravni.

☐ Da li ima dovoljno prostora za kuvanje? Postoji način da se prevaziđe minijaturna radna površina – na primer daske za sečenje ili kolica koja možete kupiti – ali će vam biti potrebno dovoljno prostora da ih nekako smestite.

ISECI OVDE

- ☐ Koliko ima mesta za odlaganje? Da li ima prostora za sto i stolice koje omogućavaju da se obeduje u kuhinji? Ako imate čistu, dovoljno prostranu kuhinju, verovatnije je da ćete pripremati hranu kod kuće nego izlaziti na večeru – to je velika ušteda novca.

U KUPATILU

- ☐ Proverite pritisak vode na lavabou, kadi i tušu. Pogledajte koliko je potrebno da se voda zagreje i pazite se grozne smeđe vode koja ukazuje na zarđale cevi.
- ☐ Pustite vodu u WC šolji. Kakav je pritisak? Slab protok vode znači da ćete verovatno često morati da odgušujete stvari.

OSTALE SOBE

- ☐ Pregledajte ukupno stanje cele zgrade i stana. Pogledajte okrečene delove: da li se ljušti boja, da li ima oštećenja od vlage – to su loši znaci. U hodnicima ili u samom stanu, prljavština je odvratna. Pripazite ima li znakova životinjskog sveta – mišjeg izmeta, zamki za bubašvabe i sl.
- ☐ Vidite ima li dovoljno mesta u ormanima za vaše stvari.
- ☐ Upotrebite svoj metar da se uverite da vaš krevet može da stane u spavaću sobu, a vaš kauč i stočići za kafu u dnevnu.
- ☐ Proverite u svakoj sobi električne utičnice i izvode za telefon. Što više, to bolje, ali makar jedan u svakoj sobi.
- ☐ Prozori i vrata treba lako da se otvaraju i da imaju ispravne brave i roletne.
- ☐ Pokucajte nogom po podu i zadignite tepih, da ne biste propali kroz pukotine. Ako je urađen itison, trebalo bi da bude potpuno čist, bez fleka od vlage.
- ☐ Da li postoji centralna klima u zgradi? Da li je dozvoljeno da stavite svoju klimu? Da li imate pristup termostatu? To je veoma korisno znati – mnoge stare zgrade imaju prastare škripave sisteme grejanja na paru.
- ☐ Kakvo je svetlo ugrađeno? Lično, ja se osećam tužno pod običnim svetlom i volim da instaliram svoje lampe gde god da stanujem, ali vi ćete možda više volite lustere ili slično.
- ☐ Da li u stanu već postoji kablovska? Ako ne, može li se lako instalirati?
- ☐ Kakva je situacija sa prirodnim svetlom? Pazite da stan posetite u toku dana tako

da možete da vidite koliko ima svetla. Prozori koji gledaju na zid od cigala ili na drugu zgradu verovatno neće davati mnogo svetla. Taman stan je tužan stan.

PITANJA ZA VLASNIKA STANA

Trebalo bi da postavljate pitanja tokom vašeg obilaska stana. Vlasnik stana ili broker isticaće dobre stvari i prednosti stana, ali vi treba da postavite svako pitanje koje vas uznemirava. Nemojte biti stidljivi – iznajmljivanje stana je ogroman lična i finansijska obaveza i vama su potrebne sve činjenice pre nego što se obavežete. Povrh toga, pazite da postavite sledeća super važna pitanja:

1. Kada je mesto na raspolaganju? Ako se to ne uklapa u vaš raspored, može li gazda da pomeri datum useljenja?

2. Da li se zakup plaća mesečno ili godišnje? Da li se o tome može pregovarati?

3. Koliko iznosi kirija i depozit? Kada je rok za uplatu?

4. Da li postoji grejs period iza roka prispeća? Kada se smatrate da plaćanje kasni i da li se plaćaju penali? Moja kirija dospeva svakog prvog u mesecu ali ja imam do petog da je platim. Ako platim nakon petog, gazda mi zaračunava 50$. Jednom sam proverila to pravilo i više nikada neću kasniti.

5. Kakvi su uslovi obnavljanja ugovora o zakupu? Šta se dešava ako želite da se odselite pre isteka zakupa?

6. Je li dozvoljeno držanje kućnih ljubimaca? Ako je zabranjeno, možda možete da platite depozit za ljubimce tako da vaše kuče može da se useli a gazda zadrži novac ako kučence izgrebe vrata.

7. Koje komunalije su uključene u kiriju? Većina njih pokriva troškove vode i iznošenja smeća, a mnoge uključuju i grejanje. Raspitajte se koliki je prosečni mesečni račun za gas ili struju.

8. Raspitajte se u vezi sa poštom. Možete li primiti paket kada niste kod kuće? Gde će vas taj paket čekati?

9. Da li postoje neka pravila u vezi sa cimerima ili gostiju na duži rok?

10. Kakav je stav prema uzimanju cimera?

11. Možete li okrečiti zidove ili načiniti bilo kakvu strukturalnu promenu?

12. Da li postoji nadzornik ili gazda živi u zgradi? Šta ako imate problem usred noći? Da li postoji neki broj koji možete nazvati dan i noć? (Trebalo bi da bude.)

Jeste li odgovorni za održavanje bilo kojeg dela stana? Gazda bi trebalo da vodi računa o uređajima kojima je stan opremljen – to je prednost iznajmljivanja; niste odgovorni za opravku pokvarene WC šolje ili za odmrzavanje cevi.

13. Kako se odnosi smeće i šta je sa recikliranjem?

14. Možete li razgovarati sa prethodnim stanarom? Pre nego što sam se uselila u moj sadašnji stan, nekoliko puta sam razgovarala sa ženom koja se iseljavala. Uverila me je da je stan odličan, da je gazda od poverenja i skrenula mi je pažnju na komšiju ispod koji ne podnosi galamu. Nikada neću zaboraviti kako je ona napomenula da smatra da ovaj stan ima „sjajnu energiju" – to nije izraz koji bih ja upotrebila da opišem tesnu garsonjeru kao takvu, ali mi je dalo mnogo samopouzdanja u vezi sa ovim mestom. Pripazite ako gazda ne želi da razgovarate sa prethodnim stanarima.

Ako na ova pitanja postoje odgovori koje vi smatrate zadovoljavajućima, spremni ste da popunite obrazac za stan.

Obrazac za prijavu

Kada odlučite da želite taj stan, gazda će verovatno tražiti od vas da popunite prijavu. To je slično kao prijava za posao – lični detalji, lični broj (tako da mogu da obave proveru kredibiliteta), vaš poslodavac, prethodni zakupodavac, koliko novca zarađujete. Možda ćete morati da platite i depozit (trebalo bi da bude ispod 100$, u zavisnosti od kraja u kojem živite), koji vrlo verovatno nikada više nećete videti. Ako potpišete ugovor o zakupu, možda će depozit ući u vašu prvu mesečnu kiriju. Ako odustanete od stana ili se vaša prijava odbaci – gazda zadržava depozit. Nemojte predavati prijavu, osim ako ste sigurni da vam je kredibilitet dobar i da ste spremni da potpišete ugovor o zakupu.

Melisa Kerš
VODIČ ZA DEVOJKE KROZ APSOLUTNO SVE
2013.

I izdanje

Za izdavača
Miroslav Josipović
Nenad Atanasković
Saša Petković

Izvršni urednik
Dubravka Trišić

Urednik
Svetlana Babović

Prevod
Vera Krmpot

Lektura
Srđan Jovanović

Prelom
Vulkan izdavaštvo

Štampa
Vulkan štamparija
Vojvode Stepe 643a, Beograd

Izdavač
Vulkan izdavaštvo d.o.o.
Gospodara Vučića 245, Beograd
office@vulkani.rs
www.vulkani.rs

Tiraž: 1.000 primeraka

CIP – KATALOGIZACIJA U PUBLIKACIJI
dostupna je u Narodnoj biblioteci Srbije, Beograd

COBISS.SR-ID 202944524